SV

Jan-Otmar Hesse

EXPORT WELT MEISTER

Geschichte einer deutschen Obsession

Suhrkamp

Klimaneutral
Druckprodukt
ClimatePartner.com/14438-2110-1001

Erste Auflage 2023
Originalausgabe

Umschlaggestaltung: Rothfos & Gabler, Hamburg
Satz: Greiner & Reichel, Köln
Druck: GGP Media GmbH, Pößneck
Printed in Germany
ISBN 978-3-518-43134-4

www.suhrkamp.de

INHALT

Einleitung
DIE DEUTSCHE EXPORTOBSESSION

In der 84. Minute macht Jorge Burruchaga die Hoffnungen der Deutschen zunichte. Vor 115 000 Zuschauern im ausverkauften Aztekenstadion in Mexiko-Stadt will die DFB-Elf nach 1954 und 1974 ihren dritten Weltmeistertitel holen. Kurz vor Schluss sieht es noch vielversprechend aus. In der 81. Minute erzielt Rudi Völler den 2:2-Ausgleich. Doch dann wird die deutsche Mannschaft eiskalt ausgekontert. Diego Maradona spielt einen brillanten Steilpass von der Mittellinie in die gegnerische Hälfte, Hans-Peter Briegel kommt nicht mehr an Burruchaga heran. Vergeblich beschwört der Kommentator Rolf Kramer den deutschen Keeper: »Toni! Halt den Ball!« Doch der Argentinier schiebt die Kugel eiskalt an Toni Schumacher vorbei ins Netz.

Die Weltmeisterschaft 1986 in Mexiko ist sowohl in sportlicher als auch in politischer Hinsicht unvergessen. Gerade einmal vier Jahre nach dem blutigen Falklandkrieg trafen im Viertelfinale Argentinien und England aufeinander. In Deutschland hatte das Turnier anfangs nur wenig Begeisterung ausgelöst. Einige Monate zuvor war im sowjetischen Tschernobyl ein Atomkraftwerk explodiert und hatte eine riesige radioaktive Wolke über Europa geschickt. Die Menschen trieben andere Dinge um. Dann erspielte sich die deutsche Fußballnationalmannschaft zuhause jedoch immer größere Sympathien, musste sich aber schließlich im Finale dem Team um Diego Maradona und seiner »Hand Gottes« mit 2:3 geschlagen geben. Vier weitere Jahre vergingen bis zum dritten WM-Titel der DFB-Elf. Und doch durften sich die Bürger der Bundesrepublik im Jahr 1986 als Weltmeister fühlen: In diesem Jahr exportierte die BRD erstmals mehr Güter als jedes andere Land der Welt. Die Westdeutschen waren zum ersten Mal »Exportweltmeister«.

Wer den Begriff ursprünglich geprägt hat, lässt sich kaum mehr nachvollziehen. Womöglich ist er Ende des Jahres 1986 aus einer Laune heraus entstanden, als saloppe Formulierung sprachgewandter Journalisten im Vorfeld der Bundestagswahl im Januar des folgenden Jahres. Pressearchive nennen einen Artikel aus dem Magazin *Der Spiegel* vom Februar 1987 als erste Erwähnung. Im Frühjahr jenes Jahres war der Ausdruck dann schon so geläufig, dass die *Süddeutsche Zeitung* schreiben konnte, die »deutsche Textilindustrie« sei »bekanntlich Exportweltmeister«, auch wenn sich das Ausland noch in Ignoranz übe: »[B]is Japan hat sich das noch nicht herumgesprochen. Wenn eine modebewußte Japanerin ein Kleid kauft, muß es ›natürlich‹ aus Italien oder Frankreich sein.«[1]

Die Spitzenposition hat Deutschland inzwischen eingebüßt, im Export insgesamt und in der Textilindustrie ohnehin. Im Jahr 2009, kurz nach der Pleite der US-Investmentbank Lehman Brothers und der darauf folgenden Krise des Weltfinanzsystems, übernahm China die Führung in der Rangliste der Exportnationen. Die Volksrepublik spielt seither in einer eigenen Liga. Die Bundesrepublik konkurriert mit den USA nur noch um Platz zwei. Als Exportweltmeister fühlt sie sich aber noch immer. Die Stärke im Außenhandel ist für die deutsche Gesellschaft eine Herzensangelegenheit. Bereits Ende des 19. Jahrhunderts gehörte Deutschland zu den großen Exportnationen, und auch der Stolz der geistigen Elite war schon da, der Stolz darüber, dass das Deutsche Reich hinter Großbritannien die zweitstärkste Exportnation der Welt war.[2] Nach dem Zweiten Weltkrieg ließ Westdeutschland das Vereinigte Königreich schnell hinter sich. Die Bundesrepublik rückte unaufhörlich an den neuen Spitzenreiter USA heran, um 1986 erstmals auch an diesem vorbeizuziehen (siehe Grafik 1).

Wie ist dieser Aufstieg zu erklären? Es wäre zu einfach, ihn allein auf die unbändige Wettbewerbsfähigkeit der deutschen Industrie zurückzuführen, schon weil er hierdurch etwas Zwangsläufiges erhielte. Er verdankt sich wesentlich einem eigentümlichen Wil-

Grafik 1: Gesamtwert der Exporte der sechs exportstärksten Länder (in US-Dollar), 1980-2022

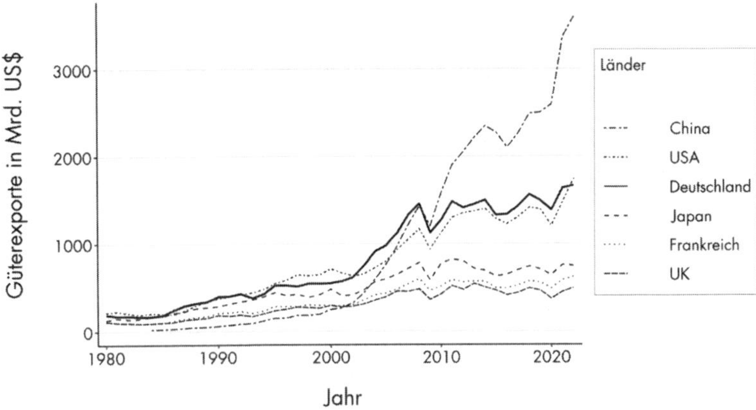

Quelle: Eigene Zusammenstellung nach von den Vereinten Nationen (Comtrade) zur Verfügung gestellten Daten: {https://wits.worldbank.org/}.

len deutscher Unternehmer und Politiker,* vor allem im Auslandsgeschäft erfolgreich zu sein. »Allein die Leistungsfähigkeit unserer Kaufleute und die Wirksamkeit einer Handelspolitik, die [...] gegen Diskriminierung schützt, sichern unseren Außenhandel und damit unsere Existenz«, schrieb Bundeswirtschaftsminister Ludwig Erhard 1953 in seinem Buch *Deutschlands Rückkehr zum Weltmarkt*.[3] Noch zehn Jahre später gab er sich in einer Sitzung des Außenhandelsbeirats überzeugt: »Ohne den Außenhandel sei die deutsche Volkswirtschaft zum Absterben verurteilt«, so ist es im Protokoll zu lesen.[4]

Über die unterschiedlichsten Regierungsformen, politischen Weltbilder und Krisen der Weltwirtschaft hinweg verfolgten Politiker und Unternehmer das Ziel, das Land bzw. ihre Konzerne

* Ich verwende in der gesamten Arbeit das (generische) Maskulinum, weil die allermeisten Positionen und Gremien, mit denen sich die Arbeit beschäftigt, ausschließlich mit Männern besetzt waren. Eine gendergerechte Sprache würde diesen Umstand verschleiern.

zu den größten Exporteuren der Welt zu machen und nach Möglichkeit auch hohe Handelsbilanzüberschüsse zu erwirtschaften. Und in der Regel erreichten die Deutschen dieses Ziel, obwohl die ökonomischen Voraussetzungen eher ungünstig waren. Deutschland ist – abgesehen von großen Kohle- und Kalivorkommen – ein rohstoffarmes Land. Die Exporterfolge wurden in der Fertigwarenindustrie erzielt, wobei die Branchen im Verlauf des 20. Jahrhunderts wechselten: von der Chemie- und Elektroindustrie zum Maschinenbau zum Fahrzeugbau zum Anlagenbau und zurück. Nicht die industrielle Kontinuität sicherte also die Dominanz der deutschen Wirtschaft im Außenhandel, nicht die »deutsche Wertarbeit« oder gar ein besonderes nationales Arbeitsethos, nicht Erfindungsreichtum oder die über Jahrzehnte kultivierte besondere Organisation der Produktion, sondern die permanente Anpassung von Produktion und Politik an die Erfordernisse des Weltmarktes. Diese Anpassungsfähigkeit ist historisch gesehen vielleicht die große Stärke der deutschen Wirtschaft.

Daher rücken Akteure in Wirtschaft und Politik, die durch ihre Ideen und ihr Handeln zu dieser Flexibilität beigetragen haben, unweigerlich in den Mittelpunkt des Interesses, wenn nach den Gründen für den Aufstieg Deutschlands zu einer Handelsmacht gefragt wird, zu einer »trading power« (William Glenn Gray).[5] Aus Exportunternehmern und Außenwirtschaftspolitikern bildete sich eine Interessengemeinschaft, die zu einem der wichtigsten Meinungsführer bei der wirtschaftlichen Steuerung des Landes aufstieg. Sehr häufig führte diese Verbindung zu Wohlstand und wirtschaftlichem Wachstum; gelegentlich verstellte ihre strikte Exportorientierung aber auch den Blick auf andere gesellschaftspolitische Ziele. Wie entstand die Exportorientierung als übergeordnete und parteiübergreifende wirtschaftspolitische Strategie, und warum ist die Exportweltmeisterschaft den Deutschen bis heute so ungemein wichtig? Auf welche Weise und mit welchen Mitteln versuchten Politiker, die deutschen Unternehmen zur Vergrößerung der Exportanstrengungen zu bewegen, und wie gelang es umgekehrt den

Unternehmen, für ihre Exportinteressen die Unterstützung der Außenwirtschaftspolitik zu gewinnen?

Die Exportorientierung ist über einen sehr langen historischen Zeitraum tief im wirtschaftlich-politischen System Deutschlands verankert worden und bestimmt bis heute das politische Handeln. Nicht zuletzt angesichts der jüngsten globalen Krisen, der Klimakrise, den Folgen der Pandemie und der Rückkehr von Kriegsgeschehen und Rüstungsindustrie nach Europa kann nur eine gründliche historische Rekonstruktion der deutschen »Exportobsession« dabei helfen, ihre unvernünftigen Folgen in der deutschen Wirtschaftsgeschichte offenzulegen.

Der Begriff »Exportweltmeister« stellt eine ebenso gelungene wie doch auch entlarvende Verbindung der wirtschaftlichen Sphäre mit der kollektiven nationalen Identität her, zu der ganz offensichtlich nicht nur der Fußball gehört, sondern auch so etwas Abstraktes und Kompliziertes wie der Exporterfolg. Er ist der sprachliche Ausdruck tief verankerter Denk- und Handlungsmuster, die die deutsche Wirtschaftspolitik bis heute prägen. Aus wirtschaftswissenschaftlicher Sicht besitzt der Begriff lediglich einen begrenzten Informationswert. Der Vergleich verschiedener Länder hinsichtlich des Exports ist eigentlich nur dann sinnvoll, wenn er ins Verhältnis beispielsweise zur Größe, zur Bevölkerung oder zur Wirtschaftsleistung der verglichenen Länder oder zu ihren Importen gesetzt wird. Er findet sich auch nur als Bezeichnung für Deutschland, während der langjährige Spitzenreiter USA sich weder selbst als Exportweltmeister feierte noch in Deutschland zuvor so bezeichnet worden war. Das liegt schon allein daran, dass die USA noch viel mehr Güter importierten, als sie exportierten. Seit den siebziger Jahren leidet das Land an einem chronischen Handelsbilanzdefizit.[6]

Die deutsche Exportweltmeisterschaft ging dagegen mit einem beachtlichen Handelsbilanzüberschuss einher, und das ist kein Zufall. In Deutschland gehört ein solcher Überschuss untrennbar zur identitätsstiftenden Bedeutung des Begriffs. Dass sich »die Deutschen« über den ersten Platz im Ranking der größten Exportnationen bei gleichzeitigem Handelsbilanzdefizit (wie im Falle der USA) freuen würden, scheint doch mehr als unwahrscheinlich. Die Überlegenheit der eigenen Exportindustrie in einem als Wettbewerb gedachten Handelsverkehr zwischen Staaten ist im Begriff verankert. Er ist Ausdruck und sprachlicher Höhepunkt eines nationalstaatlichen Diskurses, eines »banalen Nationalismus« (eine am britischen Beispiel entwickelte Formel des Politologen Michael Billig[7]), der über einen sehr langen historischen Zeitraum um die Exportstärke und die internationale Wettbewerbsfähigkeit der deutschen Wirtschaft herum errichtet wurde. Das Ökonomische trat dabei an die Stelle der nach den Weltkriegen verlorenen politischen und militärischen Macht. Auch diesen Themenkomplex, dessen historische Entwicklung in diesem Buch geschildert wird, transportiert der Ausdruck der Exportweltmeisterschaft mit jeder einzelnen Verwendung bis heute.

Begriff und nationalstaatlicher Diskurs würden ohne eine reale Substanz freilich nicht existieren. Exportstärke und Exportweltmeisterschaft können nicht einfach herbeigeredet werden. Ihre Grundlage ist der tatsächliche Erfolg in Deutschland hergestellter oder von dort aus vertriebener Produkte auf globalen Absatzmärkten. 1986 betrug der Wert der westdeutschen Exporte umgerechnet 270 Milliarden Euro. Seitdem hat sich diese Summe fast versechsfacht: Im Jahr 2022 wurden Waren im Wert von 1576 Milliarden Euro aus Deutschland ausgeführt. Ein kräftiger Anstieg das zweite Jahr in Folge, und zwar um 14 Prozent, obwohl der Welthandel während der Coronakrise eingebrochen war. Etwas mehr als 40 Prozent des deutschen Bruttoinlandsproduktes wurden damit im letzten Jahr im Export erwirtschaftet. Ein Viertel der inländischen Arbeitsplätze sind vom Außenhandel abhängig.[8]

Dabei lässt sich die Frage, warum einzelne Produkte so erfolgreich waren, nur jeweils im konkreten Fall beantworten. Manchmal stand am Anfang eine technische Innovation, wie der Magnetzünder von Robert Bosch Ende des 19. Jahrhunderts.[9] Manchmal war der im Vergleich zur ausländischen Konkurrenz günstige Absatzpreis bei effizienter inländischer Produktion und vergleichsweise guter Qualität ausschlaggebend, wie beim VW-Käfer in der Zeit des Wirtschaftswunders.[10] Viele Unternehmen bestachen durch Lieferfähigkeit, Zuverlässigkeit und ihren Service bei Wartung und Reparatur sowie durch die Organisation ihres internationalen Absatzes.[11] Diese Aspekte werden heute gerne unter dem Schlagwort »Made in Germany« zusammengefasst, einem Label, mit dem sich ironischerweise ursprünglich Großbritannien Ende des 19. Jahrhunderts gegen Billigwaren aus Deutschland zu schützen versuchte.[12] Hinzu kommen aber politische Rahmenbedingungen, staatliche Handelsverträge, Unterstützung der Exportfinanzierung und nicht zuletzt die Währungspolitik, die wiederum auf die Produkte jeweils sehr unterschiedlich wirken.

Für den Einzelfall und überschaubare historische Intervalle lässt sich die Bedeutung dieser Faktoren sehr genau bestimmen. Aber warum ist das gesamte Land eine erfolgreiche Exportwirtschaft, und das nicht nur vorübergehend, sondern kontinuierlich über einen sehr langen Zeitraum? Zumal Überschüsse in der Handelsbilanz ja nichts anderes bedeuten, als dass die Menschen in Deutschland mehr produzieren, als sie selbst konsumieren. Jedes Unternehmen ist sich stets bewusst, dass Exportkonjunkturen immer nur vorübergehender Natur sind und sich spätestens dann abschwächen, wenn die ausländische Nachfrage gesättigt oder deren Kaufkraft erschöpft ist. Wie hat es die deutsche Exportwirtschaft geschafft, nach jeder abflauenden Konjunktur eine neue zu erzeugen? Und warum wurde diese Fortsetzung überhaupt angestrebt?

In den Unternehmen wurde das Interesse am Export von einer Ausweitung der Absatzmärkte getragen, die zu unterschiedlichen historischen Zeiten verschiedene Motive haben konnte, etwa die Kostenersparnis bei der Großserienfertigung oder die fehlende Kaufkraft des Binnenmarktes oder gelegentlich auch imperialistische Motive. In der Politik wurde dieses Interesse von nationalstaatlichen Zwangslagen getragen: der Schaffung industrieller Beschäftigungsmöglichkeiten im Deutschen Kaiserreich, der Generierung von Deviseneinnahmen für die Erwirtschaftung der Reparationsleistungen in der Weimarer Republik und für die Beschäftigungs- und Wachstumspolitik im bundesdeutschen Wirtschaftswunder. Die konkreten individuellen Motive lassen sich stets im Kontext der zeitgenössischen Rahmenbedingungen einordnen und »erklären«.

Aber die Entscheidungen folgten einer sehr viel langfristigeren Kontinuität. Die Exportorientierung von Eliten in Wirtschaftsverbänden, Unternehmen und Politik ist bis in die sprachliche Ausdrucksweise so gleichförmig, so nachhaltig und so ausdauernd, sie ist parteiübergreifend und über die vielen Regierungs- und Regimewechsel hinweg in der deutschen Geschichte so ausgeprägt, dass sie als eigenständige historische Kraft aufgefasst werden muss, gleichsam als eine intergenerative und intersubjektive Erbmasse in der deutschen Wirtschaftsgeschichte. In einigen historischen Fällen ist die Wirksamkeit dieser Kraft durchaus überraschend. Beispielsweise dann, wenn sich nationalsozialistische Autarkieverfechter für die Aufrechterhaltung der Exportfähigkeit einsetzten oder Gewerkschaftsfunktionäre sich gegen die Aufwertung der D-Mark aussprachen, obwohl das die Preise für Konsumgüter im Inland reduziert hätte. Wenn Akteure gegen ihre eigenen Interessen handeln oder reale Handlungsalternativen überhaupt erst gar nicht erkannt werden, zeigt sich eine regelrecht zwanghafte Wirkung der deutschen Exportorientierung. Sie wird zur »Obsession«. Dieser Begriff wird hier nicht in seiner engen psychologischen Definition verwendet, mit der Zwangshandlungen von Individuen analysiert werden. Er wird vielmehr zurückhaltend und in geringer Dosierung nur dann gebraucht, wenn die strikte historische Prägung zur Exportorientierung in nachweisbaren Fällen die Entscheidungsfreiheit in Wirtschaft und Politik eingeschränkt und den Blick auf Handlungsalternativen verstellt hat.

Um zunächst an die etablierte handelswissenschaftliche Debatte anzuschließen, beginnt das Buch mit einem sehr knappen Überblick über die Entwicklung der wirtschaftswissenschaftlichen

Theorie des internationalen Handels (Kapitel 1). Es folgt ein statistischer Überblick über die Geschichte der weltwirtschaftlichen Verflechtung Deutschlands seit dem 19. Jahrhundert, der vor allem die langfristigen Entwicklungen aufzeigt: den Übergang vom Exportdefizit- zum Exportüberschussland, die Veränderungen der Struktur des Außenhandels (also welche Güter importiert und welche exportiert wurden und werden) sowie die langfristigen Veränderungen in der Zusammensetzung der wichtigsten Handelspartner des Landes (Kapitel 2).

Danach wendet sich das Buch der chronologischen Darstellung zu, in der Außenwirtschaftspolitiker und Unternehmer als wichtigste Akteure im Mittelpunkt stehen. Sie beginnt bei der für die Exportorientierung wichtigen Handelspolitik des Reichskanzlers Leo Graf von Caprivi in den 1890er Jahren und spannt einen langen historischen Bogen bis in die Zeit nach dem Zweiten Weltkrieg (Kapitel 3). Bis 1952 waren Exportüberschüsse selten und Exportweltmeisterschaften unerreichbar, während die intellektuelle Vorbereitung der Exportorientierung längst begonnen hatte. Das zeigen die neue Handelspolitik Caprivis, die britisch-deutsche Rivalität, die Weltmarktambitionen der deutschen Chemie- und Elektroindustrie, es setzt sich fort über die regen, insbesondere politischen Aktivitäten in der Weimarer Republik, um die verlorenen Weltmarktanteile zurückzugewinnen, und mündet schließlich in der nationalsozialistischen Autarkiepolitik, die eben nicht nur zahlreiche Rüstungs-, sondern auch die Exportinteressen der deutschen Wirtschaft bediente.

Mit dem nachhaltigen Auftreten von Handelsbilanzüberschüssen in der Bundesrepublik beginnt ab 1952 ein neuer Abschnitt in der Geschichte der deutschen Exportpolitik (Kapitel 4). Die Entwicklungen in der DDR können hier leider nur in wenigen Einsprengseln einbezogen werden, auch wenn das noch so unbefriedigend ist. Es wäre im Hinblick auf die These des Buches zu klären gewesen, ob dort eine ähnliche Exportorientierung am Werk war. Der hierfür notwendige Rechercheaufwand ließ die Verfolgung dieser Frage aber schlicht nicht zu. Kapitel 4 und 5 schöpfen aus einer gründlichen, aber keineswegs vollständigen Auswertung der Archivbestände des Bundeswirtschaftsministeriums, des Auswärtigen Amtes, des Bundeskanzleramtes sowie einiger Unternehmen und Verbände. Dokumente des 1946 gegründeten Außenhandelsbeirats beim Bundesministerium für Wirtschaft (ab 1974: Außenwirtschaftsbeirat), in dem sich die Spitzenfunktionäre der Exportwirtschaft mit den führenden Köpfen der Außenhandelspolitik trafen, bilden eine zentrale Quelle.

Ein wichtiges und in der Literatur aufgrund der systematischen Trennung zwischen Handels- und Geldpolitik viel zu wenig beachtetes Instrument der deutschen Exportpolitik ist die Währungspolitik, die mit der Auflösung des Systems fester Wechselkurse nach 1973 eine prominente Rolle in der deutschen Außenwirtschaftspolitik erhielt (Kapitel 5). Exportorientierung und -stärke fanden sich nun in einem äußerst dynamischen und komplexen weltwirtschaftlichen Umfeld wieder, durch das Exportindustrie und Außenwirtschaftspolitik überwiegend gemeinsam effektiv navigierten. Die 1970er und 1980er Jahre brachten nicht nur überraschende und unvorhersehbare Exportüberschüsse, sondern auch harsche Kritik insbesondere der westlichen Handelspartner. Innerhalb der Wirtschafts- und Verwaltungselite der Bundesrepublik bildete sich hierbei eine ganz besondere rhetorische Dynamik heraus, die bei den kleinsten Anzeichen sinkender Exportüberschüsse in Alarmismus verfiel, bei den höchsten Exportüberschüssen dagegen fast penetrant zu Gelassenheit aufrief.

Die Exportweltmeisterschaft des Jahres 1986 war ganz maßgeblich von den exportfreudigen Programmen der Regierung unter Helmut Kohl getragen. Diese wichtige Phase zeichnete sich zugleich durch eine gezielte »Produktionsverlagerung« aus, ein staatlich gefördertes globales »Offshoring« der deutschen Wirtschaft, das schon in den 1960er Jahren begonnen und von den sozialdemokratischen wie von den freidemokratischen Bundeswirtschaftsministern gleichermaßen weitergeführt wurde. Die vielfältige globale

Verflechtung der deutschen Wirtschaft, wie sie mit allen Vor- und Nachteilen noch heute existiert, entstand in dieser Phase.

Die Exportweltmeisterschaft der 1980er Jahre war nur der kurze Auftakt für eine viel gewaltigere und längere Exportweltmeisterphase des wiedervereinigten Deutschlands nach der Jahrtausendwende, die nun auch mit wesentlich ansehnlicherem Fußball während des »Sommermärchens« 2006 einherging, das aber wiederum nicht zum WM-Titel führte. Dem Begriff der Exportweltmeisterschaft verschaffte dieser Umstand einen zweiten diskursiven Frühling. Auf diese Phase wird im Schlusswort (Kapitel 6) noch näher eingegangen, das mit einer Zusammenfassung der Untersuchungsergebnisse beginnt.

Die deutsche Außenwirtschaftspolitik und die Exportindustrie werden in Zukunft weiterhin gute Erfolge haben müssen, wenn der Wohlstand hierzulande aufrechterhalten werden soll, so viel ist sicher. Aber diese Erfolge sollten nicht mehr über inländischen Konsumverzicht, Investitionsschwäche und Einkommensungleichheit erreicht werden. Die großen Vorzüge internationaler Arbeitsteilung sollen auch weiterhin genutzt werden, aber sie müssen eine Grenze im hierzu notwendigen Ressourcenverbrauch finden. Die Exporterfolge können nicht mehr mit protektionistischen Beschränkungen des Inlandsmarktes einhergehen, die beispielsweise im Bereich der Agrarpolitik den Abnehmerländern deutscher Güter die Erwirtschaftung eigener Erträge erschweren und sie in die Verschuldung treiben. Die deutschen Exporterfolge müssen schließlich eine Grenze darin finden, dass sie nicht die Gewinne ausländischer Produktionsbetriebe so weit abschöpfen, dass einer wachsenden Weltbevölkerung kaum eine andere Wahl bleibt, als den in ihren Heimatländern erwirtschafteten Profiten in die westlichen Industrieländer zu folgen. Die Lehren der Geschichte, die in diesem Buch zusammengetragen werden, wenden sich nicht gegen Export und auch nicht gegen den Stolz, der damit häufig verbunden ist. Sie wenden sich gegen kurzsichtige Übertreibungen, die ungerechtfertigten Verteilungseffekte und die negativen weltwirtschaftlichen

Folgen sowie ganz allgemein gegen die nationalstaatlich verzerrte Beschreibung der globalen Wirtschaft, die mit solchen Interpretationen einhergeht.

Das Buch versteht sich als ein Interpretationsvorschlag zur deutschen Wirtschaftsgeschichte und nicht etwa als abschließende Forschung. Es ist an einigen Stellen eine Synthese vor der These. Viele Aspekte verlangen weitergehende, intensivere Überprüfung und Erforschung, mehr als es ein Einzelner mit einem vertretbaren Zeitaufwand zu leisten vermag. Würde es als Interpretationsvorschlag aufgenommen, als Anregung zur eigenen Weiterarbeit an einer nicht nationalstaatlich verengten deutschen Wirtschaftsgeschichte, so hätte dieses Buch sein Ziel erreicht.

1 ZUR THEORIE DER INTERNATIONALEN WIRTSCHAFT

Ein historisch-kritischer Abriss

Die Orientierung am Export und das Streben nach hohen Exportüberschüssen ist ein historisch über viele Jahrzehnte gewachsenes Handlungs- und Denkmuster in der deutschen Entscheidungselite. Dieses Muster ist vielfach und kleinteilig in der institutionellen Ordnung des Landes verankert und gibt der wirtschaftlichen Entwicklung eine spezifische Richtung. Es spornt die Industrie an und steuert die Entscheidungen der Politik. Aber es entspricht keiner eigentümlichen handelspolitischen Ideologie.

Die Idee von der Vorteilhaftigkeit einer positiven Handelsbilanz stammt aus der merkantilistischen Wirtschaftslehre, die seit dem 16. Jahrhundert das wirtschaftspolitische Handeln in Europa prägte. Die zahlreichen außenwirtschaftspolitischen Konzepte, die später unter dem Begriff »Merkantilismus« zusammengefasst wurden, gaben den Staatslenkern sehr unterschiedliche Ratschläge, wie ein Handelsbilanzüberschuss erreicht werden könnte. Viele setzten auf die Beschränkung der Einfuhr, insbesondere der Gütereinfuhr, andere aber auch auf die Steigerung des Exports durch Technologietransfer bis hin zu den berühmten Ansiedelungen kleingewerblich erfolgreicher Landsmannschaften und religiöser Minderheiten. Mit solchen Maßnahmen zur »Steigerung des Gewerbefleißes«, wie es damals hieß, sollte die Exportproduktion forciert werden.[1]

Im Verlauf des 18. Jahrhunderts geriet die merkantilistische Wirtschaftspolitik immer mehr in Verruf, unter anderem durch die Schriften des schottischen Ökonomen Adam Smith. Smith und seine Nachfolger wandten sich vehement gegen staatliche Interventionen in die Wirtschaft, auch und gerade gegen die Intervention in den freien Handel. Das wichtigste Argument gegen den

Merkantilismus stammte von einem der großen Nachfolger von Adam Smith, David Ricardo. Es findet sich bis heute in jedem Lehrbuch zur internationalen Wirtschaft.[2] Ricardo zufolge ist die für alle Menschen zur Verfügung stehende Gütermenge dann am größten, wenn die einzelnen Volkswirtschaften sich auf die Herstellung derjenigen Güter konzentrieren, die sie mit ihrer natürlichen Ausstattung an Ressourcen und Menschen im Verhältnis zu den anderen Gütern am kostengünstigsten herstellen. Deshalb sei es am besten, so beschrieb es Ricardo in seinem 1817 erschienenen Buch *Über die Grundsätze der politischen Ökonomie und der Besteuerung* anhand eines heute legendären Beispiels, wenn Portugal nur Wein und England nur Tuch produzieren und die beiden Länder ihre Überschüsse austauschen würden.[3] Ricardos Ideen schufen die Grundlage für einen über mehrere Jahrzehnte in Großbritannien ausgefochtenen Streit zwischen »Protektionisten« und »Freihändlern«. Im Zentrum der Auseinandersetzung standen Getreidezölle, die 1846 schließlich abgeschafft wurden. Seitdem war das Vereinigte Königreich für viele das Mutterland des Freihandels.[4] Allerdings gilt die damit verbundene Vorstellung, die britische Freihandelspolitik bilde die Grundlage für den Wohlstand des Landes, heute als widerlegt.[5]

Beide Schulen, die Freihändler im Anschluss an David Ricardo sowie die Merkantilisten und Protektionisten, legten ihren Überzeugungen eine eng an dem Nationalstaatsgedanken orientierte Sichtweise zugrunde. Ausgerechnet Ricardo, der als internationaler Finanzinvestor zu Reichtum gelangte, ging in seiner Theorie von einer grundsätzlichen Immobilität der Produktionsfaktoren aus, die er durch das Nationalgefühl der Individuen begründete, durch die »natürliche Abneigung jedes Menschen, das Land seiner Geburt und persönliche Beziehungen zu verlassen und sich mit allen seinen eingewurzelten Gewohnheiten einer fremden Regierung und ungewohnten Gesetzen anzuvertrauen [...]. Diese Gefühle, deren Schwinden ich sehr bedauern würde, bestimmen die meisten Menschen mit Vermögen, sich eher mit einer niedrigen Profitrate im eigenen Land zu begnügen, als daß sie eine vorteilhaftere

Anlage für ihren Reichtum bei fremden Nationen suchen.«[6] Angesichts der Tatsache, dass es Ricardo um eine Erklärung des Handels ging, ist diese Vorannahme überraschend. Gleichwohl kennzeichnete sie alle späteren neoklassischen Theorien des internationalen Handels bis in die 1990er Jahre.[7]

Zu den größten Kritikern der Freihandelsschule gehörte in der Mitte des 19. Jahrhunderts der südwestdeutsche Ökonom und Mitbegründer des Deutschen Zollvereins Friedrich List. Auf List berufen sich bis heute die Vertreter einer protektionistischen Wirtschaftspolitik. In Deutschland gehörte er bis in das späte 20. Jahrhundert zu den einflussreichsten Nationalökonomen. List kritisierte an »der Schule«, wie er das Ricardo-Paradigma verächtlich nannte, vor allem, dass diese eine »kosmopolitische Ökonomie« darstelle. Den Bedürfnissen einzelner Nationen und insbesondere der deutschen entspreche sie nicht. Deutschland müsse zunächst eine Industriewirtschaft entwickeln, um den nationalen Wohlstand mithilfe von Exportüberschüssen auf eine höhere Stufe zu heben, die es dann erlauben würde, den Zollschutz und die Gewerbeförderung abzubauen. Exportüberschüsse stellten für List aber insgesamt eines der wichtigsten Ziele für eine erfolgreiche Wirtschaftspolitik dar. In seinem Hauptwerk, *Das nationale System der Politischen Ökonomie* von 1841, heißt es: »Man kann als Regel aufstellen, daß eine Nation um so reicher und mächtiger ist, je mehr sie Manufakturprodukte exportiert, je mehr sie Rohstoffe importiert und je mehr sie an Produkten der heißen Zone konsumiert.«[8]

Der Neomerkantilismus, der am Ende des 19. Jahrhunderts in Deutschland, Frankreich und den USA Verbreitung fand und sich häufig auf List berief, versuchte dieses Ziel mit Einfuhrzöllen im Bereich der Land- und der Industriewirtschaft zu erreichen. Aber auch im Rahmen der an der Freihandelsschule und dem Ricardo-Paradigma orientierten Außenwirtschaftspolitik ging es, in Deutschland, aber auch andernorts, um Exporterfolge und Handelsbilanzüberschüsse. Die deutschen Exportüberschüsse nach dem Zweiten Weltkrieg wurden auf der Grundlage einer »liberalen Handelspolitik« erzielt und nicht etwa auf der Grundlage des Merkantilismus. Der Exportweltmeisterschaft der 1980er Jahre ging eine geradezu ostentative »Liberalisierungsoffensive« des freidemokratischen Wirtschaftsministers Martin Bangemann voraus. Wie lässt sich dieser Widerspruch erklären?

Er liegt in der epistemologischen Gemeinsamkeit der beiden Paradigmen begründet. Sowohl die Verfechter des Merkantilismus als auch die des Freihandels setzen eine nationalstaatlich-territorial abgegrenzte und abgrenzbare Wirtschaft voraus. Sie gehen von einer Welt aus, in der Nationalstaaten Güter produzieren und diese, sofern sie diese nicht selbst verbrauchen, gegen andere Güter tauschen. Die Kritik am Ricardo-Paradigma – ob sie nun von Friedrich List vorgetragen wurde, von Entwicklungsökonomen wie Raúl Prebisch und Hans W. Singer oder von Wolfgang Streeck[9] – argumentiert mit einer territorial umgrenzten nationalen Wirtschaft, die als schutzwürdig (z. B. durch Zollgrenzen) angesehen wird. Nur auf der Grundlage einer solchen Vorstellung ergibt die isolierte Diskussion über Exportüberschüsse und Handelsbilanzen, die bis heute einen Großteil nicht nur der öffentlichen, sondern auch der wissenschaftlichen Diskussionen dominiert, überhaupt Sinn.

Der tatsächlichen grenzüberschreitenden wirtschaftlichen Verflechtung entspricht diese Annahme indes nicht – und sie tat es auch vor 200 Jahren schon nicht. Seit den 1970er Jahren öffnete sich die Schere zwischen Theorie und Realität aber immer mehr, und die neuere wirtschaftsgeografische Forschung, deren Siegeszug eng mit den Arbeiten des Ökonomen Paul Krugman verbunden ist, löste sich vom Ricardo-Paradigma bzw. ergänzte es.[10] Die jüngere Theorie der internationalen Wirtschaft stellt räumliche Agglomerationen in den Mittelpunkt ihrer Untersuchung, die innerhalb von Nationalstaaten liegen können, aber auch im Grenzbereich mehrerer Länder. Ausschlaggebend für die wirtschaftlichen Verflechtungen sind allein die tatsächlichen Handelskosten, in die Zölle und andere Handelsbeschränkungen als Faktoren mit einfließen, genauso wie die Geografie. Mit dieser Veränderung der Sichtweise trägt die Wirtschaftswissenschaft auch der Tatsache Rechnung, dass der atemberaubende Aufschwung des Welthandels seit den 1980er Jahren eben nicht nur durch den Austausch von Rohstoffen gegen Fertigwaren getragen war, sondern in zunehmendem Maße durch den Austausch von immer spezialisierteren Fertigwaren und die Verschiffung von Vorprodukten innerhalb global operierender Unternehmen.[11]

Für das Gros der Akteure, die in diesem Buch vorkommen, stellte allerdings das Ricardo-Paradigma den wissenschaftlichen Handlungshorizont dar. Natürlich war vielen von ihnen bewusst, dass wirtschaftliche Verflechtungen nicht an Grenzen haltmachen. Einigen mag das Denken in einer strikten Nationalstaatenordnung nur als eine Art Heuristik für ihre praktische Tätigkeit gedient haben. Für die zeitgenössischen politischen Diskussionen, aber auch für die wissenschaftlichen Aufarbeitungen in der Geschichts- und der Wirtschaftswissenschaft war diese Heuristik aber fatal, weil sie ein unterkomplexes Bild der internationalen Verflechtung zementierte und Begriffe wie den der Exportweltmeisterschaft ermöglichte. In der wirtschaftshistorischen Forschung hatte das vor allem zwei ungünstige langfristige Folgen.

Erstens stehen im Ricardo-Paradigma Einfuhrbeschränkungen und Zollpolitik im Mittelpunkt. Einfuhrzölle (und die damit verbundenen Maßnahmen) sind aber letztlich Instrumente einer inländischen, also nationalen Umverteilung. Sie verteuern ein Gut im Inland (z. B. Getreide), so dass die Konsumenten (z. B. die Haushalte) mehr bezahlen müssen, während die inländischen Produzenten (z. B. die Bauern) höhere Einkommen erzielen können, genauso wie der Staat aufgrund steigender Zolleinnahmen. Ausländische Produzenten, die dieselbe Menge absetzen, verdienen dagegen genauso viel wie vorher. Die inländische Umverteilung und die entsprechenden Machtkonflikte bilden daher nicht nur den Kern der jeweils zeitgenössischen Auseinandersetzungen über die Zollpolitik, sondern auch das wichtigste Thema wissenschaftlicher Untersuchungen. Aus diesem Grund berücksichtigt die Geschichte der Handelspolitik den eigentlichen internationalen Handel häufig viel zu wenig. Sie widmet sich vor allem den Machtkonflikten des politischen Systems, das die Handelspolitik hervorbringt.[12] Globale wirtschaftliche Verflechtung und auch die Verschiebung von globalen Ungleichheiten kommen hierbei häufig zu kurz.

Zweitens lenkte die theoretische Grundlage die Aufmerksamkeit vornehmlich auf die »klassische Handelspolitik«, das heißt die Zollpolitik, die Beschränkung oder Liberalisierung der Einfuhr und sogenannte »nichttarifäre Handelshindernisse« (*non-tariff barriers*, NTB). NTB sind Bestimmungen des nationalen Rechts, die für inländische Produzenten leichter zu erfüllen sind als für ausländische. Das Reinheitsgebot deutscher Bierbrauer oder auch Umweltstandards sind einschlägige Beispiele. Zölle, Einfuhrbeschränkungen und NTB sind aber höchstens die eine Seite der Medaille, jene Seite nämlich, die die Einfuhr betrifft. Die Ausfuhr, der Export, wird dagegen mit ganz anderen Instrumenten bedacht: Exportunternehmen können direkte Subventionen erhalten, die Exportfinanzierung kann durch staatliche Maßnahmen und staatlich gesammelte Informationen über Absatzmärkte verbessert werden. Exporte können außerdem über Währungsmanipulationen gefördert werden. Durch die Abwertung der eigenen Währung kann ein Staat seiner Exportwirtschaft kurzfristig einen Preisvorteil im Ausland verschaffen.[13] In der wirtschaftshistorischen Forschung ist die Verbindung zwischen Außenwirtschafts- und Währungspolitik bislang nur punktuell untersucht worden, beispielsweise für die Zeit der Großen Depression der 1930er Jahre, als einzelne Nationalstaaten versuchten, Zollerhöhungen der Handelspartner mit Währungsabwertungen zu beantworten bzw. umgekehrt.[14]

Diese außenwirtschaftspolitischen Kampfmaßnahmen jenseits der klassischen Handels- und Zollpolitik werden in neuerer Zeit – nicht zuletzt aufgeschreckt durch den Brexit und die Wahl Donald Trumps zum US-Präsidenten – unter dem Begriff des »ökonomischen Nationalismus« untersucht. Das ist anregend, da auf diese

Weise die unterschiedlichen Facetten einer nationalen oder auch nationalistischen Außenwirtschaftspolitik besser miteinander verbunden werden können. Die Wirtschaftshistorikerin Alice Teichova gehörte zu den Ersten, die den Ausdruck für die Analyse der Wirtschaftspolitik der neu gegründeten Staaten in Südosteuropa benutzten, die eben sowohl währungs- als auch handelspolitische Instrumente verwendeten.[15] Darüber hinaus dient der Ausdruck häufig als Container für sehr unterschiedliche Aspekte einer modernen oder auch historischen Außenwirtschaftspolitik, ohne dass deren Zusammenhang untereinander genauer bestimmt würde. Historische Diskussionen über die »Überfremdung der heimischen Wirtschaft« werden beispielsweise im Rahmen der Forschung zum Wirtschaftsnationalismus untersucht. Solche Diskussionen entstehen immer wieder beim Kauf inländischer Unternehmen durch ausländische Investoren, bei der geplanten Beteiligung Kuwaits an Daimler-Benz 1974 beispielsweise, bei der Übernahme des Augsburger Roboter-Unternehmens Kuka durch das chinesische Staatsunternehmen Midea 2016 oder auch jüngst bei dem Verkauf des Geschäftsbereichs Klimalösungen der Firma Viessmann – zu dem pikanterweise auch die Produktion von Wärmepumpen zählt – an den US-Konzern Carrier. Man denke aber auch an die Vorbehalte gegenüber französischem Kapital in der deutschen bzw. deutschem Kapital in der schweizerischen und polnischen Wirtschaft in den 1920er Jahren.[16]

Um aber eine nationalstaatlich verankerte Sichtweise auf die internationale Wirtschaft zu überwinden, reicht es nicht aus, die bloße Rhetorik des ökonomischen Nationalismus zu untersuchen. Es muss genau bestimmt werden, welche Aspekte einer globalen Wirtschaft in einer nationalstaatlich geprägten Wirtschaftspolitik und auch Wirtschaftstheorie eigentlich ausgelassen werden. Es muss bestimmt werden, auf welche Weise die jeweilige Außenwirtschaftspolitik, die Unternehmer, Außenwirtschaftspolitiker und Wirtschaftswissenschaftler vertreten, den Blick auf andere Aspekte von Globalisierungsprozessen verstellt.

Tatsächlich waren Produktionsprozesse schon immer arbeitsteilig über Nationalstaatsgrenzen hinweg organisiert. Lediglich der Umfang dieses Aspekts hat seit der zweiten Welle der Globalisierung historisch zugenommen. Ende des 19. Jahrhunderts wurden die in Berlin hergestellten Siemens-Telegrafen für den Betrieb einer Verbindung nach Russland ausgeführt. Das Unternehmen produzierte in England mit einem eigenen Patent Unterseekabel, die es von dort auch nach Deutschland exportierte.[17] Volkswagen baut seit den 1950er Jahren ausländische Produktionsstätten auf und beschäftigt seit Langem wesentlich mehr Mitarbeiter im Ausland als in der Bundesrepublik.[18] Bosch produzierte in Indien Zündanlagen, die nach Deutschland zurückexportiert und dort in Autos eingebaut wurden. Grundig fertigte in Österreich Farbfernseher für den westdeutschen Absatzmarkt. Umgekehrt gehörten zu den »deutschen Exporten« auch die in Deutschland hergestellten Produkte ausländischer Unternehmen: Schon in der Weimarer Republik produzierten Ford und General Motors in Köln und Rüsselsheim für die europäischen Nachbarländer. Sollten die so hergestellten Autos gleichwohl als »deutsche Exporte« charakterisiert werden, nur weil sie überwiegend von »deutschen« Arbeitern zusammengesetzt wurden, zum Teil unter Verwendung von Bauteilen, die zuvor aus den USA eingeführt worden waren?

Produktionsprozesse erstrecken sich nicht erst seit der jüngsten Welle der ökonomischen Globalisierung üblicherweise über viele Länder und Regionen. Es gibt Fälle, beispielsweise in der deutschen Textilindustrie in den 1970er Jahren, da fordern Branchenvertreter im Inland einen staatlichen Zollschutz, während inländische Unternehmer derselben Branche zugleich außerhalb des Landes als Urheber der »Billigeinfuhr« tätig sind.[19] Im Ricardo-Paradigma wird dieser Zusammenhang entkoppelt, was er aber eben nicht war. Es ist deshalb ungemein wichtig, zu einem Verständnis der Wirtschaft als von vornherein global verflochten überzugehen, in der wirtschaftshistorischen Forschung, aber letztlich auch im wirtschaftspolitischen Diskurs. Exportentscheidungen von Unternehmen – und diese bilden die Grundlage des gesamten hier zu untersuchenden Themas – bewegen sich nämlich in diesem Kalkül, in dem sie nicht nur zwischen Binnen- und Auslandsmarkt, sondern auch zwischen Binnen- und Auslandsproduktion entscheiden müssen. Wie eng diese Entscheidungen miteinander zusammenhängen und wie eng damit auch die Exportorientierung mit der »Produktionsverlagerung« zusammenhängt, wird insbesondere bei den Analysen über die 1970er und 1980er Jahre deutlich.

In der historischen Forschung hat sich für eine kritische Untersuchung der weltwirtschaftlichen Verflechtung die Untersuchung globaler Wertschöpfungsketten als zweckmäßig erwiesen.[20] Auch bei diesem Ansatz kann es sich freilich nur um eine intellektuelle Krücke handeln, denn es wäre illusorisch anzunehmen, dass Produktionsprozesse um einen einzigen stofflichen Transformationsprozess herum organisiert sind, von der Baumwollpflanze zum T-Shirt.[21] Immer gibt es zahlreiche Nebengleise, Abfallprodukte und Synergieeffekte paralleler Produktionsprozesse. Man muss eher von Produktionsnetzwerken ausgehen als von einfachen Linien, von einer komplizierten Verflechtung von Wirtschaft und Handel – wie ein Teller Spaghetti, bei dem sich niemand für den wie mit einer Plätzchenform ausgestochenen Nationalstaat im Innern interessiert.[22]

Diese Sichtweise zeichnet ein deutlich realistischeres Bild von der Struktur der modernen Wirtschaft als die mit dem Ricardo-Paradigma verbundene Vorstellung national arbeitsteilig organisierter Systeme. Nur über ein solches komplexeres Bild der Wirtschaft ist es möglich, den gravierenden Veränderungen auf die Spur zu kommen, die sich seit den 1970er Jahren eingestellt haben und heute unsere Handlungsoptionen bestimmen. Wenn wir verstehen wollen, in welchen internationalen Abhängigkeiten sich unsere Wirtschaft befindet, dann müssen wir in die Vergangenheit schauen, aber nicht durch einen wirtschaftstheoretischen Filter, der die tatsächlichen Verflechtungen unsichtbar macht.

2 DIE GLOBALE VERFLECHTUNG DER DEUTSCHEN WIRTSCHAFT IM ÜBERBLICK

Nähern wir uns der außenwirtschaftlichen Verflechtung Deutschlands zunächst aus der Vogelperspektive mit einem sehr groben Überblick über die letzten 150 Jahre. Schon aufgrund seiner geografischen Lage in der Mitte Europas war Deutschland traditionell sehr intensiv in international arbeitsteilige Produktionsprozesse eingebunden, ganz ähnlich wie seine Nachbarländer, die Schweiz, Belgien oder die Niederlande, aber im Unterschied zu Ländern mit einem sehr großen Binnenmarkt wie die USA oder China. Deutschlands Rolle hat sich dabei in den vergangenen 150 Jahren grundlegend verändert. Das Land wandelte sich von einem hungrigen Agrarimporteur zu einem mächtigen Fertigwarenexporteur.

Um die langfristigen Veränderungen der weltwirtschaftlichen Verflechtung Deutschlands aufzuzeigen, greife ich auf wichtige Kennzahlen der Außenwirtschaftsstatistik zurück. Allerdings, das sei vorab gesagt, sind diese Zahlen natürlich mit Vorsicht zu genießen. Für die vorindustrielle Zeit liegen zum Teil kaum verlässliche Daten vor. Über die letzten anderthalb Jahrhunderte hat Deutschland dann nicht nur Gebietsveränderungen, sondern auch tiefgreifende Umbrüche im politischen System durchlaufen.[1] Anhand der Teilung nach dem Ende des Zweiten Weltkriegs lässt sich beispielhaft zeigen, dass die statistische Erfassung des Exports von diesen politischen Beben nicht unberührt blieb: Weil die Bundesrepublik die DDR nicht anerkannte, galt auch in der Statistik der Handel nicht als Außenhandel, sondern wurde als Binnenhandel interpretiert und in einer »Interzonenstatistik« bzw. als »Innerdeutscher Handel« separat von der bundesdeutschen Handelsstatistik erhoben. Umstände wie diese gilt es bei den folgenden Ausführungen im Hinterkopf zu behalten.[2]

Außenhandelsstatistik: Exportquote, Exportvolumen und -wert

Ein sehr einfacher und häufig verwendeter Maßstab zur Beschreibung der globalen Verflechtung einer Volkswirtschaft ist der »Offenheitsgrad«. Zu seiner Berechnung wird die Summe aus Ausfuhr und Einfuhr ins Verhältnis zur volkswirtschaftlichen Wertschöpfung gesetzt.[3] Wenn Exporte und Importe sehr unterschiedlichen Dynamiken folgen – wie in Deutschland –, ist eine Betrachtung der Exportquoten bzw. Importquoten sinnvoll. Erstere setzt den Wert aller Ausfuhren, Letztere den Wert der Einfuhren ins Verhältnis zum Bruttoinlandsprodukt.[4] Sind Export- und Importquote identisch, ist die Handelsbilanz ausgeglichen. Liegt die Export- über der Importquote, weist die Handelsbilanz einen Überschuss aus.

Für die allermeisten Länder und auch für Deutschland sind die beiden Werte in den letzten 150 Jahren gestiegen, insbesondere nach dem Zweiten Weltkrieg. Der Anteil des Außenhandels an der wirtschaftlichen Wertschöpfung nahm letztlich überall zu, wenn auch nicht überall im selben Umfang. Diese wachsende Außenhandelsverflechtung ist der statistische Niederschlag der wirtschaftlichen Globalisierung.[5] In Deutschland stieg die Exportquote schon vor dem Ersten Weltkrieg leicht von ca. 10 auf 15 Prozent und die Importquote von 10 auf 20 Prozent (siehe Grafik 2).[6] Während des Kriegs nahm die weltwirtschaftliche Verflechtung des Deutschen Reichs stark ab. Danach stieg sie wieder fast bis auf das Vorkriegsniveau an, um dann aber in der Weltwirtschaftskrise, während der nationalsozialistischen Herrschaft und im Zweiten Weltkrieg erneut sehr stark abzusinken. Der anschließende Wiederaufbau war von einer schnellen Zunahme der Außenhandelsverflechtung getragen, wobei die Export- schneller als die Importquote zunahm und seit 1952 im Grunde dauerhaft darüber lag. Die Bundesrepublik hatte fast permanent einen Handelsbilanzüberschuss. Im Land wurden also dauerhaft mehr Güter produziert als konsumiert.

Seit dem Ende der 1960er Jahre überstieg die bundesdeutsche

Grafik 2: Deutsche Handelsbilanz, Export- und Importquote (jeweils in % des BIP), 1873-2022

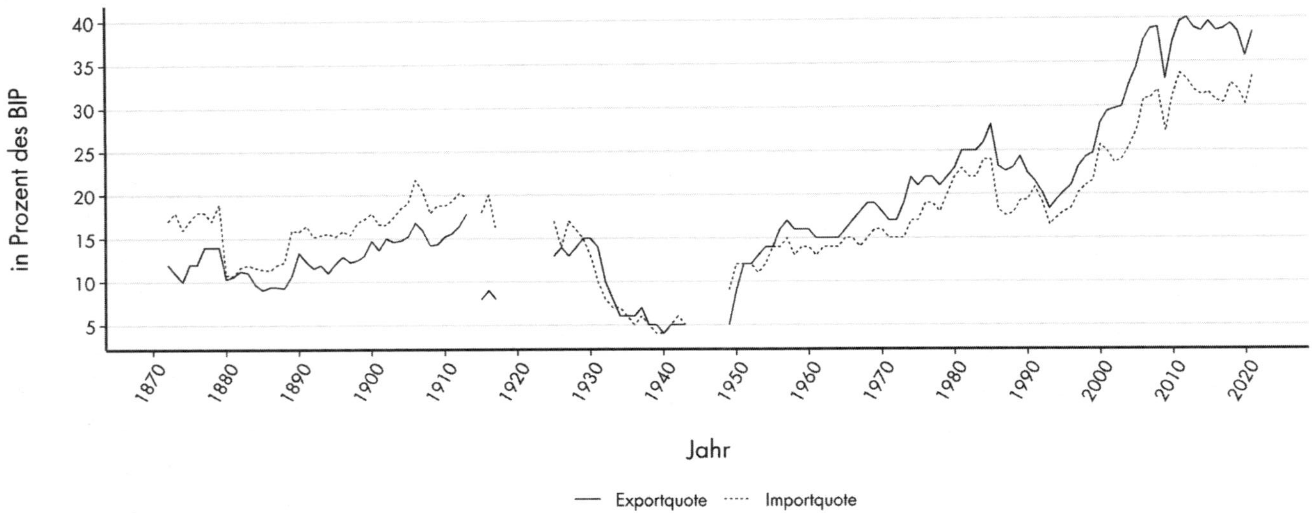

Quelle: »Deutschland in Daten«; online verfügbar unter: {http://www.deutschland-in-daten.de/datensatz/}; neueste Daten von: {https://wits.worldbank.org/}.

Exportquote das Niveau von vor dem Ersten Weltkrieg. Das zeigt einerseits, dass die globale Verflechtung der deutschen Wirtschaft schon Ende des 19. und zu Beginn des 20. Jahrhunderts auf einem im historischen Vergleich hohen Niveau lag. Andererseits wird deutlich, mit welcher Geschwindigkeit die bundesdeutsche Wirtschaft nach dem Zweiten Weltkrieg in die Weltwirtschaft integriert wurde. Die Exportquote stieg kräftig an und erreichte Mitte der 1980er Jahre 28 Prozent. Die Importquote blieb hinter dieser dynamischen Entwicklung etwas zurück, so dass der Handelsbilanzüberschuss während der ersten Exportweltmeisterschaft riesige Ausmaße annahm.

Die Wiedervereinigung reduzierte beide Kennziffern vorübergehend merklich, weil die Integration der DDR zwar das Bruttoinlandsprodukt (BIP) deutlich erhöhte, aber die Außenhandelsverflechtung nicht im selben Maße. Die Exportquote der DDR lag vor der Wiedervereinigung wohl bei etwas über 20 Prozent und damit unter der der BRD.[7] Nach der Jahrtausendwende stiegen Export- und Importquote noch einmal kräftig an – die Exportquote bis auf 39 Prozent des BIP im Spitzenjahr 2012. Weil die Importquote in den letzten Jahren vergleichsweise stabil bei ca. 30 Prozent lag, stieg der Handelsbilanzüberschuss immer weiter an und erreichte schließlich vor dem Ausbruch der Covid-19-Pandemie durchschnittlich etwa 7 Prozent des deutschen BIP. Das waren zwischen 200 und 250 Milliarden Euro pro Jahr, was der Hälfte des BIP von Nigeria entspricht, mit 200 Millionen Einwohnern die größte Volkswirtschaft Afrikas. Hinter China und den USA liegt die wesentlich kleinere und ressourcenärmere Bundesrepublik heute auf Platz drei der exportstärksten Länder der Welt.[8]

Die jüngste Globalisierungswelle, die in den 1980er Jahren begann und bis heute anhält, wurde und wird von mehreren Faktoren angetrieben: von der wirtschaftlichen Öffnung Chinas unter Staatschef Deng Xiaoping, vom Zusammenbruch der Sowjetunion und dem Ende des Kalten Kriegs, von der drastischen Reduktion der Transportkosten durch die Containerschifffahrt und schließlich von der Revolution der Mikroelektronik, die nicht nur die Beherrschung globaler Wertschöpfungsketten überhaupt ermöglicht, sondern auch zu erheblichen Gewichtseinsparungen bei global handelbaren Bauteilen geführt hat.[9] Die deutsche Exportwirtschaft konnte von diesen Entwicklungen gut und überdurchschnittlich profitieren, nicht zuletzt weil sie über jahrzehntelange Erfahrungen in der Ausnutzung der Vorteile internationaler Arbeitsteilung verfügt.

Durch die Coronapandemie und den russischen Angriff auf die Ukraine stehen die Vorteile der internationalen Arbeitsteilung neuerdings wieder zur Diskussion. Risiken und Abhängigkeiten, die das Vertrauen auf die Vorteile internationaler Arbeitsteilung auch mit sich bringt, werden in den Vordergrund gerückt. Ein Viertel der Arbeitsplätze im Inland hängt heute vom Außenhandel ab. Die Versorgungssicherheit ist für einige Produkte bei Unterbrechung der Handelswege zweifellos gefährdet. Die notwendigen Rohstoffimporte spülen unter Umständen Geld in die Kassen von Diktatoren und Tyrannen. Historisch gesehen ändern diese Probleme aber nichts an der Tatsache, dass die Bundesrepublik ihren Wohlstand auf der Grundlage einer intensiven Nutzung der Vorteile internationaler Arbeitsteilung erwirtschaftet hat. Jede diesbezügliche politische Beschränkung führt unweigerlich zu Wohlstandsverlusten.

Sofern sich dies angesichts einer unvollständigen Datenüberlieferung bestimmen lässt, gehörte Deutschland schon Ende des 19. Jahrhunderts zu den wichtigsten Exportnationen der Welt. Großbritannien führte um 1900 diese Rangliste an, und nach den Schätzungen zeitgenössischer Ökonomen folgte das Deutsche Reich auf Platz zwei, wenn auch mit beachtlichem Abstand.[10] Damals ging die deutsche Exportstärke – und das ist der wichtige Unterschied zu heute – aber noch mit einem großen Handelsbilanzdefizit einher. Die Gesellschaft des Kaiserreichs konsumierte deutlich mehr, als sie produzierte. Die Handelsbilanz des Deutschen Kaiserreichs war mit ca. 3 bis 4 Prozent (Anteil am BIP) beinahe chronisch defizitär. Insbesondere Rohstoffe und Nahrungsmittel fehlten der schnell wachsenden Bevölkerung. Nur weil die deutschen Unternehmen in anderen Staaten Kapitalbesitz aufgebaut hatten und sehr erfolgreich im Ausland Dienstleistungen verkauften (insbesondere im Reedereigeschäft und durch Versicherungen), konnte das Handelsbilanzdefizit finanziert werden.[11] Im Ersten Weltkrieg brach dieses Wachstumsmodell zusammen, weil diese Einkommensquellen wegfielen. Hieraus resultierte das zentrale politökonomische Problem der Weimarer Republik: Die Handelsbilanzdefizite wurden letztlich über Verschuldung im Ausland finanziert. Exportsteigerungen, als eine Möglichkeit, die nachteiligen Wirkungen der wachsenden Auslandsverschuldung abzuwenden, erhielten unter diesen Rahmenbedingungen in den Augen vieler Politiker und Wirtschaftsexperten geradezu religiösen Charakter.

Erst in der Bundesrepublik der 1950er Jahre stellten sich die ersehnten Handelsbilanzüberschüsse dann dauerhaft ein. Welchen Anteil hieran die Außenwirtschaftspolitik von Bundeskanzler Konrad Adenauer und Wirtschaftsminister Ludwig Erhard hatten, wird in den entsprechenden Abschnitten zu diskutieren sein.[12] Im Ausland wurden die Handelsbilanzüberschüsse aber schnell zum Ärgernis. Am Ende der 1960er Jahre erreichten sie schon 3 Prozent des Bruttosozialprodukts (BSP). Ökonomen wie Charles Kindleberger suchten händeringend nach Erklärungen, warum die Überschüsse nach der Wiederaufbauphase nicht wieder verschwanden. Als wichtiger Faktor galt ihnen eine besondere deutsche »Exportneigung« (»propensity to export«).[13] Trotz Währungsaufwertung und Ölpreiskrise stiegen die Handelsbilanzüberschüsse weiter und beliefen sich 1974 auf 50 Milliarden DM. Das entsprach damals mehr als 5 Prozent des BSP. Abschwächungen, die zum Teil nach erheblichem internationalem Druck erreicht wurden, waren immer nur vorübergehend. Mitte der 1980er Jahre stiegen die Überschüsse erneut über die 5-Prozent-Marke – das entsprach damals mehr als 100 Milliarden DM –, und auch in den Jahren vor der Finanz- und Eurokrise kletterten sie auf dieses Niveau.[14]

Regionalstruktur

Im Gegensatz zu sehr vielen anderen Einflussfaktoren der außenwirtschaftlichen Verflechtung Deutschlands – der Politik, der weltwirtschaftlichen Konkurrenz, dem industriellen Wandel und der Güterstruktur – ist die Regionalstruktur des deutschen Außenhandels über einen bemerkenswert langen Zeitraum äußerst stabil geblieben. Das gilt insbesondere für den Export. Die deutschen Waren werden bis heute zum allergrößten Teil in die Länder Europas verkauft. Für die Zeit bis zum Zweiten Weltkrieg traf dies für drei Viertel der deutschen Exporte zu, wobei Russland und die Sowjetunion zu Europa gerechnet werden.[15] Der Rest ging nach Amerika (Süd- und Nordamerika nahmen zusammen 15-20 Prozent der deutschen Exporte auf) und nach Asien (5-10 Prozent). Afrika und Australien spielten kaum eine Rolle.

Innerhalb dieser vier großen Exportregionen traten nach der Weltwirtschaftskrise deutliche Verschiebungen ein: Der Handel mit den USA, der die Hälfte des Amerikahandels ausmachte, nahm in den 1930er Jahren deutlich ab, während die mittel- und südamerikanischen Länder an Bedeutung gewannen.[16] Auf dem europäischen Kontinent verlagerte sich der deutsche Außenhandel von West- nach Ost- und Südosteuropa, ein Resultat der vor allem währungspolitisch verursachten Blockbildung nach der Weltwirtschaftskrise.[17] Der deutsche Export war mithin am Vorabend des Zweiten Weltkriegs in seiner geografischen Struktur verzerrt, was nicht nur auf die Rüstungs- und Autarkiepolitik der Nationalsozialisten zurückging, sondern auch auf den handels- und währungspolitischen Protektionismus der traditionellen westlichen Handelspartner. Im Krieg baute das nationalsozialistische Deutschland mit erheblichem Zwang europäische Produktionsprozesse auf, bei denen im Ausland beschlagnahmte, einverleibte oder anders gefügig gemachte Unternehmen in die deutsche Rüstungsproduktion integriert wurden. Diese »Großraumwirtschaft« forcierte schon während des Kriegs die »europäische Arbeitsteilung« und schuf die technische und organisatorische Voraussetzung für die spätere wirtschaftliche Westintegration.[18]

Nach dem Zweiten Weltkrieg stellte sich die traditionelle, auf Westeuropa ausgerichtete regionale Struktur des deutschen Exports schnell wieder ein. Wenn wir die Regionalstruktur des bundesdeutschen Exports in den 1950er Jahren daher mit dem Stichjahr 1938 vergleichen und von einer Verschiebung als Folge der stärkeren politischen Westorientierung sprechen würden, wäre das irreführend. Bei der Gründung der Europäischen Wirtschaftsgemeinschaft (EWG) 1957 lag der Anteil der europäischen Absatzmärkte am bundesdeutschen Export bereits bei 63 Prozent. Die osteuropäischen Länder und die Sowjetunion waren zu diesem Zeitpunkt fast bedeutungslos. Die sechs Gründungsmitglieder der EWG waren die wichtigsten Absatzmärkte für bundesdeutsche Exporte. Die USA wiesen mit 16 Prozent einen historisch gesehen erhöhten Anteil auf.

Bis Anfang der 1970er Jahre war der Anteil der (west-)europäischen Exportmärkte weiter gestiegen. 72 Prozent der Exporte gingen jetzt in die Länder Europas, darunter die Sowjetunion (als wichtigstem Handelspartner im »Ostblock«) mit nur einem geringen Anteil von etwas mehr als 1 Prozent. Frankreich war mit etwa 12 bis 13 Prozent der bundesdeutschen Ein- und Ausfuhr zum wichtigsten Handelspartner aufgestiegen. Dagegen waren die USA zurückgefallen auf etwa 10 Prozent. Das entsprach dem Niveau der Vor- und Zwischenkriegszeit. Der Anteil des gesamten amerikanischen Doppelkontinents war auf 14 bis 15 Prozent zurückgefallen, Asien erreichte 8 Prozent der Einfuhren und 6,5 Prozent der Ausfuhren, Afrika 6 Prozent bzw. 4,5 Prozent. Die traditionell stark (west-)europäisch dominierte außenwirtschaftliche Verflechtung der bundesdeutschen Wirtschaft war am Ende des Wirtschaftswunders zurückgekehrt. Die geografische Nähe erwies sich bei relativ unbeschränkten Handelsströmen als eine stark handelsdeterminierende Kraft.[19]

Mit dem Beitritt Großbritanniens zur Europäischen Gemeinschaft 1973 verstärkte sich die Regionalisierung des deutschen Au-

Grafik 3: Regionalstruktur des deutschen Exports nach Kontinenten, 1880-2017

Quelle: »Deutschland in Daten«; online verfügbar unter: {http://www.deutschland-in-daten.de/datensatz/}.

ßenhandels in Europa noch etwas. Zum Teil ging das auch auf die Ostgeschäfte zurück – Pipeline-Röhren gegen Erdgas –, in deren Verlauf die Exporte in die Sowjetunion bis auf fast 4 Prozent anstiegen (siehe hierzu auch Kapitel 4). Zugleich wurde Asien als Handelsraum wichtiger. Das lag anfänglich vor allem an den Ölpreiskrisen von 1973 und 1979. Denn diese verteuerten nicht nur die Öleinfuhren aus den zu Asien zählenden Golfstaaten, den wichtigen deutschen Lieferanten, und damit deren Anteil an der deutschen Einfuhr. Der Reichtum der Golfstaaten führte auch zu einer verstärkten Nachfrage nach deutschen Produkten, so dass die Ausfuhr in diesen Teil Asiens ebenfalls zunahm. In den 1980er Jahren verlor diese Verschiebung an Kraft, und die auf Europa zentrierte Regionalstruktur des Exports stellte sich wieder ein. Der Anteil der Ausfuhr, der in die europäischen Nachbarländer ging, stieg bis auf 77 Prozent. Nach der Wiedervereinigung ging die europäische Ausfuhr etwas zurück und stabilisierte sich bei etwa 73 Prozent, wobei ost- und südosteuropäische Länder ihren Anteil vergrößerten, der einiger westeuropäischer Staaten sich verringerte.

Seit der Finanz- und Eurokrise sinkt der Anteil der Ausfuhren nach Europa. Heute liegt er unter 70 Prozent. Das hat in erster Linie mit einem kontinuierlichen Bedeutungsgewinn der Ausfuhren nach Asien zu tun, wobei insbesondere China immer wichtiger wurde. Seit der Wiedervereinigung begann der Anteil Asiens an den deutschen Importen zunächst zu steigen und erreichte nach der Finanzkrise 18 bis 20 Prozent. Fast 10 Prozent der bundesdeutschen Importe kommen heute aus China. Der Anteil der Exporte, der in Asien abgesetzt wird, stieg kontinuierlich auf etwa 15 Prozent an, wobei 6 Prozent allein auf China entfallen. Der Aufstieg Chinas als Handelspartner der Bundesrepublik seit ca. 20 Jahren stellt die deutlichste Veränderung der Regionalstruktur des deutschen Außenhandels dar, die zuvor über mehr als ein Jahrhundert sehr stabil gewesen ist.

Spiegelbildlich zum Aufstieg Asiens und insbesondere Chinas als wichtigem bundesdeutschen Handelspartner (bei gleichbleibender Bedeutung des europäischen Handels) war der Abstieg Afrikas. Am Ende der 1960er Jahre hatte die Bundesrepublik noch 9 Prozent ihrer Einfuhren aus Afrika bezogen und 6 Prozent ihrer Exporte auf dem Kontinent abgesetzt. Durch die Ölpreiskrise, den relativen Rückgang der Entwicklungshilfe und die Gemeinsame Agrarpolitik der Europäischen Gemeinschaft sank der Einfuhranteil im Verlauf der 1970er Jahre zunächst leicht, um dann aber in den 1980er Jahren auf nur noch 3 Prozent abzusinken. Auch die Exporte nach Afrika verloren gegenüber den anderen Weltregionen an Boden und sanken auf nur noch 3 Prozent der bundesdeutschen Ausfuhren. Im ersten Jahrzehnt des neuen Jahrhunderts rutschen beide Werte auf unter 2 Prozent ab. Der Handel der Bundesrepublik mit Afrika ist heute bedeutungslos, jedenfalls in dieser groben Betrachtungsweise. Diese Entwicklung gilt für den Welthandel insgesamt.[20]

Güterstruktur

Während die Regionalstruktur der deutschen Exporte ein langfristig vergleichsweise stabiles, stark durch die Geografie geprägtes Muster aufweist, veränderte sich die Güterstruktur ständig. Das liegt schon in der Natur der Sache, denn die wichtigen Welthandelsgüter des späten 19. Jahrhunderts unterscheiden sich von den heute begehrten Waren.

Befassen wir uns zunächst mit der Struktur der Importe. Sie stehen in diesem Buch nicht im Vordergrund und können daher etwas oberflächlicher behandelt werden. Deutschland war traditionell ein Nahrungsmittelimportland. Zwischen 30 und 40 Prozent des Einfuhrwertes aller Importe im Deutschen Kaiserreich und ein etwas höherer Anteil in der Weimarer Republik entfielen auf Nahrungsmittel, worunter auch Viehfutter gezählt wird.[21] Das wichtigste Importgut war Getreide, aber Deutschland importierte auch Schlachtvieh, Milcherzeugnisse, Tierfutter, Obst und Gemüse.[22] In der Weimarer Republik ging der Anteil der Futtergetreidesorten deutlich zurück, und höherwertige Lebensmittel wie Südfrüchte, Kaffee und Fleisch nahmen an Bedeutung zu.[23]

Nach dem Zweiten Weltkrieg sank die Bedeutung der Nahrungsmittel im Rahmen der bundesdeutschen Einfuhr deutlich. In den 1970er Jahren lag sie unter 20 Prozent, seit den 1990er Jahren unter 10 Prozent des gesamten Importbedarfs, was vor allem der großen Produktivitätssteigerung in der deutschen Landwirtschaft geschuldet ist. Die Geschichte des zunehmenden deutschen Exporterfolgs enthält im Hintergrund eine andere, genauso spannende Geschichte, nämlich die des Produktivitätswachstums der deutschen Landwirtschaft (vor allem nach 1945). Es hat dazu geführt, dass Deutschland von Nahrungsmittelimporten weitgehend unabhängig wurde.[24]

Die industriellen Rohstoffe und Halbwaren – Vorprodukte für die gewerbliche Weiterverarbeitung – machten vor dem Ersten Weltkrieg einen noch größeren Anteil an dem Wert der deutschen Einfuhren aus, nämlich (je nach Schätzung) zwischen 45 und 55 Prozent.[25] Textileinfuhren hatten den mit Abstand größten Anteil unter diesen Importen, Baumwolle und Wolle, aber auch Garne.[26] Nicht zuletzt wegen des hohen Einfuhrbedarfs versuchten insbesondere die Nationalsozialisten, Baumwolle durch inländisch erzeugte Kunstfasern zu ersetzen und auf diese Weise Devisen für den Rüstungsimport freizusetzen.[27] Deshalb ging in den 1930er Jahren der Baumwollimport stark zurück. Die Einfuhr von Erzen stieg in der NS-Rüstungswirtschaft an, während sie traditionell deutlich hinter den Textil- und Nahrungsmittelimporten zurückstand.

Der Import von Fertigwaren spielte dagegen bis zum Zweiten Weltkrieg eine untergeordnete Rolle. Erst danach änderte sich dies, und der Import von Fertigwaren verdrängte sowohl die Nahrungsmittel- als auch die Rohstoff- und Halbwarenimporte. Bei den Fertigwaren handelte es sich nicht nur um Konsumprodukte, sondern auch um Fertigwaren, die in industriellen Veredelungsprozessen Verwendung finden. Heute entfallen fast 80 Prozent des Wertes der Einfuhr auf Fertigwaren. Diese Entwicklung ist im Welthandel insgesamt zu beobachten. Ende des 19. Jahrhunderts zerfiel die Welt letztlich in Länder, die Rohstoffe ex- und Fertigwaren importierten, sowie solche, die umgekehrt Rohstoffe importierten, diese zu Fertigwaren verarbeiteten, um diese dann zu exportieren. Zu Letzteren gehörte auch Deutschland. Handel fand zwischen Ländern mit unterschiedlichem Güterangebot statt. Darauf fußte auch die klassische Handelstheorie. Würden sich die Länder in ihrem Güterangebot einander annähern, dann, so die Perspektive der klassischen Theorie, käme der Handel zum Erliegen.

Nach dem Zweiten Weltkrieg setzte sich dann aber ein ganz anderes Muster durch: Der Handel nahm stark zu, obwohl die Güterstrukturen der Länder immer ähnlicher wurden. Ein großer Teil des heutigen Welthandels besteht aus dem Austausch von Fertigwaren, sogar innerhalb einer Branche. Es werden nicht mehr nur Nahrungsmittel gegen Autos getauscht, sondern Autos gegen (andere) Autos oder Teile von Autos gegen (andere) Teile von Autos.[28] Eine wichtige Rolle für diesen *intra-industry trade* spielt dabei, dass die Produktionsprozesse selbst sich internationalisiert haben und ein wachsender Teil des Handels auf Zulieferungen von einem Unternehmensteil in Land A in einen anderen Teil desselben Unternehmens in Land B entfällt.[29]

Diese Veränderung des Welthandels schlug sich in Deutschland insbesondere in der Struktur der Exporte nieder. Um die Veränderungen des deutschen Exportgüterbündels über den Zeitraum von mehr als einem Jahrhundert genauer in den Blick zu nehmen, greife ich im Folgenden auf ein standardisiertes Klassifikationsschema für Handelsströme zurück, das seit den 1960er Jahren von den Vereinten Nationen verwendet wird. Das Internationale Warenverzeichnis für den Außenhandel (Standard International Trade Classification, SITC) ordnet den Außenhandel der Länder nach einer international standardisierten Gliederung der Wirtschaft, wobei auf einer ersten groben Ebene 10 Produktgruppen unterschieden werden. Zum Teil entsprechen diese der klassischen Brancheneinteilung (z. B. Maschinenbau und Chemieindustrie). Auf einer zweiten Ebene werden die 10 Produktgruppen in 67 Gruppen weiter untergliedert. Es folgen drei weitere Gliederungsebenen bis zur feinsten, die zwischen 2970 Handelsgütern unterscheidet. Dieses Gliederungsschema verläuft quer zu der sehr groben Unterteilung von Rohstoffen, Halb- und Fertigwaren, mit der oben die Entwicklung der deutschen Importe beschrieben wurde, weil in einzelnen Produktgruppen (z. B. bei den chemischen Produkten) Halb- und Fertigwaren gleichermaßen enthalten sind. Für eine Analyse der Veränderung der deutschen Exportstruktur nach dem Zweiten Weltkrieg, als Dreiviertel der Exporte aus Fertigwaren bestanden, eignet sich die ältere grobe Unterteilung aber nicht, weshalb auf die international gebräuchliche Klassifikation zurückgegriffen wird.[30]

Auf der Grundlage dieser Vorgehensweise lässt sich zunächst feststellen, dass bereits vor dem Ersten Weltkrieg ein Großteil der deutschen Ausfuhren aus gewerblichen Produkten bestand. Bei einem Teil handelte es sich schon damals um Fertigwaren. Maschinenbau und Elektroindustrie hatten schon einen wesentlichen Anteil von jeweils 10 bis 15 Prozent an allen Exporten. Etwas niedriger lag 1913 der Anteil der Chemieindustrie, in deren Exporten auch einige Halbwaren (z. B. Dünger) einbezogen sind. Ein großer Teil der deutschen Ausfuhren bestand aus kleingewerblichen Produkten vor allem der Textil- und Bekleidungsindustrie (Letztere unter »verschiedene Fertigwaren«). Hinzu kamen Steinerzeugnisse, Papier und Pappe sowie Lederwaren. Mindestens ein Drittel der deutschen Exporte entfiel auf Halbwaren, darunter Eisen- und Stahlerzeugnisse, auch Walzstahl und Eisenbahnschienen. Unter die Rohstoffexporte fielen vor allem die Stein- und Kokskohle, aber auch Wolle, Tierhäute und -felle sowie landwirtschaftliche Produkte.

Auch wenn die Darstellungsweise nach einer groben SITC-Klassifikation die beeindruckend rasch zunehmende Sortimentsbreite des deutschen Exportgüterbündels nicht zum Ausdruck bringt und damit die ungeheure industrielle Dynamik der Wirtschaft,[31] so macht sie doch deutlich, dass im Deutschen Kaiserreich selbst nach

Grafik 4: Güterstruktur des deutschen Exports im Jahr 1913

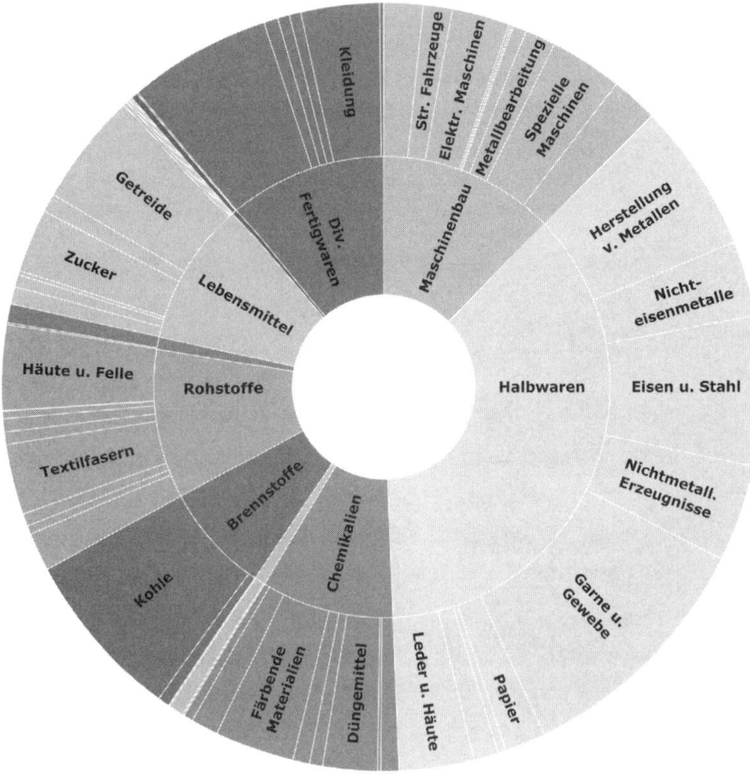

Quelle: Wolf-Fabian Hungerland und Nikolaus Wolf, »The Panopticum of Germany's Foreign Trade 1880-1913: New Facts on the First Globalization«, in: *European Review of Economic History* (2022), S. 13.

der zweiten Industrialisierung und dem beinahe mythischen Bedeutungsgewinn von Maschinenbau, Elektro- und Chemieindustrie dem Güterwert nach noch immer mehr Getreide oder Zucker exportiert wurde als beispielsweise elektrische Maschinen.

In der Weimarer Republik nahm die Bedeutung des Exports von Halb- und Fertigwaren weiter zu und lag schon am Vorabend der Weltwirtschaftskrise bei fast 70 Prozent aller Exporte, um während der NS-Zeit noch weiter zu steigen (freilich bei einem insgesamt

Grafik 5: Güterstruktur des deutschen Exports im Jahr 1929

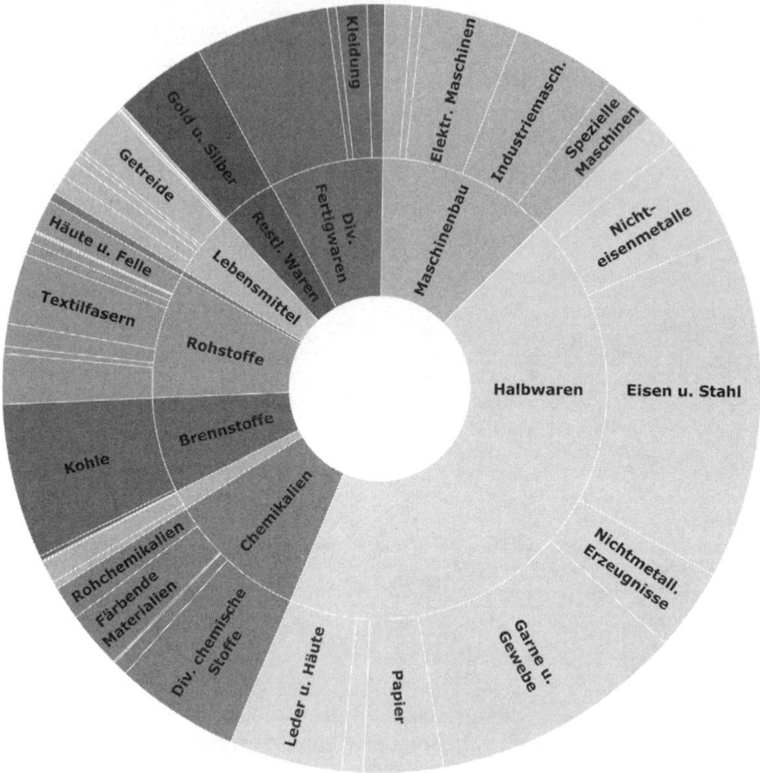

Quelle: Eigene grobe SITC-Klassifizierung auf der Grundlage von: Statistisches Reichsamt (Hg.), *Statistisches Jahrbuch für das Deutsche Reich*, 49. Jg., Berlin: Hobbing 1931.

deutlich sinkenden Exportwert und auch Exportvolumen). Hierbei fällt der große Anteil von Eisen- und Stahlprodukten (14,5 Prozent) sowie Zwischenprodukten der Textilindustrie (10,8 Prozent) besonders auf. Chemieprodukte, Industrie- und Elektromaschinen standen demgegenüber mit jeweils 4 bis 5 Prozent deutlich zurück (siehe Grafik 5).[32] Gleichwohl verfolgten die Außenwirtschaftspolitiker in der Weimarer Republik die Strategie, den Export werthaltiger Fertigprodukte zu steigern, um Überschüsse für den aus-

Grafik 6: Güterstruktur des bundesdeutschen Exports im Jahr 1962

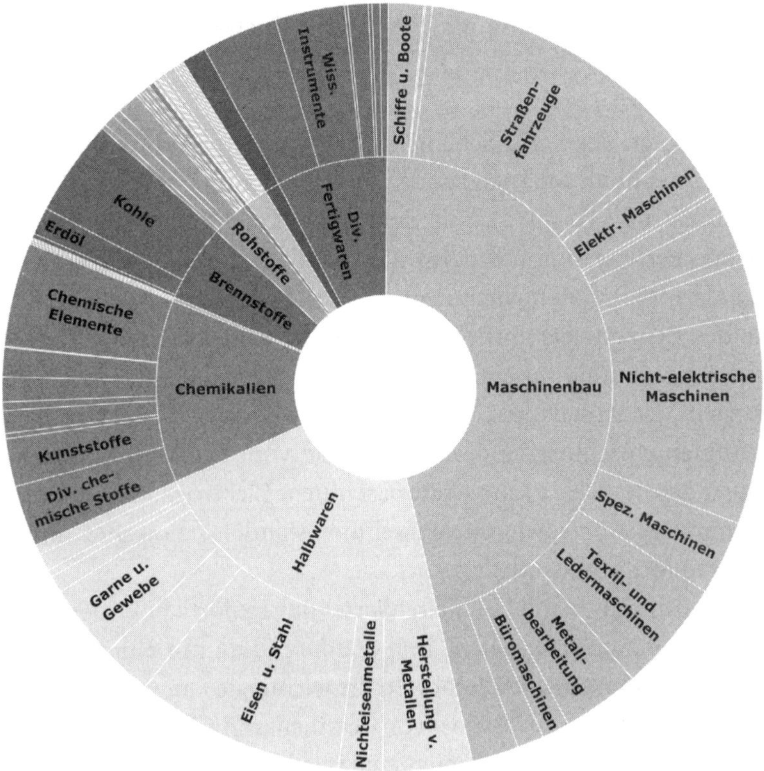

Quelle: Comtrade-Datenbank der Vereinten Nationen; online verfügbar unter: {https://wits.worldbank.org}.

ländischen Schuldendienst zu generieren. Die Nationalsozialisten blieben bei dieser Strategie, allerdings mit dem Ziel, die Aufrüstung zu finanzieren, wodurch der Fertigwarenexport Ende der 1930er Jahre bis auf einen Anteil von 77 Prozent anstieg.[33] Daneben exportierte die Weimarer Republik aber weiterhin vergleichsweise viel Kohle (6,5 Prozent). Ungewöhnlich hoch war der Edelmetallexport (3,9 Prozent), was aber im Zusammenhang mit Reparationszahlungen und der besonderen Zahlungsbilanzposition des

Landes stand und daher nicht als eine reale Veränderung der Exportstruktur zu werten ist. Die kleingewerblichen Exportgüter, Bekleidung, Glas und Keramik, Papier und Musikinstrumente waren gegenüber dem Deutschen Kaiserreich in ihrer Bedeutung jetzt allerdings zurückgefallen.

Legt man das SITC-Schema für das Exportgüterbündel in der Bundesrepublik 1962 zugrunde, so zeigt sich ein stark verändertes Bild (siehe Grafik 6). Nun dominierten nicht mehr die gewerblichen Fertigwaren und darin die Textil- und Bekleidungswaren, sondern Maschinenbauerzeugnisse und Fahrzeuge. Fast die Hälfte des Exportwerts entfiel 1962 auf diese Kategorie, dabei allein 11,7 Prozent auf Straßenfahrzeuge. 8,8 Prozent der Exporte entfielen auf Maschinen und nicht elektrische Maschinenteile, was auch Motoren einschließt und damit indirekt vom Fahrzeugbau beeinflusst wurde. Elektrische Kraftmaschinen, Elektrogeräte und Telekommunikation sowie Büromaschinen standen schon 1962 hinter dem Autoexport deutlich zurück.

Allerdings bestand auch ein Viertel des Exports noch 1962 aus Halbwaren, darunter Eisen- und Stahlprodukte mit einem Anteil von 8,9 Prozent an allen Exporten die wichtigste Gütergruppe. Mit 3,1 Prozent spielte der Export von Textilien und Garnen noch eine gewisse Rolle, während Papiererzeugnisse, Steingut oder Gummi-Erzeugnisse bedeutungslos geworden waren. Die Chemieprodukte hatten einen gleichbleibend hohen Anteil am deutschen Export, wobei unter den klassischen Produkten Farbstoffe und synthetische Düngemittel zurückgefallen waren. Dafür war der Kunststoff auf dem Vormarsch. Der Export von Kohle und Koks hatte nicht mehr dieselbe Bedeutung wie noch vor dem Ersten Weltkrieg und auch in der Zwischenkriegszeit, spielte aber 1962 mit einem Anteil von 4 Prozent an allen Exporten gleichwohl noch eine Rolle.

Mitte der 1970er Jahre – die nächste Momentaufnahme – war die Dominanz des Maschinenbaus leicht zurückgegangen. Etwas mehr als ein Drittel des Exports wurde freilich noch immer von dieser Branche generiert. Die erste Ölpreiskrise wirkte sich insbesondere

Grafik 7: Güterstruktur des bundesdeutschen Exports im Jahr 1975

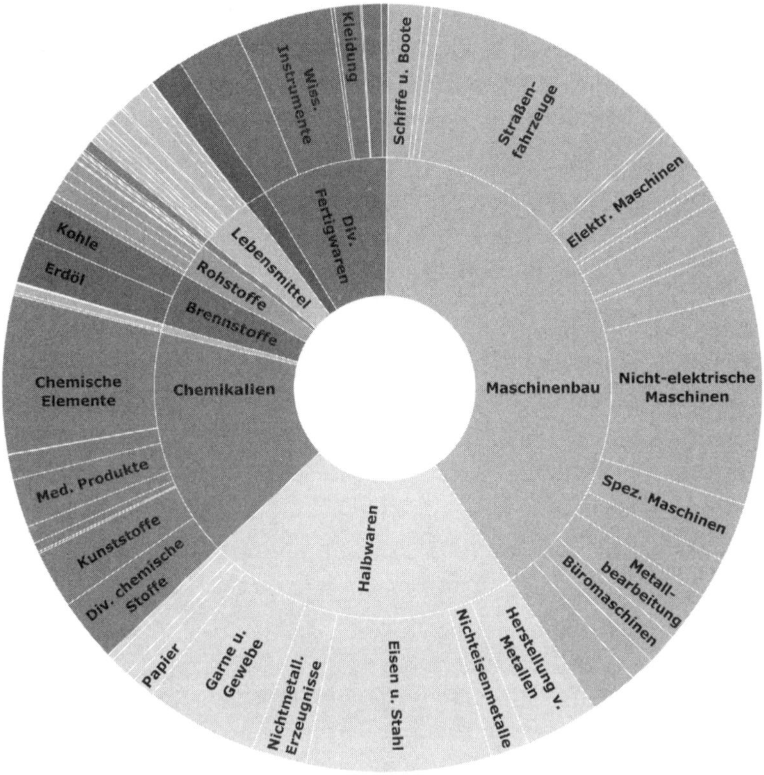

Quelle: Comtrade-Datenbank der Vereinten Nationen; online verfügbar unter: {https://wits.worldbank.org}.

auf den Export von Straßenfahrzeugen aus, der nun nur noch für 10,7 Prozent des Gesamtexports sorgte, aber weiterhin die wichtigste Exportkategorie darstellte. Daneben waren vor allem die anderen Maschinen und der Zubehörexport leicht auf 8,9 Prozent angewachsen. Im Bereich der Halbwaren ist insbesondere die große Bedeutung der Eisen- und Stahlprodukte hervorzuheben, die einen Anteil von 7,9 Prozent am Gesamtexport hatten, zum Teil künstlich getrieben durch die Ostgeschäfte am Vorabend der großen euro-

Grafik 8: Güterstruktur des bundesdeutschen Exports im Jahr 1985

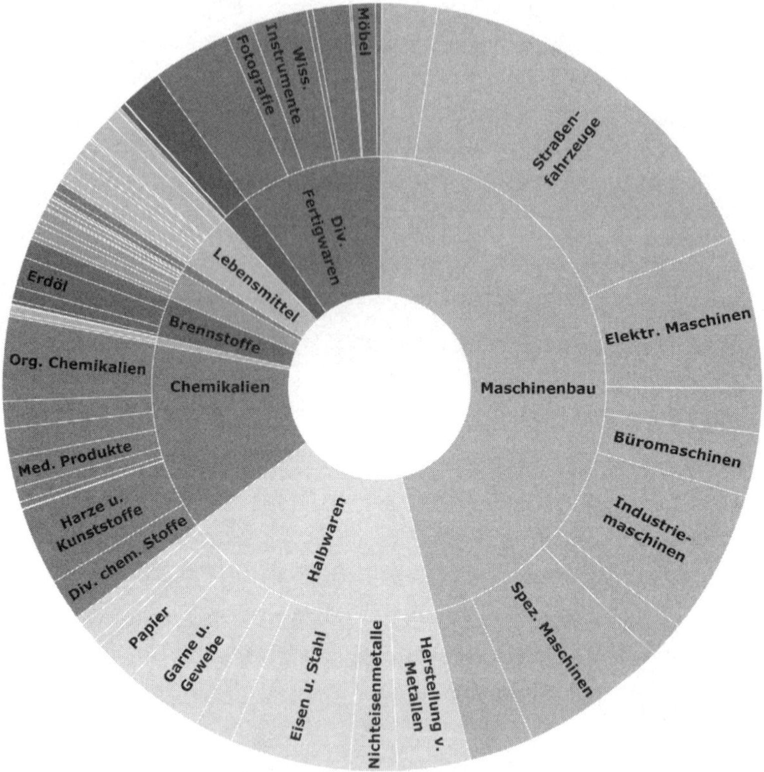

Quelle: Comtrade-Datenbank der Vereinten Nationen; online verfügbar unter: {https://wits.worldbank.org}.

päischen Stahlkrise. Erwähnenswert ist aber auch, dass der Anteil von Textilprodukten und Garnen in den 1970er Jahren auf 4,7 Prozent sogar noch zugenommen hatte.

Außerdem waren die Exportprodukte der Chemieindustrie sehr viel wichtiger geworden. Der Sektor stand nun für gut 15 Prozent des Exportwerts. Dabei fällt der hohe Anteil an Grundstoffen auf, der zum Teil auf die Zuliefererfunktion der deutschen Hauptsitze für ausländische Tochterunternehmen zurückging. Erwähnenswert ist weiterhin, dass der Export von Kohle und Koks nun keine Rolle mehr spielte, während der Lebensmittelexport erstaunlicherweise wieder an Bedeutung zugenommen hatte, nachdem er 1962 faktisch vollständig verschwunden war. Das kann an einer Veränderung der relativen Preise zugunsten der Nahrungsmittel im Zuge der Gemeinsamen Agrarpolitik gelegen haben, die sich in dieser auf Ausfuhrwerten (und nicht -volumina) fußenden Betrachtung als Bedeutungszuwachs niederschlagen würde.

1985 – am Vorabend der ersten Exportweltmeisterschaft – hatte sich dann schließlich das Güterbündel durchgesetzt, das bis heute die Struktur der deutschen Exporte prägt: Der deutsche Export ist sehr stark von dem Auslandsabsatz von Straßenfahrzeugen geprägt, auf die gut 16 Prozent des gesamten Exportwertes entfallen. Hinzu kommen Ersatzteile und Zubehör, die sich zum Teil in anderen Produktgruppen verbergen. Elektrische Maschinen und Zubehör stellten mit 6,4 Prozent am gesamten Exportwert die zweitwichtigste Gütergruppe, dicht gefolgt von den Spezialmaschinen und den Industriemaschinen (mit jeweils 6,2 Prozent), darunter Werkzeugmaschinen und Industrieroboter. Die Halbwaren wurden gegenüber den Exporten aus dem Maschinenbau immer weiter zurückgedrängt, wobei 1985 Eisen- und Stahlprodukte mit 5,1 Prozent an allen Exporten und Garne und Gewebe mit 3,3 Prozent noch immer zu den zehn wichtigsten Exportgütern gehörten (auf der zweiten Ebene des SITC-Schemas).

Die Chemieindustrie, auf der gröbsten Ebene der Klassifikation der drittgrößte Sektor, war im Anteil verglichen mit den 1970er Jahren in etwa stabil, wobei die Kunststoffverarbeitung einen größeren Exportanteil hatte. Seit den 1980er Jahren hat die Chemieindustrie ihren Anteil an den deutschen Exporten deutlich ausgebaut, was insbesondere auf den Bedeutungsgewinn der Pharmaindustrie zurückgeht. Die übrigen Produktkategorien waren demgegenüber bedeutungslos. Der Export von Kohle spielte schon in den 1980er Jahren keine Rolle mehr. Hervorzuheben ist dagegen die Tatsache, dass Deutschland nach wie vor Exporteur von Bekleidung und

Grafik 9: Güterstruktur des deutschen Exports im Jahr 2019

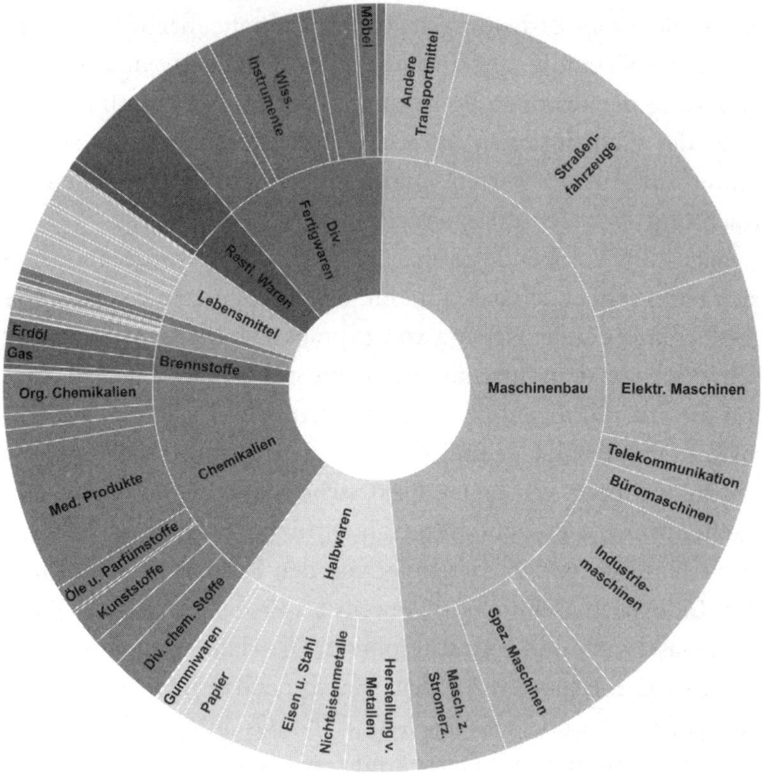

Quelle: Comtrade-Datenbank der Vereinten Nationen; online verfügbar unter: {https://wits.worldbank.org}.

Schuhen ist (unter »div. Fertigwaren« in Grafik 9) und dass die Bedeutung des Lebensmittelexports, der in den 1960er Jahren im Grunde verschwunden war, seit den 1970er Jahren beständig zugenommen hat.

Selbst die Wiedervereinigung und die »Hyperglobalisierung« der letzten Jahre veränderten an der Struktur des deutschen Exportgüterbündels wenig. Die Feingliederung nach dem SITC-Schema für das Jahr 2019 zeigt gegenüber dem Jahr 1985 nur wenige Veränderungen. Die Dominanz des Straßenfahrzeugbaus setzt sich fort. Der Anteil der Exporte von Halbwaren ist zurückgegangen und wurde von der Chemieindustrie und anderen Fertigwaren übernommen, unter denen die wissenschaftlichen Instrumente besonders an Bedeutung zunahmen, darunter auch die wichtige Medizintechnik.

Das deutsche Exportgütersortiment, so lässt sich zusammenfassen, veränderte sich im Verlauf der letzten einhundert Jahre eigentlich ständig. Hierbei waren langfristige Großverschiebungen am Werk: Kohle verlor ihre Rolle als Energielieferant und kann in anderen Teilen der Welt zu einem Bruchteil der Kosten abgebaut werden. Die globale Motorisierung und die Maschinisierung der Produktion fand in Deutschland das passende Angebot. Deutsche Unternehmen waren sehr erfolgreich darin, in dynamischen Weltmärkten ihre Absatznischen zu finden und zu behaupten, sei es die pharmazeutische Industrie oder sogar die Lebensmittelwirtschaft, die ein regelrecht überraschendes Comeback im deutschen Export erlebte. Permanente Anpassungsfähigkeit und Veränderungsbereitschaft stehen hinter dem deutschen Exporterfolg, das zeigt auch der Blick in die Güterstruktur, und nicht etwa nationale Eigenheiten.

Zahlungsbilanz: Ausländische Direktinvestitionen

Wie werden die großen Exportüberschüsse – 5 Prozent des Volkseinkommens, ca. 200 bis 250 Milliarden Euro pro Jahr – verwendet? Im Inland können sie jedenfalls nicht ausgegeben werden. Denn hier würden sie den Konsum und damit letztlich die Importe erhöhen. Das trifft auch für Investitionen zu: Würde ein Unternehmen die im Export erzielten Überschüsse auf einem Bankkonto im Inland einfach ansammeln, so würde die Bank das Guthaben üblicherweise als Kredit an andere Unternehmen weitergeben, die es dann investieren und damit die inländische Nachfrage, die inländischen Einkommen und letztlich wieder das Importvolumen erhöhen würden. Handelsbilanzüberschüsse landen notwendigerweise und zwangsläufig im Ausland – das ist das verteilungs- und gesellschaftspolitische Problem, das hinter der Kritik an den Exportüberschüssen steckt.

Eine wichtige Verwendung ist der Tourismus oder allgemeiner: die Inanspruchnahme von Dienstleistungen im Ausland durch Deutsche. Neben den Dienstleistungen der Tourismusbranche könnten das beispielsweise auch Beratungsleistungen sein. In diesem Bereich hatten die Deutschen – vor allem wegen ihrer Reisetätigkeit, der nur in geringem Umfang Reisen von Ausländern in Deutschland gegenüberstanden – üblicherweise ein Defizit, sie gaben also mehr Geld im Ausland aus. Allerdings reduzierte das den Überschuss nur geringfügig. Die Ausgaben für Dienstleistungen betrugen in den letzten zehn Jahren nur etwa ein Viertel der Handelsumsätze. Der Saldo in der Dienstleistungsbilanz reduzierte die Handelsbilanz nur um etwa 20 Milliarden Euro. Im ersten Coronajahr fiel der Dienstleistungsimport durch den Tourismus sogar vollständig aus und die bundesdeutsche Dienstleistungsbilanz war faktisch ausgeglichen.[34]

Handelsbilanz und Dienstleistungsbilanz werden zusammen mit einigen anderen Posten zur Leistungsbilanz zusammengefasst, zu der auch noch die Überweisungen der in Deutschland arbeitenden Ausländer in ihre Heimatländer gehören. Die Leistungsbilanz bildet gleichsam den realwirtschaftlichen Teil der außenwirtschaftlichen Verflechtung eines Landes ab. Auch diese Leistungsbilanz ist in der Bundesrepublik, vor allem aufgrund der hohen Handelsbilanzüberschüsse, üblicherweise und traditionell im Überschuss, zum Teil sogar erheblich.

Wenn also die Überschüsse, die im Handel erwirtschaftet werden, nicht annähernd durch die Tourismusausgaben und anderen Leistungsimport aufgezehrt werden und wenn weiterhin die Überschüsse nicht im Inland verausgabt worden sein können, was passiert mit den Überschüssen? Sie werden exportiert, und zwar auf unterschiedliche Weise: in Form von ausländischen Kapitalanlagen vermögender Deutscher und in Form von Kapitalbeteiligungen von deutschen an ausländischen Unternehmen. Kapitalexport – oder technisch gesprochen: ein Defizit in der Kapitalbilanz – ist eine notwendige und zwangsläufige Begleiterscheinung von Leistungsbilanzüberschüssen.[35] Sofern ausländische Kapitalanlagen höhere Profite einbringen als inländische, entsteht hieraus wiederum ein wohlstandssteigernder Einkommensstrom. In der Vergangenheit war das aber nicht der Fall.[36]

Nur in der besonderen Darstellungsweise der Außenhandelsstatistik sieht es so aus, als fielen die Exportüberschüsse als Einkommensstrom eines Landes an. Tatsächlich handelt es sich aber um Einkommen und Profite von Unternehmen, die dann auch die Entscheidung darüber treffen, was mit dem Einkommensstrom passiert. Deshalb wird über die deutsche Exportorientierung immer wieder unter Gerechtigkeitsaspekten diskutiert.[37] In der Bundesrepublik entschieden die Unternehmen seit den 1960er Jahren in zunehmendem Maße, einen Teil der im Export erwirtschafteten Profite nicht im In-, sondern im Ausland zu investieren, ein weiteres Zeichen der Globalisierung der deutschen Wirtschaft. Der statistische Maßstab für diese Entwicklung sind die ausländischen Direktinvestitionen (*foreign direct investments*, FDI), eine beherrschende Kapitalbeteiligung deutscher an ausländischen Unternehmen. Wenn Volkswagen in China eine Automobilfabrik baut oder sich an einer beteiligt und das aus Überschüssen aus den deutschen Werken finanziert, dann handelt es sich um eine ausländische Direktinvestition. Seit den 1970er Jahren nahm die Bedeutung der bundesdeutschen FDI sehr schnell zu. 1972 lagen die jährlichen Nettozuwächse der deutschen FDI (abfließende FDI minus zurückgeführtes Auslandskapital) erst bei 0,5 Prozent des BIP. Ende der 1980er Jahre stiegen sie auf mehr als 1 Prozent und betragen heute fast 3 Prozent. Der Anteil der deutschen an allen globalen Direktinvestitionen wuchs hierdurch deutlich an. Zeitweise gehörten deutschen Unternehmen fast 13 Prozent aller globalen Direktinvestitionen, so viel wie zuletzt vor dem Ersten Weltkrieg (vgl. hierzu ausführlicher in Kapitel 5 und Tabellen 6.1 und 6.2). FDI hätten das Potenzial, den Export aus Deutschland mittelfristig zu ersetzen oder zumindest drastisch zu reduzieren, weil sie finanzieller Ausdruck der Verlagerung von Produktion sind. Schon deshalb müssen FDI in einem Buch über die Exportweltmeisterschaft erwähnt werden.

Interessant ist aber die Frage, warum Exportorientierung, Exportüberschüsse und Exportweltmeisterschaft eine so zentrale Rolle in den nationalen Diskussionen spielen, wenn die daraus erwachsenen Gewinne letztlich dazu benutzt werden, die Produktion vom Inland in das Ausland zu verlagern oder jedenfalls auszudehnen. Historisch ist es jedenfalls durchaus beeindruckend, dass in der Bundesrepublik seit dem Ende der 1950er Jahre, als FDI wieder zugelassen waren, ein ausländischer Unternehmensbesitz von heute wohl 1,6 Billionen Euro aufgebaut wurde. Selbst in den letzten fünf Jahren wurden durchschnittlich jedes Jahr 60 Milliarden Euro in ausländische Kapitalbeteiligungen investiert, ungefähr ein Drittel des Leistungsbilanzüberschusses.[38] Diese Auslandsbeteiligungen wurden dabei parallel und in Kombination mit einer Steigerung der Exporte aufgebaut und scheinen sich eben gerade nicht, wie intuitiv angenommen werden könnte, gegenseitig auszuschließen. Ganz im Gegenteil sieht es so aus, als ob Exportstärke und ausländische Kapitalbildung sich gegenseitig verstärkende Strategien des deutschen Wachstumsmusters gewesen sind.

3
VORGESCHICHTE
Vom Neomerkantilismus des Kaiserreichs zur nationalsozialistischen Autarkiepolitik

3.1 Deutsche Exportpolitik im 19. Jahrhundert

Die Weltwirtschaft des 19. Jahrhunderts wird heute wohl am ehesten mit der ersten Welle der Globalisierung in Verbindung gebracht, jenem Aufschwung des Welthandels, der seit den 1880er Jahren das Handelsvolumen im Verhältnis zur globalen Produktion überproportional steigen ließ und damit die Exportquoten in allen großen Welthandelsländern, allen voran die Großbritanniens. Dort hatte die Exportquote zur Jahrhundertwende bereits 30 Prozent des BIP erreicht. Mehr als 40 Prozent der weltweiten Ausfuhren von Fertigwaren stammten aus dem Vereinigten Königreich.[1]

In den anderen Ländern war die Welthandelsverflechtung weniger ausgeprägt. Im globalen Durchschnitt erreichte die Exportquote vor dem Ersten Weltkrieg magere 8 Prozent, in Europa lag sie immerhin fast doppelt so hoch. Die Integration in den Welthandel war regional sehr unterschiedlich. Großbritannien war zur Jahrhundertwende der unbestrittene Hegemon, was heute durchaus kritisch gesehen wird. Die britische Weltmacht nutzte Handel sehr unverblümt zu Herrschaftszwecken, zur Errichtung eines »informal empire«, wie die Historiker John Gallagher und Ronald Robinson es genannt haben, und erzwang die Marktöffnung in anderen Teilen der Welt eher, als dass sie diese auf dem Verhandlungsweg zu erreichen versuchte.[2] Ganz gleich aber, wie wir heute zu dieser Imperialgeschichte stehen, an dem Befund ändert das nichts: Welche statistischen Indikatoren auch immer befragt werden, die Weltwirtschaft erlebte auf der Grundlage der britischen Suprematie am Ende des 19. Jahrhunderts eine erste Globalisierungswelle.[3]

Ausgelöst wurde sie allerdings nicht durch den Abbau von Handelsschranken. Die Theorie des Freihandels im Anschluss an David Ricardo und ihre Anhänger in Wirtschaft und Politik hatten zwar in der Jahrhundertmitte mit der Abschaffung der Getreidezölle in Großbritannien einen Erfolg gefeiert. Richard Cobden, der Anführer der Anti-Getreidezoll-Bewegung, wurde später Namensgeber für den wohl wichtigsten Freihandelsvertrag in Europa, den 1860 geschlossenen Cobden-Chevalier-Vertrag zwischen England und Frankreich. Dieser Vertrag wirkte als eine Art Startschuss für die Errichtung eines Systems von 56 bilateralen Freihandelsverträgen, die bis 1875 in ganz Europa auf der Grundlage der allgemeinen Meistbegünstigung geschlossen wurden. Die noch heute gebräuchliche Meistbegünstigungsklausel (*most favourate nations clause*) besagt, dass die in späteren Verträgen erzielten Handelserleichterungen automatisch auch für frühere Verträge gelten, so dass das Vertragssystem eine Dynamik von Handelserleichterungen und Zollsenkungen in Gang setzte.

Tatsächlich wurde hierdurch aber selbst in Europa nur eine Reduktion der Zollsätze um 15 Prozent erreicht. In anderen Teilen der Welt hinterließ das Cobden-Chevalier-Netzwerk noch weniger Spuren.[4] Vor allem aber war die europäische Freihandelseuphorie schon wieder verflogen, als die erste Globalisierungswelle anbrach. Veranlasst durch ein globales Überangebot an günstigem Getreide, das seit den 1870er Jahren wie eine »Invasion« aus den USA und aus Russland nach Europa strömte, kehrten insbesondere die kontinentaleuropäischen Länder zu einer merkantilistischen Politik hohen Zollschutzes zurück, die die USA nie aufgegeben hatte. Es war diese handelspolitische Phase des Neomerkantilismus, in der sich die erste Globalisierungswelle brach. Nicht wegen, sondern trotz der Handelspolitik veränderte sie die Weltwirtschaft.[5]

Der Handelsaufschwung am Ende des 19. Jahrhunderts war nur möglich, weil gleichzeitig mit der neomerkantilistischen Handelspolitik die Transportkosten so stark sanken, dass die belastende Wirkung der Zölle überkompensiert wurde. In dieser »Transportrevolution« wirkten unterschiedliche Faktoren zusammen: die Verbesserung von Schiffskonstruktionen und -antrieben, Kanalbauten (der Suezkanal wurde 1869 eröffnet, der Panamakanal 1914), der Ausbau des Eisenbahnnetzes (Zusammenschluss der Ost-West-Verbindung in den USA 1869) und die Vergrößerung der Verladekapazitäten in den Häfen.[6]

Die deutsche Wirtschaft fügte sich in diesen von der Weltwirtschaft vorgegebenen Rhythmus recht geräuschlos ein. Zwar waren der Merkantilismus und der Zollschutz in vielen deutschen Territorien tiefer verankert als in anderen Ländern. Dass einer der wichtigsten Theoretiker des Neomerkantilismus, Friedrich List, aus dem deutschen Südwesten stammte und nach längerer Tätigkeit in den USA, wo er an die Ideen Alexander Hamiltons anschließen konnte, in seiner Heimat gegen die britische Freihandelstheorie zu Felde zog, überrascht daher kaum.[7] Die meisten der vielen deutschen Territorien versuchten aber, die Vorteile einer größere Regionen überspannenden Arbeitsteilung besser auszunutzen, insbesondere nach dem Beginn des Eisenbahnbaus. Dies erklärt in erster Linie die ökonomische Bedeutung des Deutschen Zollvereins, durch den 1834 ein zollfreier Binnenmarkt mit 30 Millionen Einwohnern geschaffen wurde.[8]

Im Außenhandel war der Zollverein freilich als merkantilistisches Projekt gestartet, was ihm die Unterstützung von Friedrich List und seinen Anhängern sicherte, die in den Generalversammlungen lange Zeit die Lufthoheit behielten. Je stärker der Verein aber durch die liberale preußische Ministerialbürokratie dominiert wurde, desto mehr freihändlerische Elemente flossen ein. Der handelsgewichtete Außenzoll des Vereins lag 1859 mit kaum 15 Prozent im europäischen Mittelfeld.[9] Dank der Bemühungen von Unterhändlern wie Rudolph von Delbrück und Handelsminister August von der Heydt konnten Preußen und der Zollverein effektiv in das Cobden-Chevalier-Netzwerk eingebunden werden und waren an den hieraus hervorgehenden Zollsenkungen in den nächsten Jahren beteiligt. Immer wurden dabei die Interessen der preußischen Exportwirtschaft berücksichtigt. Das Kalkül bestand darin, durch eigene Zugeständnisse Zollsenkungen der Handelspartner zu erreichen, die dem eigenen Exportsektor zugutekommen würden.[10] Dieser Exportsektor bestand in den 1850er und 1860er Jahren vor allem aus preußischen Roggenproduzenten, während die Eisen- und Stahlindustrie des Ruhrgebiets zu den Anhängern des Schutzzolls gehörte.[11] Die deutsche Elektroindustrie steckte hingegen noch in den Kinderschuhen, die großen Chemieunternehmen wurden überhaupt erst in den 1860er Jahren gegründet.

Auf diesem außenwirtschaftlichen Fundament des Zollvereins wurde 1871 das Deutsche Kaiserreich gegründet. Die Grundlagen der liberalen preußischen Handelspolitik gingen zunächst auf das Reich über. Das Zollgesetz von 1870 ging sogar noch insofern über den Zollverein hinaus, als es einseitige freiwillige Zollsenkungen als weiteren Anreiz vorsah, die Exportmärkte für deutsche Produzenten zu erschließen.[12]

Die Wende zur Schutzzollpolitik

Nach dem Börsencrash von 1873, dem sogenannten Gründerkrach, wandelte sich das Bild allerdings mit großer Geschwindigkeit. Im Deutschen Reich formierte sich die viel beschriebene Koalition von Roggen und Eisen, die für ihre Branchen Schutzzölle durchsetzen konnte. Das ging vor allem zulasten der Konsumenten im Inland, die nun höhere Preise zahlen mussten. Aber auch die exportorientierten Branchen litten darunter, weil sie von den Gegenmaßnahmen der Handelspartner betroffen waren. Der Übergang zum Protektionismus, den Reichskanzler Otto von Bismarck in den 1870er Jahren einleitete, stand im Zusammenhang mit Koalitionsfragen. An die Stelle der Nationalliberalen, die seit den 1860er Jahren zu den wichtigsten parlamentarischen Unterstützern Bismarcks gehörten, traten die Konservativen, in deren Reihen die Interessenvertreter der Landwirtschaft eine größere Rolle spielten, und diese waren immer stärker von der »Getreideinvasion« betroffen. Einige liberale Spitzenbeamte, die wie beispielsweise Rudolph von Delbrück die Freihandelspolitik vorher im preußischen Handelsministerium und später im Reichskanzleramt getragen hatten, wurden im Zuge der »innenpolitischen Wende« ebenso entmachtet wie die Nationalliberale Partei im Reichstag.[13]

Zumindest in den ersten Jahren der Wende bemühte sich Reichskanzler Bismarck noch, den Anschein aufrechtzuerhalten, dass er sich auch um die Interessen der Exportwirtschaft kümmere. Die Zölle sollten vor allem deshalb angehoben werden, so schrieb er an den preußischen Finanzminister 1877, weil nur auf diese Weise bei den Handelspartnern Zollsenkungen erreicht werden könnten.[14] Und tatsächlich stieg der Export, vorwiegend bestehend aus landwirtschaftlichen Produkten, nach der Gründerkrise und bis in die 1880er Jahre stetig an. Aber nach der weiteren und deutlicheren Erhöhung der Agrarzölle in den Zollgesetzen 1885 und 1887, die erst auf 30 und dann auf 40 Prozent angehoben wurden, stagnierte er.[15]

Verantwortlich gemacht wurden Revanchemaßnahmen in den Abnehmerländern der deutschen Exportgüter, die nun immer häufiger Fertigprodukte betrafen. Insbesondere in Russland, woher das meiste nach Deutschland eingeführte Getreide stammte, lösten die deutschen Getreidezölle Gegenreaktionen aus. Innerhalb der deutschen Industriewirtschaft kam es zu Konflikten, weil jüngere Industriezweige wie die Chemie- und Elektroindustrie sowie der Maschinenbau um ihre internationalen Expansionsmöglichkeiten fürchteten, während die Ruhrindustrie die durch die Eisenzölle überhöhten Inlandspreise nutzte, um ihre Produkte auf den Auslandsmärkten zu Dumpingpreisen anzubieten.[16] Neben den Schutzzöllen im Ausland belasteten die hohen Inlandspreise für Stahl den gesamten Bereich der industriellen Weiterverarbeitung, und die hohen inländischen Getreidepreise trieben direkt das Lohnniveau nach oben. Der 1876 gegründete Centralverband Deutscher Industrieller (CVDI), der von der Ruhrindustrie dominiert wurde und die Zollpolitik unterstützte, stand am Ende der 1880er Jahre vor einer Zerreißprobe.

Auch wenn beispielsweise die Chemieindustrie längst dazu übergegangen war, etwaige Einfuhrbeschränkungen auf wichtigen Absatzmärkten durch ausländische Produktionsstätten zu umgehen, drängte sie auf eine Änderung in der Handelspolitik.[17] Die Elektroindustrie blies letztlich in dasselbe Horn. Und schließlich versuchte sich auch die kleingewerbliche und mittelständische Industrie, die vor allem in den Textilgewerberegionen Sachsens und Thüringens sowie im deutschen Südwesten zuhause war, eine Gegenmacht gegen das Kartell der Schutzzollinteressen aufzubauen.[18] Der nun eröffnete gesellschaftliche Kampf um die Exportwirtschaft war ein Symptom des industriellen Wandels des Kaiserreichs im Übergang zur Hochindustrialisierung und der Auseinandersetzung zwischen verschiedenen Interessengruppen.

In dieser gesellschaftlichen, aber eben auch außenwirtschaftspolitischen Großwetterlage vollzog sich 1890 der Abschied des »eisernen« Reichskanzlers und die Berufung seines Nachfolgers, des preußischen Generals Leo Graf von Caprivi. Dieser versuchte, wie in vielen anderen Bereichen auch in der Handelspolitik einen »neuen Kurs« einzuschlagen. An die Stelle der neomerkantilistischen Politik seines Vorgängers sollte eine moderate Rückkehr zum Freihandel auf Grundlage der Meistbegünstigung treten. Am Beginn dieses Prozesses stand die Reichstagsdebatte über die Erneuerung der Handelsverträge mit Österreich-Ungarn, Italien und Belgien, die Caprivi selbst mit einer viel zitierten Rede einleitete, deren komplexe weltwirtschaftliche Argumentationsweise für einen ökonomischen Laien genauso beachtlich ist wie das strategische Geschick des Seiteneinsteigers.

Caprivi begann seine Ausführungen nämlich mit einem umfassenden Bekenntnis zur Schutzwürdigkeit der deutschen Landwirtschaft, die eine Grundlage für das Überleben der Nation darstelle und daher landwirtschaftlichen Importen nicht ausgesetzt werden dürfe. Erst danach wandte er sich dem Export zu, dessen Stagnation er als »eine Kalamität« bezeichnete, »der vorzubeugen wir bestrebt sein müssen«. Die vorgeschlagenen Handelsverträge sollen »den Versuch machen, […] unser Absatzgebiet zu erweitern, neue Märkte zu gewinnen und das, was unsere Industrie im Inlande nicht mehr finden konnte, […] zu ersetzen durch eine Vereinigung mit anderen naheliegenden Nationen«. Es gehe darum, dass »die Exportfähigkeit der deutschen Industrie erhalten bleibt«. Denn andernfalls gingen im Inland Beschäftigungsmöglichkeiten verloren und es drohe eine Zunahme der Auswanderung. Das Deutsche Reich befand sich auf dem Höhepunkt der dritten Auswanderungswelle, in der jedes Jahr ca. 100 000 Menschen das Land verließen. »Lohnende Arbeit wird aber, wenn diese Verträge genehmigt werden, zur Perfektion kommen, gefunden werden. Wir werden sie finden durch den Export; wir müssen exportiren; entweder wir exportiren Waaren, oder wir exportiren Menschen. Mit dieser steigenden Bevölkerung ohne eine gleichmäßig zunehmende Industrie sind wir nicht in der Lage, weiter zu leben.«[19]

Caprivis »Wir müssen exportieren«-Rede enthält bereits zentrale Elemente der Argumentationskette, mit der die Exportorientierung der deutschen Wirtschaft in den folgenden 130 Jahren immer wieder begründet wurde. Sie könnte durchaus als Beginn der deutschen Exportpolitik angesehen werden, der Beginn einer sich selbst verstärkenden Exportorientierung in Wirtschaft und Politik. Dafür spricht auch, dass sie (von der Auswanderung einmal abgesehen) auf wirtschaftspolitische Rahmenbedingungen reagierte, die später als Argumente für eine Verstärkung von Exportanstrengungen häufig wiederholt worden sind.

Dazu gehörte die Tatsache, dass durch die Integration von Hamburg, Bremen und Lübeck in das Gebiet des Zollvereins im Jahr 1888 gleichsam schockartig über Nacht ein riesiges Handelsbilanzdefizit im Deutschen Reich sichtbar geworden war, das zehnmal größer war, als es nicht nur die deutsche Öffentlichkeit, sondern auch die Ministerialbeamten angenommen hatten. Der Exportappell stand zudem in Zusammenhang mit den Klagen über die

Höhe der Nahrungsmittelpreise, die Vertreter der Arbeiterbewegung auf die Getreidezölle zurückführten.[20]

Caprivi ging es wohl nicht darum, die moderne Industriewirtschaft zu unterstützen, Unternehmen wie Bayer und Siemens oder die Stahlverarbeitung der Gutehoffnungshütte. Abgesehen von einer äußerst unsicheren Aussicht auf eine mögliche Senkung von Einfuhrzöllen auf potenziellen Absatzmärkten nach einer Senkung deutscher Einfuhrzölle auf Getreide leisteten die Caprivi'schen Handelsverträge dazu auch keinen Beitrag. Nach allem, was darüber bekannt ist, hatte die Exportwirtschaft auch keinen Einfluss auf die Äußerungen Caprivis genommen oder war etwa an der Aushandlung der Handelsverträge beteiligt worden, so wie später der protektionistische CVDI bei der Entwicklung des Bülow-Tarifs.

Caprivis »Wir müssen exportieren«-Rede ist aber gleichwohl für die Entwicklung der gesamten deutschen Exportorientierung kaum zu überschätzen, nicht nur, weil sie bis in die sprachliche Ausdrucksweise die Argumente der Befürworter einer Exportpolitik prägte. Sie wirkte zudem wie ein Funke für die explosive Konfrontation von Protektionisten auf der einen und Freihändlern auf der anderen Seite. Diese Konfliktlinie verlief mitten durch das Unternehmerlager des Kaiserreichs hindurch und teilte dieses in Traditionalisten und »Exportenthusiasten«, wie der Ökonom Gustav von Schmoller sie einige Jahre später nannte.[21]

Obwohl die Handelspolitik von Reichskanzler Caprivi letztlich keine dramatische Umkehr der Handelspolitik erreichte – die Agrarzölle wurden moderat gesenkt, und, was wichtiger war, langfristige bilaterale Handelsverträge traten an die Stelle der »autonomen Handelspolitik« Bismarcks[22] –, radikalisierte sie die Lobbyaktivitäten der Agrarwirtschaft. 1893 wurde der Bund der Landwirte gegründet, eine aggressiv in der vergleichsweise modernen Medienlandschaft des Kaiserreichs auftretende Lobbyorganisation unter anderem für den Protektionismus. Innerhalb der Industrie taten sich Interessenkonflikte zwischen der Eisen- und Stahlindustrie, die weiter den CVDI dominierte, und den moderneren Zweigen der Industriewirtschaft auf, der Chemieindustrie, der Elektroindustrie und der großen Zahl kleingewerblicher Unternehmen, die 1894 den Bund der Industriellen (BdI) als eine Art Gegenbewegung zum CVDI gründeten. Die wirtschaftliche Bedeutung der im BdI zusammengeschlossenen Unternehmen war vergleichsweise gering. Der BdI verfolgte aber das erklärte Ziel, sich wie der Bund der Landwirte mit den Methoden der modernen Propaganda öffentlichkeitswirksam für die Exportindustrie einzusetzen.[23] Die Exportindustrie hatte eine erste und wichtige Lobbyorganisation erhalten, auch wenn die Großunternehmen ihr zunächst fernblieben. Mit dem Handelsvertragsverein (1900) und dem Hansabund (1909) folgten kurze Zeit später weitere Interessenverbände.

Die Exportmöglichkeiten der deutschen Industrie hatten seit den 1890er Jahren mithin einen festen Platz in den handels- und zollpolitischen Debatten des Kaiserreichs. Darüber hinaus ging es nun auch verstärkt darum, wie den Exportunternehmen durch staatliche Unterstützung geholfen werden könnte. Die erste richtige Exportsubvention erhielten 1894 allerdings noch die Landwirte in Form von »Einfuhrscheinen«, eine irreführende Bezeichnung, denn eigentlich handelte es sich um eine Gutschrift bei der Getreideausfuhr, die die Exporteure bei der Einfuhr von Vorprodukten steuermindernd einsetzen konnten. Die Einfuhrscheine nahmen bald den Charakter von handelbaren Wertpapieren an und wurden von den ostdeutschen Roggenexporteuren an die westdeutschen Viehmastbetriebe verkauft, die auf diese Weise ihre Futterkosten senkten.[24] Ebenfalls der Landwirtschaft zugutekamen die Exportprämien, die die Rübenzuckerproduzenten durch die Erstattung der Zuckersteuer erhielten.[25]

Die Exportindustrie des verarbeitenden Gewerbes versuchte gleichzeitig, die Reichsleitung zur Einrichtung einer Struktur von Informationsstellen zu bewegen, mit der die häufig kleinen und mittleren exportstarken Unternehmen ihre Kenntnisse über mögliche internationale Absatzmärkte verbessern konnten. Der BdI setzte sich für die Einrichtung einer Reichshandelsstelle ein. Hinzu kamen Forderungen nach staatlichen Beteiligungen an der Organisation von Musterausstellungen im Ausland sowie an der Einrichtung von Auslandshandelskammern, von denen die erste 1894 in Brüssel gegründet worden war.[26]

Flottenrüstung und Bülow-Tarif

Die Außenwirtschaftspolitik des Deutschen Kaiserreichs blieb auch zur Jahrhundertwende widersprüchlich. Die immer mächtiger werdende »moderne« Industriewirtschaft – Chemie- und Elektroindustrie, Maschinenbau – konnte daran nichts ändern.[27] Vor der Jahrhundertwende exportierte das Deutsche Reich dank der Wirkung eines internationalen Kartells noch immer mehr Zucker als Erzeugnisse des Maschinenbaus. Textilprodukte, der wichtigste Exportsektor, hatten einen fast doppelt so großen Exportwert wie die Produkte der Chemieindustrie. Am Vorabend des Ersten Weltkriegs war es damit vorbei: Eisenwaren, chemische Erzeugnisse und Produkte des Maschinenbaus rangierten mit Exportwerten zwischen 585 und 693 Millionen Mark auf den Plätzen 2 bis 4 der wichtigsten Exportbranchen, die noch immer von der Textilindustrie angeführt wurde. Der Zuckerexport war dagegen zurückgefallen.[28] Trotzdem bestimmten die Agrarinteressen auch die zentralen außenwirtschaftlichen Debatten des späten Kaiserreichs.

Eine interessante und aufschlussreiche Verknüpfung der Exportinteressen in Wirtschaft und Politik entstand dabei anlässlich der Pläne zur Erweiterung der deutschen Schlachtflotte, die maßgeblich initiiert von Kaiser Wilhelm II. seit 1897 unter tatkräftiger Mithilfe der neuen Reichsleitung und insbesondere der neuen Chefs des Reichsmarineamtes, Admiral von Tirpitz, und des Auswärtigen Amtes, Bernhard von Bülow, vorangetrieben wurden. Für die politischen und wirtschaftlichen Eliten des späten Kaiserreichs, die eine größere Rolle Deutschlands in der Weltpolitik anstrebten, war der Schlachtflottenbau ein wichtiges Anliegen. Heute wird er freilich als ein wesentlicher Schritt auf dem Weg zum Ersten Weltkrieg angesehen.[29]

Die »Flottenpolitik« ist ein Musterbeispiel für die Modernisierung der Politik im Deutschen Kaiserreich, die man indes nicht mit einer Demokratisierung verwechseln sollte. Neben der regierungsseitigen Durchsetzung war sie von einem aufwändigen Konzert an »Flottenpropaganda« begleitet, das für öffentliche Zustimmung zu dem kostenträchtigen Projekt werben und zugleich den Nationalstolz wecken sollte. Bestandteil dieses Werbefeldzugs war unter anderem der Flottenverein, der Vortragsredner vermittelte, hierunter zahlreiche prominente Nationalökonomen, die sich schnell die Bezeichnung »Flottenprofessoren« einhandelten.[30] Im Kontext dieser nationalökonomischen Vorträge entwickelte sich dabei der Gedanke, die deutsche Schlachtflotte solle auch die Aufgabe erhalten, deutsche Absatzmärkte zu erschließen und zu sichern. So könne sie eine ähnliche Rolle spielen wie die britische Royal Navy, die in den Kolonialgebieten eben auch Marktöffnung und Freihandel notfalls mit militärischem Zwang durchgesetzt hatte. Das Deutsche Reich »kann und soll keine Eroberungspolitik wie die drei Weltmächte [gemeint sind hier Großbritannien, Russland und die USA] treiben«, so führte der prominenteste deutsche Nationalökonom Gustav von Schmoller in einem seiner Flottenvorträge aus. »Aber es muß eventuell eine fremde Blockade der Nordsee brechen, seine Kolonien und seinen großen Handel schützen, den Staaten, welche sich mit ihm verbinden, die gleiche Sicherheit bieten können.«[31] »Nur das höchste Maß technischen, geistigen, organisatorischen, sozialpolitischen Fortschritts wird uns gestatten, weiter an der Spitze zu blieben, weiter unseren Export zu steigern.«[32]

Für die meisten Nationalökonomen war zur Jahrhundertwende der Wandel zum Industriestaat kaum mehr aufzuhalten. Werner Sombart war sogar der Meinung, dass sich das Deutsche Reich letztlich zu einem »Exportindustriestaat« entwickeln würde.[33] Im

Rahmen der Flottenpropaganda vertrat Schmoller aber nun die Meinung, dass die Steigerung des Exports ein eigenständiges Ziel sein müsse, ein Ziel im Dienste des allgemeinen gesellschaftlichen und zivilisatorischen Fortschritts des Deutschen Reichs, das notfalls – wenn die Absatzmärkte anders nicht zu erschließen seien – auch mit militärischen Mitteln verfolgt werden solle. Die Frage, »ob die Handelspolitik heute oder in künftiger Zeit überhaupt unabhängig von der Machtpolitik und den Machtmitteln der Staaten zu führen sei«, verneinte er.[34]

Die Machtpolitik in der Außenwirtschaftspolitik nahm an Bedeutung noch zu, als im Oktober 1900 der Diplomat Bernhard von Bülow zum Reichskanzler ernannt wurde. Als Staatssekretär des Auswärtigen Amtes hatte er 1897 die expansive deutsche Kolonialpolitik mit dem berühmten Ausspruch vom »Platz an der Sonne« im Reichstag gerechtfertigt.[35] In der Handelspolitik stand die Kanzlerschaft Bülows für die Verabschiedung eines neuen Zolltarifgesetzes im Jahr 1902 (dem Bülow-Tarif), das als eine Rückkehr zur agrarprotektionistischen Politik der Bismarck-Zeit gilt und Bülows »Sammlungspolitik« innenpolitisch stützte: die Bildung eines konservativen, die Monarchie tragenden Machtzentrums im Staatsapparat.

Tatsächlich stellte der Bülow-Tarif aber einen Kompromiss zwischen Agrarprotektionisten und Industriewirtschaft dar, der auch moderne Elemente enthielt. Zwar sorgte er für hohen Zollschutz bei der Getreideeinfuhr von durchschnittlich 29 Prozent (1907) und bei einzelnen Getreidearten wie Weizen sogar von 40 Prozent. Die Industriewirtschaft hatte aber nicht nur wesentlich höhere Forderungen der Landwirtschaft verhindert, sondern auch die Beschränkung des »Doppeltarifs« auf die vier Hauptgetreidearten durchgesetzt. Dieser sah günstige Zölle nur für Handelspartner vor, die ihrerseits zu Konzessionen bereit waren, während alle anderen mit noch deutlich höheren Einfuhrzöllen bedacht wurden. Für viele andere Waren lag das Protektionsniveau des Bülow-Tarifs aber sogar unter dem der europäischen Nachbarländer. Selbst der

Zollschutz für Eisen und Stahl lag mit 16 Prozent nur geringfügig über dem durchschnittlichen Niveau anderer europäischer Staaten. Der durchschnittliche Zollschutz über alle Güter lag bei 9 Prozent; der Anteil der zollpflichtigen Einfuhr hatte sich sogar leicht verringert.[36] Im Ergebnis und insbesondere im Vergleich mit den USA und Frankreich wird man den Bülow-Tarif also kaum als eine gravierende Verschärfung des Protektionismus einstufen können, auch wenn er es seiner Motivation nach sicher sein sollte.

Aber die Debatte über die Zollgesetze, die bereits mit den ersten Konzepten Ende der 1890er Jahre begann, war polarisiert. Das Zollgesetz wurde als eine Richtungsentscheidung über die Zukunft des Deutschen Reichs regelrecht aufgebauscht. Die unterschiedlichen Interessengruppen gründeten nicht nur ihre jeweiligen Propagandamaschinen (den Schutzverband gegen agrarische Übergriffe, 1896, und den Handelsvertragsverein),[37] sondern versuchten auch, den behördeninternen Meinungsbildungsprozess zu beeinflussen, wobei die Exportindustrie anfangs noch im Auswärtigen Amt unter Bülow und dann im Reichsschatzamt die Klinken putzte, während die Landwirtschaft und der CVDI neben dem preußischen Landwirtschaftsministerium vor allem auf das Reichsamt des Innern unter Arthur von Posadowsky-Wehner setzte.[38]

Hoch schlugen auch die Wellen in der akademischen Nationalökonomie. Sie machte die Handelspolitik 1901 zum Gegenstand ihrer Münchner Jahresversammlung. Dort ätzte der Frankfurter Ordinarius Ludwig Pohle gegen die »parasitische Exportindustrie«, die zu nichts führe als zu »minderwertigen Arbeitsbedingungen«, nichts, auf das man »die wirtschaftliche Zukunft Deutschlands gründen« solle.[39] Es waren eben nicht nur rückwärtsgewandte Agrarromantiker, die sich für Schutzzölle einsetzten, sondern auch Nationalökonomen, die sich im Anschluss an die britischen Sozialisten Beatrice und Sidney Webb um die Arbeitsbedingungen des deutschen Proletariats sorgten.

Den jungen Alfred Weber veranlasste das zu einer erregten Entgegnung, die ihm zunächst einen Ordnungsruf des Vorsitzenden

Lujo Brentano, am Ende aber den »lebhaften Beifall« der Versammlung einbrachte: Nur auf der Herstellung und dem Export von Fertigwaren könne die wirtschaftliche Zukunft Deutschlands gründen.

> In die Fertigfabrikate können wir unsere Eigentümlichkeiten, unseren Geschmack, unsere Bildung hineinarbeiten, alle die Dinge, die uns niemand zu entreißen vermag; auf ihr müssen wir fußen: Und was folgt daraus für die Handelspolitik? Ich glaube, es folgt daraus, daß wir notwendigerweise eine liberale Industriezollpolitik treiben müssen. [...] Wir sind auf der Stufe, daß Industriezölle keine Erziehungszölle mehr sind, sondern daß sie Schutzzölle sind, die dazu dienen, Exportprämien dem Industriellen zu geben. Eine Exportprämienpolitik aber kommt zu gute im Export nur dem Teile der Industrie, der in der Lage ist, die Schutzzölle für Exportprämien zu verwerten, und dies sind, da dazu Verabredung unter den Produzenten gehört, ausschließlich die kartellierten Industrien.

Und, so Weber weiter, wobei er die zeitgenössische Vorstellung einer Konkurrenz zwischen den Nationalstaaten aufgriff: »Wir liefern unseren Gegnern das billigere Eisen für die zahllosen Zweige der Eisenwarenherstellung, wir das billigere Papier für die Verarbeitungsindustrie, den billigeren Zucker für die Süßwarenherstellung, die billigeren Garne für die Gewebe- und Konfektionsindustrien. Mit unseren eigenen Rohstoffen und Halbfabrikaten ziehen wir die Konkurrenzindustrien in die Höhe, die die Zukunftschance unserer heimischen Produktion ruinieren!«[40]

Der erst 33-jährige Ökonom, der einige Jahre später entscheidende Beiträge für die Entstehung einer Standorttheorie in Deutschland leistete, wandte sich 1901 vor allem gegen die kartellierte Großindustrie. Sie nutze die zollbedingten Hochpreise im Inland zur Subvention ihres Auslandsabsatzes. Zugleich stellen seine Ausführungen einen brillanten Hinweis auf die globale Verflechtung von Produktionsprozessen dar, in die auch die deutsche Wirtschaft vielfach eingebunden war. Das kam im Bülow-Tarif zum Ausdruck und kennzeichnet diesen ebenfalls als einen Kompromiss zwischen modernen und traditionellen Elementen. Denn der Bülow-Tarif stärkte das Prinzip des »Veredelungsverkehrs«. Hierunter werden in Deutschland die Prozesse einer grenzüberschreitenden Arbeitsteilung zusammengefasst, welche schon nach der Zollordnung des Deutschen Bundes Zollfreiheit genießen sollten. Wenn beispielsweise ein deutscher Textilindustrieller sein Garn in die Schweiz exportierte, um dort Spitzen fertigen zu lassen, die er dann zurückerhielt und im Inland absetzte, so sollte diese Einfuhr nicht mit dem üblichen Zoll belastet werden. Gleiches galt für den umgekehrten Fall eines Schweizer Unternehmers, der seine Fabrikate in Deutschland »veredeln« ließ. Je höher der reguläre Zoll angesetzt wurde, desto dringlicher waren für solche Geschäfte – heute als »outward processing« bezeichnet – Zollerleichterungen, die mit dem Bülow-Tarif nun gewährt wurden.

Hiervon profitierte insbesondere die grenznahe Textilindustrie in Südwestdeutschland und Sachsen sowie metallverarbeitende Betriebe an der Grenze zu Belgien und Frankreich, aber auch die lebensmittelverarbeitende Industrie, wie sich aus der ersten gründlichen Studie über diese Thematik ersehen lässt, die Friedrich Lusensky, Oberregierungsrat im Preußischen Handelsministerium, 1903 vorlegte. Danach hatte der »passive Veredelungsverkehr« (also die Veredelung im Ausland) 1901 ein Volumen von ca. 20 Millionen, der aktive Veredelungsverkehr ein Volumen von 130 Millionen Mark.[41] Das mag bei einem Exportwert von insgesamt 4,4 Milliarden Mark kaum ins Gewicht gefallen sein, umso aussagekräftiger ist aber die Tatsache, dass der Bülow-Tarif dieses Geschäft mit einer besonderen Regelung bedachte.

Zweifellos war die Bedeutung des Deutschen Reichs in der Weltwirtschaft zur Jahrhundertwende erheblich gewachsen. 12 Prozent aller globalen Exporte stammten um 1900 aus Deutschland. Hinter Großbritannien hatte das Deutsche Reich »im Welthandel den zweiten Platz«, so berichtete der Nationalökonom und Manager der Flottenrüstung, Ernst von Halle, voller Stolz.[42] Freilich war der Abstand zum britischen Handel groß und Deutschlands Handelsbilanz stark defizitär.

Entgegen der Rhetorik vom »Platz an der Sonne« und der Suche nach neuen Absatzmärkten exportierten die deutschen Unternehmen aber drei Viertel ihrer Güter in die Nachbarländer. Die deutsche Wirtschaft produzierte, unter zunehmender Verwendung außereuropäischer Rohstoffe, Gewerbeprodukte für den europäischen Absatzmarkt. Während die Handelsbilanz mit der restlichen Welt immer defizitärer wurde, wurde sie gegenüber Europa immer positiver.[43] »Deutschland hatte zwischen 1894 und 1900 sich zum wirtschaftlichen Mittelpunkt des festländischen Europa entwickelt«, so einer der besten zeitgenössischen Kenner der deutschen Handelspolitik und Außenhandelsverflechtung.[44] In der Gesamtbilanz blieb aber in den Jahren vor dem Ersten Weltkrieg noch immer ein riesiges Defizit von durchschnittlich 1,3 Milliarden Mark, gut 2,5 Prozent des Volkseinkommens.

Auslandsinvestitionen

Die deutsche Vorstellung über die weltwirtschaftliche Verflechtung der deutschen Industrie war stark durch die Debatten über Schutzzoll oder Freihandel, über »kartellierte« oder moderne Exportindustrie und über den »Schutz der nationalen Arbeit« geprägt. Die politischen Diskussionen über den Bülow-Tarif hatten diese Tendenz noch verstärkt. Hinzu kamen die fabelhaften Exporterfolge wie der von Robert Bosch, der letztlich auf einem glücklichen Zusammentreffen der Entstehung der globalen Autoindustrie, deren geringer Verbreitung in Deutschland und einem fast zufällig erworbenen Patent für einen magnetischen Zündmechanismus beruhte. Das erst 1886 gegründete Unternehmen erwirtschaftete vor dem Ersten Weltkrieg fast 80 Prozent seines Umsatzes von fast 27 Millionen Mark im Ausland, und zwar letztlich mit einem einzigen Produkt.[45]

Solche Exporterfolge würden aber nicht ausreichen, das war aufmerksamen Zeitgenossen und wirtschaftspolitischen Experten vollkommen klar, um das gewaltige Handelsbilanzdefizit in einem absehbaren Zeitraum zu schließen. Das schien vor dem Ersten Weltkrieg auch überhaupt nicht nötig, denn das Außenwirtschaftsregime des Deutschen Kaiserreichs konnte auf durchaus beachtliche ausländische Kapitalerträge und Dienstleistungseinkommen zurückgreifen. Allein diese Finanztransfers gewährleisteten den Zahlungsbilanzausgleich. Wie passte dieser Aspekt der deutschen Verflechtung mit den Weltmärkten also in die Diskussion über die Exportwirtschaft hinein?

Die Bildung ausländischer Kapitalvermögen nahm im Deutschen Kaiserreich gewaltige Ausmaße an. Am Vorabend des Ersten Weltkriegs hatten deutsche Unternehmen und Vermögensbesitzer Auslandskapital von wohl 31 bis 35 Milliarden Mark angesammelt, was etwa 60 bis 67 Prozent des damaligen Bruttosozialproduktes entsprach.[46] Dabei handelte es sich um Portfolioinvestitionen im Umfang von 16 bis 20 Milliarden und Direktinvestitionen von 15 bis 16 Milliarden Mark. Dieses Auslandskapital generierte jedes Jahr Erträge von ungefähr 800 Millionen Mark, so viel wie die gesamten jährlichen Exporterlöse der Chemieindustrie des Deutschen Reichs in den Jahren vor dem Kriegsausbruch.[47] Trotzdem spielten die Kapitaleinkommen aus ausländischen Vermögenswerten oder auch die Einnahmen aus Dienstleistungen im Ausland (aus dem Reedereigeschäft, Versicherungsdienstleistungen und der Kaufmannstätigkeit) in den außenwirtschaftspolitischen Debatten zunächst keine Rolle – nicht in den Auseinandersetzungen um die Caprivi'sche Handelspolitik und auch nicht bei der Diskussion des Bülow-Tarifs.

In den Debatten innerhalb der Reichsleitung war das freilich anders. In der Handelspolitischen Abteilung des Auswärtigen Amtes wurde in den 1890er Jahren diskutiert, ob deutsche Auslandsinvestitionen nicht stärker daraufhin bewertet werden müssten, in welchem Umfang sie zu Warenexporten führten. Sei das nicht der Fall, so die Sichtweise der Abteilung um die Jahrhundertwende, sollten sie von politischer Seite unterbunden oder zumindest erschwert werden. Seit dem Beginn des 20. Jahrhunderts habe die Reichsleitung den Kapitalexport gezielt so einzusetzen versucht, dass er zusätzlichen Warenexport generiere.[48]

Ob diese Strategie allerdings erfolgversprechend war, darüber herrschte schon damals keine Einigkeit. Der Finanzjournalist Alfred Lansburgh hielt 1909 die Chancen, über Auslandsanleihen den deutschen Warenexport zu vergrößern, für gering. Der Warenexport in die Anleiheländer hätte sich nach seinen Berechnungen lediglich im Jahr nach der Anleihe erhöht, sei danach aber wieder zurückgegangen. Dabei fielen die Industrieexporte in die vorwiegend ost- und südosteuropäischen Anleiheländer innerhalb der gesamten deutschen Ausfuhr ohnehin gar nicht so sehr ins Gewicht.[49]

Lansburghs Wortmeldungen standen im Zusammenhang mit der Reform der Börsengesetzgebung, bei der darüber gestritten wurde, ob die Platzierung ausländischer Kapitalanleihen auf den deutschen Märkten nicht die Kapitalkosten für inländische Investitionen zu sehr belaste. Es ist aber höchst aufschlussreich, in welcher Weise die Exportfähigkeit der deutschen Industrie hier zum Argument wurde. Vertreter der Reichsleitung, wie der Staatssekretär des Reichskolonialamtes Bernhard Dernburg, aber auch Karl Helfferich, der vom Reichskolonialamt 1906 zur Anatolischen Eisenbahngesellschaft und 1908 zur Deutschen Bank gewechselt war, insistierten darauf, dass »ein sehr großer Teil des Geldes [bei der Platzierung einer Auslandsanleihe] überhaupt nicht aus Deutschland heraus[geht]«, die Auslandsanleihen und Effekten also letztlich eine Exportförderung darstellen.[50]

Die zweite Quelle des Kapitalexports waren die Auslandsinvestitionen deutscher Großunternehmen. Auch bei diesen ging es häufig um die Vergrößerung des Exports, jedenfalls indirekt. Zum Teil waren solche Investitionen eine unmittelbare Folge des zunehmenden Handelsprotektionismus. Vor allem kapitalkräftige Industrieunternehmen umgingen ausländische Einfuhrzölle, indem sie im Ausland eigene Produktionsanlagen aufbauten. Deutsche Multinationals wie Siemens oder die Allgemeine Elektricitäts-Gesellschaft (AEG) traten deshalb auch nicht notwendig und in jedem Fall als Befürworter des Freihandels in Erscheinung. Der ausländische Einfuhrzoll schützte nämlich nicht nur die dortige inländische Wirtschaft vor der ausländischen Konkurrenz, sondern unter Umständen auch die Produktionsbetriebe ausländischer Multinationals wie beispielsweise der Einfuhrzoll auf elektrische Geräte in Russland die dortige Siemens-Tochter.[51]

Das bekannteste ausländische Investitionsprojekt des späten Kaiserreichs war die »Bagdad-Bahn«, deren Bau mit der Gründung der Anatolischen Eisenbahngesellschaft durch die Deutsche Bank in den 1880er Jahren begonnen und zur Jahrhundertwende fortgesetzt worden war. Wie bei ähnlichen Projekten kooperierte die führende deutsche Außenfinanzierungsbank dabei mit dem Frankfurter Bauunternehmen Philipp Holzmann.[52] Nachdem die inländischen Eisenbahnnetze hinreichend ausgebaut worden waren, stellte der Netzausbau in den Kolonialgebieten ein lukratives Geschäftsfeld dar, an dem sich die Deutsche Bank in fast allen Teilen der Welt beteiligte, mitunter im Verbund mit deutschen Eisen- und Stahlunternehmen.

Die Gutehoffnungshütte in Oberhausen hatte sich beispielsweise eine weltweit anerkannte Expertise im Bereich des Brückenbaus erworben und war an vielen Projekten beteiligt.[53] Die »imperiale Infrastruktur« (Dirk van Laak) schloss aber auch Elektrizitäts- und Versorgungswerke ein, an denen insbesondere die AEG beteiligt war, häufig als Konsortialpartner der Deutschen Bank wie beispielsweise bei der 1898 gegründeten Deutsch-Überseeischen Elektrizitätsgesellschaft, dem größten deutschen Auslandsunternehmen vor dem Ersten Weltkrieg. Die Firma baute und betrieb Elektrizitätswerke und -netze vorwiegend in Lateinamerika.[54] Walther Rathenau, der Sohn des AEG-Gründers Emil Rathenau, reiste zudem gemeinsam mit Bernhard Dernburg auf der Suche nach lohnenden Investitionen durch Afrika.[55] Unter Emil und Walther Rathenau hatte die AEG die Unternehmensgründung im Ausland geradezu als eigenständiges Geschäftsfeld aufgebaut, in dem die Entdeckung neuer Rohstoffquellen, die infrastrukturelle Erschließung der kolonialen Märkte und die Förderung des Auslandsabsatzes der inländischen Industrieproduktion zusammenwirkten.[56]

Das Auswärtige Amt und das aus ihm 1907 herausgelöste Reichskolonialamt arbeiteten bei der Planung und der Durchführung der Auslandsinvestition deutscher Firmen eng zusammen, wobei die Initiative durchaus von beiden Seiten ausgehen konnte. Die Auslandsinvestitionen sollten nicht nur der kolonialen Renditeabschöpfung dienen, sondern waren jedenfalls der Intention nach immer auch indirekte Exportförderung. In welchem Umfang die ausländischen Direktinvestitionen tatsächlich Exporte nach sich zogen, ist bislang nicht untersucht worden. Vor dem Beginn des Ersten Weltkriegs kam es auch nicht mehr zur Ausformulierung einer umfassenden »exportpolitischen Strategie« des Kaiserreichs, in der Exportförderung und ausländische Kapitalbildung aufeinander bezogen worden wären. Aber, das soll an dieser Stelle betont werden, die strategischen Verknüpfungen zwischen handelspolitisch relevanter Exportförderung und finanzwirtschaftlich relevanten Auslandsinvestitionen erfolgte in Deutschland innerhalb von Politik und Wirtschaft ohne jeden Zweifel lange vor dem Ersten Weltkrieg.

3.2 Die außenwirtschaftspolitische Zwickmühle der Weimarer Republik

Der Erste Weltkrieg und der Versailler Vertrag von 1919 änderten die außenwirtschaftliche Lage Deutschlands tiefgreifend und nachhaltig.[57] Die zeitgenössische Wahrnehmung, von verletztem Nationalstolz geprägt, beklagte insbesondere die Gebietsabtretungen und den Verlust von 75 Prozent der Eisenerzreserven und 25 Prozent der Kohlevorkommen. Außenwirtschaftspolitisch stellte aber der faktische Totalverlust sämtlicher Auslandsanlagen die größte Hypothek für die Weimarer Republik dar. Ausländische Tochtergesellschaften deutscher Unternehmen waren in den alliierten Ländern schon zu Kriegsbeginn unter Sequester gestellt und nach dem Krieg überwiegend enteignet worden, zusammen mit sämtlichen Patenten. Die Handelsflotte war beschlagnahmt und im Zuge des Versailler Vertrages schließlich eingezogen worden. Sofern Deutsche ihre ausländischen Vermögenswerte bewahren konnten (etwa Wertpapiere und andere Geldanlagen oder in Form von Tarnfirmen und unter der Einschaltung von Strohleuten gesicherte Sachvermögen), sammelten sie die während und nach dem Krieg entstehenden Kapitalerträge lieber auf ausländischen Konten, anstatt sie der heimischen Inflation zuzuführen. Ausländische Dienstleistungs- und Kapitaleinkommen, die vor dem Krieg die Stütze des deutschen Handelsbilanzdefizits dargestellt hatten, entfielen 1919 quasi über Nacht, während der Importhunger Deutschlands angesichts einer weit unter dem Vorkriegsniveau produzierenden Landwirtschaft größer geworden war.

Zwar erhielten viele deutsche Unternehmen Entschädigungsleistungen, wenn beispielsweise Produktionsanlagen durch die Gebietsabtretungen verloren gingen oder durch Kriegseinflüsse zerstört worden waren bzw. wenn – wie bei der Handelsflotte – im Versailler Vertrag die Übergabe an die Alliierten bestimmt wurde. Von wenigen Ausnahmen abgesehen,[58] wurden diese Entschädigungen aber durch den Reichshaushalt in inländischer Währung gezahlt, die schon im Krieg an Wert verloren hatte und deren Wert nach Kriegsende noch weiter abnahm. Selbst vor der Hyperinflation des Jahres 1923 eigneten sich solche Entschädigungszahlungen kaum zum Aufbau ausländischen Kapitalvermögens, der angesichts der weiterhin bestehenden Restriktionen gegen Deutsche ohnehin nur in neutralen Ländern möglich gewesen wäre.[59]

Der Wert des verbliebenen deutschen Auslandsbesitzes war unmittelbar nach dem Kriegsende erheblich zusammengeschmolzen. In den ersten Nachkriegsjahren stieg er aufgrund von »Kapitalflucht« (wobei der physische Transport mit Geldkoffern wohl eine untergeordnete Rolle spielte) wieder etwas an, erreichte aber nicht die Höhe der Vorkriegszeit. Gesicherte Zahlen gibt es nicht. Folgt man der höchsten Schätzung, nach der in den ersten vier Jahren nach Kriegsende 6,75 Milliarden Mark (Goldmark) aus dem Deutschen Reich ins Ausland abflossen, und nimmt man an, dass von den ursprünglichen 31 bis 35 Milliarden Mark ausländischen Kapitalbesitzes 1919 nur noch 2 Milliarden übrig waren, so betrug das deutsche Auslandsvermögen nach der Stabilisierung der Währung bestenfalls ein Viertel des Vorkriegsstandes.[60]

Selbst wenn diese Summe noch um gut getarnte Auslandsvermögen deutscher Unternehmen und Privatleute erhöht werden müsste, die aber schon per definitionem keine Kapitaleinkommen generierten, so war vollkommen klar, dass das Außenwirtschaftsregime, dem das Kaiserreich großen Wohlstand verdankte, nach 1919 nicht fortgesetzt werden konnte: Das Land war nach dem Ersten Weltkrieg vollständig auf die inländischen Produktionsmöglichkeiten zurückgeworfen. Es war diese Konstellation, die die wirtschaftliche Ausgangslage für die Weimarer Republik so verheerend und überaus hoffnungslos machte. Solange ausländische Kredite nicht erreichbar waren, mussten Exportüberschüsse für die Regierungen des Deutschen Reichs als die einzige Möglichkeit erscheinen, Devisen zu erwirtschaften, die zum Einkauf von Rohstoffen und Nahrungsmitteln dringend gebraucht wurden.[61]

Diese außenwirtschaftspolitische Zwangslage, die durch den

Krieg und den Versailler Vertrag entstanden war und in die sich das Deutsche Reich im Grunde selbst hineinmanövriert hatte, ist von den weltwirtschaftlichen Entwicklungen zu unterscheiden, die hiervon unabhängig bereits am Ende des 19. Jahrhunderts eingesetzt hatten. Mit dem Aufstieg der USA zu einer führenden Industriemacht, dem Bedeutungsgewinn Japans als Wirtschaftsmacht im Pazifik und dem der britischen Dominions waren neue Handels- und Wirtschaftszentren entstanden, welche die Rolle Europas und der »atlantischen Weltwirtschaft« unterminierten. Flottenpolitik und Weltmachtambitionen des Kaiserreichs waren gerade hierdurch angeheizt worden. Der Weltkrieg hatte diese Entwicklungen beschleunigt. Durch den Friedensschluss waren sie mit zusätzlicher Sprengkraft auf die europäischen Regierungen zurückgelenkt worden: Die Weltwirtschaft nach dem Ersten Weltkrieg war wesentlich komplexer als vor dem Krieg, erforderte die Berücksichtigung einer sehr viel größeren Zahl von Nationen und Akteuren, und sie war sehr viel »kompetitiver« geworden.[62]

Viele Länder reagierten hierauf, indem sie ihre Binnenwirtschaft durch Zollschutz und Einfuhrbeschränkungen abzukoppeln versuchten. Diesen Prozess aber als eine »Deglobalisierung« zu bezeichnen trifft den Kern der Entwicklung nicht. Eher handelte es sich um eine Dezentralisierung der Weltwirtschaft oder auch um eine Regionalisierung, die zulasten der europäischen Nationalökonomien ging – keineswegs nur der deutschen. Dem Bedeutungsverlust der europäischen Wirtschaft in der globalen Wirtschaft standen Bedeutungsgewinne und eine Intensivierung des Handels in anderen Teilen der Welt gegenüber.[63]

Die deutsche Volkswirtschaft trat in diese Situation im Vergleich zu ihren europäischen und transatlantischen Wettbewerbern mit mehreren Handicaps ein: Von der politischen Umgestaltung der Welt, die mit der Gründung des Völkerbunds zumindest geplant war, wurden die Deutschen, die erst 1926 beitreten konnten, ausgeschlossen. Die europäischen Konkurrenten Frankreich und Großbritannien erhielten dagegen weitreichende politische Kompetenzen in ökonomisch vielversprechenden »Mandatsgebieten« im Nahen Osten, am Persischen Golf und in Afrika.[64]

In Mittel- und Südamerika hatte sich der Einfluss der USA verstärkt, im Pazifik hatte Japan den größten Teil der ehemaligen deutschen Kolonien als Völkerbundmandat übernommen. Die revolutionäre Sowjetunion entwickelte sich auch wegen dieser Gemengelage auf den anderen Märkten zu einem der wichtigsten Handelspartner für die Weimarer Republik. Darüber hinaus hatte sich in den traditionellen deutschen Absatzmärkten die Wettbewerbssituation verändert, weil angesichts der ausbleibenden deutschen Lieferungen (beispielsweise von Maschinen und Eisenbahnbaustoffen in Südamerika) nach anderen Lieferanten gesucht oder inländische Produktionsbetriebe aufgebaut worden waren. Die deutsche Exportwirtschaft musste diese Konkurrenz zunächst verdrängen, wollte sie auf die Märkte zurückkehren. Während also einerseits wegen der nun fehlenden ausländischen Kapitalerträge und Dienstleistungseinkommen die Steigerung des Exportes für die deutsche Volkswirtschaft dringlicher war als vor dem Krieg, war sie andererseits wegen der veränderten weltwirtschaftlichen Großwetterlage ungleich viel schwieriger geworden.

Das war das außenwirtschaftspolitische Dilemma, in dem die Weimarer Republik von Beginn an steckte. Die »Exportfähigkeit der deutschen Wirtschaft«, im Kaiserreich letztlich doch ein semantisches Spielzeug einer langfristig nach Weltmacht strebenden bildungs- und wirtschaftsbürgerlichen Elite, wurde nach dem Krieg zur »Lebensfrage des deutschen Volkes«, so die Worte von Hans Posse, der später als Abteilungsleiter im Reichswirtschaftsministerium für die Handels- und Zollpolitik verantwortlich zeichnete.[65] Und das war, vielleicht im Gegensatz zu den Debatten im Kaiserreich, nicht nur pathetisch formuliert, sondern die feste Überzeugung einer großen Gruppe von Ministerialbeamten in den zuständigen Berliner Ministerien.

Noch während des Kriegs machten sich dort die Spitzenbeamten über die schwierige Lage, in die die deutsche Exportwirtschaft durch den Krieg geraten war, keine Illusionen. Über die Nachkriegsplanungen befragt, schrieb der kommissarische Leiter des Reichswirtschaftsamtes, Rudolf Schwander, Ende 1917, als viele in Berlin – Schwander selbst eingeschlossen – noch von einem siegreichen Ausgang des Kriegs überzeugt waren, an den Staatssekretär des Auswärtigen Amtes: »Unsere Großmachtstellung in der Welt ist durch Zuwachs an Land und Kriegsentschädigung allein keineswegs gesichert. Der Außenhandel ist der Träger unserer wirtschaftlichen Kraft und damit unseres Wohlstandes. [...] Die Kraft der deutschen Industrie beruht darauf, daß sie sich im Frieden nicht auf die Versorgung des Inlandsmarktes beschränkte, sondern mit Erfolg auch der Eroberung der Auslandsmärkte zugewendet hat.«[66] »Unsere mächtige Ausfuhrindustrie war die Trägerin der Lohnverdienste der Arbeiter«, schrieb Richard von Kühlmann, Staatssekretär im Auswärtigen Amt, einige Monate später an den Chef des Generalstabes, Paul von Hindenburg. »Sollte sie [die Ausfuhrindustrie] dauernd wesentlich hinter den früheren Stand zurückgehen, so würde der Wohlstand Deutschlands an der Wurzel getroffen.«[67]

Mit keinem Wort erwähnten die beiden Politiker etwa außenwirtschaftliche Schutzbedürfnisse der Landwirtschaft, sondern sie betonten ganz im Gegenteil die Notwendigkeit von Nahrungsmittelimporten. Die Caprivi-Sichtweise hatte sich, jedenfalls in der Berliner Ministerialbürokratie, am Ende des Kaiserreichs, kurz vor seinem Untergang, durchgesetzt und tradierte sich fast nahtlos in die Weimarer Republik. Die konkreten Empfehlungen für die Nachkriegsplanungen mussten daher lauten, dass neben der Sicherung der Rohstoffzufuhr die Handelsfreiheit möglichst rasch herzustellen sei, um den Absatz der deutschen Exportprodukte zu erleichtern. Das außenwirtschaftspolitische Erbe des Kaiserreichs ging auf Caprivi zurück, nicht auf Bismarck und letztlich auch nicht auf Bülow.

Zu der Kontinuität des außenwirtschaftspolitischen Erbes von Caprivi hatte beigetragen, dass die Außenpolitik der Weimarer Republik insgesamt stark von ökonomischen Themen bestimmt wurde. Reparationsregelungen, Kreditzusagen und Währungsfragen gehörten zu den zentralen Themen auf den internationalen Konferenzen der 1920er Jahre. Im Deutschen Reich war aus dieser »Verwirtschaftlichung« der Außenpolitik eine neue Strategie abgeleitet worden, und niemand verkörperte diesen Strategiewechsel besser als Gustav Stresemann. »Politik und Völkerpolitik ist heute in erster Linie Weltwirtschaftspolitik«, so Stresemanns Überzeugung schon 1910 als Abgeordneter im Deutschen Reichstag.[68] Er habe eine »ökonomische Variante deutscher Machtpolitik« vertreten, so formuliert es der Historiker Gottfried Niedhart, in der nach dem verlorenen Krieg militärische Großmachtambitionen durch wirtschaftliche Dominanz ersetzt wurden. Die damals entwickelte »neue Außenpolitik« habe mit langer historischer Fernwirkung noch die bundesdeutsche Außenpolitik geprägt.[69]

Zahlreiche Äußerungen Gustav Stresemanns unterstützen diese Sichtweise, etwa seine Rede vor der deutschen Industrie im April 1926: »Das einzige, worin wir noch groß sind, ist unsere Wirtschaft. Mit ihr können wir den anderen Ländern Freundlichkeiten erweisen oder feindlich gegen sie vorgehen.«[70] An anderer Stelle bezeichnete er die »wirtschaftliche Stellung« des Landes noch wesentlich unverblümter als »die einzige große Waffe in unserer Außenpolitik«, wobei er – obwohl als Lobbyist der sächsischen Exportindustrie in die Reichspolitik aufgestiegen – diese Waffe 1925 nicht etwa in der Exportstärke der Wirtschaft sah, sondern in der Abhängigkeit des Auslandes von Deutschland als Absatzmarkt und Schuldner.[71] Tatsächlich spielte die Exportorientierung aber eine zentrale Rolle; denn die verstärkte Berücksichtigung wirtschaftlicher Zusammenhänge in der Außenpolitik beschränkte sich keineswegs auf die »moderne Außenpolitik« Stresemanns und sie begann auch nicht erst mit seiner Ernennung zum Reichskanzler und später zum Außenminister.

Nach dem Ersten Weltkrieg hatte die Verbindung von Außenpolitik und Wirtschaft eine neue Qualität erreicht.[72] Sie betraf nicht nur Konzepte und theoretische Überlegungen, sondern die personelle Konfiguration: Walther Rathenau, als Präsident der AEG führender Repräsentant der deutschen Exportindustrie, trat 1915 an die Spitze der Kriegsrohstoffabteilung, wurde 1921 zunächst Wiederaufbauminister und 1922 zum Außenminister ernannt.

Einer seiner Vorgänger, Walter Simons, stammte aus dem Auswärtigen Amt und gehörte zu den wichtigsten Spitzenbeamten in der Versailler Friedensdelegation. Nach seinem Rücktritt übernahm er die Geschäftsführung des neu gegründeten Reichsverbandes der Industrie, bevor er 1920 als Außenminister in das Auswärtige Amt zurückkehrte. Wilhelm Cuno, der 1922 als Reichskanzler dem (ebenfalls sehr kurzlebigen) »Kabinett der Wirtschaft« vorstand, war vor seiner Ernennung Generaldirektor und danach Aufsichtsratsvorsitzender der Hapag AG, vor dem Weltkrieg eine der größten Reedereien der Welt. Rathenau und Cuno wurden schon seit Kriegsende von den unterschiedlichen Regierungen immer wieder als Sachverständige um Rat gebeten, genau wie andere Wirtschaftsfunktionäre, die es vorgezogen hatten, sich politisch nicht in gleicher Weise zu exponieren. Die Rolle insbesondere der Hamburger Kaufleute und Reeder, vor allem die der Teilhaber des Bankhauses Warburg, Max Warburg und Carl Melchior, bei den Friedensverhandlungen in Paris ist oft beschrieben worden.[73] Hugo Stinnes, Otto Wiedfeldt (Krupp), Anton von Rieppel (Maschinenfabrik Augsburg-Nürnberg, MAN), Felix Deutsch (AEG) und Carl Friedrich von Siemens waren andere wichtige Unternehmer und Manager, die in die diplomatischen Verhandlungen mit den Siegermächten eingebunden waren.[74]

Zugleich wurde der außenpolitische Apparat von innen heraus umgebaut: Der erste Außenminister der Weimarer Republik, Ulrich von Brockdorff-Rantzau, schuf die Stelle eines für Wirtschaftsfragen zuständigen Unterstaatssekretärs, die er mit dem Stettiner Kaufmann Hellmuth Toepfer besetzte, der zuvor bereits in der deutschen Gesandtschaft in Kopenhagen tätig gewesen war. Bremer und Hamburger Kaufleute hatten an der Neuausrichtung der Behörde mit zahlreichen Gutachten und Stellungnahmen intensiv mitgewirkt. Anfang 1919 beauftragte die wirtschaftsaffine Leitung des Auswärtigen Amtes den Leiter der Personalabteilung, Edmund Schüler, mit einer Fundamentalreform des Auswärtigen Dienstes.

Die »Schüler'sche Reform« basierte im Wesentlichen auf der Idee, Wirtschafts- und Unternehmensinteressen stärker und enger in den Auswärtigen Dienst zu integrieren, wobei man anscheinend insbesondere an die hanseatischen Kaufleute dachte.[75] Der Bremer »Kaffeekönig« Ludwig Roselius saß dem von Schüler konzipierten Verwaltungsrat der Außenhandelsstelle vor, einem Gremium aus Unternehmern, das auch formal die Außenhandelspolitik verantworten sollte und damit die »eigentümlichste Schöpfung« der Reform darstellte.[76] Praktikabel scheint das nicht gewesen zu sein. Schüler wurde schon 1921 in den Ruhestand versetzt und der außenwirtschaftspolitische Teil des Auswärtigen Amts permanent umgebaut, aber erst 1938 kehrte man zur traditionellen Handelspolitischen Abteilung zurück, die einst 1885 im Kaiserreich geschaffen worden war.[77]

An der gestiegenen Bedeutung der Exportindustrie und ihrer Repräsentanten für die Außenpolitik der Weimarer Republik war aber nicht mehr zu rütteln, auch nicht durch die revolutionären gemeinwirtschaftlichen Pläne, wie sie Wichard von Moellendorff und Walther Rathenau zur selben Zeit im Wirtschafts- bzw. Wiederaufbauministerium entwickelten. Die Exportindustrie blieb vom Umbau des Staates im Grunde unangetastet. In den »Richtlinien für die Friedensunterhändler«, die im April 1919 von der Regierung des Sozialdemokraten Philipp Scheidemann als Leitlinie für die deutsche Delegation in Versailles erlassen wurden, wird nicht nur das Ziel formuliert, »den Export in kurzem auf das Höchstmaß zu steigern«. Es werden auch die Mittel ausführlich beschrieben, mit denen das zu erreichen sei, heute würde man sie auf das Schlagwort der umfassenden Handelsliberalisierung bringen – eine angesichts der revolutionären Überzeugungen in der deutschen Gesellschaft und der Regierung durchaus beachtenswerte Festlegung.[78]

Entsprechend selbstbewusst blickte die Industrie auf ihre Rolle im neuen Staat: So schrieb etwa der Chemiker Fritz Haber Ende Februar 1919 an den Bayer-Vorstand Carl Duisberg: »Es darf [...] als feststehend gelten, dass eine Industrie, die aus heimischem Rohmaterial die wertvollsten Exportgüter macht, notwendig ein Schosskind jeder Regierung sein muss, die in Deutschland einen Wiederaufbau ernsthaft will.«[79] »Wenn wir Kohle haben, wird unser Land das gegebene Verfeinerungsland der Welt sein«, so äußerte sich Hugo Stinnes auf einer Sitzung des Stahlwerkverbandes im Juli 1919, »einmal wegen unserer Valuta und dann wegen unserer Löhne, die unter Berücksichtigung der Valuta unter den niedrigsten der Welt sein werden.«[80]

Wenn also sowohl von der Regierung und der Ministerialbürokratie als auch von der maßgeblichen Wirtschaftselite und der nationalökonomischen Wissenschaft sowieso allgemein anerkannt wurde,[81] dass es das Ziel der Außenwirtschaftspolitik der jungen Weimarer Republik sein müsse, möglichst rasch möglichst große Exportüberschüsse zu erwirtschaften, welche Schritte wurden auf diesem Weg schließlich unternommen? Welche Instrumente standen den Akteuren unter den Bedingungen des Versailler Vertrages überhaupt zur Verfügung?

Die Zollpolitik, die im Kaiserreich virtuos und hoch umstritten gehandhabt wurde, war den Weimarer Regierungen weitgehend verschlossen. Für die Einfuhren aus den 26 alliierten und assoziierten Staaten, die den Versailler Vertrag unterzeichnet hatten, waren bis zum Jahr 1925 diskriminierende Einfuhrzölle untersagt. Hinzu kamen diverse Handelsprivilegierungen, die Deutschland einseitig ohne Gegenleistung den Vertragsstaaten einräumen musste. Jede Art administrativer Diskriminierung war nach den Artikeln 264 bis 269 des Versailler Vertrages ausgeschlossen. Eine handelspolitische Beeinflussung der Zahlungsbilanz, wie sie das Deutsche Reich seit Bismarck einsetzte, war nach 1919 nicht mehr möglich.

Die staatliche Wirtschaftspolitik konnte unter diesen Bedingungen im Grunde nur auf zwei Wegen für Exportüberschüsse sorgen: Entweder konnten durch eine Abwertung der Währung die deutschen Exporte im Ausland verbilligt und auf diese Weise angeheizt werden. Oder die Importe konnten durch direkte Einfuhrverbote so weit gedrosselt werden, dass im Gesamtergebnis ein Ausfuhrüberschuss entstand. Dieser zweite Weg war aber nicht nur unpopulär und auch riskant, denn ein Großteil der deutschen Importe bestand nach wie vor aus Nahrungsmitteln. Er war zudem auch schwer durchsetzbar, da die Grenzen, insbesondere die zum zahlungskräftigen Westen, letztlich durch die Alliierten kontrolliert wurden, die kaum deutsche Importrestriktionen würden umsetzen wollen. Sofern die deutsche Regierung den Import über die Beschränkung der Verfügbarkeit von Devisen durchsetzen wollte, stand dies im Widerspruch zur ersten Option, dem »Exportdumping«, das vollständige Devisenkonvertibilität voraussetzte. Beide Optionen schlossen sich in der Theorie daher gegenseitig aus – was die chronisch schwachen Weimarer Regierungen aber nicht davon abhielt, beide gleichzeitig anzuwenden.[82]

Das Exportdumping setzte den Verfall des Außenwertes der deutschen Währung voraus. Die inländische Geldentwertung hatte durch die Ausweitung der Geldmenge schon während des Kriegs begonnen, und die Regierung brauchte im Sommer 1919 zunächst nichts weiter zu tun, als sie nicht zu bekämpfen und schließlich mit der Entscheidung im September 1919, die vollständige Konvertibilität der Währungen wiederherzustellen, die Inflation auf den Außenwert der Währung und damit die deutschen Exportpreise zu übertragen.[83] Warum diese Entscheidung getroffen wurde und ob die Reichsregierung und der sozialdemokratische Wirtschaftsminister Robert Schmidt, der als gelernter Klavierbauer über eine Gewerkschaftskarriere in die Reichsregierung gekommen war, die Tragweite dieser Entscheidung überhaupt erkannt hatten bzw. von wem sich die Herren beraten ließen, ist kaum zu rekonstruieren. Schmidt verfolgte jedenfalls das Ziel, beinahe um jeden Preis zu exportieren: »Es kommt wegen der künftig dauernden Notwendigkeit großen Exports für Deutschland darauf an, daß deutsche Fabrikate in möglichst weitgehendem Umfange ins Ausland gelangen. Dies ist wichtiger als die augenblickliche Erlangung eines möglichst hohen Gegenwertes. Intensivste Förderung der Fabrikatenausfuhr ist also notwendig.«[84]

Hierbei scheint die Reichsregierung den Verfall des Wechselkurses nicht nur in Kauf genommen, sondern geradezu herbeigewünscht zu haben. Das dahinterstehende Kalkül hatte der Hapag-Vorsitzende Albert Ballin schon 1917 auf den Punkt gebracht: »Ich betrachte unsere schwer notleidende Währung als ein vortreffliches Mittel, den Hass, der gegenüber Deutschland im Ausland empfunden wird, zu vertreiben und die Zurückhaltung unserer Feinde, mit uns Handel zu treiben, zu überwinden. Der Amerikaner, der nicht länger Güter im Gegenwert von 4,21 Mark für seinen Dollar von uns erhält, sondern im Wert von 6,20 Mark, wird seine Vorliebe für Deutschland wiederentdecken.«[85] Max Warburg und Carl Melchior vertraten diese Position und, das haben die Forschungen des Historikers Niall Ferguson gezeigt, auch der mit ihnen geschäftlich und privat verbundene Walther Rathenau.[86] Allerdings war der Dollar im September 1919 bereits 21 Mark wert und am Jahresende schon fast 50 Mark.

Wie erhofft erhöhte das Währungsdumping den deutschen Export, was den Konflikt mit den Siegermächten weiter anheizte, zumal das Ausland 1921 unter einer Wirtschaftskrise mit hoher Arbeitslosigkeit litt. Louis Loucheur, französischer Industrieller und Minister für die besetzten Gebiete, vermutete »une faillite frauduleuse«, einen betrügerischen Bankrott, hinter der deutschen Währungspolitik.[87] Während die Wirtschaft der ehemaligen Kriegsgegner strauchelte, erlebte die deutsche Exportwirtschaft in den USA ein »Come-Back«, so ein alarmierend verfasster Artikel in der *New York Times* im Februar 1922.

Abbildung 1: Ein Artikel über das »Come-Back« der deutschen Exportwirtschaft aus der *New York Times* vom Februar 1922

Germany's Come-Back in Foreign Trade

By T. R. YBARRA

AT a restaurant in Paris a few evenings ago I ordered hors d'oeuvre. When they came they included a certain kind of pickled herring, in the original tin. On the tin I read, to my amazement, "Made in Germany!"

This, mind you, in Paris! I had been in eighteen countries within eighteen months, and nearly everywhere I had found signs of Germany's renewed peaceful penetration of the world's markets. But nothing convinced me so forcibly of her "come-back" in foreign trade as that tin of German pickled fish at that Paris restaurant.

Speaking of Germany at the opening of the Cannes conference, Lloyd George said:

"If she is to pay what she owes her export trade must be revived. It is now only 25 per cent. of the pre-war total."

Expressed that way, the German recovery does not seem very formidable. But when you take into consideration what Germans have done in the export field since the war ended in order to get that 25 per cent., and what they are still doing, it becomes quite evident that Germany is "coming back." "Made in Germany" again looms threateningly on the horizon. "I'm on your trail," says that bogy man, the German commercial traveler, to his rivals of other countries, "and I'm going to get you if you don't watch out!"

Some of the yarns which one hears—from excellent sources—and some of the statistics which one sees are simply astounding.

Take Russia. The Germans are going after the Russian markets with all their old-time efficiency. Professor Bernard Pares, who has spent years of his life in Russia, calls attention in plain language to the German penetration there. In his eyes, it is not only commercial but political. Also, he thinks, it is inevitable. But he sees no reason why, because of its inevitability, it should be encouraged and increased by the nations which vanquished Germany in the war. They are, in the very nature of things, and must remain, Germany's commercial competitors, he insists. Writing recently to The London Times, Professor Pares said:

"Who at the outset equipped and financed the desolation of Russia? Germany, then at war with us. This has now been admitted by the prime movers on both sides—Ludendorff, Hoffmann, Radek. But you will also find a whole literature in Germany, dating from 1917, in which a German monopoly of the thus desolated Russia is put forward, with the assurance of Bernhardi and far more sense, as the one sure road to a German and the field is left to the Germans, the inevitable result will be that there will be no Russia. But if the Anglo-Saxon is there, he will hold his own everywhere. * * * It is the men, the agents, who will count. If we have not got them, both we and America have got to make them as soon as possible, for it is a national issue of the first importance."

Recently attention was called in England to the active efforts being and 1920-1921, revised up to October, 1921. In this review, which is issued by the British Department of Overseas Trade and quoted by The London Times, Mr. Ainscough says:

"The last year's statistics are noteworthy, as they record the reentry of Germany into the Indian market with shipments valued at £4,746,000,* of which dyestuffs accounted for £1,203,000; metals, £834,000; salt, £350,000; hardware, £291,- to my notice where orders for rice mills, sugar plants, &c., have been placed in Germany owing to a 50 per cent. lower quotation than was obtainable from British makers. Buyers in India state that they also obtain earlier deliveries and greater consideration from the German manufacturers."

Mr. Ainscough supplies with his review a table showing the recent increase of German trade with India, which corroborates in a posi- ported from Germany to India in 1920-1921 were nearly double the exports of those articles in the year before the war. Further German exports on the list showing an increase last year over pre-war figures were glass and glassware, paper and pasteboard, silk manufactures and sugar.

In addition, the Germans in India are almost back to their figures of pre-war exports as regards apparel, chemicals and cutlery, and have come back one-third or more of the way in their exports of nine other items on the list—haberdashery and millinery, hardware, instruments and apparatus, liquors, machinery, matches, metals, toys and "other articles." Only in their exports of cotton manufactures and oil do they still lag far behind their pre-war totals.

A better conception of the amazing German "come-back" in India will be gained by noting the column showing the imports from Germany into India during 1919-1920. It shows that only one year ago German imports into India were practically non-existent. So Germany's "come back" in India, which already represents a recovery of 58 per cent. of her pre-war trade there, has been achieved, to all intents and purposes, entirely within the last year of the three that have elapsed since the armistice. If she maintains that speed in recovery, how long will it take her to get back all her Indian trade?—or to surpass her pre-war commercial record in India?—or to recover her pre-war commercial position all over the world?

Similar news comes from other parts of the Far East, notably China and the Dutch East Indies. A special correspondent of The London Times wrote recently of the situation in China:

"The tide of American and Japanese trade with China has now begun to ebb, but German goods are again flowing to that market. The methods of the Germans are as insidious as they were in former days. His Majesty's Commercial Counselor at Peking recently reported that, as far as can be ascertained, they are not trading under their own names, but are carrying on their business in partnership with Chinese. Besides importing their dyes and paints, needles, metals, drugs and sundries, the Germans are purchasing fairly large quantities of China produce, notably ores, seeds and oils, but the business has been done through foreign firms, owing to the difficulty the Germans are experiencing in financing their shipments."

Regarding dye imports, he points out: Already in 1920 supplies from Germany amounted in value to 1,225,780 taels, against 321,582 taels from Great Britain and 2,650,656 taels from the United States. By the Spring of 1921 Germany headed

The "Comeback."

Quelle: *The New York Times* (19. Februar 1922).

In Deutschland hatte zur selben Zeit aber die Sorge vor einem Ausverkauf der eigenen Wirtschaft die Oberhand gewonnen. Die Reichsregierung versuchte deshalb, die Ein- und Ausfuhr direkt zu steuern.[88] Dabei waren nicht die Konsumprodukte das Problem – Niederländer, die sich jenseits der Grenze mit billigen Maßanzügen eindeckten und diese unter ihrer Kleidung zurückschmuggelten. Den Abfluss von Industrieprodukten durch das »Loch im Westen« galt es genauso zu unterbinden wie die Abwerbung von hoch qualifizierten Chemikern samt ihres Patentwissens. Und schließlich sorgte sich die Reichsregierung um die »Überfremdung« der deutschen Wirtschaft.[89] Denn mit dem Währungsverfall wurde auch der Kauf von Grundstücken und Industrieanlagen in Deutschland selbst bei bleibenden Risiken attraktiv und musste administrativ unterbunden werden. Die Exportpolitik der Berliner Regierungen sah sich in der Rolle des Zauberlehrlings, der die gerufenen Geister nicht mehr loswurde – neben den vielen anderen vor allem sozialen Problemen, die ihr die Hyperinflation beschert hatte. Im Sommer 1922, als nach der Ermordung Walther Rathenaus die Hyperinflation eskalierte, hielt es sicher niemand mehr für eine gute Idee, mit währungspolitischen Instrumenten Exportförderung zu betreiben, nicht in der Politik und auch nicht in der Industriewirtschaft.

Ob die Abwertung der Mark nicht nur den Export steigerte, sondern zugleich auch den Import senkte und damit einen Handelsbilanzüberschuss hervorbrachte, ist gar nicht so leicht zu beurteilen, nicht für die historische Forschung, aber auch nicht für die zeitgenössischen Akteure. Die Preissteigerungen waren so rasant und der Informationsfluss so unzuverlässig, dass es dem Statistischen Reichsamt schwerfiel, überhaupt eine belastbare Außenhandelsstatistik aufzustellen.[90] Von der Politik war das auch gar nicht unbedingt gewollt, denn ein Exportüberschuss musste bei den Reparationsgläubigern den Eindruck erwecken, das Deutsche Reich könne die Reparationslasten mühelos bezahlen, während die Reichsregierung letztlich auf deren Reduktion oder Abschaffung hinarbeitete. So meldete das Statistische Reichsamt dem Auswärtigen Amt im Dezember 1921 zwar, dass »erstmals nach dem Krieg« ein Ausfuhrüberschuss erreicht worden sei, was gleichzeitig ein Beleg dafür ist, wie sehr die Reichsregierung solche Überschüsse anstrebte.[91] Diese Information war aber anfechtbar und in einer Neuberechnung war der Überschuss auch schnell wieder verschwunden. In der offiziellen Statistik wurde er nicht ausgewiesen, und nachhaltig war er ohnehin nicht.

Eine abschließende Bewertung der Inflationszeit fällt selbst nach Jahrzehnten intensiver Forschung ausgesprochen schwer, schon weil eine zuverlässige Datengrundlage nicht rekonstruierbar ist. So ist es auch nicht einfach zu beurteilen, welche Rolle die Exportorientierung in der Hyperinflation letztlich spielte. Unbestreitbar ist allerdings, dass sie sowohl in der Wirtschaft und im Handel als auch innerhalb der Reichspolitik (und dort nicht nur bei den industrienahen Parteien) als konsistentes außenwirtschaftliches Programm formuliert und verfolgt wurde, sicher bis zum Ende des Jahres 1921, möglicherweise auch darüber hinaus. Mit der Stabilisierung der Währung zum Jahresende 1923 entfiel diese Möglichkeit des währungspolitischen Exportdumpings und die Reichsregierung kehrte zu einer wesentlich ruhigeren Form der Außenwirtschaftspolitik zurück, wobei die Erzielung von Exportüberschüssen als Ziel noch viel stärker in den Vordergrund rückte.

3.3 »Schicksalsstunde der deutschen Handelspolitik«: Gustav Stresemann und die »kleine Zolltarifnovelle«

1924 wurde das Dawes-Abkommen unterzeichnet, mit dem die Reparationszahlungen geregelt wurden. Zugleich wurde ein neues Reichsbankgesetz erlassen, womit einer Abwertung der Mark vorgebeugt werden sollte, so dass der Weimarer Republik das Instrument des Währungsdumpings wieder aus der Hand genommen wurde. Schritt für Schritt kehrte die durch vielfältige Kreditbeziehungen verflochtene Völkergemeinschaft zu einem abgewandelten Goldstandard im internationalen Währungsverkehr zurück, so wie es auf der Weltwirtschaftskonferenz 1922 in Genua verabredet worden war. Währungstechnisches Exportdumping war dadurch ausgeschlossen, jedenfalls unter den Ländern mit goldgedeckter Währung.[92]

Das Deutsche Reich war ein wichtiger Baustein dieser Entwicklung. Die 1924 eingeführte neue Währung, die Reichsmark, war goldgedeckt, so dass die Reparations- und sonstigen Kreditzahlungen zwischen Deutschland und seinen Gläubigern eine wertstabile Basis erhielten. Die Reichsbank wurde internationaler Kontrolle unterstellt. Investoren und Gläubigern sollte dieser Schritt eine gewisse Sicherheit geben, dass sich eine Hyperinflation nicht so schnell wiederholen würde. Schon durch die internationale Verankerung der Zentralbank- und Geldpolitik war die Rückkehr zum Währungsdumping für die Weimarer Regierungen nach 1924 nicht mehr möglich.[93]

Der Dawes-Plan war aber nicht nur ein internationales Abkommen zur Lösung der Reparationsfrage und zur Währungsstabilisierung. Er war auch ein handelspolitischer Wendepunkt, denn er fußte auf der Grundüberzeugung, dass Deutschland nur dann die Reparationszahlungen würde leisten können, wenn die wirtschaftliche Erholung durch die Siegermächte auch zugelassen würde; und das setzte Erleichterungen für deutsche Exporte voraus, allerdings nicht zwangsläufig die sofortige Abkehr von allen Diskriminierungen.[94] Der Versailler Vertrag hatte die handelspolitischen Sanktionen (insbesondere die Verordnung der einseitigen Meistbegünstigung) bis zum Januar 1925 befristet. Hinzu kam die sehr erfolgreiche Entspannungspolitik, die Gustav Stresemann eingeschlagen hatte und die in Locarno 1925 nicht nur zur Anerkennung der in Versailles festgelegten deutschen Westgrenze führte, sondern auch zur Aufnahme Deutschlands in den Völkerbund. Nach der Überwindung der Hyperinflation und der Befriedung der Reparationsfrage befand sich das Land mithin 1924 tatsächlich in einer Phase »relativer Stabilität« und konnte außenwirtschaftspolitisch wieder als gleichberechtigter Handelspartner agieren, was unter den zeitgenössischen Umständen aber eben eine Rückkehr zum handelspolitischen Protektionismus der Bülow-Zeit einschloss.

Noch immer stand die deutsche Handelspolitik vor vollständig geänderten Verhältnissen: Durch den Zerfall der österreich-ungarischen Monarchie und die Wiedererschaffung des polnischen Nationalstaates waren 11 000 Kilometer neue Zollgrenzen in Europa entstanden.[95] Unter deutschen Volkswirten machte das unfreundliche Schlagwort von einer »Balkanisierung Europas« die Runde.[96] Seit 1920 hatte die Weimarer Republik begonnen, mit diesen zum Teil eng mit Deutschland verflochtenen Volkswirtschaften Südosteuropas vorläufige Handelsverträge abzuschließen, in denen die Vertragspartner sich schon vor dem Ablauf der handelspolitischen Sanktionen des Versailler Vertrages bereit erklärten, dem Deutschen Reich unbedingte Meistbegünstigung zu gewähren.

Die meisten Handelsverträge mit neutralen Staaten galten ohnehin unverändert. Mit Ausnahme der Niederlande und der Schweiz ging es dabei um weniger wichtige Handelspartner, während sich die wichtigen Absatzmärkte der deutschen Wirtschaft in den Ländern der Alliierten befanden. Diese hatten sich aber, wie auch einige neutrale Staaten, gegen die Dumpingexporte des Deutschen Reichs in der Inflationszeit mit teilweise prohibitiven Einfuhrzöllen geschützt, die nur langsam zurückgenommen wurden.[97] Mit der Rückgewinnung der handelspolitischen Souveränität und der Währungsstabilität eröffnete sich der Weimarer Republik 1924/25 daher die Chance, ihre außenwirtschaftlichen Verhältnisse mit den wichtigen Handelspartnern inner- und außerhalb Europas neu zu ordnen. Dem Land schlug die »Schicksalsstunde der deutschen Handelspolitik«, so der reichlich pathetische Aufsatztitel des Gründers des Kieler Instituts für Weltwirtschaft, Bernhard Harms.[98]

Der dirigistische Spuk der Inflationszeit schien wie weggeblasen. Die Behörde des Reichskommissars für die Ein- und Ausfuhrbewilligungen war im Oktober 1923 aufgelöst worden, und Kommissar Ernst Trendelenburg wurde mit dem Posten des Staatssekretärs im Reichswirtschaftsministerium belohnt, wo er, wie der Historiker Harold James es beschrieben hat, zum glühenden Verfechter des Wirtschaftsliberalismus mutierte.[99] Unter der Leitung des Liberalen Eduard Hamm und später Julius Curtius (beide von der Deutschen Volkspartei) wandelte sich das Ministerium von der Schaltzentrale der Wirtschaftsdiktatur zum Vorreiter des Freihandels – jedenfalls seinem Selbstverständnis nach. Es sei an der Zeit, Fenster und Türen zu öffnen und die deutsche Wirtschaft einem frischen Luftzug auszusetzen, so lautete eine Lieblingsmetapher Eduard Hamms, die er in seinen Reden gerne bemühte.[100]

In Gustav Stresemann, Reichskanzler während der Hyperinflation und von November 1923 bis zu seinem Tod 1929 Außenminister, fand die liberale Außenwirtschaftspolitik Rückendeckung. Neu war nicht nur das klare Bekenntnis der Reichsregierung zum Freihandel und die hierdurch hervorgerufene Einmütigkeit zwischen Auswärtigem Amt und Reichswirtschaftsministerium. Neu war auch die Selbstinszenierung der Weimarer Republik als Vorreiter der Handelsliberalisierung und des wirtschaftlichen Wiederaufbaus in Europa auf der internationalen Bühne.[101]

Anfang 1924 waren die zollpolitischen Gesetzentwürfe und handelspolitischen Wortmeldungen der Ministerialbeamten und Politiker von einem klaren Bekenntnis zum Freihandel begleitet, aber auch deutlich sichtbar von einer Exportorientierung durchzogen. »Deutschland müsse eine gesteigerte Ausfuhr anstreben«, so Eduard Hamm im Reichswirtschaftsrat im März 1924. Auslandskredite sollten für die Steigerung der Produktivität der Exportindustrie eingesetzt werden und seien »ein ernster Schaden«, wenn sie zu Konsumzwecken verwendet würden. Die Neuordnung des Zolltarifs verfolge das Ziel, »daß wir in unserer Handelswirtschaft wieder in die Weltwirtschaft hineinkommen, daß wir wieder zu einer aktiven Handelsbilanz kommen«.[102]

Ministerialdirektor Hans Posse, Leiter der Handels- und Zollpolitischen Abteilung im Reichswirtschaftsministerium, versuchte, den Reichsverband der Industrie von den Vorzügen einer Handelsliberalisierung zu überzeugen: Mit einem »maßvollen Zolltarif« könne sich die zu neuem Ansehen gelangte Weimarer Republik zum »Träger des Gedankens von der wirtschaftlichen Zusammenarbeit Europas« machen, zum Initiator einer kooperativen statt konfrontativen Außenwirtschaftspolitik, die erforderlich sei, wenn die Exporterlöse gesteigert werden sollten.[103] »Unsere Handelspolitik wird sich ungleich stärker als früher und geradezu mit einer gewissen Einseitigkeit auf die Förderung unserer Ausfuhr einzustellen haben«, schrieb Kurt Wiedenfeld, der nach seiner Tätigkeit im Auswärtigen Amt zum Professor für Nationalökonomie an die Universität Leipzig berufen worden war.[104]

Dieselbe Position vertrat Karl Ritter, Ministerialdirigent im Auswärtigen Amt, als er die Sorgen der deutschen Botschaft in Kopenhagen zu zerstreuen suchte, Deutschland könne seine wiedergewonnenen handelspolitischen Entscheidungsspielräume zu einer Rückkehr zum Protektionismus nutzen: »Es ist selbstverständlich, dass unsere Ausfuhrpolitik dahin gerichtet sein wird, so viel ausführen zu können als möglich. Wir werden daher bei den vielen, zur Zeit schwebenden Handelsvertragsverhandlungen nicht wie im Auslande vielfach befürchtet wird, die Politik hoher Einfuhr-Schutzzölle treiben, sondern eher eine gegenüber früher ermässigte Zollpolitik, um selbst günstige Ausfuhrbedingungen zu erreichen.«[105]

Im Gegensatz zur Situation während der Verabschiedung des Bülow-Tarifs zur Jahrhundertwende stand 1924 auch die große Mehrheit der deutschen Volkswirte dem Freihandel aufgeschlossen gegenüber: »Weltwirtschaftliche Verkehrsfreiheit! Sie ist das Ziel, im einzelnen wie im ganzen. Deutschland ist berufen, ihr Pionier zu sein. Ja, das besiegte Deutschland! Schicksalsfügung hat es zum Führer gemacht im Kampf um die Wiederherstellung internationaler Handelsfreiheit.« Diese Sätze rief Bernhard Harms der Jahresversammlung des Vereins für Socialpolitik entgegen, jener Harms, der sich vor dem Krieg noch zum Agrarprotektionismus bekannt hatte.

Dabei bestand die »Schicksalsfügung« für Harms in der Notwendigkeit der deutschen Wirtschaft, hohe Exportüberschüsse zu erwirtschaften: »Deutschland ist gezwungen, aus Exportüberschüssen Gewinne zu erzielen, um aus diesen sowohl seine Verpflichtungen zu erfüllen als auch erneute Kapitalbildung herbeizuführen. […] Industrieller Export ist die Losung der Zukunft.«[106]

Das Bekenntnis zum Freihandel war freilich auch hier kein grundsätzliches, das, wie bei Ricardo, die gegenseitigen Vorteile beider Handelspartner betonte. Die Handelsliberalisierung wurde vielmehr instrumentell befürwortet, als notwendiges Mittel, um die Exportstärke der eigenen Wirtschaft freizusetzen. In einigen Beiträgen findet sich hierzu sogar eine bellizistische Rhetorik: »Ein Land aber, das einen Krieg mit den Mächten der Weltwirtschaft zu führen hat und selbst von der Weltwirtschaft [durch Protektionismus] abgeschnitten ist, kann diesen Krieg unter keinen Umständen mehr gewinnen« – mit diesen Worten unterstützte Wilhelm Röpke, einer der geistigen Väter der sozialen Marktwirtschaft, 1925 die Freihandelspolitik.[107]

Der zollpolitische Aufbruch und die außenwirtschaftliche Richtungsentscheidung wurden durch die Regierungskrise der Minderheitsregierung von Wilhelm Marx im Sommer 1924 spürbar gebremst. Die rechtskonservative Deutschnationale Volkspartei (DNVP), die aus den Reichstagswahlen im Mai gestärkt hervorgegangen war, nötigte der Regierung deutliche Konzessionen hinsichtlich des Schutzes der Landwirtschaft ab, so dass Eduard Hamm nicht wie geplant über eine fundamentale Zollgesetznovelle die handelspolitische Wende einleiten konnte, sondern eine Übergangsbestimmung ausarbeiten ließ, die vor allem der Einführung von Agrarzöllen in der Höhe des Bülow-Tarifs diente. Seine Morgengabe an die DNVP half wenig; im Reichstag wurde das Gesetz aufgrund der Obstruktion durch die SPD nicht behandelt, und die Regierung des Zentrumpolitikers Wilhelm Marx scheiterte nach der Reichstagswahl im Dezember 1924.

In der neuen Regierung des parteilosen nationalliberalen Hans Luther übernahm ausgerechnet die DNVP das Wirtschaftsministerium. Die unverhohlen agrarprotektionistische Lobbypolitik von Reichswirtschaftsminister Albert Neuhaus endete zwar schon im Oktober 1925 nach der Regierungskrise, die sich an die Aushandlung von Völkerrechtsverträgen im Schweizerischen Locarno anschloss, bei der Außenminister Stresemann zum Entsetzen der

Nationalisten die deutsche Westgrenze anerkannt hatte (»Locarnokrise«). Ausgerechnet in diese Phase fiel aber die Verabschiedung des wichtigsten Zollgesetzes der Weimarer Republik, der »kleinen Zolltarifnovelle« im August 1925, mit der letztlich eine schrittweise Rückkehr zum Agrarprotektionismus begonnen wurde.

Das Zollgesetz von 1925 setzte den Bülow-Tarif von 1902 mit einigen Modifikationen wieder in Kraft. Die Einfuhr von Lebensmitteln zur Verbesserung der inländischen Versorgungslage war schon im Krieg von allen Zöllen befreit worden. Die spezifischen (also als Geldbetrag und nicht als Prozentsatz des Einfuhrwertes erhobenen) Zölle des Bülow-Tarifs waren zudem durch die Inflation faktisch abgeschafft worden. Nun wurden sie wieder eingeführt. Zu Zollerhöhungen kam es neben der Landwirtschaft vor allem bei Eisen- und Stahlprodukten sowie im Bereich der Chemieindustrie, wo zahlreiche neue Handelsgüter dem mehr als 20 Jahre alten Tarifschema hinzugefügt werden mussten. Die Zahl der zollpflichtigen Warengruppen war damit auf 2300 angewachsen.[108]

Mit der Reaktivierung des Bülow-Tarifs traten auch die Regelungen über die Veredelungsindustrie wieder in Kraft, wovon insbesondere die sächsische und südwestdeutsche Textilindustrie profitierte. Auch das System der Einfuhrscheine wurde reaktiviert und etablierte wieder eine mit steigendem Agrarzoll wachsende Exportprämie für die ostdeutschen Roggenproduzenten zulasten der Konsumenten.[109]

In der Begründung des Gesetzentwurfs hieß es, dass ursprünglich ein an die »geänderten Verhältnisse der Weltwirtschaft« angepasstes Zollschema geplant gewesen sei, die Diskussion hierüber aber noch nicht beendet sei und der Zolltarif daher eine Vorstufe zu einer wirklichen Zollnovelle darstelle. Daran schlossen sich mehrere Seiten über die besondere Schutzwürdigkeit der Landwirtschaft an, die nun gleichberechtigt neben der Exportförderung stand. »Für die Bemessung der Zollhöhe müssen nebeneinander bestimmend sein: Schutz lebensfähiger heimischer Produktion und Notwendigkeit der Förderung der Ausfuhr.« Der Entwurf atmete den Geist des Protektionismus. Im Gegensatz zu den Diskussionen zur Jahrhundertwende fand die Exportförderung jetzt aber selbst Eingang in die Argumente der Befürworter des Agrarprotektionismus: Die Steigerung der inländischen Agrarproduktion, die als eigentlicher Grund der Zollprotektion in den Vordergrund gestellt wurde, sei nämlich ein Instrument, um das Handelsbilanzdefizit des Deutschen Reichs zu verringern, das vor allem durch Lebensmitteleinfuhren in Höhe von 6 Milliarden Reichsmark entstehe.[110]

Zwar hatte die Weimarer Republik mit der »kleinen Zolltarifnovelle« 1925 letztlich eine handelspolitische Rolle rückwärts gemacht und sich in der praktischen Politik etwas von Stresemanns Liberalisierungskurs entfernt. Im Vergleich zum Protektionsniveau in den anderen Industrieländern befand sich Deutschland mit Durchschnittszöllen von 12 Prozent aber 1925 im unteren zollpolitischen Mittelfeld (siehe Tabelle 1).[111] Die USA hatte 1922 mit dem Fordney-McCumber-Tarif ihre schon vor dem Krieg protektionistische Handelspolitik weiter verschärft, mit einem Durchschnittszollsatz von 36,2 Prozent (für zollpflichtige Waren) bzw. 29 Prozent über alle Einfuhren.[112] Die weitgehende Abschottung des amerikanischen Marktes gegenüber Einfuhren aus Europa war, da sind sich Wirtschaftshistoriker heute einig, eines der zentralen Probleme der Weltwirtschaft in der Zwischenkriegszeit.

Großbritannien verhängte mit dem McKenna-Tarif von 1915 und dem Safeguarding of Industries Act von 1921 Zollsätze von 33,3 Prozent auf Konsumprodukte und andere, als Schlüsselprodukte betrachtete Importgüter und privilegierte die Einfuhren aus dem Commonwealth.[113] Das Vereinigte Königreich vollzog also ebenfalls eine schleichende Wende zum Protektionismus, die sich in den 1930er Jahren in einer merklichen Erhöhung der effektiven Protektionsraten niederschlug.[114] Die Einfuhrzölle in Frankreich lagen Mitte der 1920er Jahre durchschnittlich bei 12 Prozent. Der Franc erlebte in den 1920er Jahren eine dramatische Krise und wurde mit einem Abwertungssatz von 80 Prozent erst 1926 stabilisiert. Die Abwertung wirkte (analog zur deutschen Inflation) wie ein hoher Einfuhrzoll, weshalb die moderaten Zollsätze zu relativieren sind.[115]

Die neuen Staaten in Südosteuropa, die aus der Aufteilung der österreich-ungarischen Monarchie entstanden waren, verhängten Einfuhrzölle insbesondere auf Industriewaren von deutlich über 30 Prozent.[116] Protektionistischer Spitzenreiter war Spanien mit Zollsätzen von durchschnittlich 40 Prozent. Selbst die Schweiz hatte ihre Zollsätze auf durchschnittlich 10 bis 15 Prozent gesteigert. Nur die Niederlande konnten (neben Großbritannien) noch als liberale Handelsnation bezeichnet werden.[117] Die Jahre nach dem Ersten Weltkrieg, so formulierte es der schwedische Ökonom Gustav Cassel in einem viel beachteten Artikel im *Svenska Dagbladet* vom Herbst 1925, hätten zwar zu einem politischen und militärischen Waffenstillstand geführt, nicht aber zu einem wirtschaftlichen, weshalb »handelspolitische Abrüstung« nun dringend erforderlich sei.[118]

Aus innen- und machtpolitischer Sicht stellte die »kleine Zolltarifnovelle« somit zwar einen durchaus brisanten handelspolitischen Rückschritt dar. Angesichts einer insgesamt protektionistischen Weltwirtschaft fiel dieser aber nicht sonderlich ins Gewicht. Nach Meinung der selbst während des konservativen Intermezzos an der Spitze des Reichswirtschaftsministeriums überwiegend dem Freihandel zuneigenden Ministerialbeamten konnten die hohen Zollsätze zudem als strategische Ressource eingesetzt werden, um in den laufenden Verhandlungen den Vertragspartnern Zugeständnisse zu entlocken. In den mühevollen Verhandlungen mit allen wichtigen Handelspartnern Europas und den USA im Verlauf der 1920er Jahre erfüllte sich diese Hoffnung allerdings selten.[119] Sie alle waren Schritte hin zu einer »Normalisierung« der handelspolitischen Beziehungen und verbesserten die Situation, waren aber kein Durchbruch in Richtung einer auch nur europäischen Handelsliberalisierung, sondern die Festschreibung eines Protektionismus, wenn auch eines gemäßigten.

Tabelle 1: Durchschnittliche Zollsätze ausgewählter Länder, 1913 und 1925

	Fertigwaren		**alle Güter**	
	1913	1925	1913	1925
Argentinien	28	29	26	26
Australien	16	27	17	25
Belgien	9	15	6	8
Dänemark	14	10	9	6
Deutschland	13	20	12	12
Frankreich	20	21	18	12
Großbritannien	n. a.	5	n. a.	4
Indien	4	16	4	14
Italien	18	22	17	17
Kanada	26	23	18	16
Königreich der Serben, Kroaten u. Slowenen	n. a.	23	n. a.	23
Niederlande	4	6	3	4
Österreich*	18	16	18	12
Polen	n. a.	32	n. a.	23
Schweden	20	16	16	13
Schweiz	9	14	7	11
Spanien	41	41	33	44
Tschechoslowakei*	18	27	18	19
Ungarn*	18	27	18	23
Vereinigte Staaten	44 (25)	37	33 (17)	29

* Werte für 1913 für Österreich-Ungarn

Quelle: League of Nations (1927) nach Ronald Findlay und Kevin H. O'Rourke, *Power and Plenty: Trade, War, and the World Economy in the Second Millennium*, 6. Aufl., Princeton: Princeton University Press 2009, S. 444. USA: Werte in Klammern für 1914.

Als auf dem Vertragsweg weitere Zollreduktionen nicht erreichbar waren und mit Julius Curtius 1926 wieder ein liberaler Wirtschaftsminister amtierte, ging die Weimarer Republik vereinzelt voran und führte einseitige Zollsenkungen ein, gleichsam als Anreiz für die Handelspartner. Nach einem agrarprotektionistischen Intermezzo hatte die Außenwirtschaftspolitik zu ihrem handelsliberalen, exportorientierten Paradigma zurückgefunden, so schien es zumindest: »Der Existenzkampf ist es also, der uns zwingt die Ausfuhr zu steigern«, verkündete Curtius in der Haushaltsdebatte des Reichstages im März 1926, »in der festen Überzeugung, daß eine Erweiterung des ausländischen Absatzmarktes rückwirkend auch eine Besserung des gesamten Inlandsmarktes zur Folge haben wird.« Es sei »das Ziel deutscher Exportpolitik«, so der Reichswirtschaftsminister, »den Export unter Bedingungen zu ermöglichen, die der deutschen Wirtschaft einen angemessenen Gewinn lassen. Nicht Export um jeden Preis, unter den Selbstkosten, sondern nutzbringender Export muß erstrebt werden. [...] Wir haben keine anderen Mittel, als durch gesteigerte handelspolitische Aktivität einen Kampf um Deutschlands Stellung in der Welt wiederaufzunehmen.«[120]

Anders als noch in der Aufbruchstimmung nach dem Dawes-Plan und der Währungsstabilisierung hatte sich die agrarprotektionistische Lobby aber gefestigt und stellte der Exportperspektive ihre eigene Weltsicht entgegen, die sich unter Konservativen und radikalen Rechten nun immer mehr durchsetzte: Die Politik von »Rathenau, Wirth und Marx«, die der Meinung seien, »die Möglichkeiten unserer Rettung beruhen in letzter Linie auf dem großen Allheilmittel, dem Export«, betrachteten die Agrarier als großes Unheil. Der für die DNVP gewählte Reichstagsabgeordnete und Rittergutsbesitzer Freiherr Schenk von Stauffenberg sah in der Exportorientierung einen Zwang, der der Weimarer Republik durch die Alliierten aufgebürdet worden sei: »Man hat also uns gezwungen, Exportpolitik wieder unsererseits in großem Maßstabe aufzunehmen. [...] Unsere Politiker, die unschuldig sind wie die

Tauben, haben die Losung Export aufgenommen, um zu erfüllen, und unsere Geschäftsleute, die klug sind wie die Schlangen, haben sie aufgenommen, um Geschäfte zu machen. Und nun treiben wir wieder wie vor dem Kriege ausgesprochene Industrie-Exportpolitik. Hand in Hand damit ging wie in der Caprivischen Periode die Vernachlässigung des heimatlichen Marktes.«[121]

So ernsthaft die »handelspolitische Wende« in diesen »Schicksalsjahren« von der deutschen Außenwirtschaftspolitik auch verfolgt wurde, so enttäuschend waren doch die zählbaren Ergebnisse. Die Hoffnung, Zollsenkungen des Deutschen Reichs könnten die Handelspartner ihrerseits zum Zollabbau bewegen, erfüllte sich nicht. Da half all das von Stresemann beim Völkerbund versprühte Pathos und auch die Vision einer europäischen Zollunion wenig. Die Zeichen der internationalen Handelspolitik standen auf Protektionismus. Die Initiativen des Völkerbunds verliefen im Sand; die Weltwirtschaftskonferenz in Genf 1927 und ihre Entschließungen über die Handelsliberalisierung blieben Lippenbekenntnisse.

Im Geist von Genf wurden 42 neue Handelsverträge abgeschlossen, die auch Liberalisierungsmaßnahmen enthielten. Viele von diesen Verträgen hatten aber sehr kurze Laufzeiten, und schon ein Jahr später waren nur noch 5 von ihnen in Kraft.[122] Die sich anschließenden Wirtschaftskonferenzen brachten Beschlüsse über den Abbau von Ein- und Ausfuhrkontrollen hervor, aber beachtet wurden diese kaum.[123] Da unter diesen Rahmenbedingungen die klassische, multilaterale Handelspolitik auf der Grundlage des Meistbegünstigungsprinzips eine Liberalisierung offenbar nicht herbeiführen konnte und die ausländischen Absatzmärkte für die deutschen Exporte noch immer nicht im gewünschten Maße geöffnet worden waren, begannen die Außenwirtschaftsexperten in den Ministerien, sich nach anderen Möglichkeiten der weiterhin als dringlich empfundenen Exportförderung umzusehen.

Eine Initiative des Berliner Bankiers Hermann Hecht im September 1925 fiel im Reichswirtschaftsministerium unter diesen Rahmenbedingungen auf äußerst fruchtbaren Boden. Hecht hatte auf einer Konferenz von Berliner Bankiers vorgeschlagen, die deutschen Exporte über spezialisierte Versicherungsverträge zu fördern. Im Exportgeschäft wird die Zahlungsverzögerung, die zwischen dem Versand der Ware durch den Exporteur und dem Erhalt der Ware durch den Importeur eintritt, üblicherweise durch kurzfristige Kredite überbrückt. Wenn eine Zahlung aber vollständig ausfällt, etwa weil der Importeur zahlungsunfähig geworden ist oder im Exportland ein Regierungswechsel stattgefunden hat, entsteht für den Exporteur eine unkalkulierbare Belastung, insbesondere wenn er die Ware nicht zurückerhält. Dieses Risiko, das möglicherweise viele Unternehmen davon abhalte, ihre konkurrenzfähigen Produkte zu exportieren, könnte, so die Überlegung Hechts, durch eine staatlich subventionierte Kreditausfallversicherung reduziert werden.

Im Gegensatz zum britischen Vorbild sollte eine deutsche Exportkreditversicherung nach seiner Meinung aber nicht nur die wirtschaftlichen, sondern auch die »politischen Risiken« übernehmen. Da deutsche Unternehmen unter den Rahmenbedingungen der Weltwirtschaft in der Zwischenkriegszeit gezwungen seien, verstärkt auf nachrangige und politisch instabile Absatzmärkte auszuweichen, liege hierin ein einfaches Mittel zur Förderung des Exportes.

Hechts Vorschlag wurde vom Reichswirtschaftsministerium dankbar aufgegriffen, und schon ein Jahr später schloss das Ministerium mit der 1917 gegründeten Hermes Kreditversicherungs-AG und der Frankfurter Allgemeinen Versicherungs-AG einen Generalvertrag, durch den das Reich Kreditausfälle im Exportgeschäft unter bestimmten Umständen als Rückversicherer garantierte. Im Etat des Reichsarbeitsministeriums wurden 10 Millionen Reichsmark zur Verfügung gestellt. Die im ursprünglichen Vertragsentwurf vorgesehene Formulierung, dass diese besondere Exportkreditversicherung nur für »zusätzliche Exporte« gelten sollte, wurde auf Drängen der Kreditwirtschaft gestrichen, weil sich dieser Begriff bei der Bewertung der Kreditanträge nicht operationalisieren lasse. Mit den »Hermes-Bürgschaften« war 1926 ein ganz neues Instrument der Exportförderung geschaffen worden, ein wichtiger und zukunftsträchtiger Baustein im exportpolitischen Instrumentenkasten der deutschen Wirtschaftspolitik.

Durchschlagende Wirkung hatte aber auch diese Art der Exportförderung zunächst nicht. Zwar wurden die Hermes-Versicherungen gut in Anspruch genommen, wie die deutlich um etwa 30 Prozent steigenden Prämienzahlungen bis 1930 zeigen.[124] Die auf diese Weise abgesicherten Exportwerte machten aber wohl kaum 10 Prozent der gesamten deutschen Ausfuhr aus, zu wenig, um das Handelsbilanzdefizit dauerhaft auszugleichen. Wenn man die Beispiele berücksichtigt, die der Historiker Mark Jakob untersucht hat, ist es überdies sehr fraglich, in welchem Maße durch das Instrument tatsächlich zusätzliche Exporte generiert wurden.[125]

Mit der Hermes-Politik in Zusammenhang standen die Versuche der Reichsregierung, den Handel mit der Sowjetunion und insgesamt mit Osteuropa zu intensivieren. Russland war schon vor dem Ersten Weltkrieg ein wichtiger Handelspartner des Deutschen Reichs gewesen. An diese Tradition wollte die Reichsregierung angesichts der schwierigen und hart umkämpften Absatzmärkte im Westen anknüpfen. Als industrieller Nachzügler galt die Sowjetunion als hervorragender Absatzmarkt für deutsche Industrieprodukte, und mit der versicherungstechnischen Ausschaltung »politischer Risiken« – die Hermes-Bürgschaften hatten für die Sowjetunion ein eigenes Format »Plan C« – schienen die letzten Vorbehalte beseitigt. Zugleich förderte die Reichsregierung in ungewöhnlich direkter Form über »Russenkredite« deutsche Exporte in die Sowjetunion mit einem Volumen von 300 Millionen Reichsmark, die in erster Linie der deutschen Schwerindustrie zugutekamen.[126] Über die Leipziger Messe versuchten kleinere und mittlere

Unternehmen, so hat es der Historiker Stephen Gross genannt, ein informelles »export empire« in Südosteuropa zu errichten.[127] All diese Maßnahmen waren zweifellos von Erfolg gekrönt, insbesondere als in der Weltwirtschaftskrise die anderen Absatzmärkte vollständig zusammenbrachen und die Sowjetunion vorübergehend zum zweitwichtigsten deutschen Handelspartner aufstieg. Das für den Handelsbilanzausgleich notwendige zusätzliche Exportvolumen ergab sich aber auch hieraus nicht.

Kartelle und Auslandsinvestitionen

Hermes-Bürgschaften und Russlandhilfen waren immerhin noch marktwirtschaftliche Instrumente der deutschen Exportförderung: Sie senkten die Kosten und Risiken der Exporteure, schalteten Wettbewerbshindernisse aus und hatten den Anspruch, die diskriminierende Zollpolitik auf den Absatzmärkten zu korrigieren. Diese öffentliche liberale Außenpolitik der Weimarer Republik und Stresemanns wurde indes von der forcierten internationalen Kartellbildung flankiert, die in der Stabilisierungsphase stark an Bedeutung zunahm. Die Exportorientierung bildete dabei in Deutschland auch ein wichtiges Argument für die Kartellierung. Auch die meisten Kartellabsprachen folgten vielfach den Interessen der Unternehmen, die durch den Krieg verlorenen Absatzmärkte, Marktanteile und Vermögenswerte wiederzugewinnen. Sie waren privatwirtschaftliche, aber keineswegs von der Außenpolitik vollkommen unabhängige Initiativen. Zumindest gab es eine Interessenkongruenz, weshalb der Historiker Matthias Schulz sehr treffend von einer »Nebenaußenwirtschaftspolitik« gesprochen hat.[128]

Nicht nur im traditionell »kartellfreundlichen« Deutschen Reich war diese privatwirtschaftliche Außenpolitik eng mit der staatlichen abgestimmt, sondern auch in England und insbesondere in Frankreich. Dort hatte sich Louis Loucheur ganz besonders der Kartellbewegung verschrieben, die er als »organisierten Freihandel« betrachtete.[129] Karl Ritter, der im Auswärtigen Amt für die Außenwirtschaft zuständige Ministerialdirigent, bekannte sich in ein und demselben Schreiben zugleich zur Handelsliberalisierung und unterstützte die Kartellaktivitäten der deutschen Industrie.[130] Die Bildung internationaler Kartelle sei, so die Einschätzung des Historikers Clemens Wurm, in der Zwischenkriegszeit zu einem ganz üblichen Mittel der staatlichen Außenwirtschaftspolitik geworden.[131] Während Außenminister Stresemann in Genf also einerseits das Hohe Lied des internationalen Freihandels sang, knüpfte die Reichsregierung andererseits an die dirigistische Tradition der Wirtschaftspolitik an und intensivierte sie sogar. Die 1920er Jahre waren eine Phase der versuchten Handelsliberalisierung und gleichzeitig eine der internationalen Kartellbildung.

Eine Art Schlüsselrolle in diesem Zusammenhang übernahm die 1926 geschlossene Internationale Rohstahlgemeinschaft (IRG), ein Produktionsquotenkartell der deutschen, französischen, belgischen und luxemburgischen Eisen- und Stahlindustrie. Die IRG war letztlich ökonomisch wenig bedeutend und zerfiel nach wenigen Jahren in der Weltwirtschaftskrise. Im Kontext dieses Buches ist sie aber relevant, weil eine Motivation der beteiligten deutschen Unternehmen für die Gründung in der Verbesserung ihrer Exportbedingungen lag. Anfangs hatten sie versucht, ein reines Exportkartell zu etablieren, das nur die Exporte der Mitgliedsländer in Drittstaaten regulieren sollte. Insbesondere hofften sie, mit hohen Inlandspreisen ihre Exporte subventionieren und der britischen und amerikanischen Konkurrenz besser entgegentreten zu können.

Die britische Stahlindustrie geriet durch die Exporte des Kartells kurzzeitig tatsächlich unter Druck, als 90 Prozent der Eisen- und Stahlimporte Großbritanniens von der IRG eingeführt wurden.[132] Weil durch die Subvention des Exports den weiterverarbeitenden Unternehmen im Inland höhere Kosten entstanden wären, konnte das IRG-Abkommen erst geschlossen werden, nachdem mit der Arbeitsgemeinschaft der Eisen und Metall verarbeitenden Industrie (AVI) in Deutschland ein weiteres Abkommen geschlossen wurde, das die deutschen Stahlunternehmen verpflichtete, die Weiterverarbeitung (hierunter auch der Maschinen- und Anlagenbau) für die höheren Faktorkosten zu entschädigen. Das AVI-Abkommen von 1925 führte einen Fonds ein, in den die Stahlproduzenten einzahlten und aus dem die Unternehmen der Weiterverarbeitung für die Preisdifferenz zwischen (hohem) Inlandspreis und (subventioniertem) Auslandspreis entschädigt wurden, damit sie die von ihnen hergestellten Produkte weiterhin wettbewerbsfähig auf dem Auslandsmarkt anbieten konnten.[133]

Das Auswärtige Amt und auch Stresemann ganz persönlich hatten diese Initiativen unterstützt und setzten sich unmittelbar für die damit verbundene inländische Kartellierung ein, den Zusammenschluss großer Eisen- und Stahlunternehmen der Ruhr 1926 zu den Vereinigten Stahlwerken, durch den die deutschen Unternehmen in den internationalen Verhandlungen nach Meinung der Diplomaten in eine bessere Verhandlungsposition kämen.[134] Der Kartellschluss erhielt nicht zuletzt eine große symbolische Bedeutung, weil er im Zusammenhang mit der deutsch-französischen Verständigung stand sowie dem Abschluss eines Handelsvertrags. Nachdem das Kartell in der Weltwirtschaftskrise auseinandergefallen war, lebte es 1933 als reines Exportkartell wieder auf.[135]

Letztlich erwiesen sich viele Kartellverträge als wenig stabil. Beim zusammen mit Schweizer Unternehmen geschlossenen Aluminiumkartell war die vergleichsweise unbedeutende deutsche Industrie kaum einflussreich; beim Stickstoffkartell war die französische Industrie unbedeutend, und insbesondere die militärstrategische Bedeutung des Sektors verhinderte eine bessere Integration der französischen Unternehmen in das von deutschen, norwegischen und britischen Unternehmen dominierte Exportkartell.[136]

Kompliziert gestalteten sich auch die Beziehungen bei der Farbstoffproduktion. Vor dem Weltkrieg wurde der französische Markt fast vollständig von deutschen Unternehmen oder deren französischen Tochterunternehmen dominiert, die mit Kriegsende in französischen Besitz übergegangen waren. Das 1927 geschlossene internationale Farbenkartell sicherte wiederum die Monopolstellung auf den jeweiligen Inlandsmärkten (im Falle Frankreichs unter Einschluss des Kolonialbesitzes) und strebte eine gemeinschaftliche Organisation des Exportes an, bei der die in Deutschland zwischenzeitlich zum Großunternehmen Interessengemeinschaft Farbenindustrie (IG Farben) zusammengeschlossenen Chemiekonzerne eine hohe Quote von 88,5 Prozent erreichen konnten. Im Gegensatz zu den anderen Kartellen zerbrach das Farbenkartell in der Weltwirtschaftskrise nicht, sondern konnte durch den Einschluss der Schweiz und Englands sogar noch ausgebaut werden.

Als im Sinne der deutschen Exportorientierung gewinnbringend erwies sich auch das Internationale Kalikartell, das bereits 1925 geschlossen wurde. Der deutsche Kalibergbau, vor dem Ersten Weltkrieg international marktbeherrschend, und die französischen Unternehmen aus dem Elsass hatten mit diesem Abkommen ihre globalen Exporte aufgeteilt. Dem deutschen Kalisyndikat fiel ein Anteil von 70 Prozent zu. Das Kartell hielt bis zum Beginn des Zweiten Weltkriegs.[137]

Legendär ist das 1924 in Genf gegründete Glühlampen- oder Phoebus-Kartell unter Beteiligung des deutschen, von Siemens und der AEG als Joint Venture geführten Unternehmens Osram. Mit von der Partie war auch der niederländische Philips-Konzern, Osrams wichtigster Konkurrent, sowie französische und britische Firmen. Dominiert wurde das Kartell vom amerikanischen Mischkonzern General Electric, der durch seine über die ganze Welt verteilten Tochtergesellschaften beteiligt war, hohe Lizenzgebühren erhielt und die Krise der frühen 1920er Jahre genutzt hatte, um bei europäischen Unternehmen einzusteigen. Das Kartell in Gestalt der in der Schweiz gegründeten Firma Phoebus diente zur Überwachung der Produktionsquoten, Absatzpreise und zur Normierung technischer Standards – unter anderem die technische Beschränkung der Lebenszeit von Glühbirnen auf 1000 Stunden, um den Absatz zu erhöhen. Außerhalb der USA kontrollierte das Phoebus-Kartell bis in die 1930er Jahre wohl 60 Prozent des Marktes. Das Geschäft war äußerst lukrativ: General Electric erwirtschaftete in den 1920er Jahren fast die Hälfte seines Gewinns mit dem Verkauf von Glühlampen.[138] Für die deutsche Glühlampenproduktion öffnete das Kartell neue Absatzmärkte, erschwerte aber zugleich den Zugang zum amerikanischen Markt, wo immerhin die Hälfte der Glühbirnen weltweit verkauft wurden.[139]

Auch in der internationalen Passagierschifffahrt, die auf dem Nordatlantik vor dem Krieg die beiden deutschen Reedereien Hapag und Norddeutscher Lloyd dominiert hatten, waren Absprachen üblich. Im »Konferenzsystem« verabredeten Reeder Preise und Routen über den Nordatlantik. An den internationalen Absprachen wurden die deutschen Reedereien nach dem Ersten Weltkrieg wieder beteiligt, offenbar ohne größere Vorbehalte von englischer und amerikanischer Seite, sondern im Gegenteil mit »ausgesprochener Kooperationsbereitschaft«. Allerdings blieben die Beteiligungsquoten weit hinter den Vorkriegswerten zurück, nicht nur im Frachtverkehr, sondern auch im Personenverkehr. 1929 fuhren nur noch 5 Prozent der Schiffe, die in amerikanischen Häfen einliefen, unter deutscher Flagge. Vor dem Krieg waren es noch 12 Prozent gewesen.[140]

Die Initiierung von und Beteiligung an internationalen Kartellen war für die deutschen Unternehmen eine Strategie, um in die verlorenen Absatzmärkte zurückzukehren.[141] Viele Kartelle betrafen die Produktion industrieller Zwischenprodukte, und sie reagierten auf hohe Produktionskapazitäten, die in der Kriegs- und der Nachkriegszeit weltweit aufgebaut worden waren. Häufig waren Kartellschlüsse also defensive Strategien, die Verwaltung eines europäischen Mangels an Expansionsmöglichkeiten. Nach der Rückkehr zu einer regulären Handelspolitik 1924 konnten sie für die deutschen Unternehmen stellenweise den Zugang zu ausländischen Märkten erleichtern.[142] Ob sich diese Erwartungen für die deutschen Unternehmen aber erfüllten und das Exportvolumen insgesamt durch die Kartellbildung vergrößert werden konnte, wie das die Hoffnung der die Kartellbildung unterstützenden Außenwirtschaftspolitik unter Stresemann war, ist kaum festzustellen. Schätzungen gehen davon aus, dass am Vorabend der Weltwirtschaftskrise 30 bis 50 Prozent des globalen Handels durch Kartellstrukturen organisiert wurden,[143] so dass der deutschen Exportindustrie ein namhafter Anteil ihrer Absatzmärkte nur durch die Beteiligung an internationalen Kartellen überhaupt offenstand.

Unternehmen in den 1920er Jahren

Ganz gleich ob getragen von internationalen Kartellabsprachen, der liberalen Handelspolitik oder der eigenen technischen und organisatorischen Anpassungsfähigkeit: Der deutschen Exportwirtschaft gelang in den 1920er Jahren eine beeindruckende »Rückkehr auf den Weltmarkt«.[144] Sie reichte zwar nicht aus, um die Handelsbilanz auszugleichen, aber angesichts der vielfältigen beschriebenen Hindernisse war sie kaum zu erwarten gewesen.

Robert Bosch hatte mit der Entwicklung des magnetischen Zündmechanismus vor dem Krieg einen Glückstreffer gelandet und profitierte vom Automobilboom in den USA und Frankreich. Der Exportanteil des Unternehmens lag 1913 bei sagenhaften 88 Prozent. Nach dem Krieg war die Exportabhängigkeit ein großes Pech, denn die amerikanische Tochter wurde 1918 enteignet, samt der Patente und selbst des Warenzeichens. Das verlorene Unternehmen, das sich jetzt American Bosch Magneto Corporation nannte, war fortan der größte Konkurrent der 1921 in den USA neu gegründeten Robert Bosch Magneto Corporation. Der wichtige französische Markt war durch einen Schutzzoll von 45 Prozent versperrt, und in Großbritannien hatten sich Konkurrenzunternehmen etabliert. Bosch suchte daher nach neuen Absatzmärkten und begann, nach Asien und Südamerika zu exportieren. Unterstützt durch das Währungsdumping in der Inflationszeit stieg der Auslandsumsatz schon 1920 wieder auf über 50 Prozent. Nach der Währungsstabilisierung geriet das Unternehmen aber 1926 in eine fundamentale Krise, die erst durch die Verbreiterung der Produktpalette und produktionstechnische Rationalisierung überwunden werden konnte. Ende der 1920er Jahre war Bosch auch international wieder so erfolgreich, dass während des New Yorker Börsencrashs 1929 sogar das amerikanische Konkurrenzunternehmen zurückerobert werden konnte.[145]

Die Bayer AG hatte ähnlich fatale Erfahrungen in den USA machen müssen, insbesondere mit dem Verlust des Aspirin-Patents, um dessen Rückgewinnung bis 1992 gestritten wurde. In der Teerfarbenindustrie hatten die großen deutschen Chemieunternehmen, die sich 1925 zur IG Farben zusammenschlossen, vor dem Krieg einen Weltmarktanteil von 90 Prozent. Ende der 1920er Jahre wurden wieder 56 Prozent erreicht, allerdings auf einem insgesamt geschrumpften Weltmarkt, gleichwohl ein beachtlicher Erfolg. Der Exportanteil am Gesamtumsatz der Farbenfabrik vorm. Friedr. Bayer & Co. lag 1928 bei 57 Prozent, bei den Farbstoffen sogar bei 77 Prozent. Dabei ist zu berücksichtigen, dass das Unternehmen weit stärker als vor dem Krieg nun im Ausland Produktionsanlagen aufgebaut bzw. Lizenzvereinbarungen mit ausländischen Produzenten getroffen hatte.[146]

Die Gutehoffnungshütte (GHH) in Oberhausen war schon vor dem Ersten Weltkrieg zu einem vertikal integrierten Stahlkonzern umgebaut worden, der nicht nur Rohstahl produzierte, sondern hieraus industrielle Fertigprodukte selbst herstellte und vertrieb. Das Unternehmen besaß Werften und baute Stahlbrücken auf der gesamten Welt. Diese Strategie wurde in der Weimarer Republik mit der Übernahme der Maschinenfabrik Esslingen und MAN 1920 fortgesetzt. Gleichzeitig verfolgte das Unternehmen systematisch den Aufbau von Absatz- und Vertriebsunternehmen unter anderem in den Niederlanden. Es sorgte gleichsam selbst für die eigenen Stahlexporte. In der Stahlproduktion konnte die GHH auf diese

Weise im Verlauf der 1920er Jahre die Exportumsätze von 29 Prozent 1924 auf 37 Prozent 1929 erhöhen.[147] Ein größeres Projekt in Kolumbien, der Aufbau einer Binnenschiffflotte für den Rio Magdalena, wurde dabei durch großzügige Hermes-Kredite finanziert, die den deutschen Steuerzahler mitten in der Weltwirtschaftskrise 3,2 Millionen Reichsmark kosteten, weil die Schiffe sich letztendlich doch nicht rentierten.[148]

Auch die Mannesmannröhren-Werke gehörten zu den exportstarken Vorkriegsunternehmen mit einem Exportanteil des Umsatzes von 60 Prozent, die über ein weitreichendes Netz an Auslandsvertretungen und Agenten erzielt wurden. Nach Kriegsende mussten diese Kontakte mühsam wiederhergestellt werden. Das Unternehmen gründete hierzu schon 1919 die Gesellschaft für den Wiederaufbau der Welthandelsbeziehungen in Düsseldorf. Am Vorabend der Weltwirtschaftskrise war das Unternehmen wieder im Anlagenbau auf der gesamten Welt vertreten, nicht zuletzt durch die Beteiligung am Röhrenkartell.[149]

Die zahlreichen Initiativen in der deutschen Exportwirtschaft erreichten nur selten die Exportumsätze der Vorkriegszeit, nicht zuletzt, weil die Rückkehr auf die wichtigsten Märkte in Europa und Nordamerika erschwert war. Nur die Unternehmen des Maschinenbaus konnten im Durchschnitt der gesamten Branche die Exportquote gegenüber der Vorkriegszeit steigern, auf fast 30 Prozent. Die chemische Industrie lag mit einer durchschnittlichen Exportquote von 32 Prozent etwas, die Elektrotechnik mit 19 Prozent noch 1928 deutlich unter den Vorkriegswerten, bilanzierte eine Enquete-Kommission des deutschen Reichstages.[150] Aber die Zahlen sprechen von einem großen Bestreben auch in den Unternehmenszentralen, über die Steigerung des Auslandsumsatzes den kriselnden Inlandsmarkt auszugleichen. Mit welchen Mitteln diese unternehmerische Exportpolitik vorangetrieben wurde, welche Hürden hierbei zu überwinden waren, in welcher Weise die staatliche Exportpolitik hierbei einbezogen oder gar instrumentalisiert wurde und wie erfolgreich die handelnden Personen selbst ihr eigenes

Vorgehen einschätzten – all das kann erst nach weiterer unternehmenshistorischer Forschung beantwortet werden. Hierzu gehört letztlich auch die Frage, welche Rolle die hanseatischen Handelshäuser dabei spielten, deren Aktivität bis heute nur sehr punktuell überhaupt bekannt ist, wie beispielsweise die Vermittlerrolle des Handelshauses C. Illies als Vertreter des Geschäfts von Robert Bosch in Asien.

Internationalisierung der Unternehmen

Die Auslandsaktivitäten deutscher Unternehmen beschränkten sich aber nicht auf die Exportmöglichkeiten. Obwohl viele Unternehmen ihren Auslandsbesitz durch den Krieg verloren hatten, versuchten sie, dies so schnell wie möglich zu revidieren. War neben den ökonomischen Gründen für ausländische Direktinvestitionen vor dem Ersten Weltkrieg immer auch die deutsche Großmachtambition im Spiel, so ging es in der Zwischenkriegszeit nun häufiger darum, ausländische Einfuhrverbote oder Schutzzölle zu umgehen. Die (Rück-)Eroberung ausländischer Märkte führte nach dem Krieg nicht nur über den Export aus der inländischen Produktion in großer Stückzahl und bei niedrigen Stückkosten, sondern durch die Gründung ausländischer Produktionsbetriebe oder (insbesondere in Frankreich) durch ausländische Lizenzproduktionen.

Insbesondere auf dem US-amerikanischen Markt waren deutsche Firmen trotz zum Teil traumatischer Erfahrung mit unrechtmäßigen Enteignungen regelrecht gezwungen, nach dem Krieg wieder eigene Unternehmen zu gründen.[151] Die ausländischen Direktinvestitionen, die nach dem Krieg auf ein Minimum zusammengeschrumpft waren, erreichten am Vorabend der Weltwirtschaftskrise wieder einen Wert von 9 bis 11 Milliarden Reichsmark.[152] Das lag weiterhin deutlich unter den Zahlen der Vorkriegszeit, war aber angesichts der schwierigen Rahmenbedingungen durchaus beachtlich. Allein in der deutschen Chemieindustrie zählt der Historiker Harm Schröter für das Jahr 1928 wieder 85 ausländische Tochtergesellschaften. Vor dem Krieg waren es 153 gewesen, aber 1920 erst 24.[153]

Allerdings standen der durchaus erfolgreichen ausländischen Aktivität einiger großer marktbeherrschender Unternehmen, die häufig auch die führenden Exportunternehmen waren, der verstärkte Zufluss ausländischer Kapitalinvestitionen nach Deutschland gegenüber. Deutschland war in den 1920er Jahren Nettokapitalimporteur. Bei den in die Weimarer Republik fließenden Kapitalströmen handelte es sich vor allem um amerikanische Kredite, die nicht nur an die Kommunen und den Staat selbst vergeben wurden, sondern auch zur Industriefinanzierung an die Banken und an die Unternehmen. Die 25-prozentige Beteiligung von General Electric an der AEG wurde bereits erwähnt. Dabei betraf der amerikanische Kapitalzufluss nicht nur Deutschland, sondern auch die anderen europäischen Länder. Die amerikanischen ausländischen Direktinvestitionen in Europa verdoppelten sich zwischen 1919 und 1929 von 3,8 auf 7,5 Milliarden Dollar.[154] Der Sozial- und Wirtschaftswissenschaftler Franz Eulenburg schätzte den Wert ausländischer Direktinvestitionen in Deutschland zum Jahresende 1926 auf 2,7 Milliarden Reichsmark. Dabei betrachtete er diese Kapitalverflechtungen als »das stärkste Band der Gegenseitigkeit«, das »Autarkismus und Nationalismus in der Wirtschaft« beinahe zwangsläufig entgegenstehe. »Wer einmal von internationalem Kapital gefressen hat, ist unweigerlich der Solidarität der Weltwirtschaft verfallen.«[155]

Die Weimarer Republik war aber nicht nur Ziel amerikanischer Direktinvestitionen. Auch holländische Unternehmen drängten mit Unternehmensbeteiligungen und Übernahmen auf den deutschen Markt, der Elektrokonzern Philips etwa und die Niederlandse Kunstzijdefabriek, die 1929 mit der Vereinigten Glanzstoff Fabrik in Wuppertal zur Allgemeene Kunstzijde Unie fusionierte.[156] Größere Aufmerksamkeit erfuhr der Schritt amerikanischer Automobilunternehmen nach Deutschland, durch den Beginn der Endmontage für Ford in Berlin 1925 und eine Produktionsstätte in Köln 1930 bzw. durch die Übernahme der Adam Opel AG durch General Motors 1929. All diese Investitionen wurden von der deutschen Öffentlichkeit argwöhnisch beäugt. Schon in der Hyperinflationszeit war es zu Diskussionen über die »Überfremdung« der deutschen Wirtschaft gekommen, ausgelöst durch französische Grundstückskäufe in den besetzten Zonen.[157]

Vermutlich war es nur unter diesen Umständen überhaupt möglich, dass der Großinvestor Friedrich Flick dem Staat 1932 einen überhöhten Kaufpreis für seine Anteile an der Gelsenkirchener Bergwerks-AG abnötigte, indem er das Gerücht verbreitete, dass ansonsten ausgerechnet ein französisches Unternehmen den Zuschlag erhalte.[158] Je stärker im Verlauf der 1920er Jahre der globale wirtschaftliche Konkurrenzkampf als Wettbewerb der Nationalökonomien in Erscheinung trat, je gravierender der Preisverfall in der Landwirtschaft und die globale Krise einer ganzen Branche und je mehr die nationalen Gesellschaften diese Situation als bedrohlich empfanden, desto deutlicher trat offenbar das Bedürfnis nach national-räumlicher Abgrenzung der eigenen Volkswirtschaft zu Beginn der 1930er Jahre wieder in den Vordergrund. Das war viel mehr als nur eine Rückkehr des Protektionismus – der ja die Paradoxie aus Zollschutz und internationaler Unternehmensverflechtung zuließ. Nun ging es letztlich um die Abschaffung marktwirtschaftlicher Formen des internationalen Güteraustauschs, an deren Stelle politische Allokationsmechanismen traten, nicht nur in Deutschland. Interessanterweise rettete sich die deutsche Exportobsession aber auch über diese tiefe Zäsur in der Wirtschaftsgeschichte des 20. Jahrhunderts.

3.4 Weltwirtschaftskrise und der Beginn der Autarkiepolitik

Der Börsencrash an der New Yorker Wall Street im Oktober 1929, mit dem die Dekade der Weltwirtschaftskrise begann, war vor diesem Hintergrund eher ein Beschleuniger der Rückwendung zu nationalwirtschaftlichem Denken als der Auslöser; ein Dammbruch eher als ein Funke. Die Ursachen für die dramatischen weltwirtschaftlichen Folgen dieser Börsenkrise sind vielfältig. Sie reichen von der Überproduktionskrise der globalen Landwirtschaft, den Strukturproblemen des Währungssystems, der weiterhin ungelösten Überschuldung nicht nur des Deutschen Reichs, sondern auch Frankreichs und Englands, bis hin zur Engstirnigkeit und Unfähigkeit vieler Politiker und Notenbanker aller Nationalitäten.[159]

All diese vielfältigen Faktoren sollen in unserem Zusammenhang nur insoweit interessieren, als sie zum vollständigen Richtungswechsel der deutschen Außenwirtschaftspolitik innerhalb kürzester Zeit beitrugen. Die Außenwirtschaftspolitik unter Gustav Stresemann, der wenige Wochen vor dem New Yorker Börsencrash verstarb, lässt sich zwar nicht als umfassend »liberal« bezeichnen, weil sie zahlreiche Elemente der Planung und Steuerung enthielt. Sie war aber gleichwohl auf die globale Verflechtung der deutschen Wirtschaft angelegt. Während der Weltwirtschaftskrise lösten sich seine Nachfolger von diesem übergeordneten Ziel und strebten die Herauslösung der Weimarer Wirtschaft aus der weltwirtschaftlichen Arbeitsteilung an, die nationalwirtschaftliche »Autarkie«, in der nur noch für wenige ausgewählte Waren, die sich in Deutschland nicht herstellen ließen, auf das Güterangebot anderer Länder zurückgegriffen werden sollte. Dieser Richtungswechsel hatte mit den inländischen Machtverhältnissen zu tun, dem Bedeutungsgewinn konservativer und rechtsnationaler Zirkel, nicht zuletzt mit dem Aufstieg der Nationalsozialisten.[160] Er hatte aber eben auch mit der Veränderung der weltwirtschaftlichen Rahmenbedingungen in der Großen Depression zu tun, die nicht nur die deutsche Nationalökonomie unter erheblichen Druck setzte. Währungspolitische und handelspolitische Entwicklungen verknüpften sich hierbei in fataler Weise, insbesondere in den folgenden drei Ursachenkomplexen.

1. Die 1924 in Deutschland eingeführte Goldwährung setzte voraus, dass die Reichsbank in der Lage sein würde, die inländische Geldmenge zu 40 Prozent in Gold oder goldkonvertiblen Devisen zu decken. Weil die deutsche Leistungsbilanz auch während der 1920er Jahre konstant im Defizit war, hing die Golddeckung der Währung letztlich an der Verfügbarkeit ausländischen Kapitals. Nicht umsonst bildete ein amerikanischer Kredit im Volumen von 800 Millionen Dollar die Grundlage des Dawes-Plans. Wurden im System des Goldstandards ausländische Kredite aus Deutschland abgezogen, bedeutete dies, dass die Reichsbank die ausländischen Gläubiger mit Gold oder Devisen auszahlen musste, wodurch sich die Golddeckung der inländischen Währung verringerte.

Mit der noch vor der Weltwirtschaftskrise neu ausgehandelten Regelung der Reparationsfrage im Young-Plan, der Börsenkrise und schließlich den Wahlerfolgen der Nationalsozialisten und der hierdurch drohenden politischen Instabilität kam es im Verlauf der Jahre 1930/31 zu genau diesem Szenario: Ausländische Vermögensbesitzer (und zum Teil auch inländische Investoren) transferierten Guthaben in großem Umfang ins Ausland und lösten damit eine »Zwillingskrise« im Deutschen Reich aus, eine Krise der Währung und zugleich eine des Bankensystems.[161] Der Abzug des Auslandskapitals traf die deutschen Großbanken, die kurzfristige Auslandskredite langfristig inländisch weiterverliehen hatten. Nach dem Zusammenbruch eines der größten deutschen Bankhäuser im Juli 1931 blieb der Reichsregierung eigentlich keine andere Möglichkeit, als den Kapitalabfluss durch die Einführung der Devisenbewirtschaftung zu unterbinden, um einen Kollaps des Bankensystems zu verhindern.[162]

Die Reichsmark blieb, wie es die internationalen Verträge verlangten, eine Goldwährung mit einem festen Wechselkurs gegenüber dem Gold, war aber nicht mehr frei in andere Währungen umtauschbar. Ausländische Vermögensbesitzer konnten ihr bei deutschen Banken angelegtes Geld nicht mehr ins Ausland transferieren, und Deutsche konnten nicht jederzeit Güter aus dem Ausland kaufen. Sie mussten vorher einen Antrag bei einer Behörde stellen, die zu entscheiden hatte, ob die Käufe aus volkswirtschaftlicher Sicht notwendig und sinnvoll waren. Erst dann wurde dem Importeur der notwendige Betrag in der jeweiligen Auslandswährung von der Reichsbank im Tausch gegen den Gegenwert in Reichsmark zur Verfügung gestellt.[163] Die im Juli 1931 eingeführte Devisenbewirtschaftung wirkte sich damit nicht nur auf den Kapitalverkehr aus, sondern auch auf den Warenimport, der jetzt über den Umweg der Zuteilung von Devisen an Importeure umfassend gesteuert werden konnte. Es sollte bis 1958 dauern, bis dieses System in der Bundesrepublik wieder vollständig abgeschafft wurde.

2. Die Börsenkrise in New York war von zahlreichen Unternehmens- und Bankenpleiten in den USA begleitet, die sich schnell auf die Unternehmenslandschaft in anderen Ländern auswirkten.[164] Die Folge war ein riesiger globaler Nachfrageausfall auf zwei Ebenen: Zum einen ging die Nachfrage nach Rohstoffen und Zwischenprodukten zurück, weil weiterverarbeitende Betriebe schließen mussten. Zum anderen kam es zu einem Nachfrageausfall des schnell wachsenden Heeres der Arbeitslosen, zu denen sich in den USA zahlreiche Börsenspekulanten aus der Mittelschicht gesellten, die Einkommen und Ersparnisse verloren hatten. Der global spürbare und sich schnell ausbreitende Nachfrageausfall führte zu einem zusätzlichen Preisdruck auf die schon vor der Krise unter Überproduktion leidende globale Landwirtschaft, so dass die Weltwirtschaftskrise schließlich in allen Industrieländern durch Preisverfall (»Deflation«) charakterisiert war, welcher durch die Geldpolitik der Notenbanken anfänglich sogar noch verstärkt wurde.

3. Wegen des Nachfrageausfalls forcierten viele Unternehmen und Staaten ihre Exportambitionen. Die sich in den Lagern auftürmenden Waren, die im Inland nicht mehr abgesetzt werden

konnten, wurden zu Schleuderpreisen im Ausland angeboten. Die Staaten versuchten sich zu wehren, indem sie ihre »Zollmauern« erhöhten. In der Folge brach der Welthandel fast vollständig zusammen. Das monatliche Welthandelsvolumen, das im Januar 1929 noch 5,3 Milliarden Dollar betragen hatte, sank bis Januar 1933 auf nur noch 1,8 Milliarden Dollar ab. Unter Wirtschaftshistorikern ist unbestritten, dass der Kollaps des Welthandels die Krise nicht nur maßgeblich verschärfte, sondern auch dazu beitrug, sie in die entlegensten Winkel der Weltwirtschaft auszuweiten (vielleicht mit Ausnahme der staatssozialistischen Sowjetunion).

Grundlage für diesen Zusammenbruch war der überschäumende Protektionismus. Gemeint ist damit einerseits die Handelspolitik, beginnend mit spektakulären Zollerhöhungen des Smoot-Hawley-Tarifs in den USA. Andererseits fungierte auch die Währungspolitik als protektionistische Abwehrstrategie, etwa die Devisenbewirtschaftung im Deutschen Reich und das Währungsdumping in Großbritannien nach der Aufkündigung des Goldstandards im September 1931.[165]

Die Maßnahmen in den USA schienen zunächst der Auslöser für die protektionistische Spirale zu sein: Getrieben von der Agrarlobby in der Republikanischen Partei, so schildert es der Wirtschaftshistoriker Douglas Irwin, entschied sich Präsident Herbert Hoover 1929, kein Veto gegen das Zollgesetz einzulegen, das die ohnehin schon hohen Sätze des Fordney-McCumber-Tarifs von durchschnittlich 36 Prozent noch einmal deutlich auf mehr als 41 Prozent erhöhte. Erst durch die Preisdeflation der folgenden Jahre führte der 1930 in Kraft getretene Smoot-Hawley-Tarif, der für zwei Drittel der Einfuhrgüter spezifische Zölle verwendete, dann aber die prohibitiven Durchschnittszollsätze von 59 Prozent ein, die bis heute bei Wirtschaftsliberalen als Horrorszenario gelten.[166] Es folgten allerlei »Retorsionszölle« – also Revanchemaßnahmen – der amerikanischen Handelspartner, insbesondere Kanadas, aber auch europäischer Länder, weshalb das amerikanische Zollgesetz als entscheidender Brandbeschleuniger der Weltwirtschaftskrise betrachtet wird. Das Bild ist aber komplizierter, wenn die währungspolitischen Maßnahmen berücksichtigt werden.

Die Entscheidung Großbritanniens im September 1931, den Goldstandard aufzukündigen, hat den Zusammenbruch des Welthandels weiter und vielleicht entscheidend verschärft. Nicht zuletzt durch die von Frankreich praktizierte Politik des Umtauschs von Pfund in Gold veranlasst,[167] wurde die Goldbindung und die Umtauschverpflichtung ausgesetzt und das Pfund wertete gegenüber den anderen Goldwährungen sehr schnell um ca. 30 Prozent ab. Insbesondere die weiter im Goldstandard agierenden Länder – die USA, aber vor allem Frankreich – wurden dadurch über Nacht mit einem deutlichen Preisvorteil der britischen Exporte konfrontiert und sahen ihre eigenen Exportprodukte im gesamten Commonwealth mit einem Preisnachteil zusätzlich belastet. Das Vereinigte Königreich verschärfte diese Politik der wirtschaftlichen Blockbildung 1932 noch durch den Imperial Preference Tariff, durch den die Importe aus dem Commonwealth nach Großbritannien zahlreiche Privilegien gegenüber anderen Handelspartnern erhielten. Das Commonwealth wurde als ein Handelsblock gleichsam aus der arbeitsteiligen Weltwirtschaft herausgelöst. »Britain turned inward«, bilanzieren die Wirtschaftshistoriker um Markus Lampe und Kevin O'Rourke in ihrem einschlägigen Artikel.[168]

Spätestens seit 1932 ging es in der Weltwirtschaft nicht mehr um die Organisation von grenzüberschreitenden, arbeitsteiligen Produktionsprozessen zur Generierung von Wohlstandsgewinnen, sondern um die Behinderung des Handels zum Schutz der nationalen Produktion. Vier Wirtschafts- und Handelsblöcke standen sich hierbei gegenüber: Dem Pfund-Sterling-Raum gehörten die meisten Länder des Commonwealth an, die ihre Währungen mit einem festen Wechselkurs gegenüber dem Pfund durch die Krise navigierten, so dass im Handel mit der Imperialmacht kein Währungsrisiko entstand. Der Goldstandard probte die Fortsetzung des traditionellen Regimes, das allerdings mit hohen Außenzöllen verteidigt werden musste, insbesondere seit 1933 auch die USA die

Goldbindung aufgegeben und mit ihren wichtigsten Handelspartnern nach britischem Vorbild einen »Dollarblock« errichtet hatten. Frankreich hielt den Goldblock bis 1936 am Leben; dazu gehörten die umfangreichen französischen Kolonialgebiete, die Schweiz, Belgien, Italien und Polen. Um das Deutsche Reich, Südosteuropa und Österreich bildete sich ein »Devisenbewirtschaftungsblock«, wie der Ökonom Barry Eichengreen ihn genannt hat.[169] Letztlich handelt es sich um eine Gruppe von Ländern, die zum Tauschhandel zurückgekehrt waren, weil sie knapp an Gold und international gängigen Devisen waren. Auch die Sowjetunion agierte in diesem Rahmen und müsste wohl zu diesem »currency management block« hinzugezählt werden. Etwas abseits stand China, das traditionell eine Silberwährung hatte, was das Land 1934 zum Opfer der brutalen amerikanischen Silber-Ankaufpolitik machte.[170]

Diese weltwirtschaftlichen Rahmenbedingungen müssen bedacht werden, um den Richtungswechsel in der deutschen Außenwirtschaftspolitik zu verstehen. Zwar hatte die Weimarer Republik schon mit den Verlängerungen des ursprünglich nur als Übergangslösung vorgesehenen Zollgesetzes von 1925 immer wieder kleine protektionistische Nachbesserungen verhängt. Aus diesem Grund ist der Richtungswechsel häufig mit der Wiederauflage der innenpolitischen Diskussion um den Agrar- vs. Industriestaat erklärt worden. Die Zollsätze waren schon im Verlauf der 1920er Jahre gegenüber der Zollnovelle erhöht worden. Der Durchschnittszollsatz beispielsweise für Weizen erreichte am Vorabend der Weltwirtschaftskrise in Deutschland 50 Prozent.[171]

Erst in der Weltwirtschaftskrise brach der deutsche Außenhandel dann aber vollständig zusammen: Hatte der gesamte Einfuhrwert des Deutschen Reichs 1929 noch 13,5 Milliarden Reichsmark betragen, sank dieser jährlich um ca. ein Drittel und lag 1933 nur noch bei 4,2 Milliarden. Der Warenwert der Exporte hatte 1929 etwa dieselbe Höhe wie die Importe und sank 1930 nur leicht auf 12 Milliarden Reichsmark und 1931 auf 9,6 Milliarden. Im darauffolgenden Jahr halbierte sich der Ausfuhrwert aber annähernd auf

5,7 Milliarden Reichsmark und sank 1933 weiter auf 4,8 Milliarden.[172] Auch wenn aufgrund des Preisverfalls die tatsächlichen Ein- und Ausfuhrmengen weniger stark zurückgingen – um ungefähr 50 Prozent zwischen 1929 und 1933 –, stellte das einen Kollaps des deutschen Außenhandels dar.

Allerdings sanken die Importe in Deutschland früher und schneller als die Exporte, was neben dem Nachfrageausfall durch die hohe Arbeitslosigkeit auch an der Einführung der Devisenbewirtschaftung lag. Die Exporte konnten dagegen eine Zeit lang insbesondere durch das Geschäft mit der Sowjetunion stabilisiert werden, die 1931 7,9 Prozent der deutschen Exporte abnahm und 1932 10,9 Prozent und damit fast genauso viel wie der wichtigste Handelspartner, die Niederlande. 1929 hatten die Exporte in die Sowjetunion trotz aller exportpolitischen Bemühungen erst einen Anteil von 2,6 Prozent der deutschen Exporte ausgemacht. Die Weltwirtschaftskrise führte also nicht nur zu einem Einbruch des deutschen Außenhandels, sondern auch zu einer regionalen Verschiebung, wenn auch Südosteuropa nie zur erhofften Stütze des deutschen Außenhandels heranwuchs.

Weil die Exporte aber langsamer zurückgingen als die Importe – was letztlich nichts anderes bedeutet, als dass die deutschen Konsumenten anfangs viel gravierender von der Krise betroffen waren als die Exportindustrie –, erreichte die Weimarer Republik kurz vor ihrem Untergang nun doch noch den allseits herbeigesehnten Exportüberschuss. Er war klein und angesichts des Handelszusammenbruchs unbedeutend, wurde aber insbesondere unter den Ministerialbeamten gefeiert. Voller Stolz begann Hans Posse im Januar 1932 eine Radioansprache mit dem Hinweis auf diesen Handelsbilanzüberschuss, der »den oft erhobenen Vorwurf, die Regierung habe mit ihren handelspolitischen Zielen Phantomen nachgejagt, [...] vollends widerlegen« würde. »Es ist fraglos, daß die deutsche Krise des vergangenen Jahres noch viel schlimmere Ausmaße angenommen hätte, wenn das Exportventil nicht in dem tatsächlichen Umfang verfügbar gewesen wäre.«[173] Bei aller Korrektheit des Arguments war das für sechs Millionen Arbeitslose sicher ein geringer Trost.

Nichtsdestotrotz folgte auch das Außenministerium dieser Interpretation, selbst als nach dem Sturz der Regierung unter Reichskanzler Heinrich Brüning von der Zentrumspartei im Juni 1932 der nationalkonservative Konstantin von Neurath zum Außenminister berufen wurde. In seiner ersten Rede vor dem Auswärtigen Ausschuss des Deutschen Reichstages wies dieser im Januar 1933, eine Woche vor der nationalsozialistischen Machtergreifung, darauf hin, dass Deutschland zusammen mit der USA das einzige Industrieland sei, das in der Weltwirtschaftskrise einen Handelsbilanzüberschuss aufweise, auch wenn er zugestehe, dass »ein Ausfuhrüberschuss nicht immer ein Zeichen von Prosperität« sei. »In der gegenwärtigen Weltwirtschaftskrise [...] ist ein Ausfuhrüberschuss aber eine zwingende Notwendigkeit und wir haben allen Anlass, auf die Erhaltung dieses Ausfuhrüberschusses bedacht zu sein.«[174]

Konstantin von Neurath und Hans Posse zielten mit ihren Ansprachen allerdings nicht allein auf die Bekräftigung der Exportorientierung in der deutschen Außenwirtschaftspolitik. Es ging vielmehr darum, die Bevölkerung und die Politik auf einen dauerhaften Richtungswechsel in der Handelspolitik einzustimmen, der bereits 1930 begonnen worden war. Vom Freihandelsprinzip hatte sich das Deutsche Reich (wie die meisten anderen Nationen) bereits am Ende der 1920er Jahre weitgehend verabschiedet. Zollprotektionismus und internationale Kartellbildung hatten die Oberhand gewonnen. Aber die Instrumente des Protektionismus waren marktwirtschaftliche gewesen. Sie intervenierten in den Prozess der Preisbildung, aber ersetzten die marktwirtschaftliche Güterallokation nicht. »Zollpolitik [...] ist die einzig legitime Form des Protektionismus«, schrieb Ernst Trendelenburg schon 1928 mahnend, offenbar in dem Bestreben, die sehr viel krasseren Formen der Intervention im Zaum zu halten.[175]

Seit der Regierungsübernahme durch Heinrich Brüning im März 1930 war es aber auch damit vorbei. Was nun anstand, war die Abkehr von einem marktwirtschaftlichen Außenhandel insgesamt.[176] Die Vereinbarung von Einfuhrkontingenten im Handelsvertrag mit Schweden im Oktober 1929 und die Gründung eines Außenhandelsmonopols für Mais im März 1930 waren Vorboten dieser Richtung.[177] Die Ernennung Bernhard Wilhelm von Bülows zum Staatssekretär im Juni 1930 und das anschließende personelle Revirement markierten selbst im handelsfreundlichen Auswärtigen Amt unter Julius Curtius eine personelle Abkehr vom Stresemann-Kurs.[178] Das Prinzip der unbedingten Meistbegünstigung, das letztlich gewährleistete, dass alle Handelspartner dieselben Bedingungen erhielten, wurde ab 1930 aufgegeben.

Die Präsidialkabinette unter Brüning, von Papen und von Schleicher gingen zum »Bilateralismus« über, zum Prinzip der gezielten Diskriminierung der Handelspartner, die jeweils separate Einfuhrkontingente und Präferenzzölle erhielten. Neuraths Mitteilung im Reichstagsausschuss, »das deutsche Handelsvertragsnetz ist seit dem Ende 1931 in einem Zustande der Auflösung«,[179] war vor diesem Hintergrund schon fast eine Untertreibung. Auch vergaß er zu erwähnen, dass die deutsche Außenpolitik unter seinen beiden Vorgängern hieran kräftig mitgewirkt hatte. Denn die Handelsverträge spielten in der Praxis kaum noch eine Rolle und waren entweder bereits gekündigt worden oder liefen 1932 aus. Bekenntnisse zum Prinzip der unbedingten Meistbegünstigung, die sich selbst in Neuraths öffentlichen Äußerungen noch finden und fast selbstverständlich bei den Brüning-Regierungen, lassen sich sehr einfach als strategische Manöver entlarven.[180]

Deutschland war weder Antreiber noch Initiator, sondern folgte einer internationalen »Rette sich, wer kann«-Dynamik, die es den Akteuren seit 1930 leicht machte, die Schuld für den Zusammenbruch des Welthandels im Protektionismus der Nachbarländer zu entdecken: »Wir werden den Fehdehandschuh aufzunehmen haben; und die kommende Neuordnung der Europawirtschaft mag dann die allgemeine Zerrüttung und Autarkie zu ihrem Ausgangspunkt nehmen«, so Hans Posse Anfang 1932 im Radio.[181]

Der Übergang zum Bilateralismus und letztlich zur umfassenden Planung des Außenhandels war nicht von den Nationalsozialisten begonnen worden, sondern unter Heinrich Brüning, der hierbei von einer sich rasch verändernden Weltwirtschaft angetrieben wurde. Die Brüning-Regierungen zielten insbesondere auf eine Drosselung der Einfuhr, während neue Instrumente zur Förderung der Ausfuhr angesichts des Handelsbilanzüberschusses nicht notwendig erschienen. Die außenwirtschaftliche Abkoppelung radikalisierte sich dann aber mit dem Beginn der NS-Herrschaft. Zu den zollpolitischen Revanchemaßnahmen der früheren Handelspartner kam jetzt noch der Boykott deutscher Waren im Ausland hinzu, den das Hitler-Regime mit dem inländischen Boykott jüdischer Geschäfte ausgelöst hatte.[182] Der Wert der monatlich ausgeführten Güter lag Ende des Jahres 1933 15 Prozent unter dem bereits niedrigen Ausfuhrwert des Dezembers 1932. Der kleine krisenbedingte Exportüberschuss des Vorjahres war wieder verschwunden.[183]

Zwar hatten die Nationalsozialisten bei der Machtergreifung noch kein vollständig entwickeltes außenwirtschaftliches Programm vorzuweisen, dies verdichtete sich erst im Verlauf der ersten Regierungsjahre und unter maßgeblicher Mitgestaltung des Reichsbankpräsidenten Hjalmar Schacht.[184] Die meisten Wortmeldungen bewegten sich aber im Rahmen der konservativen und agrarischen Kreise der Weimarer Republik, die danach strebten, möglichst unabhängig von der Gütereinfuhr aus anderen Ländern zu werden. Wirtschaftliche »Autarkie« war das erklärte Ziel vieler konservativer Politiker seit dem späten 19. Jahrhundert.

Während Agrarromantiker hiermit aber einen Aufruf zur Genügsamkeit, die Kritik an der Industriegesellschaft und dem Leben in den Großstädten verbanden, hatten es die Nationalsozialisten letztlich auf eine vom Ausland unabhängige Rüstungsindustrie abgesehen. Die wirtschaftshistorische Forschung zum Nationalsozialismus hat sich traditionell sehr stark auf binnenwirtschaftliche Themen konzentriert, insbesondere auf die »geräuschlose« Finanzierung der Aufrüstung und die industriepolitischen Programme einer »Importsubstitution«, mit denen Mineralöleinfuhren durch die aufwändige Synthese von Steinkohle ersetzt wurden, Kautschuk durch synthetisches »Buna« und Baumwolle durch »Zellwolle«.[185] Neben diesen weitreichenden binnenwirtschaftlichen Maßnahmen interessierten sich die Nationalsozialisten aber auch für die Exportwirtschaft.[186]

Nach der Lausanne-Konferenz 1932 war das Deutsche Reich zwar die Reparationsverpflichtungen losgeworden, die für alle Weimarer Regierungen ein wichtiges Argument für Exportüberschüsse dargestellt hatten. Dennoch war auch der nationalsozialistische Staat auf Exporte angewiesen, mit denen allein die Devisen verdient werden konnten, die zur Bezahlung unersetzlicher Rohstoffe und Produkte für die Rüstungspläne dringend erforderlich waren. Das alles spielte sich in einer gegenüber der Weimarer Zeit erheblich geschrumpften Dimension ab. Aber selbst diese Miniaturüberschüsse stellten sich nicht automatisch ein, sondern machten erhebliche exportpolitische Anstrengungen erforderlich.[187]

Das wusste auch Adolf Hitler. In der Reichstagsrede zum Ermächtigungsgesetz, mit dem der Reichskanzler wenige Wochen nach der Machtergreifung letztlich das Ende der parlamentarischen Demokratie besiegelte, findet sich ein durchaus unerwartetes Bekenntnis zur Exportwirtschaft (freilich versteckt hinter weitschweifigen Ausführungen über die Bedeutung von Landwirtschaft und Handwerk): »Es muß immer wieder betont werden, daß der Reichsregierung nichts ferner liegt als Exportfeindlichkeit. Wir wissen, daß wir die Verbindung mit der Welt nötig haben und daß die Arbeit für den Absatz der deutschen Waren in der Welt viele Millionen deutscher Volksgenossen ernährt.«[188]

Das war keineswegs ein strategisches Lippenbekenntnis. Ministerien und Reichsbank entwickelten im Verlauf des Jahres 1933 allerlei Maßnahmen, um den Exportunternehmen die Wettbewerbsnachteile abzunehmen, die ihnen durch die Währungsabwertungen und Zolldiskriminierungen im Ausland entstanden waren. Die technischen Details interessieren hier nicht. Letztlich liefen die Maßnahmen darauf hinaus, dass Exportunternehmen über Kapitalmarkttransaktionen Gewinne machten, die es ihnen ermöglichen sollten, die Auslandspreise auf ein konkurrenzfähiges Niveau herunterzusubventionieren. Bei der Konkurrenz machten sich die deutschen Unternehmen hiermit nicht sehr beliebt. Der Historiker Willi A. Boelcke zitiert das Beispiel eines österreichischen Kaufmanns, der auf die deutsche »Schmutzkonkurrenz« schimpfte: Deutsche Maschinenbauunternehmen würden in China Maschinen für 1500 Reichsmark verkaufen, die in Deutschland 5000 Reichsmark kosteten.[189]

Allerdings reichten die Exportanreize nicht aus. Die Preisdifferenz war einfach zu groß.[190] Erst mit Hjalmar Schachts Neuem Plan, einer Art Vorstufe des Vierjahresplans, der seit 1934 die Ein- und Ausfuhr des »Dritten Reichs« vollständig steuerte, erhielt die Exportwirtschaft die notwendigen Kompensationen. Die Exporte stiegen für einige Jahre deutlich an, bei weiter sinkenden Importen, die jetzt viel effektiver für die Aufrüstung eingesetzt wurden. Während im Konsum zum Teil scheußliche inländisch herstellbare Ersatzprodukte an Bedeutung zunahmen, von Fischpudding bis Kunstseide, wurde Bauxit, der Grundstoff für die Aluminiumproduktion und damit für die Luftrüstung von eminenter Bedeutung, in größeren Mengen importiert.[191]

Der NS-Staat förderte den Export mit immer höheren Beträgen. 1935 wurden die staatlichen Mittel durch eine Zwangsabgabe der Industrie verstärkt, ein »Dumping-Fonds«, wie es im Ausland hieß.[192] Der Aufwand für diese Förderung, die die Exporte bis 1938 deutlich steigerte, aber nicht im Ansatz an die Volumina der Weimarer Republik anknüpfen konnte (weder absolut noch im Verhältnis zum BIP), war ausgesprochen hoch: 1938, so hat der Historiker Michael Ebi berechnet, summierten sich alle Fördermaßnahmen zusammengenommen auf 1,5 Milliarden Reichsmark bei einem Exportwert von nur 4 Milliarden. Um an die rüstungswirtschaftlich unverzichtbaren Rohstoffe zu kommen, welche zum Teil nur aus den Regionen zu beziehen waren, in denen mit Gold oder goldkonvertiblen Devisen bezahlt werden musste, förderte das Deutsche Reich seine Exporte (und die Exportindustrie) mit einem atemberaubenden Satz von 38 Prozent.[193]

Welche Unternehmen die Nutznießer dieses System waren, ist bislang nicht systematisch untersucht worden. Die außenwirtschaftspolitischen Ziele ließen sich am besten von solchen Firmen erreichen, die spezialisierte und preisunelastische Produkte ins westliche Ausland exportierten, also Gold- oder Deviseneinnahmen generierten, ohne dabei größere öffentliche Aufmerksamkeit zu erregen, die zu Boykottmaßnahmen führen würde.

Die Schnellpressenfabrik AG Heidelberg passte in dieses Kalkül. Sie verkaufte unter dem jungen Vorstand Hubert H. A. Sternberg mit einem ausgeklügelten System mobiler Vertreter äußerst erfolgreich Rotationsdruckmaschinen insbesondere in den USA und in Westeuropa und erholte sich von der Weltwirtschaftskrise letztlich aufgrund eines Exportumsatzes von 60 Prozent.[194] Ein anderes Unternehmen, das ausgerechnet während der NS-Zeit steigende Exportumsätze aufweisen konnte, war der Göttinger Hersteller von Präzisionswaagen für die Medizintechnik Sartorius, der die Hälfte seines Umsatzes im Export erwirtschaftete.[195] Die Chemnitzer Wanderer-Werke, die neben Fahrrädern, Autos und Werkzeugmaschinen auch Büromaschinen herstellten, steigerten nach der Weltwirtschaftskrise den Export von Büro- und Schreibmaschinen insbesondere ins westliche Ausland ebenfalls deutlich, auch wenn in der Spitze Exportumsätze von kaum 30 Prozent erreicht wurden, weniger als in den Spitzenjahren vor der Weltwirtschaftskrise.[196]

In den hier aufgeführten Fällen ist vollkommen unklar, ob die Exportförderung durch die nationalsozialistischen Machthaber zu diesen Erfolgen beigetragen hat. Umgekehrt kann es aber keinen Zweifel geben, dass der nationalsozialistische Staat nicht nur ein breites Anreizsystem entwickelt hatte, um Exporte und damit Deviseneinnahmen zu generieren. Die NS-Bürokratie machte sich auch dezidiert Gedanken darüber, welche Unternehmen und welche Produkte sich für genau diesen Zweck eigneten. »Eines steht für uns alle fest«, so Carl Lüer, der als Reichsführer des Handels Anfang 1934 mit dem Aufbau einer Struktur von Außenhandelsstellen beschäftigt war: »Sollen sich deutsche Waren wieder die Auslandsmärkte erobern, dann kann es nur eine deutsche Qualitätsware sein.«[197]

Die Förderung der Ausfuhr hochqualitativer Waren mit geringer Preis-Nachfrage-Elastizität und hierdurch einer guten Aussicht auf Devisenerträge stand auch nicht im Widerspruch zu den Plänen der Nationalsozialisten, einen europäischen »Großwirtschaftsraum« zu errichten. Wenn es gelänge, große Teile Europas militärisch zu erobern, würde dies die Rohstoff- und Lebensmitteleinfuhren überflüssig machen. Ein hoher Grad der Autarkie wäre dann erreicht, so die diesbezüglichen Überlegungen, die keine Erfindung der Nationalsozialisten waren, sondern selbst in liberalen Kreisen in der Weimarer Republik vertreten wurden.[198]

Aber selbst als sich das nationalsozialistische Deutschland nach den Anfangserfolgen im Zweiten Weltkrieg diesem Ziel am nächsten wähnte, wurde auf die Bedeutung des Exportes hingewiesen, die auch in einer Neuordnung Europas unter deutscher Führung nach dem Krieg weiterhin zu beachten sei. Genau das betonte etwa Reichswirtschaftsminister Walther Funk auf einer »Chefbesprechung« im Sommer 1940 nach dem Sieg über Frankreich: Es gelte nicht »der Satz Autarkie oder Export, sondern Autarkie und Export. [...] Deutschland muß [nach dem Krieg] den Anschluß an den freien Handel wiedergewinnen.« Aufgabe der deutschen Wirtschaft in der Nachkriegszeit sei es, das Land »durch einen sehr bedeutenden Export zu einer Deckung des friedensmäßigen zusätzlichen Bedarfs [zu] führen«.[199]

3.5 Zusammenfassung

In der deutschen Geschichte ab der Mitte des 19. Jahrhunderts spielte der Export eine kontinuierliche Rolle. Politiker und Ministerialbeamten, Ökonomen und Unternehmer waren eigentlich permanent damit beschäftigt, die Rahmenbedingungen für deutsche Exporte zu verbessern und das Volumen der Ausfuhr zu vergrößern, und letztlich auch damit, einen Handelsbilanzüberschuss zu erreichen. Die konkreten Motive für diese Aktivitäten waren sehr unterschiedlich. Sie hingen von den weltwirtschaftlichen Rahmenbedingungen, von der politischen Machtkonstellation und den Gewinnmöglichkeiten ab. Genauso änderten sich die politischen und wirtschaftlichen Instrumente der Exportförderung. Vorhanden war die exportfreundliche Haltung aber immer. Handelsbilanzüberschüsse und Exportorientierung konstituierten einen erstrebenswerten außenwirtschaftspolitischen Normalzustand, Defizite und Rückgang der Exporte dagegen eine korrekturbedürftige Ausnahme.

Diese Konstellation hatte sich über die Jahrzehnte aufgebaut. Sie überspannte ganz unterschiedliche gesellschafts- und wirtschaftspolitische Schauplätze: Als Geburtsstunde der strikten deutschen Exportpolitik erscheint in der historischen Rückschau die Initiative des Reichskanzlers Leo Graf von Caprivi, der sich als konservativer preußischer General eigentlich hierfür nicht zu qualifizieren schien. Mit seinem Diktum »Wir müssen exportieren«, auf das in späteren Phasen immer wieder zurückgegriffen wurde, von Gegnern wie Befürwortern, trieb er nicht nur die industrielle Modernisierung des Deutschen Kaiserreichs voran und versuchte den Protektionismus der späten Bismarck-Zeit zu revidieren. Er schuf erstmals auch eine stabile Koalition von Ministerialbürokratie und Exportwirtschaft, aus der sich spätere Initiativen zur Exportförderung zuverlässig speisten. Durch den protektionistischen Gegendruck der 1890er Jahre wurde diese Koalition gefestigt. In den Diskussionen um den Schlachtflottenbau gelang es den »Exportenthusiasten« inner- und außerhalb der Regierung, sich an den großmachtpolitischen Konsens des deutschen Kaiserreichs anzuschließen, indem Exportstärke und nationale Stärke verknüpft wurden. Die Exportpolitik erhielt hierdurch schon zur Jahrhundertwende eine nationalpatriotische, zuweilen nationalistische Färbung.

Die Weimarer Republik befand sich von Beginn an in einer fundamental anderen außenwirtschaftspolitischen Lage als das Deutsche Kaiserreich. Waren Exportorientierung und Handelsbilanzüberschüsse im Kaiserreich letztlich noch eine intellektuelle Spielerei einer wirtschaftlichen und bildungsbürgerlichen Elite, so wurden sie jetzt zur wirtschaftspolitischen Zwangslage. Für existenzielle Lebensmitteleinfuhren und für die Reparationen schienen allein Handelsbilanzüberschüsse die notwendigen Deviseneinnahmen zu generieren. Andere Optionen wurden nicht verfolgt, und so sahen die handelnden Personen den einzig möglichen Ausweg in der Steigerung des deutschen Exports. In der Zeit der Hyperinflation blitzte dabei gelegentlich eine obsessive Beziehung zum Export auf, wenn denkbar waghalsige Wege beschritten und Alternativen offenbar nicht sondiert wurden.

Das Arsenal an harten Exportförderinstrumenten wurde jedenfalls in der Weimarer Republik deutlich erweitert: In der Inflationszeit wurde das Währungsdumping entdeckt und erfolgreich ausprobiert. Die Hermes-Bürgschaften gehörten genauso wie die staatlich unterstützten internationalen Kartellvereinbarungen zu den Errungenschaften der »liberalen Phase« in der Weimarer Außenwirtschaftspolitik, welche in den 1930er Jahren um viel radikalere Formen der Exportprämienzahlung ergänzt wurde. Weil die Instrumente der Exportförderung nach der Weltwirtschaftskrise in Deutschland zu größter Blüte heranreiften, könnte der Eindruck entstehen, es handele sich um Schreckenswerkzeuge des Wirtschaftsnationalismus, um Auswüchse der nationalsozialistischen Autarkiepolitik mit begrenzter Halbwertzeit. Ganz im Gegenteil waren es aber vorwiegend »liberale« Politiker und Unternehmer, die die deutsche Exportstärke anmahnten und hierin gerade eine Gegenkraft zum Protektionismus sahen. Die Exportobsession reifte in Deutschland als eine nationalistische Version des Freihandelslagers heran und nicht als eine Spielart des Protektionismus.

4
»DEUTSCHLANDS RÜCKKEHR ZUM WELTMARKT«
Exportförderung und Außenwirtschaft im Wirtschaftswunder

4.1 Neue Weltwirtschaftsordnung und das deutsche Exportwunder

Die weltwirtschaftliche Lage nach dem Zweiten Weltkrieg ähnelte jener nach dem Ersten Weltkrieg: Insbesondere der Außenhandel der europäischen Länder hatte dramatisch unter dem Krieg gelitten und lag 1945 bei wohl nur der Hälfte der ohnehin schon niedrigen Werte des Jahres 1938, während andere Weltregionen, allen voran die USA, Exportbooms zu verzeichnen hatten. Wie nach dem Ersten Weltkrieg war es zu einer Verschiebung der globalen Handelsströme weg von Europa gekommen, und es waren die außereuropäischen Regionen, die für die rasche Erholung des Handelsvolumens sorgten: 1949 wurde das Niveau des Jahres 1938 erreicht. Ein Jahr später überstieg das Welthandelsvolumen das vor der Weltwirtschaftskrise von 1929.[1]

Und doch war die weltwirtschaftliche Lage eine ganz andere als die nach dem Ersten Weltkrieg: Die USA waren als die alleinige Weltwirtschaftsmacht aus dem Krieg hervorgegangen und errichteten ein »liberales Imperium«. Ihre hochproduktive Industrie hatte nicht nur die westlichen Alliierten mit Rüstungsgütern versorgt und damit entscheidend zu den militärischen Erfolgen des Kriegs beigetragen, sie lieferte am Ende des Kriegs auch an die Sowjetunion.[2] Beinahe die gesamte Welt war gegenüber den USA verschuldet; wo Nahrungsmittel fehlten – wie in Europa –, ruhte die Hoffnung auf der Leistungsfähigkeit der amerikanischen Agrarwirtschaft. Zerstörte Landschaften, Produktionsanlagen und Infrastruktur sowie der Tod von 60 Millionen Menschen machten viele Länder, insbesondere in Europa, für mehrere Jahre von der Einfuhr aus den Vereinigten Staaten abhängig.

Anders als nach dem Ersten Weltkrieg überließen die USA die Bewältigung dieser weltwirtschaftlichen Unwucht aber nicht den europäischen Kombattanten. Schon während des Kriegs wurde damit begonnen, die Grundlagen für eine Weltwirtschaftsordnung zu entwickeln, die globale ökonomische Ungleichgewichte regulieren könnte. Diese Weltwirtschaftsordnung ist später als das »System von Bretton Woods« bezeichnet worden, benannt nach dem Ort einer 1944 in den White Mountains nahe Boston veranstalteten Wirtschaftskonferenz des Völkerbundes.[3] Dort wurden drei internationale Organisationen konzipiert, für die Währungspolitik, für den Welthandel und eine Wiederaufbaubank, mit deren Hilfe die Weltwirtschaft in der Nachkriegszeit stabilisiert werden sollte. Als »Pfeiler« der Nachkriegsordnung funktionierten diese Institutionen aber im Grunde von Beginn an nicht oder nur mithilfe unzähliger »Stützpfeiler« und Flicken. Für die Bundesrepublik war es aber von großer Bedeutung, dass sie schon bei ihrer Gründung 1949 in dieses ordnungspolitische Gerüst weltwirtschaftlicher Strukturen fest eingebunden war, mochte dieses auch noch so unzureichend sein. Es bildete die Grundlage für die Exporterfolge des deutschen Wirtschaftswunders.

Keimzelle für die neue Ordnung waren Wirtschaftsverhandlungen zwischen den USA und Großbritannien. Hierbei ging es auch um die Vertretung der gemeinsamen »westlichen Werte«, Marktwirtschaft und Demokratie. Im Vordergrund stand dieser Aspekt aber wohl nicht. Es ging zuallererst um nationale wirtschaftliche Interessen zwischen der alten und der neuen Weltwirtschaftsmacht. Das Verhältnis der beiden Staaten war alles andere als konfliktfrei. Zudem hatten sie sehr unterschiedliche Vorstellungen von der Ordnung der Weltwirtschaft nach dem Krieg: Großbritannien, das Mutterland des Freihandels, war mit der Pfundabwertung von 1931 und dem Imperial Preference Tariff im Jahr 1932 zum Handelsprotektionismus übergegangen. Die USA mit ihrer langen protektionistischen Tradition vollzogen dagegen eine denkbar unerwartete Wende zum Freihandel.

Unter Außenminister Cordell Hull hatten die »Internationalisten« innerhalb der Demokratischen Partei die Oberhand gewonnen und während der Präsidentschaft von Franklin D. Roosevelt den Freihandel als maßgebliche Regierungspolitik verankert. Mit dem Reciprocal Trade Agreements Act konnte schon 1934 eine Richtungsänderung gegenüber dem scharfen Protektionismus der Vorgängerregierungen erreicht werden, insbesondere weil diese dem Präsidenten größere Spielräume bei der Aushandlung von bilateralen Handelsabkommen einräumte.

Dem Sieg der Freihandelsbewegung halfen aber vor allem die Preissteigerungen in der Kriegs- und der Nachkriegszeit. Weil die USA überwiegend spezifische Zölle verwendeten, die den Zoll nicht als Prozentsatz des Warenwertes bemaßen, sondern einen festen Geldbetrag erhoben, führten die Preissteigerungen für Einfuhrgüter zu einer Reduktion des Durchschnittszollsatzes, die auf politischem Weg kaum durchsetzbar gewesen wäre. Die amerikanischen Durchschnittszollsätze (über alle Waren) fielen von ihrem Höhepunkt von fast 60 Prozent infolge des Smoot-Hawley-Zolls in der Weltwirtschaftskrise auf nur noch 13 Prozent im Jahr 1950. Außerdem profitierten amerikanische Unternehmen von einem Nachfragesog aus Europa, was ihren Widerstand gegen den Freihandel abschwächte.[4] Unter diesen besonderen Umständen, vor dem Hintergrund einer umfassenden weltwirtschaftlichen Suprematie, fiel es den USA äußerst leicht, nach dem Krieg in die Rolle einer Galionsfigur des globalen Freihandels zu schlüpfen, in der das Land zuvor nie gewesen war.

Im Gegensatz dazu hatte Großbritannien gute Gründe, an seinem Handelsprotektionismus festzuhalten. Das Land war noch aus dem Ersten Weltkrieg gegenüber den Vereinigten Staaten hochverschuldet und benötigte daher dringend Exporte in den Dollarraum. Während des Kriegs war die Verschuldung sogar über die Grenze des wirtschaftlich Vertretbaren gestiegen. Hierbei half die finanzpolitische Fiktion, dass die USA Waffen und Kriegsgerät dem Vereinigten Königreich nur leihweise überlassen hätten. Denn zu einem direkten Kredit an das überschuldete Großbritannien wäre der amerikanische Kongress nicht bereit gewesen. Wenn man sehe, dass das Haus des Nachbarn in Flammen steht, so Präsident Roosevelt in einer Rede vor dem Kongress im Dezember 1939, dann wäre es doch ganz selbstverständlich, dem Nachbarn seinen Gartenschlauch zu leihen, und wenn dieser beim Löschen des Brandes beschädigt würde, so würde der Nachbar den Gartenschlauch ebenso selbstverständlich ersetzen.[5]

Die zahlreichen Verhandlungen zwischen Briten und Amerikanern wurden zwar immer wieder mit dem Pathos des Kampfes der »freien Welt« gegen den Totalitarismus umhüllt, und für die Akteure mag dies auch ein wichtiger Antrieb gewesen sein. Im Kern ging es aber um den wirtschaftlichen Ausgleich zwischen der alten und der neuen Weltwirtschaftsmacht, und dieser Ausgleich prägte auch das System von Bretton Woods. Dieses sollte einerseits für Währungsstabilität sorgen, am besten auf der Grundlage goldbasierter Währungen, weil auf diese Weise eine zuverlässige Schuldentilgung am besten gewährleistet würde. Andererseits sollte globaler Handel ermöglicht werden und damit eine wohlstandssteigernde internationale Arbeitsteilung.

Feste Wechselkurse galten als eine Grundvoraussetzung für stabile weltwirtschaftliche Beziehungen. Die Möglichkeit, sich über Währungsabwertungen Wettbewerbsvorteile auf ausländischen Märkten zu verschaffen, hatte in den 1930er Jahren zu drastischem Protektionismus geführt und wurde als entscheidender Brandherd der Weltwirtschaftskrise angesehen. Deshalb waren in den Wirtschaftsbeziehungen zwischen den USA, Großbritannien und Frankreich schon 1936 wieder feste Wechselkurse vereinbart worden.[6] Als zweiter Brandherd waren »spekulative« Finanztransfers ausgemacht worden, die nach Meinung der Experten die Währungsturbulenzen verschärft hätten. Das Weltwährungssystem, das die USA seit 1941 unter dem Verhandlungsführer Harry Dexter White mit dem Vereinigten Königreich und John Maynard Keynes an der Spitze von dessen Delegation planten, operierte daher mit erheblichen Beschränkungen des internationalen Kapitalverkehrs. Letztlich war der internationale Austausch von Währungen vollständig dem Zweck der Handelsbelebung untergeordnet.[7] Dieses Währungssystem als »embedded liberalism« zu bezeichnen ist daher fast noch beschönigend.[8] Jedenfalls in der Anfangszeit handelte es sich um eine enge regulatorische Zwangsjacke für den internationalen Kapitalverkehr.

Mit der Ratifizierung der »Articles of Agreement of the International Monetary Fund« Ende 1945 durch zunächst 29 Staaten nahm der Internationale Währungsfonds (International Monetary Fund, IMF) in Washington, D. C., schließlich seine Arbeit auf. Eine neue Weltwährungsordnung wurde in Betrieb genommen. Die Mitglieder zahlten in diesen Fonds einen Kapitalanteil in ihrer Landeswährung und in Devisen ein, der ihrem Anteil am Welthandel entsprach. Zugleich verpflichteten sie sich, einen Wechselkurs mit allen anderen Währungen zu fixieren und diesen auch einzuhalten. Nur der US-Dollar war zusätzlich goldbasiert und goldkonvertibel, so dass indirekt auch für die Währungen aller Mitgliedsländer ein Goldwert fixiert wurde, ohne dass diese Währungen aber jederzeit in Gold eintauschbar sein sollten. Würde im Rahmen des Währungssystems ein Mitgliedsland einen Einfuhrbedarf aus einem anderen Mitgliedsland haben, den es durch die eigenen Exporteinnahmen nicht befriedigen könnte, so war es ihm erlaubt, zu diesem Zweck aus dem Fonds bis zu einer gewissen Höhe die entsprechenden Devisen zu leihen. Der Fonds bildete gewissermaßen einen Devisenpuffer für die Handelsbilanzdefizite der Mitglieder.

Musste eines der Länder den Puffer in Anspruch nehmen, so zog dies unterschiedliche Formen der Sanktion nach sich, die in der schwächsten Form den Charakter von Zinszahlungen hatten, sich aber bis hin zu Eingriffen des Internationalen Währungsfonds in die Wirtschaftspolitik des jeweiligen Staates steigern konnten.

Ganz am Ende dieser Sanktionseskalation stand eine Anpassung des Wechselkurses zu den Währungen der anderen Mitglieder, die eine Zustimmung der Mitgliederversammlung voraussetzte. Mit dem IMF hatte die Gemeinschaft der in die (westliche) Weltwirtschaft verflochtenen Nationen die Marktanpassung der Wechselkurse durch multilaterale Entscheidungsverfahren ersetzt, weil sie die Erfahrung gemacht hatte, dass Marktanpassungen zu schweren Wirtschaftskrisen führen können, insbesondere in einer so belasteten Situation wie nach einem Weltkrieg. Der IMF stellt einen »Apparat zur Konsultation und Zusammenarbeit bei internationalen Währungsproblemen zur Verfügung«, heißt es in Artikel I des auf der Völkerbundkonferenz unterzeichneten Vertrags.[9]

Jedenfalls was die Krisenanfälligkeit anbelangte, war die 1944 gestiftete Weltwährungsordnung äußerst erfolgreich. In kaum einer Epoche der jüngeren Finanzgeschichte gab es so wenige Finanz- und Währungskrisen wie unter der Währungsordnung von Bretton Woods zwischen 1947 und 1971.[10] Die Probleme wurden freilich ebenso schnell sichtbar. Die Struktur des IMF ermöglichte den USA als einzigem Mitglied eine inflationäre Geldpolitik, die über die Interventionspflicht zur Wechselkursstabilisierung letztlich die anderen Mitglieder finanzierten; nur die »Defizitländer«, also die, die zur Deckung ihres Einfuhrbedarfs auf Devisen aus dem Fonds angewiesen waren, hatten Anpassungslasten zu tragen, während die »Überschussländer« keinerlei Sanktionen durch den IMF erfuhren. Die Fixierung des Dollar-Gold-Kurses auf Basis des Jahres 1935 entwertete die Dollarkaufkraft der nach dem Krieg außerhalb der USA befindlichen Goldreserven anderer Mitgliedsländer, obwohl gerade diese Länder dringend auf die Gütereinfuhr aus den USA angewiesen waren. Diese Schwierigkeiten wurden in der unmittelbaren Nachkriegszeit aber zunächst von der Rhetorik der »Liberalisierung« übertüncht, mit der die USA ihre weltwirtschaftliche Ordnungspolitik durchsetzten, insbesondere nach dem Beginn des Kalten Kriegs.

GATT

Das zweite Aufgabenfeld für die Stabilisierung der Weltwirtschaft nach dem Zweiten Weltkrieg bestand in der Rückkehr zu einem liberalen, das heißt unbeschränkten Welthandel. Auch hierbei gab es einen Konflikt zwischen den USA und der alten wirtschaftlichen Weltmacht Großbritannien. Nach mehreren Konferenzen und Kompromissen verpflichteten sich beide Länder im Mutual Aid Agreement vom Februar 1942 zum Abbau aller Formen von Handelsbeschränkungen. Das zielte nicht zuletzt auf die Abschaffung des Präferenzzolls des Commonwealth, der aus Sicht der USA einer Wiederbelebung des Welthandels im Wege stand. Auf der Konferenz von Bretton Woods kamen die Nationen schließlich überein, eine multilaterale Welthandelsorganisation (die International Trade Organisation) einzurichten. Damit knüpfte die Staatengemeinschaft an Ideen an, die der Völkerbund schon auf der Genfer Weltwirtschaftskonferenz von 1927 ausgearbeitet hatte.

Allerdings hatten die Siegermächte insofern aus den Versäumnissen der Zwischenkriegszeit gelernt, als sie die Einbindung Deutschlands in die Weltwirtschaft als eine Voraussetzung ansahen, um Angriffskriege in Zukunft zu verhindern: »Die deutsche wirtschaftliche Autarkie, die dem Krieg diente, muss durch eine Wirtschaft ersetzt werden, die in eine verflochtene Weltwirtschaft integriert werden kann«, hieß es in einem kurz nach der Bretton-Woods-Konferenz verfassten Memorandum des amerikanischen Executive Committee of Foreign Economic Policy. Das setze allerdings voraus, »dass Deutschland die Möglichkeit erhält, angemessene Exportmärkte zu entwickeln. Nötig sind außerdem, in Deutschland und in anderen Ländern, politische Maßnahmen und Institutionen, die eine Realisierung der Einnahmen aus deutschen Exporten in international konvertiblen Währungen gestatten.«[11] Schon zu diesem frühen Zeitpunkt – im August 1944 – waren die Wirtschaftsberater des amerikanischen Außenministeriums mithin davon überzeugt, dass Deutschland als exportstarke Volkswirtschaft innerhalb einer arbeitsteiligen Weltwirtschaft verankert werden müsse, schon allein aus sicherheitspolitischen Gründen.[12]

Der Aufbau einer als Pendant zum IMF geplanten internationalen Handelsorganisation erwies sich allerdings schnell als undurchführbar. Auf Initiative der USA schloss im September 1947 in Genf eine Kerngruppe von 23 Ländern zunächst als Übergangslösung das Allgemeine Zoll- und Handelsabkommen (General Agreement on Tariffs and Trade, GATT). Der Vertragstext sollte gleichsam als Rahmenbedingung für bilaterale Handelsvereinbarungen dienen, die ebenfalls in Genf geschlossen wurden. Grundprinzip des globalen Handels zwischen den Vertragsstaaten des GATT war die unbeschränkte Meistbegünstigung. Der Vertrag sah weiterhin vor, dass Einfuhrbeschränkungen schrittweise abgebaut (»liberalisiert«) und Zollsätze gesenkt werden sollten. Ähnlich wie der IMF sollte das GATT eine institutionelle Struktur erhalten, durch die Handelskonflikte moderiert und Handelsliberalisierung durchgesetzt werden konnten.

Der Vertragstext enthielt aber auch zahlreiche Ausnahmen von den Freihandelsprinzipien: So wurden in fünf Anhängen regionale Präferenzzölle ausdrücklich genehmigt, unter anderem der Tarif des britischen Commonwealth, Artikel XII gestattete Handelsbeschränkungen zur »Sicherung der Zahlungsbilanz« und Artikel XIX zur Abwehr von schweren Krisen der heimischen Wirtschaft. Artikel XX hielt »Allgemeine Ausnahmen« fest und Artikel XXI Ausnahmen zur Aufrechterhaltung der Sicherheit. Artikel XXIV erlaubte die Einrichtung von »Freihandelszonen«, wenn sie dem Ziel des Abbaus von Handelsbeschränkungen dienten. Genau das nahm später die Europäische Wirtschaftsgemeinschaft für sich in Anspruch. Artikel XXXVI erlaubte schließlich generell allen Entwicklungsländern, ihre protektionistische Politik der Importsubstitution fortzusetzen. Das Abkommen war eine Ansammlung von Hintertüren, die in den folgenden Dekaden von den handelsstarken Industrieländern gerne in Anspruch genommen wurden, um ihre inländischen Märkte zu schützen.

Angesichts des lückenhaften Rahmens ist es wenig verwunderlich, dass die Rolle des GATT bei der Wiederbelebung des Welthandels jedenfalls bis zur Kennedy-Runde der 1960er Jahre insgesamt als vernachlässigbar eingeschätzt wird. Viele Zollsätze waren bereits vor dem Inkrafttreten des GATT stark reduziert worden; in mehreren Ländern wie den USA wirkte dabei der spezifische Zollsatz mit den steigenden Einfuhrpreisen günstig zusammen. Die erreichten Zollsenkungen waren nach dem Anfangserfolg in Genf in den folgenden GATT-Runden minimal, und selbst diese fielen in einer stark mit Mengenbeschränkungen und Devisenbewirtschaftung operierenden Außenwirtschaft kaum ins Gewicht.[13]

Gegenüber der Zwischenkriegszeit stellte das GATT aber immer noch eine erhebliche Verbesserung dar. Der Bilateralismus war überwunden, Autarkiebestrebungen wurden weitgehend zurückgedrängt, und das Bedürfnis nach Integration in einem möglichst reibungslosen internationalen Handel stieg deutlich, was sich nicht zuletzt darin niederschlug, dass mehr und mehr Staaten dem Vertrag beitraten. Die Bundesrepublik Deutschland unterzeichnete das GATT im Oktober 1951 als 29. Land. An der im englischen Torquay 1950/51 begonnenen Verhandlungsrunde nahmen insgesamt 38 Länder teil, an der Uruguay-Runde der 1980er Jahre 123.[14] Für die deutsche Exportwirtschaft war die frühzeitige Einbindung in das GATT-System ein großes Glück, denn sie sicherte wenige Jahre nach Kriegsende Zugang zu den Absatzmärkten der Mitgliedsländer auf der Grundlage der Meistbegünstigung, während die Ausnahmen im Bereich der Landwirtschaft, der EWG-Gründung und bei anderen Industriezweigen großzügig in Anspruch genommen werden konnten.

Wohl weil sich ihre Institutionen mit dem Zusammenbruch des Ostblocks und der Öffnung Chinas seit den 1990er Jahren universell durchgesetzt haben, wird die amerikanisch geprägte Ordnung der Nachkriegszeit üblicherweise als »Weltwirtschaft« bezeichnet. Ihre geografische Reichweite war anfangs aber noch begrenzt: Die Sowjetunion und zahlreiche Staaten in ihrem Einflussbereich waren der Ordnungsstiftung ferngeblieben oder wieder ausgetreten. Mit dem Rat für gegenseitige Wirtschaftshilfe (RGW) hatten sie 1949 ein eigenes Ordnungssystem errichtet, das staatssozialistischen Grundsätzen folgte. Diese Länder waren immerhin für 30 Prozent der globalen Industrieproduktion verantwortlich, während der RGW-Handel nur 5 Prozent des GATT-Handels entsprach.[15] China und die meisten Länder Asiens traten dem GATT und dem IMF nicht bei. Die »Weltwirtschaft« des Systems von Bretton Woods hatte tatsächlich den Charakter einer »Atlantic economy«, was angesichts der amerikanisch-britischen Keimzelle nicht verwundert.[16]

Die in Bretton Woods formierte »atlantische Weltwirtschaft« erwies sich als ein nachgerade idealer Resonanzkörper für die westdeutsche Industriewirtschaft, insbesondere für die Exportwirtschaft. Unter den freilich restriktiven Bedingungen der Nachkriegszeit betrug der Wert der bundesdeutschen Güterausfuhr 1950 erst 9 Milliarden DM. Bis 1960 hatte er sich auf 48 Milliarden gesteigert. Die Wachstumsraten des Güterexports lagen in den 1950er Jahren deutlich über den ebenfalls hohen Wachstumsraten des Bruttoinlandsprodukts. Im Durchschnitt wuchs der Export doppelt so schnell wie die Produktion und bildete ohne jeden Zweifel den überragenden Motor des Wirtschaftswunders. Die Exportquote, die 1950 mit 8 Prozent auf dem niedrigen Niveau der 1930er Jahre lag, war in den wenigen Jahren bis 1957 auf 15 Prozent gestiegen und hatte damit die Spitzenwerte der Weimarer Republik kurz vor der Weltwirtschaftskrise erreicht bzw. die des Kaiserreichs in den Jahren vor dem Ersten Weltkrieg. Im Gegensatz zu den früheren Phasen stieg die Exportquote der Bundesrepublik aber weiter an, bis auf 20 Prozent am Ende der 1960er Jahre.[17]

Auch der Weltmarktanteil der bundesdeutschen Exportwirtschaft hatte in den 1950er Jahren deutlich aufgeholt. 1960 lag er bei 10,8 Prozent, nachdem er bei der Staatsgründung auf einen historischen Tiefststand von etwas mehr als 1 Prozent abgesunken war.[18] Weltmarktanteile von 20 Prozent, die das Deutsche Reich beim Fertigwarenexport vor dem Ersten Weltkrieg und auch in den 1920er Jahren erreicht hatte, wurden in der vollständig geänderten weltwirtschaftlichen Lage nach dem Zweiten Weltkrieg von keiner Wirtschaftsmacht erreicht. Daher galt es als ein Zeichen des deutschen Wiederaufstiegs, als die Bundesrepublik 1957 im Welthandel mit einem Anteil von 8 Prozent »an die dritte Stelle hinter den USA und Großbritannien gerückt« war.[19] Drei Jahre später, 1960, so berichtete Helmut Allardt, der Leiter der Handelspolitischen Abteilung des Auswärtigen Amtes, stolz, hatte die Bundesrepublik Deutschland »bereits einen Anteil von 10 Prozent [an der Weltausfuhr] erreicht und damit ihren zweiten Platz in der Reihenfolge der Exportländer festigen können«.[20] Zumindest unter den Ministerialbeamten spielte diese merkwürdige »Weltrangliste«, in der die Vereinigten Staaten zu Beginn der 1960er Jahre mit einem Welthandelsanteil von 17,7 Prozent den Ton angaben, eine wichtige Rolle.[21] Sie schien den deutschen wirtschaftlichen Wiederaufstieg in besonderer Weise zu illustrieren.

Marshallplan und europäische Arbeitsteilung

Tatsächlich war die sorgfältig geplante »weltwirtschaftliche« Institutionenstruktur für den deutschen Wiederaufbau elementar. Westdeutschland fand sich am Anfang der 1950er Jahre in der Rolle des wichtigsten Industrieexporteurs innerhalb von Europa wieder, der Schritt für Schritt die Marktanteile der amerikanischen Exportwirtschaft übernehmen konnte, welche dann andere Teile der Welt belieferte. Die besondere Struktur der westdeutschen Industrie und ihres Exports, die günstigen »terms of trade«, der »Nachfragehunger« in den europäischen Nachbarländern und die scheinbar grenzenlose Verfügbarkeit industrieller Arbeitskräfte, zunächst durch die »Heimatvertriebenen« und später durch die Anwerbung von »Gastarbeitern«, trieben das »Exportwunder« der 1950er Jahre an.

Die politische und ökonomische Westintegration war hierbei eine wichtige Voraussetzung. Erklärtes Ziel der amerikanischen Europapolitik war es, die europäische Arbeitsteilung wiederherzustellen und auf diese Weise die Abhängigkeit Europas von amerikanischen Wirtschaftshilfen und Krediten zu reduzieren. Diesem Ziel diente letztlich auch der Marshallplan, der mit zahlreichen Instrumenten zur Stärkung der europäischen Koordinierung ausgestattet war. Der Austausch von deutscher Kokskohle und französischem Eisenerz sollte den europäischen Stahlbedarf befriedigen, der deutsche Kalibergbau den Bedarf an Düngemitteln, der deutsche Maschinenbau sollte beim Wiederaufbau der Industrieanlagen helfen, und die französische und dänische Landwirtschaft sollten den Nahrungsmittelbedarf decken. Über die deutsch-französische Wirtschaftskooperation wurde seit Jahrzehnten gesprochen, genau wie über andere Möglichkeiten der europäischen Arbeitsteilung. Aber erst die amerikanische Hegemonie gab den entscheidenden Impuls, der nötig war, um das Projekt tatsächlich auf den Weg zu bringen.[22]

Zur Verteilung des Marshallplan-Kredits von 13 Milliarden Dollar unter den europäischen Teilnehmerländern wurde in Paris 1948 die Organisation für europäische wirtschaftliche Zusammenarbeit (Organisation of European Economic Cooperation, OEEC) gegründet. Sie entwickelte sich zur zentralen Koordinationsstelle des europäischen Wiederaufbaus. Als der europäische Handel während des durch den Koreakrieg verursachten Nachfragebooms in eine Devisenkrise abzurutschen drohte, wurde 1950 mit einem weiteren amerikanischen Kredit die Europäische Zahlungsunion (EZU) gegründet. Die EZU war ein multilaterales Clearing-Abkommen innerhalb der europäischen Volkswirtschaften, von dem vor allem die Bundesrepublik Deutschland profitierte: Die europäischen Handelspartner konnten nun mithilfe eines Clearing-Kredits Industriegüter aus der Bundesrepublik beziehen, wobei das Darlehen später mit eigenen Forderungen gegenüber einem europäischen Drittland beglichen werden konnte. Knappe Dollarreserven mussten für dieses innereuropäische Zahlungssystem nicht eingesetzt werden.

Die frühe Einbindung Westdeutschlands in die Institutionen der »atlantischen Weltwirtschaft« stellte die traditionell starke Verflechtung mit den westeuropäischen Nachbarn wieder her und legte damit die Grundlage für eine rasche Bewältigung der wirtschaftlichen Kriegsfolgen. Die Bundesrepublik etablierte sich als Lieferant industrieller Fertigwaren für die europäischen Nachbarstaaten und bezog hierzu Rohstoffe aus Europa und aus den USA.

4.2 Handelspolitik in der sozialen Marktwirtschaft

Der Internationale Währungsfonds, das General Agreement on Tariffs and Trade, das European Recovery Programme mitsamt der OEEC und schließlich die Europäische Zahlungsunion – sie bildeten in den 1950er Jahren die Grundlage für den außenwirtschaftlichen Wiederaufbau Deutschlands. Angesichts des engen regulatorischen Korsetts der neuen Weltwirtschaftsordnung waren die Handlungsspielräume für die bundesdeutsche Außenwirtschaftspolitik anfangs noch vergleichsweise gering. Erst im Verlauf der 1950er Jahre änderte sich das.

Bis 1950 kontrollierten die westlichen Besatzungsmächte den Außenhandel über eine Monopolgesellschaft, die Joint Export-Import Agency. Das Besatzungsstatut vom September 1949 behielt den Alliierten die Entscheidungsbefugnis über den Außenhandel vor. Selbst den GATT-Beitritt und die Handelsvertragsverhandlungen in Torquay Ende 1950 musste die bundesdeutsche Regierung vorab mit dem Alliierten Hochkommissar abstimmen.[23] Erst die Veränderung des Besatzungsstatuts im März 1951, mit der auch der Wiedereinrichtung des Auswärtigen Amtes zugestimmt wurde, erlaubte es der Bundesregierung, selbständig Handelsvertragsverhandlungen auf der Grundlage des GATT- und OEEC-Rahmens durchzuführen. Erst jetzt wurde es Unternehmen gestattet, mit ausländischen Partnern direkt in Kontakt zu treten.[24]

Die Währungspolitik unterlag ebenfalls der vollständigen Kontrolle durch die Alliierten, was unmittelbar auf den Güterexport zurückwirkte. Der Wechselkurs der D-Mark und damit der Verkaufspreis für deutsche Güter im Ausland wurde 1948 von der Joint Export-Import Agency festgelegt, und zwar zu hoch, wie die deutschen Experten meinten. Im Zuge der Abwertung des britischen Pfunds wertete auch die D-Mark gegenüber dem Dollar ab und wurde mit dem traditionellen Kursverhältnis von 4,20 DM fixiert, das schon im Kaiserreich und in der Weimarer Republik gegolten hatte. Die deutsche Seite hätte freilich gerne eine noch deutlichere Verbilligung ihrer Exporte erreicht.[25] Ausländische Währungen (»Devisen«) waren in der Bundesrepublik allerdings nicht frei, sondern nur durch staatliche Zuteilung erhältlich. Dieses Regime wurde trotz Ludwig Erhards internationalem Werbefeldzug für die Währungskonvertibilität erst ab 1954 schrittweise abgebaut.[26] Erst 1958, nachdem die Europäische Zahlungsunion aufgelöst worden war, führten die im IMF zusammengeschlossenen Länder die volle Währungskonvertibilität ein.[27]

Unter diesen Rahmenbedingungen schwenkte die Bundesrepublik von Beginn an auf die handelspolitische Linie ein, die die Weimarer Republik in der Ära der Stabilisierung bereits verfolgt hatte. Der Akzent, so waren sich die Außenwirtschaftspolitiker einig, müsse auf einer Steigerung des Exports liegen, letztlich um Handelsbilanzüberschüsse zu erzielen. Um das zu erreichen, konnte die junge Bundesrepublik nichts anderes tun, als einseitig mit der »Liberalisierung« der eigenen Einfuhr voranzugehen und hierdurch die Handelspartner ihrerseits zur Lockerung der Einfuhrbeschränkungen zu bewegen, wodurch erst den deutschen Exporten der Weg geöffnet würde. Ludwig Erhard fasste dieses Kalkül mit den Worten zusammen:

> Die Bundesrepublik lebt mit rund 50 Mill. Menschen auf einem schmalen Streifen zwischen Elbe und Rhein. Dieser Streifen ist nur als Werkstatt der Welt, bei stärkstem Export von Maschinen und Konsumgütern, existenzfähig. [...] Allein die Leistungsfähigkeit unserer Kaufleute und die Wirksamkeit einer Handelspolitik, die vor unmäßigen Importschranken und gegen Diskriminierung schützt, sichern unseren Außenhandel und damit unsere Existenz.[28]

Die »Förderung des Exportes in die Hartwährungsländer und die günstigen Liefergebiete« müsse das »Hauptziel« der deutschen Handelspolitik sein, schrieb der außenwirtschaftspolitische Referent des Bundesministeriums für Wirtschaft (BMWi), Eduard Schalfejew, schon 1949.[29] Es ging einerseits darum, einen Exportüberschuss zu erzielen, andererseits aber auch um die Einnahme von Dollar, weil wichtige Importgüter aus den USA bezogen oder in Dollar bezahlt wurden.

Die deutsche Handelspolitik begriff sich deshalb, und nicht etwa aus grundsätzlichen, idealistischen Motiven, als »Schrittmacher« der europäischen Handelsliberalisierung.[30] Als 1950 mit großer Eile ein neuer Zolltarif ausgearbeitet wurde, konnten die üblichen Protektionswünsche vonseiten der Landwirtschaft zurückgedrängt werden, unter anderem durch eine Intervention von Fritz Berg, dem Präsidenten des Bundesverbands der Deutschen Industrie (BDI), bei Konrad Adenauer. Der »außenwirtschaftlichen Allianz« (Reinhard Neebe) zwischen Erhard und dem BDI gelang eine Reduktion des Umfangs von Einfuhrkontingenten innerhalb der EZU,[31] die Reduktion des Durchschnittszollsatzes auf 17 Prozent und der Eintritt in das multilaterale Handelsvertragssystem. Das Land kam damit in den Genuss der unbedingten Meistbegünstigung. Zollpolitik und GATT-Beitritt waren nicht zuletzt exportpolitisch motiviert. Nur den Zugang zum Commonwealth-Markt, eines der wichtigsten Ziele der deutschen Verhandler, erreichte die Bundesrepublik nicht. »Ein Einbruch in das englische Präferenz-

System ist nicht gelungen«, so die enttäuschte Bilanz des Leiters der außenwirtschaftlichen Abteilung im BMWi, Vollrath von Maltzan, im militärstrategischen Jargon.[32]

Diese Politik knüpfte sprachlich und konzeptionell, aber auch personell an die Stresemann-Ära an. Vollrath Freiherr von Maltzan kam aus dem Auswärtigen Amt, wo er bis 1938 im Umfeld von Karl Ritter für die Außenwirtschaft zuständig war, bevor er aus »rassischen Gründen« entlassen wurde, seine Tätigkeit aber in der Außenhandelsabteilung des IG-Farben-Konzerns fortsetzen konnte. Nach dem Krieg war er maßgeblich für den Aufbau der Außenhandelsabteilung im Bundeswirtschaftsministerium verantwortlich, die vor der Gründung des Auswärtigen Amtes 1951 für die Konzeption der Außenwirtschaftspolitik zuständig war. 1953 übernahm Maltzan die Handelspolitische Abteilung des Auswärtigen Amts, in die 46 Beamte aus dem BMWi wechselten.[33]

Die Rahmenbedingungen für eine liberale Handelspolitik waren in den 1950er Jahren wesentlich günstiger als noch in den 1920er Jahren. Mit dem Zollgesetz von 1950 war die Bundesrepublik weitgehend zum Wertzoll übergegangen, was die künftigen Zollverhandlungen deutlich erleichterte. Als erstes Land wandte sie die Zollnomenklatura der im Rahmen der OEEC gebildeten »Brüsseler Studiengruppe« an, deren langfristiges Ziel eine europäische Zollunion war.[34] Aber die Liberalisierung der Einfuhr in die Bundesrepublik ergab für Erhard und das Bundeswirtschaftsministerium nur dann Sinn, wenn sie mit einer Steigerung der eigenen Exportanstrengungen verbunden war.

Ein wichtiges Anliegen von Wirtschaftsminister Erhard war es daher, die Initiative der Unternehmen wieder stärker zur Entfaltung zu bringen. Hierzu schien auch volkspädagogische Aufklärung notwendig, um überhaupt die Einsicht zu nähren, dass die staatliche Handelspolitik höchstens regulierend wirken könne. »Nicht der Staat will exportieren oder importieren, sondern die Fülle der Verbraucher, drinnen und draußen, und ihre Agenten am Markt, nämlich die Kaufleute und die Unternehmer, wollten den Handel bestimmen.«[35] 1953 war das immer noch keine Selbstverständlichkeit. Noch existierten zahlreiche staatliche Eingriffe, unter anderem die Devisenbewirtschaftung; Wirtschaft und Unternehmen waren seit mehr als 20 Jahren der politischen Steuerung unterworfen. Ludwig Erhard befürchtete, dass die Bundesrepublik das »Primat der Politik« auf diesem Gebiet fortsetzen könnte, und sah den Einfluss von Wirtschaft und Unternehmen schwinden. Um das zu verhindern, riskierte er sogar einen heftigen Konflikt mit dem Auswärtigen Amt und schrieb wutentbrannt an Konrad Adenauer: »Die Zeiten, in denen die Handelspolitik als außenpolitische Waffe mißbraucht werden konnte, sind vorbei.«[36]

Deshalb war unter Erhard die Politik der Handelsliberalisierung nicht auf die defensive Komponente der einseitigen Zugeständnisse und der »Schrittmacherfunktion« für den europäischen Wirtschaftsraum beschränkt, sondern enthielt mit der Exportförderung eine zusätzliche Komponente. Jedenfalls in den Anfangsjahren zählte Vollrath von Maltzan die »Exportermunterung« in der Industrie zu seinen Aufgaben als Abteilungsleiter im Bundeswirtschaftsministerium.[37]

Die Bedeutung der Unternehmen für die Außenwirtschaftspolitik

Die Zusammenarbeit von Unternehmern und Außenwirtschaftspolitikern war vor der Gründung der Bundesrepublik bereits gut etabliert. Die Rolle der Hamburger Bankiers bei den Verhandlungen über den Versailler Vertrag wurde oben erwähnt, ebenso die der Unternehmer in der Außenwirtschaftspolitik bzw. die »Nebendiplomatie«, die Unternehmer über den Ost-Ausschuss der deutschen Wirtschaft in der Sowjetunion betrieben. Im Nationalsozialismus waren die Verbindungen noch enger geworden, und im Zweiten Weltkrieg kam es zu personellen Überlappungen zwischen Rüstungswirtschaft und Wirtschaftsverwaltung, die auch die umfassend bürokratisierte Außenwirtschaft im Rahmen der Devisenbewirtschaftung betraf.

An diese Tradition konnte das Bundeswirtschaftsministerium nach dem Zweiten Weltkrieg anknüpfen, setzte aber durchaus auch neue Akzente, wenn es insbesondere die Autonomie der Unternehmerentscheidung hervorhob. Das BMWi verstand sich als Repräsentant der Unternehmensinteressen in der Bundespolitik und war zugleich auf die praktischen Erfahrungsberichte der Unternehmen angewiesen, wenn es darum ging, die Verwaltung des Außenhandels in den Anfangsjahren zu verbessern und später von der Bewirtschaftung zu befreien. Das stellte keinen grundsätzlichen Unterschied zur Situation nach dem Ersten Weltkrieg dar. Aber zu einer so engen und vor allem nachhaltigen Verknüpfung von Exportindustrie und Außenpolitik wie in der Bundesrepublik, die sich im Laufe der Jahre zu einem dichten Geflecht an finanziellen Fördermaßnahmen des ohnehin schon erfolgreichen Exports materialisierten, war es damals nicht gekommen.

Die Exportindustrie spielte bei der Ausarbeitung des Zollgesetzes und bei den Verhandlungen über den GATT-Beitritt eine zentrale Rolle. Nicht nur der BDI war besonders aktiv bei der Mitgestaltung der außenwirtschaftlichen Rahmenbedingungen, beispielsweise bei der Gründung der EWG.[38] Auch anderen Unternehmern und Industriezweigen wurde von Beginn an eine aktive Rolle bei der Ausgestaltung der Ordnung eingeräumt – und immer ging es dabei prioritär um die Vergrößerung der Ausfuhr, die insbesondere in den Anfangsjahren auch von den Alliierten gefordert wurde.

Gründung und Rolle des Außenhandelsbeirates

Eine wichtige Rolle in diesem Zusammenhang spielte der im September 1946 durch den Länderrat gegründete Außenhandelsbeirat (AHB) der Verwaltung für Wirtschaft, der im Februar 1947 seine Arbeit aufnahm. Bei der Rekrutierung der zunächst 20 Mitglieder hatte Vollrath von Maltzan offenbar versucht, Vertreter aus allen Zweigen der Exportwirtschaft zu gewinnen und die sich zeitgleich wiederetablierenden Verbände zu umgehen. Das Führungspersonal des späteren BDI, sonst im Wiederaufbau fast allgegenwärtig, war im Außenhandelsbeirat anfangs jedenfalls nicht vertreten. Dafür hatten aber die hanseatischen Kaufleute und Reeder hier größeres Gewicht. Im Gegensatz zur organisatorischen Spaltung der Zwischenkriegszeit, als Kaufleute und Produktionsunternehmen eifersüchtig um die Vorherrschaft im Außenhandel konkurrierten, zogen die verschiedenen Gruppen in diesem Gremium nun scheinbar an einem Strang. Der Deutsche Industrie- und Handelstag, der BDI und der Verband des Groß- und Außenhandels würden immer nur Teile der deutschen Exportwirtschaft zusammenbringen, so die Selbstwahrnehmung der Beiratsmitglieder. Demgegenüber könnten sich im AHB alle gemeinsam abstimmen. Es gehe nicht um Interessenpolitik, sondern um Problemlösung. Der AHB sei ein »wirtschaftlicher Generalstab für den Außenhandel«, so der Generaldirektor der Bremer Atlas-Werke, Gustav Wilhelm Harmssen.[39]

Die Gründung des Beirats selbst hatte dabei dem Ziel des »Aufbaus einer neuen Exportwirtschaft« gegolten, der »Exportermunterung«, wie es von Maltzan bei der ersten Sitzung 1947 nannte.[40] Die Verwaltung benötigte die Expertise der Unternehmer, um die praktischen Schwierigkeiten des Außenhandels zu identifizieren und den Besatzungsbehörden vorzutragen. Diese betrafen neben dem großen Thema der Zahlungsprozesse und des Devisenverkehrs vor allem die Kreditbeschaffung zur Vorfinanzierung des Exports, die Rohstoffzuteilung für Exportunternehmen und die rechtlichen Hindernisse bei der Rückkehr auf die Auslandsmärkte. In den ersten fünf Jahren seines Bestehens hielt der AHB schon 40 Sitzungen ab. Als erster Vorsitzender amtierte Rudolf Petersen, Inhaber eines Handelsunternehmens in Hamburg, wo er 1945/46 erster Bürgermeister war und ab 1948 erster Nachkriegspräsident des neu gegründeten Übersee-Clubs. Als sein Stellvertreter fungierte Richard Merton, Aufsichtsratsvorsitzender der Frankfurter Metallgesellschaft. Unter den 37 Namen der Mitgliedsliste aus dem Jahr 1948 waren Hermann Josef Abs (damals bei der Kreditanstalt für Wiederaufbau, später bei der Deutschen Bank), Henri Dumur (Leitz), Ulrich Haberland (Bayer), Harmssen (Atlas-Werke), Wilhelm Haspel (Daimler-Benz), Joseph Horatz (Felten & Guilleaume), Hans Reuter (Deutsche Maschinenbau-Aktiengesellschaft, Demag), Ernst Hellmut Vits (Glanzstoff), Otto A.H. Vogel (Präsident des Gesamtverbandes der Textilindustrie und der IHK Augsburg).[41]

Insbesondere in der frühen Phase, als vor 1952 die westdeutsche Handelsbilanz noch negativ war, drehten sich die Diskussionen des AHB zentral um Möglichkeiten staatlicher Exportförderung. Von den Praktikern wurden allerlei Vorschläge eingebracht, wie die Ausfuhr durch Verbesserungen des administrativen Prozesses, vor allem aber durch finanzielle Anreize und Unterstützungen vergrößert werden könnte. Als die Bundesrepublik während des Koreakriegs 1950 kurzzeitig in eine Devisenkrise zu rutschen drohte (weil die Importpreise in kürzester Zeit drastisch zugenommen hatten), regte der AHB ein Förderprogramm an, das von Steuererleichterungen und Krediten über Dollarfreibeträge bis hin zu der Genehmigung von Exportkartellen reichte.[42] Vieles davon konnte realisiert werden. Die Umsatzsteuerrückvergütung betrug bei Fertigwaren immerhin 4 Prozent; Handelsunternehmen wurden über die Ertragssteuern entlastet. Selbst eine bevorzugte Rohstoffzuteilung konnte die Exportindustrie am Ende durchsetzen.[43] Die Unternehmer waren mit ihren Vorschlägen in den ersten Jahren so erfolgreich, dass der Initiator des Gremiums, von Maltzan, 1951 die politischen Mittel der Exportförderung für »ausgeschöpft« erklärte und an die stärkere Eigeninitiative der Wirtschaft appellierte.

Formen und Instrumente der Exportförderung

Die kritischen und komplizierten Nachkriegsjahre hatten in der Bundesrepublik zur Institutionalisierung eines breiten Förderinstrumentariums geführt, das eine große historische Reichweite hatte, auch nachdem die Handelsbilanz seit 1952 dauerhaft mit Überschüssen abschloss. Es ist einigermaßen knifflig, die ökonomischen Effekte dieses Instrumentariums genau zu bestimmen, zumal andere Länder ebenfalls Exportförderinstrumente aufbauten.[44] Für die deutschen Exporterfolge waren sie daher ganz bestimmt nicht ursächlich. Unwichtig waren sie aber eben auch nicht, sonst wären die zahlreichen Gelegenheiten, bei denen die deutsche Exportindustrie sich für ihre Beibehaltung einsetzte, genauso wenig erklärbar wie die Kritik, die der Bundesrepublik in den internationalen Organisationen entgegenschlug.

Die wichtigsten Instrumente der Exportförderung betrafen zunächst die Finanzierung des Exports. Die Bundesrepublik knüpfte dabei an die Hermes-Bürgschaften aus der Weimarer Zeit an. Dabei sicherten staatliche Bürgschaftszusagen, für die Exportunternehmen wie bei Versicherungsverträgen Prämien an den Bund zahlten, das Risiko eines Zahlungsausfalls ab. Erst auf diese Weise erhielten Exportunternehmen von spezialisierten Exportfinanzierern Kredit. Wegen der allgemeinen Kapitalknappheit wurde zusätzlich bei der staatlichen Kreditanstalt für Wiederaufbau 1949 ein »Kreditplafond« für Exportzwecke in Höhe von 400 Millionen DM eingerichtet, der unmittelbar durch die Bank deutscher Länder gedeckt wurde.[45]

Mit der Gründung der Ausfuhrkredit-Aktiengesellschaft (AKA) in Frankfurt am Main als Gemeinschaftsunternehmen von 28 deutschen Banken wurde dieses System 1952 von der Privatwirtschaft übernommen. Das Unternehmen war eine Spezialbank für Exportkredite, die in zwei Produktlinien angeboten wurden: Im »Plafond B« führte die AKA die Kreditlinie der Bank deutscher Länder, die zwischenzeitlich auf 600 Millionen DM erhöht worden war, weiter. Zusätzlich richteten die Konsortialbanken einen eigenen »Plafond A« in Höhe von 270 Millionen DM ein, in dem die Kreditgewährung zu leicht modifizierten Bedingungen erfolgte. Deutsche Exporteure konnten jetzt mit einer Hermes-Bürgschaft des Bundes und einer vergleichsweise geringen Selbstbeteiligung einen Kredit der AKA erhalten, noch bevor sie begonnen hatten, die Exportgüter herzustellen. Die AKA-Kredite finanzierten im ersten Geschäftsjahr ein Ausfuhrvolumen von 1,3 Milliarden DM, fast 10 Prozent des deutschen Exports.[46] Wenn man so will, ist der erste Handelsbilanzüberschuss der Bundesrepublik also nur durch die Förderung der AKA zustande gekommen.

Beide Förderinstrumente waren ausgesprochen erfolgreich. Die AKA schloss jedes Jahr zwischen 400 und 850 Kreditverträge.[47] Der Löwenanteil der Exportkredite wurde weiterhin von den privaten Banken übernommen, was häufig eine Hermes-Bürgschaft voraussetzte. Hermes bearbeitete anfangs mehr als 30 000 Bürgschaftsanfragen pro Jahr, 1966 waren es schon 42 000. 1965 wurden Bürgschaften für ein Exportvolumen von 6,7 Milliarden DM vergeben, fast 13 Prozent des Gesamtexports. Insgesamt wurde das Gesamtvolumen staatlicher Hermes-Bürgschaften immer weiter ausgedehnt, von anfänglich 120 Millionen DM auf 17 Milliarden im Jahr 1966.[48]

Es ist immer wieder diskutiert worden, auch zeitgenössisch, ob es sich bei dem System aus Hermes-Bürgschaften und AKA-Krediten überhaupt um eine staatliche Exportförderung gehandelt hat. Die Bundesregierung stritt dies ab. Durch die Überschuldung Brasiliens und den Zahlungsausfall seien 1952 zwar Hermes-Bürgschaften in Höhe von 120 Millionen DM fällig geworden.[49] In ähnlicher Höhe musste der Bund einige Jahre später beim Staatsbankrott Argentiniens einspringen und die offenen Forderungen deutscher Exportunternehmen anstelle der brasilianischen und argentinischen Importeure begleichen. Beides könnte als staatliche Exportsubvention angesehen werden. Dem standen aber Prämieneinnahmen gegenüber, so dass bis Ende 1956 dem Bund aus den Hermes-Bürgschaften sogar Überschüsse von 108 Millionen DM zugeflossen waren.[50] In der Summe der Jahre zwischen 1950 und 1975 vereinnahmte der Bund insgesamt 500 Millionen DM; Ende der 1970er Jahre schwankte der jährliche Überschuss zwischen 200 und 600 Millionen DM.[51] Eine finanzielle Subvention des Exports erfolgte über dieses Instrument also bis in die 1980er Jahre offenbar nicht.

Gleichwohl waren die Hermes-Bürgschaften den Unternehmen wichtig, und sie setzten sich immer wieder für die Beibehaltung und gegen eine Einschränkung dieser Form der Exportförderung ein. Eines ihrer wichtigsten Argumente verwies darauf, dass eine Versicherung gegen den Zahlungsausfall im Exportgeschäft aufgrund des unkalkulierbaren politischen Risikos kein marktwirtschaftliches Geschäftsfeld sein könne und ohne den staatlichen Eingriff daher nicht zustande kommen würde.[52] Dieses Argument wiederum spricht für den Charakter einer institutionellen Exportförderung, auch wenn diese bis in die 1980er Jahre keinen Nettofinanztransfer zur Folge hatte.

Seit 1955 wurde die Exportförderung der Mitgliedsländer innerhalb der OEEC verstärkt überprüft und beanstandet. Das betraf Dollarprämien für Exporteure in Dänemark, direkte Agrarsubventionen in Frankreich und eine 10-prozentige Umsatzsteuerrückerstattung in Österreich. Im Unterschied zu den eigenen Maßnahmen betrachteten deutsche Ministerialbeamten die Instrumente der Nachbarn als »künstliche Exportfördermaßnahmen«.[53] 1958 wurde Artikel XVI des GATT-Vertrags, der Subventionen regelt, um eine Art Waffenstillstandsvereinbarung auf diesem Gebiet ergänzt, durch den die Mitglieder die Konditionen für die Exportkreditversicherungen zu vereinheitlichen versuchten.[54] Je stärker der deutsche Handelsbilanzüberschuss aber international kritisiert wurde, desto mehr stieg in den deutschen Ministerien die Bereitschaft, Hermes-Bürgschaften und AKA-Kredite zurückzufahren.[55]

Obwohl die Ende der 1950er Jahre durchgeführten Maßnahmen moderat waren und das Bürgschaftssystem ohnehin nur etwa 10 Prozent der Ausfuhren betraf, die in stark risikobehaftete Länder exportiert wurden und daher über den freien Kapitalmarkt nicht abgesichert werden konnten, waren sie Anlass für Klagen aus der Unternehmerschaft. Man dürfe die »Exportüberschüsse nicht als etwas Selbstverständliches« ansehen, schrieb der Vorsitzende des BDI-Außenhandelsausschusses und AEG-Vorstand, Hans Boden, an das Bundeskanzleramt.[56] Im Außenhandelsbeirat warnte Hans Reuter, Vorsitzender des Maschinen- und Anlagenbauers Demag und Vorsitzender des 1952 eingerichteten Ost-Ausschusses der deutschen Wirtschaft, laut Protokoll davor, »die Exportförderung leichtfertig abzubauen. [...] Die Situation sei heute so, dass auf der einen Seite Geld ausgegeben werden soll, um die Exporte zu erhöhen, während auf der anderen Seite dem Export die Lage immer schwieriger gemacht werde.«[57]

D-Mark-Unterbewertung als Exportpolitik

Das zähe Ringen um selbst die kleinsten Verschlechterungen der staatlichen Unterstützung auf dem Gebiet der Exportfinanzierung erstaunt, weil die deutsche Exportwirtschaft einen ungleich viel größeren Wettbewerbsvorteil aus der chronischen Unterbewertung der D-Mark bezog, welche durch die Politik unter Bundeskanzler Adenauer mit Zähnen und Klauen verteidigt wurde. Verwunderlich ist schon allein die Tatsache, dass ein solcher währungsbedingter Wettbewerbsvorteil möglich war. Das Bretton-Woods-System war gerade zu dem Zweck errichtet worden, Währungsmanipulationen als Instrumente in Handelskonflikten auszuschließen.

»Hartwährungsländern« wie der Bundesrepublik ermöglichte aber die Ausgestaltung des Währungsabkommens, eine Währungsunterbewertung aufrechtzuerhalten und damit den eigenen Export zu stärken (und umgekehrt Importe zu verteuern), weil den Ländern mit dauerhaftem Handelsbilanzüberschuss im IMF-Vertrag keinerlei Sanktionen drohten, sondern höchstens der moralische Druck der anderen Mitglieder.

Die genauen Umstände der Währungsunterbewertung, ihre Funktionsweise und ihre Wirkungen erläutere ich weiter unten ausführlich (siehe Kapitel 5).[58] An dieser Stelle ist zunächst die Tatsache wichtig, dass sämtliche zeitgenössischen Akteure – ob Unternehmer oder Außenwirtschaftspolitiker oder auch Gewerkschafter – sich über den exportfördernden Charakter der Währungsunterbewertung vollständig im Klaren waren. Zwar wurde in den 1950er Jahren im Gegensatz zur Hyperinflationsphase nach dem Ersten Weltkrieg nicht versucht, den Export über eine Währungsabwertung noch stärker zu fördern. Aber es wurde mit beinahe allen Mitteln zu verhindern versucht, dass dieses wichtige Instrument der Exportförderung vorschnell aufgegeben würde, indem die Unterbewertung durch eine Währungsaufwertung teilweise oder gar vollständig eingeebnet würde. Insofern war das Verhalten der Akteure in Wirtschaft und Politik im Bereich der Währungspolitik ohne jeden Zweifel ein Produkt der bundesdeutschen Exportorientierung.[59]

Auf einer Sitzung des Außenhandelsbeirats im Mai 1957 vertrat der Referent der Außenhandelsabteilung des BMWi, Hermann Reinhardt, laut Protokoll die Meinung, dass zwei Drittel des Exportwachstums auf die »Verzerrung der Wechselkurse« zurückgingen und nur ein Drittel auf die technologische Wettbewerbsfähigkeit der Exportwirtschaft. »Industrie und Handel [erfreuten sich] einer einmalig günstigen Exportlage. Diese sei unbestreitbar zu einem Teil auf allgemeine günstige Umstände in der Welt, wie auf die internationale Verzerrung der Wechselkurse zurückzuführen – Umstände, die sich die Exporteure bei aller Anerkennung ihrer Ausfuhrleistungen nicht als ihr Verdienst anrechnen könnten.«[60] Das waren bemerkenswert deutliche Worte.

Von den Unternehmensvertretern wurde diesem Befund nicht widersprochen. Stattdessen bedankten sie sich wenige Monate später artig bei der Bundesregierung für die kompromisslose und nüchterne Haltung bei den Sitzungen des IMF und der OEEC, mit der die von vielen Seiten geforderte Aufwertung der DM abgewehrt worden war. Im Sommer 1957 war es zu spekulativen Kapitalzuflüssen aus Großbritannien in die Bundesrepublik gekommen, weil Investoren aufgrund des hohen deutschen Handelsbilanzüberschusses eine Währungsaufwertung erwarteten. Die Bundesregierung hatte letztlich die Aufwertung durch sehr allgemeine Zusagen abwenden können. Man versprach, die Binnennachfrage zu beleben und den Kapitalexport in die Entwicklungsländer zu verstärken.[61]

Bei der nächsten Diskussion über eine Aufwertung der D-Mark ging es weniger konziliant zu. Als in der Öffentlichkeit Vorschläge aufkamen, die Handelsbilanzüberschüsse über eine Aufwertung abzubauen, trat Hermann Josef Abs von der Deutschen Bank diesen sehr entschieden entgegen. Neben der Deutschen Bank und der Exportindustrie bezog auch die Bundesbank gegen eine Aufwertung Stellung, die unmittelbar ihre Devisenbilanz verschlechtert hätte. Auch die Mitglieder des AHB sprachen sich auf mehreren Sitzungen gegen Aufwertungspläne aus. Im September 1960 wiegelte Bundesbankdirektor Johannes Tüngeler die Exportunternehmer regelrecht gegen eine drohende Aufwertung und den Bundeswirtschaftsminister auf.[62] An der nächsten Sitzung nahm Ludwig Erhard selbst teil. Noch im Dezember 1960 erweckte er den Eindruck, dass er sich trotz der schwierigen Zahlungsbilanzsituation nicht für eine Aufwertung der D-Mark ausspreche. »Der Minister erklärt, dass es eine groteske Vorstellung sei, er wolle den Export dämpfen.« Ihm gehe es um das volkswirtschaftliche Gleichgewicht, die »Unterversorgung des deutschen Marktes aufgrund des Ausfuhrüberschusses«, die Überbeschäftigung und die Bekämpfung der konjunkturellen Überhitzung. Er sei »gegen eine Behinderung der Ausfuhr, aber sehr für die Vermehrung der Einfuhr«.[63]

Auf Anraten Ludwig Erhards und gegen den deutlichen Widerwillen Konrad Adenauers entschied sich die Bundesregierung im März schließlich dennoch, die D-Mark um 5 Prozent gegenüber dem Bretton-Woods-System aufzuwerten.[64] Das Verhältnis zwischen Bundesregierung und Exportindustrie störte diese Entscheidung nachhaltig. Die Regierung habe »mit der Aufwertung den Weg des geringsten Widerstandes gewählt« und »das Vertrauen der Wirtschaft verloren«, hieß es im AHB. Werft- und Schiffsbauindustrie, die Textil- und die Schwerindustrie würden in tiefe Krisen stürzen. Die Aufwertung würde die Auslandsverlagerung der Produktion forcieren, eine »volkswirtschaftliche Erbsünde«. Für Deutschland, »ein ausgesprochenes Exportland«, sei es »lebenswichtig«, dass die Industrie rentabel im Ausland arbeiten könne. Die Wirtschaftspolitik sei »stark unter den Einfluss bestimmter Nationalökonomen geraten, die auch in der Frage der Aufwertung einen bedeutenden Einfluss auf die Bundesregierung ausgeübt hätten«, während die Stimme der Praxis in der Entscheidung unzureichend gehört worden sei.[65] In der Presse war von einem traumatischen »Export-Pessimismus« der deutschen Unternehmer die Rede.[66]

Es war die letzte Zusammenkunft des AHB. Der Beirat löste sich im April 1963 vorübergehend auf. Und selbst bei diesem letzten Akt war der Pulverdampf des währungspolitischen Konflikts noch nicht verzogen, obwohl sich das BMWi zwischenzeitlich mit beinahe unerträglicher Schmeichelei darum bemühte, die Wogen zu glätten. Staatssekretär Ludger Westrick hatte bei einer Ansprache vor dem Außenhandels-Ausschuss des BDI zu Beginn des Jahres 1962 behauptet,

> dass die Pflege des deutschen Exportes stets ein wichtiges Anliegen des Bundeswirtschaftsministeriums gewesen ist und angesichts der Struktur unserer Wirtschaft in der Zukunft

> bleiben wird. Wir sind uns darüber klar, dass die Gewinnung eines Marktes für den Exporteur eine kostspielige, langwierige und schwierige Aufgabe ist. Deswegen werden wir uns auch davor hüten, die Früchte einer solchen Aufbauarbeit ohne Not zu beeinträchtigen oder zu zerstören. Der ungeahnt erfolgreiche Weg, den die deutsche Exportwirtschaft in den wenigen Jahren nach dem Kriege zurücklegen konnte, ist ein stolzes Zeichen für den Fleiss, die Tüchtigkeit und die Zuverlässigkeit der deutschen Exportwirtschaft, aber auch für die Richtigkeit der wirtschaftspolitischen Konzeption.[67]

Und Ludwig Erhard betonte im April 1963, als er die Mitglieder des gerade erst aufgelösten AHB davon überzeugen wollte, das Gremium neu zu gründen: »Wir brauchen die Einfuhr und noch dringender die Ausfuhr, sonst funktioniere unsere Wirtschaft nicht mehr. […] Ohne den Außenhandel sei die deutsche Volkswirtschaft zum Absterben verurteilt.«[68]

Unternehmen: Entwicklung der Exporttätigkeit

In den Unternehmen war das Exportgeschäft in den 1950er Jahren in den allermeisten Branchen stark gewachsen. Einer »Exportermunterung«, von der von Maltzan 1947 gesprochen hatte, bedurfte es Ende der 1950er Jahre nicht mehr. Neben den Gewinnerwartungen und der Wiedererlangung der traditionellen Absatzmärkte spielte dabei auch die geringe inländische Kaufkraft eine Rolle. Insbesondere bei kleinen und mittleren Unternehmen bestand »trotz gewisser Befürchtungen beim Abbau der Exportförderungsmaßnahmen weiterhin eine erstaunliche Neigung zum Export, [weil] der Binnenmarkt nicht ergiebig genug« war, hieß es 1958 im AHB.[69]

Unter den Umständen einer wenn auch moderaten staatlichen Exportförderung, einer in vielen Absatzmärkten unterbewerteten

Währung und eines vergleichsweise kontinuierlichen Zustroms von Arbeitskräften konnten vor allem die exportstarken Branchen rasch an die Erfolge der Vorkriegszeit anknüpfen. Dabei waren die zeitweise beherrschenden Weltmarktpositionen in einer verschärften Konkurrenz nicht überall wieder erreichbar.

Einen Bedeutungsverlust erlebte beispielsweise die deutsche Elektroindustrie, die 1913 noch fast die Hälfte der globalen Elektroausfuhren hergestellt hatte. Schon in der Zwischenkriegszeit hatte die amerikanische Elektroindustrie die »Weltmarktführerschaft« übernommen. Bis zur Weltwirtschaftskrise hatten deutsche Unternehmen aber immerhin noch einen Anteil von 28 Prozent am Weltmarkt erreicht, den sie auch in den 1930er Jahren – freilich bei einem deutlich verkleinerten Handelsvolumen – behaupteten. Nach dem Zweiten Weltkrieg erholte sich die Industrie und konnte Anfang der 1950er Jahre eine durchschnittliche Exportquote von 10 Prozent verbuchen. Hierbei spielten die Exporte nach Südamerika eine wichtige Rolle, wo Siemens und AEG schon vor dem Ersten Weltkrieg sehr aktiv gewesen waren. Insgesamt lag der deutsche Weltmarktanteil 1951 aber »nur« bei im historischen Vergleich mageren 10 Prozent, während die US-Elektroindustrie ihren Marktanteil auf 35 Prozent gesteigert hatte.[70]

Im Verlauf der 1950er Jahre konnten die Elektrounternehmen zunächst gute Exporterfolge verbuchen, sowohl im Kraftwerksbau und der damit verbundenen Ausrüstung als auch in der Konsumelektronik. Dabei unterschieden sich die Strategien der beiden deutschen Marktführer: Siemens hatte sehr früh begonnen, die Auslandsniederlassungen zurückzukaufen oder neue zu gründen, so dass das Unternehmen schon Ende der 1950er Jahre faktisch wieder auf allen Märkten der Vorkriegszeit mit eigenen Produktionsbetrieben oder Vertriebsniederlassungen präsent war. AEG übte sich dagegen in Zurückhaltung und gründete erst 1964 die erste Auslandsniederlassung. Die gesamte Elektroindustrie war aber im Verlauf der 1960er Jahre zunehmend mit globaler Konkurrenz konfrontiert. Wenn auch bei einigen Produkten (beispielsweise bei Turbinen oder bei Radiogeräten) hohe Exportquoten von 70 Prozent erreicht werden konnten, stieg der gesamte Auslandsumsatz der Branche in den 1960er Jahren nicht mehr über 23 Prozent an.[71] Durch den Übergang zu einem zollfreien EWG-Binnenmarkt stockte der Absatz in die nun mit Zöllen belasteten Länder der Europäischen Freihandelsassoziation (European Free Trade Association, EFTA). Zuvor waren die Mitglieder der im Januar 1960 von Dänemark, Norwegen, Schweden, Großbritannien, Portugal, der Schweiz und Österreich gegründeten EFTA wichtige Absatzgebiete für deutsche Elektroerzeugnisse gewesen. Doch nun wurde die deutsche Exportwirtschaft gegenüber den Konkurrenten aus den EFTA-Staaten diskriminiert. Zugleich nahm die Konkurrenz auf dem Binnenmarkt zu. Bei Waschmaschinen, Kühlschränken und Fernsehern entstand auf der Produktebene eine negative Handelsbilanz. Für einen Teil der »Billigimporte« waren die deutschen Unternehmen selbst verantwortlich, die schon sehr frühzeitig im Ausland für den Binnenmarkt fertigen ließen.[72] Als Exportbranche stand die Elektroindustrie aber nach dem Zweiten Weltkrieg immer im Schatten ihrer früheren Weltmarkterfolge.

Der Chemieindustrie gelang der Schritt auf die globalen Absatzmärkte nach 1945 erstaunlich schnell. Die Großchemie, die schon vor dem Krieg mit Düngemitteln und Farbstoffen erfolgreich gewesen war, konnte an die guten Exportumsätze schon in den frühen 1950er Jahren anknüpfen. Bei BASF und Bayer erreichten die Exportumsätze zu Beginn der 1950er Jahre Werte von über 30 Prozent.[73] Beim Darmstädter Pharmaziehersteller Merck lag seit dem Ende der 1950er Jahre die »Exportquote stabil zwischen 45-50 Prozent des Gesamtumsatzes«.[74] Ähnlich wie in der Elektroindustrie bemühten sich auch die deutschen Chemieunternehmen um die Rückgewinnung oder den Neuaufbau ausländischer Niederlassungen und Produktionsbetriebe. Bei Henkel oder Beiersdorf machte die Auslandsproduktion Anfang der 1970er Jahre mehr als 80 Prozent des »Auslandsumsatzes« aus.[75] Zugleich hatten die Unternehmen technische Innovationen in der Petrochemie und der Pharmakologie »verschlafen«, und einige Unternehmen gerieten in der »großen Chemiekrise« der 1960er Jahre bei synthetischen Fasern, Kunststoffen und Kautschuk unter Anpassungsdruck.[76]

Im Maschinenbau – dem dritten traditionellen Exportsektor der deutschen Wirtschaft – gab es sehr unterschiedliche Entwicklungen. Vor allem vertikal integrierte Großkonzerne, die vom Bergbau über Hüttenbetriebe bis zur Weiterverarbeitung sämtliche Stufen der schwerindustriellen Wertschöpfungskette umfassten, gerieten nach dem Zweiten Weltkrieg in den Fokus der alliierten Entflechtungspolitik. Der Thyssen-Konzern mühte sich redlich, die verschiedenen Unternehmensteile im Verlauf der 1950er Jahre wieder zusammenzufügen.[77]

Der Gutehoffnungshütte-Konzern verlor seine schwerindustrielle Basis, was sich nach den Bergbau- und Stahlkrisen aber als Glücksfall herausstellte, weil die Entflechtung das Unternehmen auf die Weiterverarbeitung konzentriert hatte. Hierzu gehörten lukrative Unternehmensteile, die Deutsche Werft, die zum Stahlwerk- und Anlagenbauer umfunktionierte GHH Sterkrade, die zu einem der führenden Lastwagenproduzenten aufgebaute MAN und schließlich das Augsburger Druckmaschinenunternehmen Roland. Wilhelm Dietrich von Menges, der seit 1938 bei Ferrostaal tätig war, der internationalen Absatzorganisation des GHH-Konzerns, rückte 1961 in den Vorstand ein und baute das Exportgeschäft als Vorsitzender zu einer wichtigen Basis des Gesamtkonzerns aus. Den schon bei seinem Amtsantritt hohen Exportanteil am Gesamtumsatz von 38 Prozent konnte er trotz zahlreicher Krisen seit den späten 1960er Jahren bis auf 45 Prozent im Jahr seines Ausscheidens 1975 erhöhen. Zu den wichtigen strategischen Entscheidungen gehörten der Ausbau des Nutzfahrzeuggeschäftes bei MAN, der Einstieg in den Flugzeugturbinenbau, der Ausstieg bei der Deutschen Werft und die Verstärkung des Druckmaschinenexports.[78]

Eine wichtige Rolle für den Gesamtexport nahm der Maschinen- und Anlagenbau ein, der aber schwer zu fassen ist, weil er sich über unterschiedliche Branchen erstreckte. Der Bau von Elektrokraftwerken oder Straßenbahnen war die Domäne der deutschen Elektroindustrie. Innerhalb der Schwerindustrie an der Ruhr hatten sich zahlreiche Unternehmen etabliert, die sich auf den Bau von Stahl-, Hütten- und Walzwerken spezialisiert hatten bzw. auf die hierfür notwendige Infrastruktur. Im Ausland schlossen sie sich häufig zu Konsortien zusammen – beispielsweise beim Bau des »Stahlwerks im Dschungel« 1956 im indischen Rourkela. Viele dieser Industrieanlagen wurden dabei aus Teilen zusammengesetzt, die in Deutschland vorgefertigt oder komplett hergestellt wurden. Diese Strategie verfolgte die Deutsche Maschinenbau AG in Duisburg, die sich auf Kran- und Förderanlagen, Hüttenbetriebe und Stahlwerksteile spezialisiert hatte. Erst allmählich ging das Unternehmen in den 1960er Jahren dazu über, die Anlagenteile auch im Ausland zu produzieren. 1971 wurden aber noch immer zwei Drittel des Auslandsumsatzes von 815 Millionen DM durch Exporte erzielt.[79]

Der Fahrzeugbau und hier insbesondere der Bau von Personenkraftwagen war im Gegensatz zu den bisher behandelten Branchen erst nach dem Zweiten Weltkrieg tatsächlich in die Gruppe der exportstärksten Branchen aufgestiegen. Noch in der Weimarer Zeit war der deutsche Automobilbau der ausländischen Konkurrenz unterlegen.[80] Er war kleinteilig und handwerklich organisiert, auf Luxuslimousinen spezialisiert, weshalb Ford und General Motors sich in den 1920er Jahren leicht auf dem deutschen Markt hatten etablieren können.

Während des Kriegs war in Deutschland aber eine hochproduktive Fahrzeugindustrie entstanden, die weitgehend intakt geblieben war und auf den zivilen Fahrzeugbau umgestellt wurde. Im Koreakrieg begannen die deutschen Hersteller, ihre Fahrzeuge in die europäischen Nachbarländer zu exportieren, wo sie trotz hoher Einfuhrzölle von 30 bis 40 Prozent nicht zuletzt wegen des währungspolitisch bedingten Preisvorteils guten Absatz in unterversorgten Märkten fanden. Von den 220 000 in der Bundesrepublik

1950/51 produzierten Pkw wurden bereits 70 000 Stück ins Ausland verkauft. 1956 eroberte sich Deutschland den Titel des »automobilen Exportweltmeisters«, so der Historiker Ingo Köhler: Kein anderes Land exportierte mehr Autos.[81]

Durch die Zuwanderung von Arbeitskräften, die für ein vergleichsweise niedriges Lohnniveau in der Bundesrepublik sorgte, die günstige Verfügbarkeit industrieller Zulieferer und eine Marktbereinigung, die die Zahl der Anbieter in den 1960er Jahren deutlich verringerte, konnte die produktive westdeutsche Automobilproduktion in atemberaubendem Tempo wachsen. 1971 wurden in der Bundesrepublik 3,7 Millionen Pkw produziert. 2,2 Millionen davon wurden exportiert. 1968 hatte die Exportquote bei 62,4 Prozent gelegen. Zu den Exportschlagern gehörte bekanntlich der VW Käfer, von dem in der Spitzenzeit fast zwei Drittel exportiert wurden. Die 490 000 im Jahr 1960 exportierten VW Käfer machten fast 63 Prozent des gesamten Pkw-Exports aus. Dabei wurde das Modell im Ausland häufig in besserer Ausstattung als auf dem Binnenmarkt und für den Markteintritt teilweise unter dem Selbstkostenpreis abgegeben, während sich viele Deutsche noch kein Auto leisten konnten.[82] Der Zusammenhang von Exportüberschuss und geringer inländischer Kaufkraft findet hier gewissermaßen eine Hypostasierung.

Mit dem Anstieg der Löhne im Inland stieg Ende der 1960er Jahre auch der inländische Pkw-Absatz. Die Exportquoten sanken etwas ab, während der Auslandsabsatz absolut aber weiter stieg. Volkswagen exportierte 1968 erstmals mehr als eine Million Fahrzeuge. Daimler und BMW lagen in dieser Wertung mit der Ausfuhr von ca. 100 000 Fahrzeugen weit zurück, auch hinter Opel und Ford. Die Exportquoten von Daimler-Benz und BMW lagen mit 50 Prozent gleichwohl deutlich über dem Durchschnitt der Kennzahlen in anderen Industriezweigen. BMW exportierte seine Autos dabei zum Teil als Bausätze, die auf den Absatzmärkten in vertragsgebundenen Montagewerken zusammengesetzt wurden, um auf diese Weise die Einfuhrbestimmungen beispielsweise in den

Abbildung 2: Volkswagen Käfer in Afrika, ca. 1963

Quelle: Volkswagen AG.

EFTA-Raum zu umgehen.[83] Die Automobilzulieferer ritten auf dieser Welle mit. Bosch entwickelte sich in kürzester Zeit nicht nur zum führenden Erstausrüster für elektronische Bauteile rund um die Zündung von Verbrennungsmotoren. Das Unternehmen erreichte bis 1963 Marktanteile zwischen 20 und 40 Prozent innerhalb der EWG und hatte einen Anteil von 15 bis 20 Prozent am gesamten Weltmarkt in diesem Segment.[84]

Natürlich gab es neben den Exporten dieser vier wichtigen Branchen – dem Fahrzeugbau, dem Maschinenbau, der Chemieindustrie und der Elektroindustrie – weitere zentrale Exportbranchen. Die feinmechanische Industrie und Optik, Präzisionswagen von Sartorius und Kameras von Leitz, konnten ebenfalls gut ins Ausland verkauft werden. In den meisten Branchen setzte sich jetzt zunehmend der Direktexport durch, und die Dienstleistungen der häufig in den Hansestädten angesiedelten spezialisierten Außenhandelskaufleute wurden weniger in Anspruch genommen (ein Trend, der bereits in der Weimarer Republik begonnen hatte).[85] Auch einige Unternehmen der Textil- und Bekleidungsindustrie konnten in den 1950er und 1960er Jahren noch gute Exporterfolge feiern, wie auch viele andere kleinbetrieblich strukturierte Branchen. Im Gesamtvolumen dominierten aber die genannten vier Branchen den bundesdeutschen Export. Sie sorgten für mehr als die Hälfte des Gesamtexports und waren damit letztlich zu den Wachstumsgaranten des Wirtschaftswunders aufgestiegen.

4.3 Zwischen Europäisierung und Globalisierung: Europa, Osthandel, Entwicklungsländer

Ihre großen Exporterfolge verdankte die deutsche Wirtschaft der institutionellen Stabilisierung des Welthandels, in der sie ihre komparativen Kostenvorteile bei arbeitsintensiven industriellen Fertigwaren hervorragend ausspielen konnte. Die Liberalisierung des Welthandels kam dagegen in den 1950er Jahren kaum voran, hieran änderte die Pionierrolle der Bundesrepublik wenig. Nach der Anfangseuphorie der ersten GATT-Konferenzen traten seit der Torquay-Runde sowohl die Zollsenkung als auch der Abbau von Einfuhrkontingenten auf der Stelle. Beim handelsgewichteten Durchschnittszollsatz lag die Bundesrepublik zwar an der Spitze der liberalsten europäischen Länder. Vor allem im Vergleich zu Frankreich und Italien schien die von Erhard angestrebte Schrittmacherrolle aufzugehen. Seit Gründung der Bundesrepublik waren die Zölle aber auch hier im Durchschnitt nicht weiter reduziert worden. Erst in den 1960er Jahren kam es im Zuge der Kennedy-Runde des GATT zu weiteren Zollsenkungen.

Tabelle 2: Handelsgewichteter Durchschnittszollsatz in Europa, 1950-1971[86]

	BRD	Frankreich	Italien	Benelux
1950	5,41			
1954	7,70			
1958	6,73	17	18,7	9,7
1961	7,06			
1964	5,07			
1968	3,00	10,4	10,4	10,4
1971	2,56			

Quelle: Für BRD: Statistisches Bundesamt (Hg.), *Bevölkerung und Wirtschaft*, Wiesbaden: Statistisches Bundesamt 1972, S. 233 und 270. Für die anderen Länder Barry J. Eichengreen, *The European Economy since 1945: Coordinated Capitalism and beyond*, Princeton: Princeton University Press 2007, S. 181. Dort keine Werte außer den hier angegebenen.

Ein Fünftel der Zollsätze in der Bundesrepublik lag 1958 noch immer über 10 Prozent. Zwar rühmte sich die Bundesregierung, dass bei 95 Prozent der Einfuhren alle Beschränkungen aufgehoben seien. Tatsächlich bezog sich dieser offizielle Wert für die »Liberalisierung« aber auf die »private Einfuhr«, während sogenannte »Marktordnungsgüter«, also die vor allem im Bereich der Landwirtschaft staatlich regulierten Güter, die immerhin 30 Prozent der Einfuhren insgesamt ausmachten, unberücksichtigt blieben.[87] Bezogen auf das gesamte Einfuhrvolumen waren 1957 erst 81,4 Prozent der bundesdeutschen Einfuhren »liberalisiert«. Bei 2,1 Prozent der Gesamteinfuhren handelte es sich um nicht liberalisierte Industrieprodukte.[88]

Bei den Handelspartnern und in den internationalen Organisationen hatte die Bundesrepublik 1957 deswegen keineswegs den Ruf eines Schrittmachers der Liberalisierung. Angesichts der anhaltenden Einfuhrbeschränkungen stellten die anderen GATT-Mitglieder sie als Präzedenzfall für die mangelhafte Durchsetzungsfähigkeit des multilateralen Handelssystems an den Pranger.[89] In England beklagte die Presse einen deutschen Rückfall in den »Schachtianism«.[90] Beim Verein für Socialpolitik stellte der Finanzwissenschaftler Fritz Neumark nach einer Rede des Leiters der Außenhandelsabteilung des BMWi, Hermann Reinhardt, fest, dass dieser noch viele »protektionistische Eierschalen an sich trage«.[91] Die Hoffnung, die Bundesrepublik könne sich nach der Wiedergeburt als liberaler Handelsstaat von den dirigistischen Übergangsregelungen schnell befreien, hatte sich ganz offensichtlich nicht erfüllt. Damit war auch das exportpolitische Kalkül, über das Vorpreschen bei der Handelsliberalisierung Zugeständnisse für die eigenen Exporte zu erhalten, nicht vollständig aufgegangen.

Die Gründung der Europäischen Wirtschaftsgemeinschaft 1957 stellte auf diesem Weg sogar einen weiteren Rückschritt dar. Die sechs Mitglieder der 1951 eingerichteten Europäischen Gemeinschaft für Kohle und Stahl (EGKS) – Belgien, die Bundesrepublik Deutschland, Frankreich, Italien, Luxemburg und die Niederlande – wollten mit der EWG innerhalb von 12 bis 15 Jahren einen gemeinsamen zollfreien Binnenmarkt schaffen. Nach dem Vorbild der EGKS sollten für bestimmte Güter und insbesondere für die Landwirtschaft der Mitglieder gemeinsame Marktordnungsbehörden errichtet werden, die den Binnenmarkt gegenüber dem Weltmarkt schützten. Bis 1962 wollte die Gemeinschaft durch die schrittweise Anpassung ihrer Zollsätze zu einem gemeinsamen Außenzoll kommen. Die EWG stellte also nichts anderes als einen Handelsblock dar: Die Mitgliedsländer (einschließlich der französischen und belgischen Kolonialgebiete) räumten einander bessere Handelskonditionen ein als der restlichen Welt. Auch wenn sich die Gemeinschaft langfristig dem Zollabbau und der Handelsfreiheit verschrieb, erhöhten sich durch die EWG-Gründung die Zollsätze der Bundesrepublik, Belgiens, der Niederlande und Luxemburgs gegenüber Drittstaaten. 80 Prozent der bundesdeutschen Zollsätze würden beim Übergang zu einem gemeinsamen Außenzoll zum Teil deutlich erhöht werden müssen, so schätzten die bundesdeutschen Experten, ein Rückschritt für den Exportabsatz außerhalb der sechs Gründungsmitglieder.[92]

In der Bundesrepublik ging die Gründungsgeschichte der EWG mit einem außenwirtschaftspolitischen Richtungsstreit einher. Dabei standen die »Institutionalisten« um Konrad Adenauer, Außenminister Heinrich von Brentano und Walter Hallstein, damals Staatssekretär im Auswärtigen Amt, den »Funktionalisten« um Ludwig Erhard und Alfred Müller-Armack gegenüber. Es ging einerseits um die Form der europäischen Integration, wobei die Funktionalisten suprastaatliche Institutionen generell kritisch sahen. Andererseits spielten die außenpolitischen Bündnisse eine Rolle: Adenauer strebte zusammen mit anderen »Gaullisten« ein engeres Bündnis mit Frankreich an, während Erhard und die »Atlantiker« die Bundesrepublik stärker an die USA und an Großbritannien binden wollten.[93]

In der Handelspolitik vertraten die »Institutionalisten« protektionistische Positionen, insbesondere Walter Hallstein als erster Präsident der EWG-Kommission. Das kam nirgends so deutlich zum Ausdruck wie in der Agrarpolitik, wo die EWG nach französischem Vorbild zur Sicherung des Einkommens der europäischen Landwirte »Richtpreise« über dem Weltmarktniveau festlegte und die Differenz in Form von Importabgaben von den häufig außereuropäischen Agrarproduzenten abschöpfte.[94] Die »Funktionalisten« wollten dagegen die Handelsliberalisierung fortsetzen. Die europäischen Länder, die bei der EWG-Gründung außen vor geblieben waren (darunter Großbritannien), sollten nach Möglichkeit rasch eingebunden werden. Hoffnung gaben den »Funktionalisten« die Pläne für eine größere europäische Freihandelszone, in die die EWG eingebettet werden könnte, so dass die guten Exportgeschäfte mit Großbritannien und dem Commonwealth, mit Österreich und den skandinavischen Ländern erhalten würden. Diesen Weg unterstützte die deutsche Exportwirtschaft und selbst der adenauerfreundliche BDI.[95]

Diese Hoffnung erfüllte sich indes nicht. Zunächst setzte Kommissionspräsident Walter Hallstein 1958 eine Beschleunigung der Einführung des gemeinsamen Außenzolls durch, so dass für die Bundesrepublik die Zollerhöhung schon zum 1. Juli 1960 und damit eineinhalb Jahre früher eintrat.[96] Dann gründeten die insbesondere für die westdeutsche Wirtschaft wichtigen skandinavischen Handelspartner und Großbritannien untereinander die Europäische Freihandelsassoziation unter Ausschluss der EWG. Die handelspolitische Einheit, die unter den 17 Mitgliedsländern der OEEC und den Empfängern der Marshallplan-Hilfe auf der Grundlage der Meistbegünstigung und der Handelsliberalisierung die Nachkriegszeit beherrscht hatte, erhielt jetzt einen Riss. Es verging kaum eine Sitzung des AHB, bei der dies nicht beklagt wurde, nicht zuletzt vor dem Hintergrund des politischen Systemkonfliktes im Kalten Krieg.[97]

Auch im GATT wurden die Römischen Verträge kritisch diskutiert.[98] Zwar sah das Handelsabkommen in Artikel XXIV die Einrichtung von Zollunionen und Freihandelszonen zwischen Mitgliedern vor, sofern sich hieraus eine Erleichterung des Handels ergeben würde. Das war aber offensichtlich in der EWG nicht der Fall. Die Zollerhöhungen in der Bundesrepublik und den Benelux-Ländern wurden durch die geringen französischen und italienischen Zollsenkungen nicht kompensiert. Frankreich kritisierte die Vorherrschaft der angloamerikanischen Liberalisierungsidee im GATT sehr offen, während Agrarexportländer zusammen mit den USA die Öffnung des europäischen Agrarmarktes forderten.

Die Experten des BMWi erwarteten daher Ende der 1950er Jahre, dass die deutschen Exporte außerhalb der EWG sanktioniert werden könnten, dass »missliebige deutsche Exporte ausgeschaltet werden«.[99] Außerdem, so argumentierte die Exportwirtschaft, könne die deutsche Wirtschaft ihre Produkte auf dem Weltmarkt nicht so gut verkaufen, wenn Entwicklungsländern der Zugang in die Agrarmärkte der EWG versperrt würde, so dass sie die Zahlungsmittel für die europäischen Industrieexporte nicht erwirtschaften könnten. Die Exportunternehmer rieten daher zu einer weniger konfrontativen Haltung im GATT. »Die Bundesregierung müsse sich im Klaren sein, dass die zukünftigen GATT-Verhandlungen über die Existenz vieler Unternehmen entscheidet«, gab der Heidelberger Druckmaschinen-Industrielle Hubert H. A. Sternberg zu bedenken.[100]

Zwar profitierte die deutsche Exportindustrie auch von der europäischen Einigung und dem Übergang zu einem zollfreien Binnenmarkt zwischen den sechs Gründungsmitgliedern der EWG. Zwischen 1957 und 1970 – vor dem Beitritt Großbritanniens – verfünffachte sich der deutsche Ausfuhrwert in die EWG-Länder von 10 auf 50 Milliarden DM. Der Anteil der EWG-Ausfuhr an allen bundesdeutschen Exporten stieg von ca. 26 Prozent auf über 40 Prozent.[101] Eine Forcierung der europäischen oder globalen Liberalisierung hätte aber noch weit bessere Erfolge gebracht, so argumentierten die Kritiker. Wie Ludwig Erhard es ausdrückte: Der deutsche Außenhandel sei in der EWG »eingesperrt« worden.[102]

Die Gründung der EWG im Jahr 1957 stellte für die bundesdeutsche Außenwirtschaftspolitik eine Zäsur dar. Die Außenzölle wurden erhöht und der Agrarprotektionismus zementiert, indem er auf die europäische Ebene verlagert wurde. Hinzu kam die Entscheidung zur Auflösung der Europäischen Zahlungsunion ein Jahr später, wodurch das Clearing-Verfahren im europäischen Zahlungsverkehr eingestellt wurde. Nicht nur die Währungsexperten in der Bundesrepublik empfanden erst diesen Schritt als die endgültige Beseitigung der dirigistischen Nachkriegsordnung.[103] Auch der IMF nahm dies zum Anlass, den Abbau der bundesdeutschen Leistungsbilanzüberschüsse anzumahnen.[104] Der währungspolitische Welpenschutz, den das Land bis dahin noch genossen hatte, war jetzt aufgebraucht.

Die Zäsur der Jahre 1957/58 betraf nicht zuletzt die deutsche Exportindustrie: Der handelspolitische Riss, der durch die Gründung der EWG die europäischen Absatzmärkte durchzog, machte eine separate Bearbeitung der Absatzmärkte des EFTA-Gebietes erforderlich. Viele Unternehmen entschieden sich zur Einrichtung von Tochterunternehmen in einem der EFTA-Mitgliedsländer, um von dort aus weiterhin zollfrei liefern zu können. Darüber hinaus wurde versucht, Absatzmärkte neu zu erschließen oder zurückzugewinnen und auch auf diesem Wege einer »Einsperrung« im EWG-Markt zu entgehen. Zwei Weltregionen kamen dabei ganz besonders infrage, der Ostblock oder die »staatssozialistischen Länder«, wie die Länder unter dem wirtschaftlichen und politischen Einfluss der Sowjetunion damals genannt wurden, und die Entwicklungsländer, ein ebenfalls häufig wertend gebrauchter zeitgenössischer Begriff. Die Jahre 1957/58 brachten damit letztlich eine gewisse Neuvermessung der deutschen Exportambitionen.

Osthandel und Sowjetunion

Die Sowjetunion und viele Länder Osteuropas gehörten zu den traditionellen deutschen Handelspartnern. Während der Weimarer Republik und stärker noch während der Zeit des Nationalsozialismus diente der Wirtschaftsraum in Südost- und Osteuropa als exportpolitische Ausweichregion für die versperrten Märkte der westlichen Weltwirtschaft und ihrer Kolonialreiche. Zumindest phasenweise war diese Strategie ausgesprochen erfolgreich.[105] Das Interesse an dem Wirtschaftsraum im Osten war nach dem Zweiten Weltkrieg trotz der deutschen Teilung ungebrochen. Insofern ist es wenig verwunderlich, dass die deutsche Industrie mit großer Energie an der Wiedergewinnung des Ostgeschäftes arbeitete.

Allerdings waren die Rahmenbedingungen äußerst ungünstig. Durch den Kalten Krieg waren nicht nur die politischen Fronten verhärtet und der Export in die Sowjetunion sowie ihre Bündnispartner unterlag einer langen Embargoliste der NATO (North Atlantic Treaty Organization). Die an einer raschen Industrialisierung interessierte sowjetische Führung versuchte gleichwohl, in Kontakt mit westlichen Unternehmen zu kommen, und veranstaltete schon 1952 eine große Wirtschaftskonferenz in Moskau, in deren Folge sich in der Bundesrepublik unter dem Dach des BDI der Ost-Ausschuss der deutschen Wirtschaft bildete, eine der merkwürdigsten Institutionen der deutschen Außenwirtschaftspolitik: Das rein privatwirtschaftlich-verbandliche Gremium erhielt quasistaatliche Kompetenzen bei der Aushandlung von Wirtschaftsverträgen mit der sowjetischen Planwirtschaftsverwaltung. Der Ost-Ausschuss sei eine »Mischung aus Exportkartell und Osthandelsministerium« gewesen, so der Historiker Karsten Rudolph.[106]

An die großen Exportanteile der Weltwirtschaftskrise konnte das Exportgeschäft mit der Sowjetunion nach dem Zweiten Weltkrieg freilich zu keiner Zeit mehr anknüpfen. Selbst in den 1970er Jahren, der Hochzeit der Neuen Ostpolitik, lag der Exportanteil der Sowjetunion unter 4 Prozent der bundesdeutschen Ausfuhren. Am Ende der 1950er Jahre schien der Handel mit der Sowjetunion aber ausgesprochen attraktiv. Einzelne Unternehmen versprachen sich davon eine Verdoppelung ihres Umsatzes.

Der Ost-Ausschuss und die Geschäfte mit der Sowjetunion waren eine Domäne der Schwerindustrie des Ruhrgebiets. Hans Reuter von der Demag, der auch dem Außenhandelsbeirat angehörte, fungierte als erster Vorsitzender des Ost-Ausschusses. 1958 wurde er von Otto Wolff von Amerongen abgelöst, dem Vorstand der Otto Wolff Handelsgesellschaft, die er 1940 von seinem Adoptivvater übernommen hatte. Das Kölner Unternehmen war führend im Handel mit Eisenwaren und Blechen und schon in den 1920er Jahren im Geschäft mit der Sowjetunion aktiv gewesen. Auch während der NS-Zeit hatte es gute Geschäfte gemacht. Wolff von Amerongen führte den Ost-Ausschuss offenbar mit großem diplomatischem Geschick. Er galt als der »heimliche Osthandelsminister« der Ära Adenauer und wirkte beim Abschluss des »kleinen Handelsvertrags« 1958 mit der Sowjetunion mit.

Beim spektakulärsten Großprojekt der Ruhrindustrie trat der Ost-Ausschuss allerdings weniger in Erscheinung. Seit 1956 lieferte die Ruhrindustrie Pipeline-Röhren an die Sowjetunion. 1959 war es einem Konsortium von Mannesmann, Hoesch und Phoenix-Rheinrohr gelungen, einen langfristigen Liefervertrag mit der Sowjetunion abzuschließen. Bis 1962 lieferte das Konsortium durchschnittlich 165 000 Tonnen Stahlröhren pro Jahr, genug für den jährlichen Bau von 600 km Pipelines. Die Industrie hatte dieses Exportgeschäft gegen die politischen Interessen der Adenauer-Regierung abgeschlossen, die sich für eine strikte Westbindung entschieden hatte und Geschäfte, die auf eine industrielle Stärkung der Sowjetunion hinausliefen, ablehnte. Auch unter den vielen westlich orientierten Unternehmen waren die Geschäfte umstritten; Außenpolitiker versuchten, die verantwortlichen Manager der Ruhrindustrie als »vaterlandslose Gesellen« zu diskreditieren, und bei einem Festakt des Deutschen Industrie- und Handelstags rügte Außenminister Heinrich von Brentano 1961 die »Ostgeschäfte«.[107]

Für viele Stahlunternehmen sorgten aber gerade die Röhrengeschäfte und überhaupt die Perspektiven des »Osthandels« für die wichtige zusätzliche Nachfrage, als sich auf dem Weltmarkt nach den Sonderkonjunkturen der 1950er Jahre erste Krisenanzeichen ankündigten.[108] Der Export von Stahlröhren war daher zu attraktiv, als dass die Ruhrindustrie das Geschäft einfach den europäischen Konkurrenten überlassen hätte, selbst als der NATO-Rat im November 1962, auf dem Höhepunkt der Kubakrise, ein generelles Embargo für Großröhren von einem Durchmesser von mehr als 19 Zoll beschloss. Im Gegensatz zu anderen europäischen Staaten drängte die Bundesregierung die eigene Industrie zur strikten Einhaltung dieses Embargos. Im März 1963 verbot die Adenauer-Regierung die Ausfuhr, womit sie nicht nur den Handelsvertrag mit der Sowjetunion brach, sondern auch in bestehende Lieferverpflichtungen der deutschen Industrie eingriff, denn das Verbot wurde auch für bereits bestehende Verträge wirksam.[109] Für eine Regierung, die zugleich die Grundsätze der Marktwirtschaft hochhielt, war das ein beispielloser Vorgang. Entsprechend scharf reagierten vor allem diejenigen Unternehmen, die am Ostgeschäft beteiligt waren, Mannesmann, Phoenix-Rheinrohr und Hoesch.

In einem der zahlreichen Gespräche, mit denen die Unternehmensvorstände die Regierung von ihrer restriktiven Haltung abzubringen versuchten, ließ der Mannesmann-Vorstand Heinz Hufnagel den Hinweis fallen, dass 47 Prozent der Produktion seines Unternehmens in den Ostblock flössen, das Unternehmen bei Aufrechterhaltung des Verbots also in Bedrängnis käme und Entlassungen notwendig würden. Außerdem berichtete er von schwedischen und österreichischen Interessenten, die die Fertigungsanlagen von Mannesmann übernehmen wollten, was Staatssekretär Ludger Westrick zu einem Appell an die »nationale Solidarität« des Industriellen veranlasste.[110] Ernst Wolf Mommsen von Phoenix-Rheinrohr drohte der Regierung im Fernsehen mit Klagen auf Schadensersatz.[111]

Die Konflikte nach der Entscheidung über die Aufwertung der D-Mark waren noch längst nicht überwunden, da stand nun ein zweiter Konfliktherd im Raum. Es handelte sich um eines der tiefsten Zerwürfnisse zwischen Exportindustrie und Bundesregierung, dieser so erfolgreichen Koalition des Wiederaufbaus. Die Bundesregierung unternahm daher 1963 zahlreiche Anstrengungen, die Industrie wieder auf ihre Seite zu bringen. Das Röhrengeschäft konnte allerdings erst mit der Aufhebung des Embargos 1966 weitergeführt werden.

Die Ostgeschäfte resultierten sehr deutlich aus den Exportmotiven der einflussreichen Eisen- und Stahlindustrie an der Ruhr. Während der Binnenmarkt zunehmend gesättigt und der europäische Markt mit festen Absatzquoten reguliert war, eröffnete sich hier ein attraktives Absatzgebiet, das eine aufwändige »Privatdiplomatie« von Industriellen wie Berthold Beitz (Krupp), Otto Wolff von Amerongen und Ernst Wolf Mommsen zu rechtfertigen schien, selbst wenn diese sich dabei in einen Gegensatz zur außenpolitischen Strategie der Bundesregierung begaben. Die Ausfuhr in die Sowjetunion, nach Ungarn, Jugoslawien, Rumänien, die Tschechoslowakei und nach Polen konnte bis in die 1960er Jahre erheblich gesteigert werden. 1962 entfielen etwas mehr als 4 Prozent der gesamten Ausfuhr auf diese Länder, während nur noch 3,6 Prozent nach Großbritannien verkauft wurden, einst der wichtigste Handelspartner Deutschlands.

Die wirtschaftliche Annäherung an die Sowjetunion und die anderen Länder des Warschauer Pakts in den 1960er Jahren beeinflusste mittelfristig auch das schwierige Verhältnis zur Deutschen Demokratischen Republik. Die politischen Fronten zwischen Ost-Berlin und Bonn waren wesentlich stärker verhärtet als das Verhältnis mit Moskau, so dass später die Neue Ostpolitik über die Annäherung an die Sowjetunion auch jene an die DDR zu erreichen versuchte.[112] Trotz des Ballasts von Hallstein-Doktrin und Mauerbau gab es aber Handel zwischen den beiden deutschen Staaten. Dieser war mühsam, und die Rahmenbedingungen mussten kleinteilig mit den Stellen in der DDR abgestimmt werden. Das Volumen war gering. Anfang der 1960er Jahre erreichte es aus Sicht der westdeutschen Statistik 1 Milliarde DM, etwas mehr als die Ausfuhr in die Sowjetunion. Erst Ende der 1960er Jahre und im Zuge des Übergangs zu einer Neuen Ostpolitik stieg auch der innerdeutsche Handel deutlich an. Mitte der 1970er Jahre lag er bei ca. 4 Prozent der bundesdeutschen Exporte. Die Exporte aus der DDR in die Bundesrepublik hatten zur selben Zeit eine wesentlich größere Bedeutung für die ostdeutsche Volkswirtschaft. Etwa 10 Prozent ihres Exports lieferte die DDR an die Bundesrepublik (40 Prozent in die Sowjetunion). Es tat sich in der Bundesrepublik ein Handelsbilanzüberschuss auf und letztlich eine immer bedrohlichere Verschuldung der DDR.[113]

Exportpolitik und Entwicklungspolitik

Während die Initiative bei der Wiedergewinnung der Märkte in Osteuropa eindeutig von der Industrie ausging, auch wenn diese Märkte von den meisten Unternehmen womöglich nur als »Reserveabsatzgebiet« betrachtet wurden,[114] so war es im Fall der sogenannten

Entwicklungsländer umgekehrt: Der Staat hoffte hier auf die Hilfe der Industrie. Die staatliche Entwicklungspolitik, die in den 1950er Jahren in der Bundesrepublik begonnen und mit der Gründung des Bundesministeriums für wirtschaftliche Zusammenarbeit 1961 institutionalisiert wurde, setzte dabei von Beginn an auf die Unterstützung der Wirtschaft. Während direkte staatliche Hilfen beschränkt seien und die Aufgabe insgesamt ohnehin zu gewaltig, sollten Unternehmen dafür gewonnen werden, in Entwicklungsländern zu investieren.[115] Im Laufe der Zeit entstand zu diesem Zweck ein weit gefächertes Gebilde finanzieller Anreize, mit dem die unterschiedlichen Regierungen versuchten, den Unternehmen das Engagement in den Entwicklungsländern schmackhaft zu machen.

Das begann schon in den späten 1950er Jahren und schloss auch die Entwicklungsländer in ihrer Rolle als attraktive Absatzmärkte ein. Hermann Reinhardt sah 1957 laut dem Sitzungsprotokoll des AHB »ungeheure Möglichkeiten für die deutsche Ausfuhrwirtschaft«, zumal die Expansionsmöglichkeiten in Europa erschöpft seien. »Das Gebiet, das sich für eine Erweiterung der deutschen Exporte und damit als eine Reserve für die Beschäftigungslage in der Bundesrepublik anböte, seien die unterentwickelten Länder.«[116] Die deutschen Exportunternehmen konnten dabei nicht zuletzt auch auf Aufträge spekulieren, die aus den mit staatlichen Mitteln geförderten Entwicklungsprojekten entstanden. Fritz Dietz, ein Frankfurter Exportkaufmann, Präsident der Industrie- und Handelskammer Frankfurt und von 1952 bis 1977 Präsident des Verbandes des Groß- und Außenhandels, stellte später befriedigt fest, dass 86 Prozent der deutschen Entwicklungshilfe in Form von Exportaufträgen letztlich der deutschen Wirtschaft zugutekämen, obwohl die Entwicklungshilfe, im Gegensatz zur Praxis in anderen Ländern, ohne formale Lieferbindung vergeben wurde.[117]

Wie eng diese noch immer kolonialistisch anmutende frühe Entwicklungspolitik mit den Exportinteressen der eigenen Wirtschaft verknüpft war, zeigte sich auch in der Handelspolitik, die liberalen Welthandel als ein Prinzip betrachtete, das der »atlantischen Weltwirtschaft« vorbehalten sein sollte. Als 1956, noch vor der Eskalation der Suezkrise im Oktober desselben Jahres, über ein verstärktes Engagement im »Vorderen Orient« nachgedacht wurde, betonte der zuständige Referent im Auswärtigen Amt, dass die Länder »im allgemeinen über ausreichende Mittel zur Finanzierung ihrer Einfuhren« verfügen, die deutschen Exporte also bezahlen könnten. Allerdings hätten sie eine »primitive Aussenhandelsmentalität« und schlössen gerne Verrechnungsabkommen ab, was sie für Verträge mit staatssozialistischen Ländern empfänglich mache. »Unsere Handelspolitik muss elastischer und mehr auf die Mentalität der Handelspartner abgestimmt werden«, so lautete daher der Ratschlag des Diplomaten, der Ludwig Erhard auf einer Reise nach Äthiopien begleitet hatte. »Die klassische multilaterale Handelspolitik, die vor allem von der Bank deutscher Länder geradlinig verfolgt wird, ist nicht in allen Fällen richtig.«[118]

Solche Interpretationen liefen letztlich darauf hinaus, das Ziel der Exportsteigerung in verschiedenen Teilen der Welt mit ganz unterschiedlichen Mitteln zu erreichen. Während in Europa und in den USA die einseitige Handelsliberalisierung vertreten wurde und in den Staatshandelsländern die Außenhandelspolitik Industriekartellen überlassen wurde, wurden für die Entwicklungsländer bilaterale Handelsverträge vorgeschlagen. Wirtschaftspolitischen Puristen wie dem Leiter der Abteilung I des BMWi, Wolfram Langer, missfiel das, denn er sah darin die Überreste der Außenwirtschaftspolitik der Zwischenkriegszeit. »Die Bedenken [...] vermag ich nicht zu teilen«, antwortete daraufhin Hermann Reinhardt. Die bilateralen Handelsverträge »werden nicht von dem ›do ut des‹ Standpunkt getragen, sondern beschränken sich darauf, den deutschen Export vor Diskriminierung zu schützen, im Bestreben, ihm die Wege zu ebnen. [...] Ich würde es jedenfalls für verfrüht halten, auf eine Förderung der deutschen Interessen durch vertragliche Vereinbarungen dort zu verzichten, wo eindeutig zu erkennen ist, daß das Partnerland noch nicht in der Lage ist, in den Kategorien eines weltweiten liberalen Handels zu denken.«[119] Von 43 Handelsverträgen, die die Bundesrepublik 1961 geschlossen hatte, enthielten immerhin 25 Kontingentsvereinbarungen, 19 davon mit GATT-Mitgliedern, darunter auch Großbritannien und Neuseeland, die Reinhardt aber wohl kaum gemeint haben dürfte, sondern Länder wie Griechenland, Indien, Indonesien, Pakistan, Türkei, Peru und Guinea bzw. Irak, Marokko, Portugal und Spanien, die dem GATT (noch) nicht angehörten.[120]

Die Entwicklungsideologie der westlichen Welt wurde zu Beginn der 1960er Jahre in eine aufschlussreiche Differenzierung der bundesdeutschen Handelspolitik übersetzt. Geradezu mustergültig tat dies Heinrich von Brentano 1961 bei einem Festakt des Deutschen Industrie- und Handelstags in Bonn in einer Rede über »Außenpolitik und Wirtschaftspolitik«. Nur im Rahmen der westlichen Institutionen sei es nach dem Zweiten Weltkrieg gelungen, nicht in die Fehler der Zwischenkriegszeit zu verfallen und ein »harmonisches Zusammenwirken beider Sphären«, von Außenpolitik und Wirtschaftsinteressen, zu finden. Im Handel mit dem Ostblock müsse hingegen die Außen- und Sicherheitspolitik Priorität genießen, und auch im Handel mit den Entwicklungsländern seien Abstriche von der weltwirtschaftlichen Handelsfreiheit zu machen: »Wir müssen in der Lage und willens sein, unserer Entwicklungspolitik auch eine Richtung zu geben, die der privatwirtschaftlich denkende Unternehmer nicht einschlagen würde, d.h. wir müssen von Staats wegen eingreifen, so sehr wir es wünschen würden, getreu unserer eigenen politischen Vorstellungswelt, allein wirtschaftlicher Privatinitiative und privatem Unternehmertum die große Aufgabe des wirtschaftlichen Aufbaus und der Förderung der Entwicklungsländer zu überlassen.«[121]

Gemeint war die Instrumentalisierung der Entwicklungspolitik im Kalten Krieg, was der Wirtschaftshistoriker Christian Kleinschmidt mit Blick auf die Türkei eine »strategische Außenwirtschaftspolitik« genannt hat.[122] Aber die Strategie bezog sich eben nicht nur auf die Vermischung von Wirtschaftshilfe mit geostrategischem Interesse, sondern auch auf die Differenzierung der handelspolitischen Instrumente, was letztlich wiederum dem Ziel der Exportförderung diente. Oder umgekehrt formuliert: Handelsliberalisierung sollte nur dort als außenwirtschaftspolitisches Instrument eingesetzt werden, wo eine Steigerung der eigenen Ausfuhr erwartet werden konnte: in Europa und in den USA.

Der »selektive Liberalismus« des GATT

Aber selbst in der »atlantischen Weltwirtschaft« des GATT war es nie gelungen, die Prinzipien des Freihandels wirklich vollständig durchzusetzen. Das zeigte sich schon daran, dass es kaum möglich war, die protektionistische Agrarpolitik der EWG wirksam zu sanktionieren, sollte die Existenz des GATT nicht gefährdet werden. Es zeigte sich aber auch an der schleppenden Integration der Entwicklungsländer, darunter viele ehemalige Kolonien. Die Staaten hatten sich seit der Bandung-Konferenz von 1955 als sogenannte »Gruppe der 77« zu organisieren begonnen und bildeten innerhalb der Vereinten Nationen 1964 die Welthandels- und Entwicklungskonferenz. Auch innerhalb des GATT gab es entsprechende Ambitionen. Bei allen Zugeständnissen und Präferenzen für die Entwicklungsländer blieb das GATT aber »a rich men's club«.[123]

Innerhalb der EWG hatte die Diskussion über die Entwicklungspolitik mit der Diskussion um die »assoziierten Gebiete« eine Entsprechung. Hierbei handelte es sich um die Kolonialgebiete Frankreichs und Belgiens, die im Zuge der Dekolonialisierung selbständig wurden, so dass sich die Frage der früheren Handelsprivilegien neu stellte. Beispielsweise wurde die Einfuhr von Kaffee aus Westafrika und von der Insel La Réunion im Indischen Ozean nach Frankreich mit einem Mindestpreis bedacht, der 65 Prozent über dem Weltmarktpreis lag, um die Kaffeebauern in den Kolonialgebieten zu subventionieren. Wäre diese Regelung von der EWG übernommen worden, so hätten die südamerikanischen Kaffee-Exportländer diskriminiert werden müssen. Die Bundesrepublik sprach sich dagegen aus, »weil diese einen eminent wichtigen Absatzmarkt für die deutsche Exportindustrie darstellen«.[124] Im schließlich 1963 vereinbarten Vertrag von Yaoundé zwischen der EWG und 18 afrikanischen Staaten wurden daher die früheren Handelsprivilegien abgeschafft und kein privilegierter Zugang zum Agrarmarkt der EWG zugestanden. Als eine Art Kompensation wurde lediglich ein europäischer Entwicklungsfonds eingerichtet.[125]

Innerhalb des GATT hatte sich in der Zwischenzeit ein weiterer Schutzmechanismus herausgebildet, an dem auch die Bundesrepublik beteiligt war und der letztlich den einzigen Zweck hatte, bestimmte Industriezweige der westlichen Industrieländer vor ausländischer Konkurrenz zu schützen, ohne diese dabei zu diskriminieren. Denn das hätte unweigerlich diskriminierende Gegenreaktionen hervorgerufen und damit dem eigenen Exportgeschäft geschadet. Anstatt also die kritischen Einfuhren offen zu diskriminieren, was nach den GATT-Regularien nicht erlaubt gewesen wäre, wurden mit den Erzeugern dieser Einfuhren freiwillige Exportbeschränkungen (*voluntary export restraints*) ausgehandelt.

Der Ursprung dieses protektionistischen Prinzips, das sich dann in den 1970er Jahren zu einer Art handelspolitischem Virus innerhalb des GATT entwickelte, lag in den Vereinbarungen der USA mit Japan zum Zweck der Beschränkung der Textileinfuhr. Das erste Selbstbeschränkungsabkommen hatten die Vereinigten Staaten 1957 mit Japan geschlossen, zwei Jahre nachdem das Land Mitglied des GATT geworden war. Im Gegenzug zur »freiwilligen Exportbeschränkung« Japans machten die USA die Zusage, dass das Ausfuhrvolumen in den Folgejahren erhöht werden könnte.[126] Da es sich bei diesen Abkommen um Vereinbarungen zwischen zwei Mitgliedsländern auf deren ausdrücklichen Wunsch handelte, wurde es vom GATT toleriert. Freiwillig war die Selbstbeschränkung freilich nicht, denn andernfalls hätten sich die Vereinigten Staaten auf den Artikel XIX des GATT berufen können, der diskriminierende Maßnahmen zum Schutz der inländischen Wirtschaft als Ausnahme erlaubte.[127]

Das Selbstbeschränkungsabkommen mit den USA entfaltete schnell eine eigene Dynamik. Die japanischen Textilunternehmen verlagerten ihre Produktion nach Hongkong, mit dem Ergebnis, dass wenige Jahre später auch Hongkong ein Selbstbeschränkungsabkommen mit den Vereinigten Staaten schloss. Andere Absatzmärkte – und auch die EWG – rückten stärker in den Fokus der Textilexporte aus Asien, so dass diese Länder ihrerseits Selbstbeschränkungsabkommen einforderten. Die Bundesrepublik unterhielt 1960 »Kontingentsvereinbarungen« mit Indien, Japan und Pakistan.[128] Bei der Rechtfertigung dieser drastischen Abweichung vom Ideal der Handelsfreiheit fiel wie schon in der entwicklungspolitischen Diskussion das Argument der kulturellen Unterschiede: In Japan sei »Selbstbeschränkung [...] ein sozial anerkannter Wert«, ließ der junge Betriebswirt und Japan-Experte Hans Günther Meissner den Außenhandelsbeirat 1959 wissen, »so dass solche Abkommen mit der japanischen Lebensordnung übereinstimmten«.[129]

Die Selbstbeschränkungsabkommen wurden in der Folgezeit immer weiter ausgedehnt: 1961 schlossen die USA, Kanada, Großbritannien und die Mitglieder der EWG (die wichtigsten globalen Textilkonsumenten) ein Abkommen über den Baumwollexport aus Japan, Indien und Hongkong, das 1962 in Genf (dem Sitz des GATT) zu einem 5-jährigen Abkommen verlängert wurde, das auch Seiden- und Wolltextilien einschloss (das sogenannte Long Term Agreement on Textiles). 1967 wurde das Abkommen verlängert und 1974 zum Multi Fibre Arrangement ausgeweitet, das nun auch synthetische Stoffe umfasste und sich auf eine noch größere Ländergruppe erstreckte.[130]

Der Textilhandel war das wichtigste und umstrittenste Feld dieser illiberalen Handelspraxis. Selbstbeschränkungsabkommen wurden aber nicht nur für die neuralgischen Branchen der Textil- und Bekleidungsindustrie angewendet, die in den Industrieländern am stärksten von der ökonomischen Globalisierung betroffen waren und für die im Gegensatz zur Landwirtschaft das Selbstversorgungsargument nicht zog. Auch die Konsumelektronik, die

Automobilbranche, selbst die Eisen- und Stahlerzeugung und die Öleinfuhr wurden zeitweise durch Selbstbeschränkungsabkommen global zu regulieren versucht, wenn auch nicht so nachhaltig und weitgehend. Die Ausdrücke »liberal protectionism« oder »selektiver Protektionismus«, die für diese Praxis der Beschränkung des Textil- und Bekleidungshandels innerhalb eines an sich liberalen (oder sich als »liberal« verstehenden) Welthandelssystems geprägt wurden, beschreiben das Regime insgesamt sehr passend.[131]

4.4 Deutsche Welthandelspolitik während der 1960er Jahre

Unter diesen weltwirtschaftlichen Rahmenbedingungen begann Anfang der 1960er Jahre die Diskussion über eine Fortsetzung der Handelsliberalisierung in einer neuen GATT-Welthandelsrunde. Die Initiative hierzu ging vom neuen US-Präsidenten aus. John F. Kennedy hatte seine Amtszeit unter dem Motto »trade or fade« mit einem klaren Bekenntnis zum Freihandel begonnen. Im Rahmen des GATT strebte er eine deutliche Zollsenkungsrunde an, nachdem sich die kurz zuvor abgeschlossene Dillon-Runde über den agrarpolitischen Konflikt zwischen der EWG und den USA festgefahren hatte. Gegen das Zugeständnis, dass amerikanische Industriezweige, die durch eine forcierte Einfuhr bedroht würden, aus Haushaltsmitteln entschädigt würden, erhielt Kennedy 1962 im Trade Expansion Act das Mandat, mit den GATT-Handelspartnern Zollsenkungen von bis zu 50 Prozent zu vereinbaren.[132] Den GATT-Verhandlungen verlieh das neuen Schwung.

Innenpolitisch hatte das Gesetz die Funktion, die zwischenzeitlich ins Defizit gerutschte amerikanische Leistungsbilanz zu reparieren und zugleich den industriellen Strukturwandel voranzutreiben. Weltpolitisch zielte die Initiative der Kennedy-Runde auf eine Stärkung der »atlantischen Weltwirtschaft«. In den vorbereitenden Konferenzen wurde gerade dieser integrierende politische Aspekt auch von der deutschen Delegation mehrfach betont, zumal nach Kennedys Ermordung im November 1963.[133] Denn die ökonomische Ordnung drohte durch den Konflikt zwischen EWG und EFTA und aufgrund von Handelskriegen zu zerbrechen. So hatten im inzwischen legendären »Hühnerkrieg« Anfang der 1960er Jahre zunächst Frankreich und Deutschland Importzölle auf Hühnerfleisch aus den USA verhängt, in der Hoffnung, den Amerikanern Marktanteile in Europa abzunehmen und so die heimische Agrarwirtschaft vor den »Billighühnern« aus Übersee zu schützen. Die Vereinigten Staaten unter Lyndon B. Johnson reagierten mit Strafzöllen auf landwirtschaftliche Produkte – und bestimmte Autotypen wie Pick-up-Trucks. Die heute skurril anmutende Episode hatte langfristige Folgen für die deutsche Exportwirtschaft, denn die »Chicken Tax«, eine 25-prozentige Einfuhrsteuer auf Leicht-LKWs, gibt es bis heute. Der Markt für Pick-up-Trucks in den USA wird von amerikanischen Herstellern dominiert.

Zwar geriet die Kennedy-Runde des GATT schon kurz nach dem Beginn durch den Machtkampf in der EWG-Kommission ins Stocken. Insbesondere Frankreich streute kräftig Sand in das Getriebe der Verhandlungen. Letztlich war es wohl dem Geschick des britischen GATT-Exekutivsekretärs, Eric Wyndham White, zu verdanken, dass die Kennedy-Runde 1967 mit großem Applaus abgeschlossen werden konnte. Die USA stimmten Zollsenkungen für Importe in einem Gesamtvolumen von 6,4 Milliarden Dollar zu und erhielten im Gegenzug Erleichterungen bei einem Exportvolumen von 6,7 Milliarden Dollar. Im Durchschnitt wurden die Zölle um 35 Prozent gesenkt.[134] Zudem hatten die Vereinigten Staaten der von den Europäern lange geforderten Abschaffung des »American selling price«-Systems zugestimmt. Die USA hatten seit 1922 den Aufbau ihrer Chemieindustrie geschützt, indem sie bei Einfuhren anstelle des Zollwerts den höheren amerikanischen Inlandspreis zugrunde legten, wodurch der tatsächliche Zollsatz für deutsche Chemieprodukte angeblich auf 170 Prozent des Verkaufspreises anstieg, wie Kurt Hansen von der Bayer AG behauptete.[135]

Auch wenn der US-Kongress einer Abschaffung des »American selling price«-Systems letztlich dann doch nicht zustimmte, konnte die deutsche Industrie zufrieden sein. Die Außenzölle der EWG waren nach der Kennedy-Runde allgemein auf das Maß zurückgeführt worden, das in der Bundesrepublik vor der EWG-Gründung angewandt worden war. Die Zollbelastung der Exporte in die USA – mit einem Anteil von 9 Prozent an den Gesamtausfuhren einer der wichtigsten deutschen Absatzmärkte – konnte von durchschnittlich 12 Prozent auf 6,6 Prozent zurückgeführt werden.[136] Diese Erfolge betrafen aber allein die gewerblichen Erzeugnisse, während im Agrarsektor nur wenige Abschlüsse zustande kamen. Insofern profitierten von der Kennedy-Runde vor allem die europäischen Industrieexporteure. Entwicklungsländer waren von Beginn an nicht einbezogen und mit einem »Weltgetreideabkommen« abgespeist worden, mit dem sich die Industrieländer zur Lieferung von insgesamt 4,5 Millionen Tonnen Getreide zur Bekämpfung des Hungers verpflichteten.

Es war vor allem die europäische und amerikanische Exportindustrie, die in der Kennedy-Runde ihre Interessen hatten durchsetzen können. In der Bundesrepublik wuchs der Handelsbilanzüberschuss schon während den Jahren der Verhandlungen. Nur im Jahr 1962, dem Jahr unmittelbar nach der D-Mark-Aufwertung, war der Handelsbilanzüberschuss etwas zurückgegangen und lag bei 3,2 Milliarden DM. Danach stieg er rasch wieder auf 5,7 Milliarden (1963) und 5,3 Milliarden DM (1964) an. Es war vollkommen klar, dass der Aufwertungssatz ausgesprochen moderat geblieben war. Die von der Industrie 1961 gezeichneten Horrorszenarien hatten sich in Luft aufgelöst. Das Exportvolumen wuchs nach der Aufwertung um 30 Prozent und lag 1964 bei 84 Milliarden DM.[137] Im Ausland wurden die deutschen »Zahlungsbilanzüberschüsse« daher erneut zum Gegenstand kritischer Diskussionen.[138]

Selbst innerhalb der industriefreundlichen deutschen Ministerialbürokratie wurden Zweifel laut, ob die Bundesrepublik auf die Dauer dem ausländischen Druck standhalten könne und die strukturelle Ausrichtung der Wirtschaft auf den Export weitergetrieben werden sollte. Wolfram Langer sprach in einer Sitzung des Außenhandelsbeirats von einer strukturellen »Export-Kopflastigkeit« der deutschen Wirtschaft und löste damit so heftige Reaktionen in der Exportindustrie aus, dass die anderen Ministerialbeamten sich animiert fühlten, den Ausdruck zu entschärfen. Der Leiter der Handels- und Entwicklungspolitischen Abteilung im Auswärtigen Amt, Hans-Georg Sachs, sagte, die »Ausfuhr sei die Quelle unseres Wohlstandes, und es müsse alles getan werden, sie zu erhalten und auch zu fördern«. Johannes Tüngeler von der Bundesbank meinte frei nach Walther Rathenaus Diktum aus dem Ersten Weltkrieg, die Exportlastigkeit sei »kein Übel, sondern unser Schicksal«.[139]

Unter diesen Umständen reichte der Exportwirtschaft das kleinste Anzeichen, um die große exportpolitische Alarmglocke zu läuten und die Außenwirtschaftspolitik wieder zurück auf den exportfreundlichen Kurs zu bringen. Im Wesentlichen durch die Zinspolitik der Deutschen Bundesbank verursacht, die Inflationsbefürchtungen mit einer Erhöhung des Diskontsatzes beantwortete, wurde die Hochkonjunktur in der Bundesrepublik 1965 abgewürgt und die Handelsbilanz schloss mit einem kleinen Defizit von 346 Millionen DM. Die Exportindustrie rief das sofort auf den Plan. Im AHB mahnte sie an, die Vorschläge für eine Verbesserung des Systems der staatlichen Exportförderung nun vordringlich umzusetzen. Hieraus ging insbesondere eine Verbesserung der Risikoabsicherung im Ostgeschäft hervor, bei der nun auch westliche Handelsembargos abgesichert wurden.[140]

Außerdem machte sich der im Juli 1963 neu formierte Beirat, in dem die Ruhrindustrie immer deutlicher die Führungsrolle übernahm, an die Ausarbeitung eines Memorandums über die »langfristige Wettbewerbsfähigkeit der Exportwirtschaft«. »Wenn wir von dem Erfordernis ausgingen, dass wir einen Handelsbilanzüberschuss von DM 6 Mrd. zum Ausgleich der Zahlungsbilanz benötigen [wie dies der Leiter der BMWi-Außenhandelsabteilung, Günter Keiser, in einem Vortrag zuvor dargestellt hatte], dann müssten wir uns auch darüber klar werden, dass die Exportwirtschaft langfristig einer neuen Betrachtung bedürfe.«[141] Mit dieser im Sitzungsprotokoll des AHB festgehaltenen Bemerkung versuchte der Phoenix-Rheinrohr-Manager Ernst Wolf Mommsen darauf aufmerksam zu machen, dass Überschüsse in dieser Höhe – die 1965 einem Außenbeitrag von 1,4 Prozent entsprachen (mit dem zeitgenössischen Begriff des Außenbeitrags wurde der Handelsbilanzüberschuss in Prozent des BSP bezeichnet) – mit dem vorhandenen Instrumentarium der Exportförderung nicht zu erreichen seien, jedenfalls nicht zuverlässig und dauerhaft.

Der AHB gründete kurzerhand einen hochkarätig besetzten Ad-hoc-Ausschuss, der nach dem Vorbild der zahlreichen wissenschaftlichen Beiräte (und auch in Konkurrenz zu diesen) ein Gutachten erstellte, wie die Wettbewerbsbedingungen der Exportwirtschaft langfristig gesichert werden könnten. Ein beachtliches Dokument; denn dort wurde nicht nur deutlich an die Tradition der Exportorientierung angeknüpft: »Export und Import sind für die deutsche Volkswirtschaft keine Marginalgrößen, sondern strukturell bedingte Lebensnotwendigkeiten.« Es wurde darüber hinaus behauptet, dass letztlich vier Branchen »das Rückgrat der deutschen Ausfuhrwirtschaft« darstellten und damit der Wirtschaft überhaupt: Maschinenbau, Fahrzeugbau, Chemieindustrie und Elektroindustrie würden zusammen 58 Prozent des Gesamtexports aufbringen.[142] Schon vorher hatte Mommsen, der Hauptautor des Textes, in einer Sitzung des AHB behauptet, dass die 10 größten Exportunternehmen »nahezu ein Drittel des gesamten Exportes« besorgen würden.[143]

Während der Anteil der Exportumsätze an den Gesamtumsätzen in der Wirtschaft bei durchschnittlich 16 Prozent läge, hätten Bayer, VW und die Deutsche Werft Exportquoten von 51 Prozent, 57 Prozent und 76 Prozent aufzuweisen. Im Fahrzeugbau insgesamt liege der Wert bei 52 Prozent, bei Papier- und Druckmaschinen über 70 Prozent. Eine ganz besondere »Exportballung« präge die Struktur der deutschen Wirtschaft. Und die Schlussfolgerung aus dieser

Beobachtung konnte nach der Meinung von Mommsens Ad-hoc-Gruppe nur lauten, dass die Wettbewerbsfähigkeit dieser Industriezweige besonderer Aufmerksamkeit bedürfe, denn sie seien ein Garant der wirtschaftlichen Stabilität. Die Exportwirtschaft – die hier in einer spezifischen großindustriellen Abgrenzung in Erscheinung trat, welche längst nicht die Zustimmung aller Mitglieder des AHB fand – beanspruche keine Subventionen, sondern lediglich dieselben Wettbewerbsbedingungen wie ihre ausländischen Konkurrenten, die von Steuervorteilen, Zinssubventionen und hohen Abschreibungsmöglichkeiten profitierten. »Nachhaltig wendet sich der AHB gegen die gelegentlich zu hörende These, daß die deutsche Wirtschaft exportlastig sei.«[144]

Die im Beirat repräsentierte Exportwirtschaft versuchte mit ihren Ausführungen gegen die keynesianische Konjunkturpolitik anzugehen, die sich gleichzeitig in der Wirtschaftspolitik und vor allem in der Wirtschaftswissenschaft verbreitete.[145] Das Gesetz über die Bildung eines Sachverständigenrates zur Begutachtung der gesamtwirtschaftlichen Entwicklung sowie das seit 1964 in der Diskussion befindliche und schließlich 1967 beschlossene Gesetz zur Förderung der Stabilität und des Wachstums der Wirtschaft sollten die Bundesregierung in die Lage versetzen, Konjunkturschwankungen durch finanzpolitische Gegenmaßnahmen abzufedern. Im Kern ging es dabei um die Begrenzung der Inflation durch die Abschöpfung von Kaufkraft in Form von Konjunkturausgleichsrücklagen und Besteuerung. Neben der Vollbeschäftigung, der Preisstabilität und dem angemessenen Wirtschaftswachstum gehörte auch das außenwirtschaftliche Gleichgewicht zu den Elementen des »Magischen Vierecks«, das die stabilitätsorientierte Wirtschaftspolitik anleiten sollte. Für alle vier Komponenten waren im Begleittext des Stabilitäts- und Wachstumsgesetzes Zielmarken festgelegt worden, bei deren Über- bzw. Unterschreiten die Bundesregierung zur wirtschaftspolitischen Intervention verpflichtet war.

Nach dem Regierungswechsel im Dezember 1966 und dem Amtsantritt von Kurt Georg Kiesinger als Kanzler der ersten großen Koalition legte das BMWi fest, das »außenwirtschaftliche Gleichgewicht« sei bei einem Außenbeitrag in Höhe von 1 Prozent des Bruttosozialprodukts gegeben. Das entsprach etwa dem Handelsbilanzüberschuss, den auch der AHB zum »Ausgleich der Zahlungsbilanz« veranschlagt hatte. Schon 1967 erreichte die Bundesrepublik mit einem Handelsbilanzüberschuss von fast 16 Milliarden DM aber einen Außenbeitrag von 3,2 Prozent.[146] Es stand also zu befürchten, dass dogmatische Keynesianer mit direkten Eingriffen in das Exportgeschäft den Überschuss zu dezimieren versuchen könnten. Dem sollte mit dem Memorandum vorgebeugt werden: Die Außenwirtschaft sei kein »Anhängsel der Binnenwirtschaft«. Es sei vielmehr notwendig, »daß die Exportwirtschaft vor schädlichen Auswirkungen, die aus binnenwirtschaftlich notwendigen Maßnahmen [der Konjunkturdämpfung] resultieren, abgeschirmt wird, damit eine langfristige Ausfuhrpolitik realisiert und auch gesichert werden kann«.[147]

Es war eine selbstbewusste Exportindustrie, die jetzt den Außenhandelsbeirat dominierte und ihre Forderung nach wirtschaftspolitischer »Abschirmung« lautstark zur Sprache brachte. Zwar hatte im neuen AHB mit dem Privatbankier und Exportkaufmann Alwin Münchmeyer wieder ein Vertreter der hanseatischen Kaufleute den Vorsitz übernommen. Das Wort führten aber die Vertreter der Großunternehmen – Mommsen und Wolff von Amerongen, Kurt Hansen von der Bayer AG, Matthias Schmitt von der AEG, Fritz Dietz, Hans Graf von der Goltz von Klöckner & Co., der später Bevollmächtigter von Herbert Quandt wurde, Hermann Josef Abs von der Deutschen Bank und Carl Hahn von der Volkswagen AG.[148]

4.5 Exportpolitik und Kapitalexport

Weiter oben wurde ausgeführt, warum die Jahre 1957/58 eine handelspolitische Zäsur darstellen. Ein Aspekt der Außenwirtschaft wurde dabei zunächst außer Acht gelassen, der Kapitalverkehr. Die Gründung der EWG und der Übergang zur vollständigen Währungskonvertibilität beeinflussten aber gerade diesen Bereich und damit indirekt die deutsche Exportwirtschaft. Export und ausländische Kapitalbildung wurden als parallele Expansionsstrategien betrieben. Die Bundesrepublik müsse »wie andere hochindustrialisierte Länder [...] zu einem Kapitalexportland werden«, hieß es dementsprechend schon in dem AHB-Memorandum zu den »langfristigen Wettbewerbsbedingungen der Exportwirtschaft«.[149]

Die Verknüpfung von Exportorientierung und Kapitalexport reichte dabei bis weit in das Kaiserreich zurück. Die Auslandsinvestitionen der deutschen Industrie wurden häufig geradezu als unmittelbare imperialistische Folge der deutschen Weltmarktorientierung angesehen.[150] Während auf die Verknüpfung von Güter- und Kapitalexport in der Weimarer Republik schon aufgrund der schwierigen weltpolitischen Lage aber kaum dauerhaft zurückgegriffen werden konnte, begannen sich die Dinge im Verlauf der 1950er Jahre zu ändern.

Das Besatzungsstatut hatte in der unmittelbaren Nachkriegszeit bundesdeutschen Unternehmen ausländische Direktinvestitionen vollständig untersagt. Seit 1952 wurden FDI per Ausnahmegenehmigung gestattet, aber erst mit dem Erlass des Außenwirtschaftsgesetzes 1961 wurde vollständige Kapitalverkehrsfreiheit hergestellt. Für FDI galt eine Anzeigepflicht beim Bundeswirtschaftsministerium.[151] Nachdem durch die abschließende Regelung der deutschen Auslandsverschuldung im Londoner Schuldenabkommen 1953 auch die Kreditwürdigkeit der deutschen Unternehmen im Ausland wiederhergestellt worden war,[152] stiegen die bundesdeutschen FDI ab den 1950er Jahren kontinuierlich an. Ungefähr 500 Millionen DM investierte die deutsche Wirtschaft jährlich in Beteiligungen im Ausland. Bis 1961 wuchs dieser Betrag auf 1,1 Milliarden DM pro Jahr und verdoppelte sich nochmals 1967, um in den 1970er Jahren weiter deutlich zu steigen (siehe Tabelle 3). Der Gesamtbestand an ausländischen Direktinvestitionen erreichte hierdurch 1962 annähernd 5, 1966 annähernd 10 Milliarden DM.[153]

Tabelle 3: Zuwachs ausländischer Direktinvestitionen nach Kontinenten, 1962-1974

	Europa	**Afrika**	**Amerika**	**Asien**	**Australien**	**gesamt**
Bestand 1961	*1480*	*221*	*1891*	*150*	*98*	*3840*
1962	498	95	473	36	10	1112
1963	831	52	197	24	9	1113
1964	868	50	142	60	12	1132
1965	794	61	223	24	8	1110
1966	1236	115	244	55	26	1676
1967	1114	117	772	37	19	2059
1968	1288	147	822	42	-8	2291
1969	1678	84	1436	50	19	3267
1970	2224	244	933	79	13	3493
1971	1805	282	412	130	36	2665
1972	1750	294	538	218	13	2813
1973	3934	340	1056	303	2	5635
1974	2467	149	1711	186	24	4537
Bestand 1974	*21 974*	*2247*	*10 856*	*1401*	*285*	*36 763*
Bestand 1974 in Prozent	59,8	6,1	29,5	3,8	0,8	

Erläuterung: 1962-1974: Jährlicher Nettozuwachs der ausländischen Direktinvestitionen nach Weltregionen in Mio. DM. 1961 und 1974: Bestand der FDI nach Weltregionen in Mio. DM.

Quelle: Henry Krägenau, *Internationale Direktinvestitionen 1950-1973. Vergleichende Untersuchung und statistische Materialien.* Hamburg: Verlag Weltarchiv 1975, S. 127.

Diese Entwicklung allein als ein Zeichen des industriellen Wiederaufstiegs der Bundesrepublik zu sehen und sie auf die »innerbetrieblichen Motive« der investierenden Unternehmen zurückzuführen greift allerdings zu kurz.[154] Hierzu war die regierungsseitige Einflussnahme viel zu groß. Für die Bundesregierung boten ausländische Direktinvestitionen die Gelegenheit, gleich zwei Probleme auf einmal zu beseitigen: Zum einen sollte der Kapitalexport Inflationsdruck im Inland abmildern.[155] Zum anderen konnten damit ausländische Forderungen erfüllt werden, die Bundesrepublik müsse sich angesichts der hohen »Zahlungsbilanzüberschüsse« stärker in der Entwicklungshilfe engagieren. Mit dem Verweis auf die Förderung von Auslandsinvestitionen deutscher Unternehmen in den Entwicklungsländern konnte die Bundesregierung also Forderungen des Auslands nach einer »Exportverkürzung« oder »Exportdrosselung« etwa durch Ausfuhrbeschränkungen oder auch einer Währungsaufwertung entgegentreten.[156] Ausländische Direktinvestitionen gehörten mithin Ende der 1950er Jahre zu den Kernanliegen der strategischen bundesdeutschen Außenwirtschaftspolitik und waren Bestandteil ihrer Exportorientierung.

Für das Bundeswirtschaftsministerium lässt sich der Beginn dieser Strategie recht genau datieren. Sie ging der Gründung des Ministeriums für wirtschaftliche Zusammenarbeit und damit dem Beginn einer systematischen bundesdeutschen Entwicklungspolitik noch deutlich voraus. Der Leiter der Außenhandelsabteilung, Hermann Reinhardt, hatte Ludwig Erhard 1958 auf einer großen Asienreise begleitet und hielt danach vor dem Außenhandelsbeirat eine regelrecht pathetische Rede. »Das Gebiet«, so ist im Protokoll zu lesen, »das sich für eine Erweiterung der deutschen Exporte und damit als eine Reserve für die Beschäftigungslage in der Bundesrepublik anböte, seien die unterentwickelten Länder«, während eine Vergrößerung des Exports in die westlichen Länder unrealistisch sei, begann Reinhardt seine Überlegungen. Weil er die deutschen Exportüberschüsse für wichtig halte, aber die Entwicklungsländer bislang nur begrenzte Aufnahmekapazitäten hätten, brachte er den Aufbau von Industrieanlagen im Ausland ins Spiel, was zu zusätzlichen Exportaufträgen für die deutsche Industrie führen würde. Das von einem Krupp-Konsortium im indischen Rourkela errichtete Stahlwerk diente ihm als Modellfall.[157] Die Weltwirtschaft trete jetzt in eine ganz neue Entwicklungsphase ein, so Reinhardt im vorweihnachtlichen Überschwang 1958: »In dieser Phase sei es wichtig, dass die Unternehmen eine gewisse Weltbezogenheit entwickeln, um sich auf diese Weise einen ausreichenden Absatzmarkt zu sichern. Die augenblickliche Situation der Weltwirtschaft eröffne dazu eine einmalige Chance, die unwiederbringlich sei.«[158]

Mit der »einmaligen Chance« konnte nur der entwicklungspolitische Anstrich gemeint sein, den sich die ins Ausland strebenden Unternehmen 1958 leicht geben konnten, weshalb der ansonsten mit Ratschlägen eher zurückhaltende Reinhardt zu einer regelrechten Marketingkampagne riet, die zu einer »Loslösung von der Inlandsbezogenheit der deutschen Wirtschaft« führen sollte. Bevor die Auslandsinvestitionen gesteigert werden konnten, mussten allerdings noch einige Schwierigkeiten ausgeräumt werden.

Ein großes Problem bestand in dem Vertrauensverlust, der sich in der deutschen Industrie angesichts der unzähligen unrechtmäßigen Enteignungen nach zwei Weltkriegen ausgebreitet hatte.[159] Um das Vertrauen zurückzugewinnen, aber auch um Direktinvestitionen in Ländern zu ermöglichen, deren politische und wirtschaftliche Lage instabil waren – und das galt für viele Entwicklungsländer –, hatte sich der Sprecher des Vorstands der Deutschen Bank, Hermann Josef Abs, dafür eingesetzt, dass die Bundesrepublik mit ihren Handelspartnern besondere Vereinbarungen über den Schutz des deutschen Auslandseigentums abschließen sollte. Abs hatte im Rahmen der 1946 gegründeten liberalen Europäischen Liga für wirtschaftliche Zusammenarbeit an der Ausarbeitung einer »Magna Charta« mitgewirkt, eines Vertragstexts, den die Bundesrepublik und ihre Handelspartner unterzeichnen sollten. In Deutschland gründete Abs die Gesellschaft zum Schutz ausländischer Kapitalanlagen.[160]

Nicht überall fand die zuweilen penetrante Kampagne für den Schutz deutschen Auslandskapitals, die häufig mit Forderungen nach der Rückgabe enteigneten Privatbesitzes verbunden wurde, Zustimmung. Der handelspolitische Referent des Auswärtigen Amtes, Hilger van Scherpenberg, notierte noch im Oktober 1957 auf einem der vielen Lobby-Schreiben von Abs: »[T]atsächlich fehlt nur das Kanonenboot«.[161] Der euphorische Hermann Reinhardt stellte dagegen ein Jahr später vor dem AHB in Aussicht, dass mit seinen Vorschlägen der Unterstützung ausländischer Direktinvestition »der Bund« zum »Wegbereiter der Abs'schen Magna Charta« werden wolle.[162]

Entwicklungshilfesteuergesetz 1963

Aber Verträge über den Schutz des Privateigentums würden kaum ausreichen, um deutschen Unternehmen ausländische Kapitalinvestitionen in Entwicklungsländern schmackhaft zu machen. Das war schon 1958 vollkommen klar. Der Bund würde den Unternehmen einen Teil des Investitionsrisikos abnehmen müssen. Bereits im Haushaltsgesetz von 1959 wurde der Bund ermächtigt, in einer Gesamthöhe von 1 Milliarde DM Bürgschaften für ausländische Kapitalinvestitionen zu übernehmen, sofern die Länder eine entsprechende Vereinbarung zum Schutz des deutschen Eigentums unterzeichnet hatten.[163] Zusätzlich sollten die Auslandsinvestitionen steuerliche Förderung erhalten, und Fritz Stedtfeld vom BMWi forderte die Mitglieder des AHB gezielt auf, hierzu Vorschläge zu machen.[164]

Weil die vorhandenen Regelungen im Einkommenssteuergesetz aus Sicht der Wirtschaft nicht genügend Anreize boten, beschloss die Regierung im Verlauf des Jahres 1962, die Steueranreize in einem neuen Entwicklungshilfesteuergesetz zu verankern, das im folgenden Jahr erlassen wurde und letztlich die Vorschläge der Wirtschaft umsetzte. Das Gesetz sah für Kapitalinvestitionen in den Entwicklungsländern eine »Sonderabschreibung« von 60 Prozent der Investition vor und die Bildung einer »freien Rücklage« in Höhe von 50 Prozent der Investition, die nach drei Jahren schrittweise aufzulösen sei.[165]

Wie schon in der ersten, noch im allgemeinen Steuerrecht verankerten Regelung resultierte der Investitionsanreiz aus der Schmälerung des Gewinns aus den ausländischen Kapitalerträgen. Investoren könnten im ersten Jahr ihrer Auslandsinvestition ihren Gewinn um 57,5 Prozent schmälern, so bewarb das Auswärtige Amt das neue Gesetz in einem Zirkular an alle Auslandsvertretungen.[166] Gegenüber der üblichen Regelung im Steuergesetz (die allerdings von den Unternehmen kaum in Anspruch genommen worden war) erwartete der Steuerexperte des Auswärtigen Amtes eine Vergrößerung des Steuerausfalls um 200 Millionen DM pro Jahr.[167] Angesichts eines jährlichen Gesamtvolumens der deutschen FDI im Ausland von 1,1 Milliarden DM wäre dies ein beachtliches indirektes Fördervolumen gewesen.[168]

Schon bei der Änderung des Steuergesetzes 1961 hatte es Diskussionen gegeben, welche Länder denn eigentlich mit dieser Maßnahme bedacht werden sollten, welche man also zu den Entwicklungsländern zählen solle. Überraschenderweise finden sich auf der entsprechenden Liste auch Spanien, Portugal, Griechenland, Island, die Türkei und Zypern.[169] Offenbar war im Laufe der administrativen Umsetzung der Steuerbefreiung der Entwicklungsgedanke hinter dem der Förderung ausländischer Kapitalinvestitionen immer weiter zurückgetreten.

Die globale Verteilung der deutschen FDI konnte aber durch die Steueranreize nicht wesentlich beeinflusst werden. Der Löwenanteil floss weiter in die Industrieländer. 61,5 Prozent des Bestands von knapp 5 Milliarden DM deutscher Auslandsinvestitionen entfielen 1962 auf Industrieländer. Während die FDI in den Entwicklungsländern in den folgenden Jahren nur um 200 bis 300 Millionen DM wuchsen, nahmen sie in den Industrieländern um 1 Milliarde DM pro Jahr zu, so dass sich der Anteil des Auslandskapitals dort bis 1966 sogar noch auf 70 Prozent erhöht hatte.[170] Bei den Unternehmen wurden die steuerlichen Entlastungen für bescheidene Auslandsinvestitionen in Entwicklungsländern offenbar in andere Projekte umverteilt.

Zur Bildung von Auslandskapital setzte die deutsche Wirtschaft jedenfalls auf die Industrieländer in Europa und Amerika, wo sie auch ihre stärksten Exportmärkte hatte. Der staatlich subventionierte Bau des »Stahlwerks im Dschungel« in Indien oder der Bau eines Chemiewerks in der Grundstoffproduktion ebenfalls in Indien, an dem sich die »großen drei« deutschen Chemieunternehmen (BASF, Bayer und Hoechst) 1954 beteiligten, blieben Einzelprojekte der 1950er Jahre, als die schnelle Rückkehr der deutschen Industrie auf die westlichen Weltmärkte noch keineswegs absehbar war.[171] Insofern ist es bezeichnend, dass Heinrich Nordhoff 1961 den Bau eines VW-Werkes in Indien ablehnte, »obwohl das AA [Auswärtige Amt] die Bedeutung des Projektes nachhaltig hervorgehoben hatte« und finanzielle Anreize anbot.[172] In den 1960er Jahren bevorzugte die deutsche Industrie Investitionen in Europa, insbesondere nachdem durch die Gründung der EFTA der Export in die attraktiven Absatzmärkte des Commonwealth, nach Spanien, Portugal, Österreich und Skandinavien erschwert worden war. Volkswagen beantragte 1966 die Genehmigung der Aufnahme einer Produktion in Spanien,[173] nach dem Gesetz von 1963 ebenfalls ein Entwicklungsland. Max Grundig, Gründer des gleichnamigen Elektronikkonzerns, hatte hingegen eine große Fabrik in Portugal errichtet und beklagte sich bei CDU-Außenminister Gerhard Schröder über die Schwierigkeiten, die er in Portugal mit den für Export- und Importgenehmigungen zuständigen Stellen hatte.[174]

Das Entwicklungshilfesteuergesetz war gemessen am Ziel nicht sehr erfolgreich. Die Kapitalbildung in den Entwicklungsländern blieb jedenfalls weiterhin ganz maßgeblich hinter der schnellen Zunahme deutschen Auslandskapitals in den USA und in Europa zurück. Bürgschaftsanfragen in einer Gesamthöhe von 6,8 Milliarden DM, die das BMWi für ausländischen Kapitalbesitz in Entwicklungsländern zwischen 1960 und 1984 erhalten hatte,[175] entsprechen einem Drittel des Bestands an den Direktinvestitionen, die deutsche Unternehmen 1984 in den Entwicklungsländern hielten. Im Verhältnis zum Gesamtbestand von 145 Milliarden DM fallen sie aber nicht ins Gewicht.[176] Auch die Versuche, die steuerliche Förderung durch die Einbeziehung des Umlaufvermögens noch attraktiver zu machen, konnten an dem geringen Erfolg nichts ändern.[177] Immerhin dokumentieren diese Aktivitäten aber in aufschlussreicher Weise die intensiven Bemühungen der Bundesregierung, über die Bildung von Auslandskapital zugleich die Exportstärke der deutschen Wirtschaft zu verbessern.

Es würde also zu kurz greifen, die Auslandsinvestitionen deutscher Großunternehmen als einen rein betriebswirtschaftlichen Expansionsprozess zu interpretieren, als eine Internationalisierung, die letztlich durch die Grenzen der Aufnahmefähigkeit des Binnenmarktes bedingt war.[178] Bundesregierung und Exportindustrie wirkten vielmehr auch in dieser Hinsicht sehr frühzeitig zusammen.

In den 1950er Jahren war diese Entwicklung noch zaghaft und ging von wenigen Großunternehmen insbesondere der Chemieindustrie aus, die traditionell stark im Ausland vertreten waren und nun versuchten, ihre Absatzmärkte und letztlich auch enteignete Firmenteile bis hin zu Markenrechten wiederzugewinnen. Anfangs schien das in Asien und Südamerika einfacher als in Westeuropa und den USA. Im Verlauf der 1960er Jahre erfolgte dann eine etwas breitere Bewegung der »Produktionsverlagerung«. Auch einige Textilunternehmen schlossen sich an, ebenso Maschinen- und Anlagenbauer (häufig in Form von Joint Ventures) sowie Automobilunternehmen, wobei nun die westlichen Märkte stärker in den Blick genommen wurden.

Einige dieser »Produktionsverlagerungen« waren Reaktionen auf die Handelspolitik anderer Länder, die in attraktiven Absatzmärkten bestimmte Fertigwaren mit Einfuhrverboten belegt hatten. Insgesamt zeichnete sich aber immer deutlicher eine Globalisierungsstrategie der deutschen Unternehmen ab, die regierungsseitig unterstützt und zum Teil auch gefördert wurde, aber erst in den 1970er Jahren (unter dann vollkommen veränderten weltwirtschaftlichen Rahmenbedingungen) zum Durchbruch kam. Diese Globalisierungsstrategie wurde keineswegs als Alternative zur Exportorientierung angesehen. Vielmehr war sie deren Ergänzung – eine Exportpolitik mit anderen Mitteln.

4.6 Zusammenfassung

Zu Beginn der 1960er Jahre hatte sich die Exportorientierung in der deutschen Außenwirtschaftspolitik und in der deutschen Wirtschaft flächendeckend durchgesetzt. Sofern es möglich ist, den Beginn einer obsessiven Haltung in Bezug auf die Exportpolitik allgemein zu datieren, so fiele dieser wohl auf die 1960er Jahre. Hohe Handelsbilanzüberschüsse wurden von der Außenwirtschaftspolitik zwischenzeitlich als eine Selbstverständlichkeit und eine dauerhafte Notwendigkeit angesehen; Wirtschaftspolitiker und Unternehmen meinten sogar, ihre Höhe exakt veranschlagen zu können. In den Diskussionen über das Stabilitäts- und Wachstumsgesetz, die in der wirtschaftspolitischen Kontroverse der 1960er Jahre eine große Rolle spielten, wurde das »außenwirtschaftliche Gleichgewicht« als ein Pfeiler des »Magischen Vierecks« aufgenommen, das den Rahmen für das künftige wirtschaftspolitische Handeln darstellen sollte.[179]

Dabei war der Regierung (sowohl der christdemokratisch-liberalen als auch der späteren großen Koalition) vollkommen klar, dass die bundesdeutschen Handelsbilanzüberschüsse im Wesentlichen von der Exportwirtschaft abhingen und durch die Wirtschaftspolitik der Regierung nur bedingt beeinflussbar waren, sofern man die Drosselung der Einfuhr und damit des inländischen Konsums als Maßnahme ausschloss. Die Exportwirtschaft bzw. die Exportindustrie war nicht zuletzt durch diese außenwirtschaftspolitische Zielsetzung in eine besondere strategische Position geraten und hatte sich auch selbst in dieser Weise als »Prunkstück« und »Paradepferd« der deutschen Wirtschaft inszeniert. Eine klare Abgrenzung, wer zu dieser ominösen »Exportwirtschaft« gehörte, gab es nicht, denn exportorientierte Unternehmen fanden sich in allen Wirtschaftszweigen.

Das Profil der selbsternannten Exportindustrie hatte sich in der frühen Bundesrepublik gewandelt. Die veränderte Zusammensetzung des Außenhandelsbeirats illustriert dies. Hatten in den 1950er Jahren noch kleine, häufig unbekannte und spezialisierte Handels- und Fertigungsunternehmen mitgemischt, waren spätestens mit der Neuberufung des AHB 1963 die Schwerindustrie und die Großunternehmen vollständig an deren Stelle getreten. Zum Teil war diese Verschiebung das Ergebnis industrieller Konzentrationsprozesse. Thyssen und Mannesmann, Deutsche Werft, Hoechst, Bayer und die BASF, VW und AEG traten als die Sprachrohre »der Exportindustrie« auf. Nur Siemens und Krupp hielten sich traditionell etwas am Rande der industriellen Fraternisierung auf. Der Fahrzeugbau war überhaupt erst in den 1950er Jahren in diese Liga aufgestiegen. Die Deutsche Bank und spezialisierte Exportfinanzierer gehörten mit in diesen Club. Die Zugehörigkeit zu der »Exportwirtschaft« schien so attraktiv und mit so großem sozialem Prestige ausgestattet zu sein, dass selbst Funktionäre der Agrarlobby wie Otto von Feury und der Präsident des Raiffeisen-Verbandes Theodor Sonnemann bei ihrer Berufung in den Außenhandelsbeirat 1966 betonten, in der deutschen Landwirtschaft habe der Export eine große und zunehmende Bedeutung.[180] Das mag pure Höflichkeit gewesen sein, aber gerade deshalb auch überhaupt nicht bedeutungslos.

Die Außenwirtschaftspolitik pflegte ihre Musterschüler nach Kräften. Die finanzpolitischen Krücken der Nachkriegszeit konnte sie dabei schnell über Bord werfen, wenn auch über noch die kleinste Reduktion des Hermes-Systems langatmig diskutiert wurde. Immer neue Förderformate und -instrumente kamen in die

Diskussion, um die Folgen der Währungsaufwertung des Jahres 1961 zu mäßigen, um entwicklungspolitische Ziele zu erreichen oder weil konkurrierende Länder ihre eigenen Förderinstrumente verbesserten. So unverblümt gingen die Industrieländer dabei zu Werke, dass die Organisation für wirtschaftliche Zusammenarbeit und Entwicklung (Organisation for Economic Co-operation and Development, OECD) und die Vereinten Nationen in den 1970er Jahren an einem »Waffenstillstandsabkommen« arbeiteten, um dem handelspolitischen Wettrüsten Einhalt zu gebieten.

Die größte Herausforderung für die Weltwirtschaft und die deutsche Exportwirtschaft waren am Ende der 1960er Jahre aber nicht mehr die Handels- und Zollpolitik, sondern die Währungsturbulenzen. Insbesondere der deutsche Exporterfolg, so die sorgenvollen Überlegungen in der Bundesrepublik, würde von einem Zusammenbruch des Weltwährungssystems schwer getroffen werden, denn er beruhte zu einem großen Teil auf der Unterbewertung der Deutschen Mark. Die größte Bewährungsprobe stand der Koalition der »Exportenthusiasten« in Wirtschaft und Politik Ende der 1960er Jahre also erst noch bevor.

5 WÄHRUNGSKRISE UND GLOBALISIERUNGSSCHOCK

Die deutsche Exportstärke wird konserviert

5.1 Die »exportpolitische Konzeption« des Bundeswirtschaftsministeriums

Im Oktober 1966 befand sich die Bundesrepublik Deutschland in einer handfesten Regierungskrise. Die FDP hatte sich mit Bundeskanzler Ludwig Erhard über den Haushalt zerstritten und war aus der Regierung ausgetreten. Die Bundestagsfraktion von CDU/CSU distanzierte sich vom Bundeskanzler, und die CDU bestimmte den württembergischen Ministerpräsidenten Kurt Georg Kiesinger in einer parteiinternen Kampfabstimmung zu seinem Nachfolger, dem es schließlich Ende November gelang, eine große Koalition mit der SPD zu schmieden, in der Willy Brandt zum Außenminister und Karl Schiller von den Sozialdemokraten zum Bundeswirtschaftsminister ernannt wurden.[1]

Für die Bundesrepublik stellte diese Regierungsbildung, die erstmals nach dem Zweiten Weltkrieg die SPD einschloss und unmittelbar zum ersten sozialdemokratischen Bundeskanzler (Willy Brandt) führte, zweifellos einen Wendepunkt dar. In der Wirtschaftspolitik war die Zäsur weniger ausgeprägt. Höchstens auf der Ebene der Programmatik waren die soziale Marktwirtschaft Ludwig Erhards und die keynesianische Globalsteuerung Karl Schillers unvereinbar.[2] In der wirtschaftspolitischen Praxis hatte der Übergang zu einer interventionsstaatlichen Wirtschaftspolitik schon in den 1960er Jahren begonnen, und im engeren Feld der Außenwirtschaftspolitik lagen die Vorstellungen so dicht beieinander, dass Karl Schiller nahtlos an seine Vorgänger anschließen konnte.[3]

Einen Kompass für die künftige Außenwirtschaftspolitik lieferte die »Exportpolitische Konzeption«, die der 47-jährige Leiter des handelspolitischen Grundsatzreferates, Heinz Mesenberg, gleichsam auf dem Höhepunkt der Regierungskrise verfasst hatte. »Ziel der Exportpolitik muß sein, die Ausfuhren volumenmäßig dahin zu bringen, daß das externe Gleichgewicht der Wirtschaft auf einem möglichst hohen Niveau erreicht wird. Es müssen Ausfuhrüberschüsse entstehen, mit denen bei einem hohen Stand der Einfuhren die passiven Posten der Zahlungsbilanz ausgeglichen werden können (optimale Handelsüberschüsse).«[4] Zwar lehnte Mesenberg, der sich schon 1952 in seiner Erlanger Dissertation für das Ideal der »außenwirtschaftlichen Freiheit« ausgesprochen hatte, jede Form der direkten Exportförderung genauso ab wie überhaupt einen Sonderstatus, wie ihn die Exportwirtschaft in ihrem Memorandum reklamiert hatte.[5] Um aber die »optimalen Handelsüberschüsse« zu erreichen, sei es gleichwohl notwendig, die Finanzinstrumente im Rahmen des Hermes-Systems zu verbessern, damit die deutsche Exportindustrie keine Wettbewerbsnachteile habe. Er übernahm damit eine zentrale Forderung der Industrie. Darüber hinaus schlug Mesenberg eine umfassende Strukturpolitik vor, die letztlich das Ziel verfolgte, arbeitsintensive Fertigungsstufen deutscher Unternehmen ins Ausland zu verlagern. Es ginge darum, »die Mobilität in der Wirtschaft« zu erhöhen, »damit sich die volkswirtschaftlichen Ressourcen von den weniger effektiven Sektoren in diejenigen Bereiche der Ausfuhrwirtschaft bewegen können, die beim internationalen Handel den größten Nutzen für die Volkswirtschaft abwerfen«.

Mesenbergs »Exportpolitische Konzeption« markiert den Übergang der deutschen Außenwirtschaftspolitik zu einer stärker steuernden Einflussnahme im Verlauf der 1960er Jahre. Damit war letztlich auch eine stark veränderte Rolle im Konzert der westlichen Industrieländer verbunden, wie der amerikanische Diplomatiehistoriker William Glenn Gray erst jüngst wieder betont hat. Vor allem unter Willy Brandt und Helmut Schmidt begnügte sich die Bundesrepublik nicht mehr mit der Funktion als Juniorpartner der USA im Kalten Krieg, sondern nutzte die eigene wirtschaftliche Stärke dazu, die internationalen Beziehungen zu gestalten.[6] Ein programmatischer Wendepunkt in der Außenwirtschaftspolitik ging damit aber eben nicht einher. Vielmehr setzte die »Handelsmacht« Bundesrepublik Deutschland die Politik des »selektiven Protektionismus« nur konsequent fort.

Während die Instrumente der traditionellen Handelspolitik – die Reduktion der Zollsätze und der Abbau von Einfuhrbeschränkungen – immer stumpfer wurden, verlagerte sich die Außenwirtschaftspolitik aber Ende der 1960er Jahre auf weniger sichtbare Werkzeuge: verdeckte Exportsubventionen durch die Förderung der Exportfinanzierung beispielsweise im Hermes-System, diverse Varianten nichttarifärer Handelshemmnisse sowie die Förderung ausländischer Direktinvestitionen und »Produktionsverlagerungen«. Die bundesdeutsche Exportpolitik zwischen großer Koalition und Wiedervereinigung ist dadurch weniger klar und weniger greifbar als in der »Ära Erhard«. Sie drehte an kleinen Stellschrauben, die nur über detailreiche Beschreibungen sichtbar gemacht werden können.

Dabei kam der Förderung der »Produktionsverlagerung«, des Offshoring, die am Ende dieses Kapitels ausführlich erläutert wird, große Bedeutung zu. Mit der »Produktionsverlagerung« als außenwirtschaftspolitischer Strategie des Staates war bereits in den frühen 1960er Jahren begonnen worden. Sie ist damit kein Kind der Globalsteuerung Karl Schillers. Durch die rasende Veränderung der außenwirtschaftlichen Rahmenbedingungen rückte sie zusammen mit anderen Maßnahmen seit Ende der 1960er Jahre aber deutlich in den Vordergrund des exportpolitischen Instrumentenkastens.

Die größte Aufmerksamkeit galt indes zunächst der Währungspolitik, sowohl für die eigene wirtschaftliche Stärke als auch als Instrument zur Beeinflussung der Struktur der internationalen Beziehungen im Sinne Grays. Unter Adenauer und Erhard wurde die Exportkonjunktur nicht zuletzt durch eine deutliche Unterbewertung der D-Mark getragen. Politik und Exportindustrie war es bei mehreren Gelegenheiten gelungen, den drohenden Verlust dieses Währungsvorteils abzuwenden, indem Währungsaufwertungen verhindert, aufgeschoben oder entschärft worden waren. In der globalen Währungskrise Ende der 1960er Jahre, die 1973 schließlich zum Zusammenbruch des Festkurssystems führte, ließ sich diese Position nicht mehr aufrechterhalten. Der politische Druck der Handelspartner wurde zu groß, die ökonomischen Krisen in Großbritannien und in den USA waren zu gravierend, und die Kosten der Aufrechterhaltung des Festkurssystems übertrafen auch in Deutschland die Vorteile immer mehr. Der Währungsschutz der deutschen Exporte ging verloren: Bis zum Ende der 1970er Jahre wertete die D-Mark um 50 Prozent gegenüber dem Dollar und gegenüber den meisten anderen Währungen der IMF-Mitglieder auf. Trotzdem gelang es, die Exporterfolge auch über die Währungskrise hinaus zu konservieren und die Handelsbilanzüberschüsse auch in der Weltwirtschaftsordnung der 1970er Jahre weit über das Maß hinaus zu steigern, das Hans Mesenberg 1966 als »optimal« angesehen hätte.

5.2 Der überschätzte Währungsschock

Die globale Währungskrise Ende der 1960er Jahre hatte ihren Ursprung letztlich in den schwerwiegenden Konstruktionsfehlern, mit denen das System von Bretton Woods schon errichtet worden war, Konstruktionsfehler, die nicht unwesentlich durch den Anspruch der USA entstanden waren, ihre wirtschaftliche Hegemonie zu erhalten.[7] Hierzu gehörte die Verankerung des Dollar als einzige goldgedeckte Leitwährung, wodurch es der USA als einzigem Land möglich wurde, die inländische Geldmenge ohne Sanktionen und Kosten auszuweiten, ein »exorbitantes Privileg«, so der französische Präsident Valérie Giscard d'Estaing. Denn durch die Interventionspflicht auf dem Devisenmarkt mussten die anderen Mitgliedsländer einen Teil der Dollargeldmenge aufnehmen. John Maynard

Keynes hatte dieses Problem antizipiert und deshalb die Einrichtung einer nationalstaatlich unabhängigen Weltwährung mit dem Namen »Bancor« vorgeschlagen.

Ein zweiter Konstruktionsfehler bestand darin, dass im IMF-Vertrag nur Länder mit »Zahlungsbilanzdefiziten« durch die Aufnahme von Krediten aus dem Fonds belastet wurden, während Überschussländer keine Sanktionen erfuhren. Diese hätten in den 1940er Jahren vor allem die USA getroffen, weshalb Keynes' Vorschlag, auch die Überschussländer mit Strafzahlungen zu belasten, nicht realisiert wurde. Schließlich hatte Keynes erkannt, dass das gesamte System sehr anfällig gegenüber spekulativen Kapitalflüssen sein würde, weshalb er diese vollständig verbieten wollte.[8] Sofern Währungskonvertibilität nämlich hergestellt sei, könnten große Kapitalanlagen international ohne Risiko über Grenzen transferiert werden. Dies würde den Wechselkurs beeinflussen, auch wenn die Handelsbeziehungen zwischen zwei Ländern ausgeglichen waren.

Ein weiteres Problem bestand in der merkwürdigen Rolle des Goldes, auf dem das Festkurssystem über die Goldkonvertibilität des Dollar letztlich aufbaute. Das Gold erhielt hierdurch einen festen Preis, der, je stärker die Goldnachfrage (auch zu gewerblichen Zwecken) stieg, desto schlechter aufrechtzuerhalten war. Dieser Zusammenhang war bereits in den 1950er Jahren von dem belgisch-amerikanischen Ökonomen Robert Triffin kritisiert worden, der auf die Paradoxie hinwies, dass immer mehr Dollar außerhalb der USA zirkulierten, die Golddeckung der Währung aber nur auf die inländische Geldmenge bezogen sein könnte. Diese Entwicklung musste zwangsläufig das Vertrauen in den Dollar erschüttern.[9]

Als mit der Gründung des Internationalen Währungsfonds das System von Bretton Woods in Gang gesetzt wurde, kam es nicht ohne zahlreiche Hilfs- und Stützkonstruktionen aus. Schon 1949 hatte die verabredete Einführung der vollständigen Konvertibilität zwischen dem Dollar und dem Pfund Sterling in kürzester Zeit zu einer finanzpolitischen Katastrophe geführt, so dass sie nach wenigen Tagen wieder zurückgenommen werden musste. Zwischen vielen Handelspartnern blieb die Währungskonvertibilität danach noch bis in die 1960er Jahre beschränkt. In Europa gelang der finanzielle Wiederaufbau nur durch das Clearing-Verfahren, das die Grundlage der Europäischen Zahlungsunion bildete.

Im Schatten des Festkurssystems mit beschränktem Kapitalverkehr entstand Mitte der 1950er Jahre ein exterritorialer Finanz- und Geldmarkt, der Eurodollarmarkt, der später entscheidend zum Niedergang des Bretton-Woods-Systems beitrug. Seit Mitte der 1950er Jahre hatten ausländische Investoren begonnen, in London Geldvermögen zu »parken«. Dabei handelte es sich überwiegend um Dollarguthaben amerikanischer Privatleute, Geldinstitute und Unternehmen, die den restriktiven Zinsbestimmungen und den hohen Spitzensteuersätzen in den USA entgehen wollten und in Europa nach besseren Renditen suchten. Auch einige staatliche Unternehmen aus Osteuropa hielten ihre Handelsgewinne aus Dollargeschäften in London. Nach den Angaben der Bank für Internationalen Zahlungsausgleich war dieser kurzfristige Geldmarkt 1967 auf ein Volumen von mindestens 13 Milliarden Dollar angewachsen. Das war mehr als die gesamten Goldreserven der USA und zweieinhalbmal so viel wie die gesamten Devisenreserven der Bundesrepublik Deutschland.[10] Diese »riesigen vagabundierenden Dollar-Mengen«[11] wurden Ende der 1960er Jahre spekulativ eingesetzt und belasteten die Funktionsfähigkeit des Bretton-Woods-Systems schwer. Wenn nämlich große Dollarbeträge in eine andere Währung umgetauscht wurden, von der anzunehmen war, dass sie gegenüber dem Dollar aufwerten würde, so entstand nach der Aufwertung ein veritabler Aufwertungsgewinn für die Spekulanten. Die Zentralbank der Aufwertungswährung musste den Devisenzufluss aber durch Dollarkäufe ausgleichen, um den Wechselkurs zu stabilisieren, und hatte bei einer Aufwertung einen entsprechenden Devisenverlust.

Diese Finanzmarkttransaktionen belasteten die Stabilität des Festkurssystems und führten letztlich zu seinem Niedergang. Das

Regime, das ursprünglich dazu geschaffen worden war, den Welthandel vor etwaigen Währungsmanipulationen zu schützen, wurde selbst zur Quelle der Instabilität in der Weltwirtschaft. Denn die Mitglieder des IMF reagierten auf die Währungskrise wiederholt mit handelspolitischen Restriktionen. Der US-Präsident Lyndon B. Johnson erließ beispielsweise 1968 ein Exportförderprogramm und eine Sondersteuer auf Importe, was das amerikanische Leistungsbilanzdefizit ausgleichen sollte.[12] Karl Schiller versuchte in bester exportpolitischer Tradition seiner Vorgänger im November 1968, mit einem Außenwirtschaftlichen Absicherungsgesetz um die im Ausland geforderte Aufwertung der D-Mark herumzukommen, wobei er der Exportwirtschaft (anders als seine Vorgänger) eine 4-prozentige Exportsteuer zumutete.[13] Auch der »Nixon-Schock«, die Aufkündigung der Goldeinlösungsverpflichtung der amerikanischen Notenbank durch US-Präsident Richard Nixon im August 1971, mit der vor allem der Abfluss amerikanischer Goldreserven aus den USA gestoppt werden sollte,[14] war durch handelspolitische Maßnahmen flankiert – eine 10-prozentige generelle Einfuhrabgabe –, die auch die deutschen Exporteure hart traf.[15]

Die Bundesrepublik stand in dieser globalen Währungskrise unter erheblichem außenwirtschaftspolitischem Druck. Die Rekordüberschüsse in der Handelsbilanz wurden als Zeichen fehlender internationaler Solidarität aufgefasst. Denn während beispielsweise Großbritannien unter einer schweren Wirtschaftskrise mit hoher Arbeitslosigkeit litt und Frankreich von Studentenunruhen erschüttert wurde, sah die Bundesregierung tatenlos zu. »Der Schwarze Peter liegt bei Deutschland«, titelte die britische *Times* nach der Abwertung des Pfundes im September 1967.[16] In Frankreich schrieb die konservative Tageszeitung *France Soir*, »die deutschen Tugenden« seien »die Ursache der Unordnung in der Welt«. »Deutschland ist zu reich, seine Industrie zu mächtig, weil die Deutschen wenig verbrauchen, wenig ausgeben, selten in Ferien fahren, geduldig darauf warten, daß ihnen der Arbeitgeber eine kleine Lohnerhöhung gewährt. Und sie streiken niemals. Es wäre alles so einfach, wenn sie es so wie alle Welt machten.«[17]

Die exportfreundliche Währungspolitik der Bundesrepublik und die in den 1950er Jahren begonnene Strategie, Aufwertungen so lange wie möglich hinauszuzögern, ließ sich unter den Umständen der Währungskrise immer schwerer aufrechterhalten. Zu außenpolitischen kamen die Kosten der Stabilisierungskäufe hinzu. Als im Zuge des Bundestagswahlkampfes 1969 die Frage der D-Mark-Aufwertung erregt öffentlich diskutiert wurde, was die Währungsspekulation zusätzlich anheizte, kaufte die Bundesbank in nur einer Woche 4,25 Milliarden Dollar (17 Milliarden DM), um den Devisenzufluss auszubalancieren.[18] Kurz vor der Bundestagswahl mussten die Devisenbörsen komplett geschlossen und der Dollarkurs freigegeben werden, woraufhin die D-Mark um 9,3 Prozent aufwertete und am 24. Oktober 1969 auf einem neuen Niveau von 3,66 DM pro Dollar fixiert wurde.[19] Die Exportindustrie beklagte sich vehement. Hubert Sternberg, seit 1926 Vorstandsmitglied der Heidelberger Druckmaschinen AG, Gründungsmitglied des Außenhandelsbeirats und eine Institution in der deutschen Exportindustrie, trat im Oktober 1969 enttäuscht aus dem Außenhandelsbeirat aus, »weil der Export zum kurzfristigen Manipulierobjekt für die deutsche Binnenkonjunktur wurde« und »die Meinung der Praxis kaum noch gefragt wird«.[20]

Das Grundproblem des Festkurssystems wurde auf diese Weise aber nicht gelöst. Bis Ende 1970 wuchsen die Dollarreserven der Bundesbank auf 6,2 Milliarden. Im März 1971 waren die bundesdeutschen Devisenreserven sogar größer als die der USA – die Bundesrepublik war zum unfreiwilligen Devisenweltmeister geworden. Anfang Mai 1971 verfügte die Bundesbank über Dollarreserven in Höhe von 18,7 Milliarden. Das entsprach 68,5 Milliarden DM oder 9 Prozent des BSP von 1971.[21] Wiederum zog die Regierung die Notbremse, stoppte die Devisenmarktinterventionen und ließ zu, dass die D-Mark gegenüber dem Dollar aufwertete. Nach Monaten mit einem schwankenden Wechselkurs zwischen D-Mark und Dollar wurde schließlich im Smithsonian Agreement ein Aufwertungssatz von 14 Prozent gegenüber dem Dollar festgelegt, gleichbedeutend mit einem Verlust von Devisenwerten in Höhe von 9,6 Milliarden DM in den Büchern der Bundesbank.

Die Exportindustrie hatte sich zwischenzeitlich auf die Währungsturbulenzen besser eingestellt. Weil der durchschnittliche Aufwertungssatz der D-Mark gegenüber allen Währungen bei nur 3,8 Prozent lag, die Exportverteuerung auf Absatzmärkten außerhalb der USA also wesentlich geringer ausfiel, stellte das Smithsonian Agreement für die Exportindustrie verglichen mit der Phase des »Floatens« sogar eine Verbesserung dar.[22] Zudem hatten die Exportunternehmen gegenüber der Regierung zahlreiche kleinere Erleichterungen im System der Exportförderung durchsetzen können (dazu später mehr). Die Phase des Währungsfloatens, des täglichen Schwankens der Wechselkurse zwischen Mai und Dezember 1971, forcierte zugleich die Aktivitäten zu einer engeren währungspolitischen Zusammenarbeit innerhalb Europas, die nach dem Werner-Plan von 1970 letztlich in einer Gemeinschaftswährung münden sollte.[23] 1972 versuchte die Bundesrepublik ein Europäisches Währungssystem aus der Taufe zu heben, eine regionale Kopie des Bretton-Woods-Systems, dem aber schon nach kurzer Zeit nur noch wenige Mitglieder angehörten und das daher gegen den letzten Akt der globalen Währungskrise nichts ausrichten konnte.

Die spekulativen Kapitalbewegungen hielten auch nach dem Smithsonian Agreement an. Ein Land nach dem anderen gab die teure Devisenmarktintervention zugunsten des Dollar auf, beginnend mit der Schweiz im Januar 1973. Die Bundesbank musste am 1. März 1973 an nur einem Tag den Zufluss von 2,7 Milliarden Dollar durch Devisenkäufe ausgleichen und ging daraufhin wieder zum Währungsfloaten über. Die D-Mark wertete hierdurch gegenüber dem Dollar weiter auf. Ende des Jahres 1973 war ein Dollar schon für 2,67 DM zu haben. Ende der 1970er Jahre war der Preis auf 1,82 DM gesunken (die D-Mark also gegenüber dem Dollar weiter aufgewertet worden).

Tabelle 4: Die Aufwertung der D-Mark gegenüber dem Dollar, 1949-1980

Jahresende	D-Mark pro 1 Dollar	Dollar pro 1 D-Mark
1949	4,20	0,238
1961	4,00	0,25
1969	3,66	0,273
1971	3,48	0,287
1973	2,67	0,374
1976	2,51	0,398
1980	1,82	0,549

Quelle: Siehe die Übersicht über die historischen Wechselkurse auf der Website der Bundesbank unter: {https://www.bundesbank.de/de/statistiken/zeitreihen-datenbanken}.

Der verschlungene Prozess der Aufwertung führte zu einer Verteuerung deutscher Exporte in den Dollarraum innerhalb weniger Jahre um 50 Prozent (plus 12,4 Dollarcent pro D-Mark zwischen 1968 und 1973; siehe die rechte Spalte in Tabelle 4). Die Einfuhren aus dem Dollarraum verbilligten sich um 1,33 DM pro Dollar. Weil die Aufwertung bis 1973 im Rahmen des Festkurssystems von Bretton Woods stattfand, das die Marktanpassung von Wechselkursen durch ein politisches Verhandlungssystem ersetzt hatte, war sie von kontroversen innenpolitischen Aushandlungsprozessen begleitet, unter Beteiligung ganz unterschiedlicher gesellschaftlicher Gruppen und der Wirtschaftswissenschaft.

In der Forschung wird die Entscheidung über die Währungspolitik dabei üblicherweise als ein geld- und währungspolitisches »Trilemma« beschrieben, bei dem nationale Regierungen (und Zentralbanker) zwischen festen Wechselkursen, Kapitalverkehrsfreiheit und geldpolitischer Autonomie lavieren mussten, weil alle drei Ziele nicht gleichzeitig erreichbar seien. Indem sie das Ziel der festen Wechselkurse aufgaben, so wird es dargestellt, erhielten die Nationalstaaten ihre geldpolitische Autonomie zurück und konnten die Inflation mittelfristig besser bekämpfen.[24]

Der Wirtschaftsgeschichte der Bundesrepublik wird eine solche schematische Interpretation schon deshalb nicht gerecht, weil sie 1973 zugleich Teil eines europäischen Festkurssystems und eines internationalen Währungsfloatens war und auf beiden Feldern ein fein differenziertes Instrumentarium zur Wechselkursmanipulation anwandte. Zudem isoliert die Trilemma-Interpretation die währungspolitische von der handelspolitischen Ebene. In der Wirtschaftstheorie mag das Sinn ergeben, in der konkreten historischen Entscheidungssituation hingegen nicht. Dort war nämlich die Exportindustrie vielfältig in das Ringen um die Währungspolitik eingebunden, und sie interessierte sich am wenigsten für die »geldpolitische Autonomie«, zu deren Gunsten das Trilemma nach Meinung der Forschung letztendlich entschieden wurde.

Die Folgen der Währungskrise für den deutschen Export

Mit welcher finanziellen Belastung genau die Exportindustrie durch eine Währungsaufwertung konfrontiert sein würde, war Ende der 1960er Jahre keineswegs klar. Die Aufwertung des Jahres 1961 hatte die deutsche Exportstärke vorübergehend geschwächt, was nach Meinung der von der Regierung beauftragten Experten aber daran lag, dass sie mit wirtschaftlichen Krisenerscheinungen auf den Absatzmärkten zusammengefallen war.[25] Die Handelsbilanzüberschüsse stiegen danach schnell wieder auf die ursprüngliche Höhe. Über die Ursachen hierfür gab es unterschiedliche Meinungen: Die Exportindustrie führte das Phänomen darauf zurück, dass viele Unternehmen eine »Schmälerung ihrer Gewinne« hingenommen hätten.[26]

Eine Umfrage unter Handwerksunternehmen sah einen weiteren Grund in dem hohen Anteil von 60 bis 80 Prozent der Ausfuhr, die sich die deutschen Exporteure ohnehin in D-Mark bezahlen ließen.[27] Durch die »Fakturierung« in D-Mark konnten die Aufwertungsverluste theoretisch den ausländischen Importeuren aufgebürdet werden. Der Anteil in D-Mark fakturierter Exportgeschäfte lag Ende der 1960er Jahre bei 80 Prozent, berichtete der Bundesbankdirektor Heinrich Troeger im Außenhandelsbeirat. Sie seien allerdings kein »Allheilmittel« gegen die Währungsaufwertung, entgegneten die Unternehmer, denn einige Handelspartner würden den Aufwertungssatz schlicht zurückhalten. Große Unternehmen versuchten daher, das Aufwertungsrisiko in den 1960er Jahren in zunehmendem Maße durch Kreditaufnahmen in ausländischer Währung zu mindern.[28] Die Exportunternehmen hatten sich mit dem Aufwertungsrisiko Ende der 1960er Jahre auseinandergesetzt und waren vergleichsweise gut darauf vorbereitet, das zeigen die ausführlichen Diskussionen im AHB.

Zugleich trugen sie aber Schätzungen über mögliche Aufwertungsverluste in die bundesdeutsche Öffentlichkeit, um die Regierung weiterhin von solchen Maßnahmen abzuhalten. Siemens-Vorstand Gerd Tacke ließ sich mit der Aussage zitieren, dass eine Aufwertung im Umfang von 5 Prozent seinem Unternehmen einen jährlichen »Währungsverlust« von 75 Millionen DM einbringen würde.[29] Das Außenwirtschaftliche Absicherungsgesetz von Karl Schiller wurde von der Exportindustrie heftig kritisiert, nicht nur weil dieser eine als ungerecht empfundene 4-prozentige Sondersteuer auferlegt wurde, sondern weil das Gesetz insgesamt als planwirtschaftlich angesehen wurde.[30]

Nach dem Bundestagswahlkampf 1969, in dem die Exportindustrie überwiegend das Lager der Aufwertungsgegner Kurt Georg Kiesinger und Franz Josef Strauß unterstützt hatte, drohte der Außenhandelsbeirat ein zweites Mal über der Währungsfrage zu zerfallen. AEG-Vorstand Matthias Schmitt meinte, dass ein solcher Beirat keinen Sinn habe, wenn er bei den wichtigen währungspolitischen Entscheidungen gar nicht gehört werde.[31] Jedenfalls in der Öffentlichkeit kritisierten die Unternehmen die Währungspolitik der Regierung und letztlich die gesamte sozial-liberale Wirtschaftspolitik scharf. Den Höhepunkt der Konfrontation stellte wohl eine vom Thyssen-Vorstand Hans-Günther Sohl initiierte Kampagne dar. In ganzseitigen Anzeigen ließen am Ende des ersten Regierungsjahrs 62 prominente Unternehmer die rot-gelbe Koalition wissen: »Wir können nicht länger schweigen.«

In der Praxis fanden Regierung und Industrie aber schnell zu einer konstruktiven Zusammenarbeit zurück, auch in der Außenwirtschaftspolitik. Insofern ist die Sondersitzung des AHB, die für den 23. August 1971 einberufen worden war, um die weltwirtschaftliche Lage nach dem Nixon-Schock gemeinsam zu erörtern, Ausdruck einer über alle Interessendivergenzen hinweg konstruktiven Fortsetzung der deutschen Exportpolitik. Der Wechselkurs zum Dollar war damals bereits seit einigen Monaten schwankend. Durch das Nixon-Programm war zu der hierdurch erzeugten Währungsaufwertung in den USA nun noch eine Einfuhrabgabe hinzugekommen, die viele deutsche Exportbranchen belasten würde.

Wieder warteten die Exportunternehmer mit Horrorzahlen auf: Ein Prozentpunkt Aufwertung koste die deutsche Chemieindustrie 200 Millionen DM, bilanzierte Hans Harms, Mitglied der Geschäftsführung des Pharmazieunternehmens Merck. VW-Vorstand Carl Hahn gab an, das Währungsfloaten koste die deutsche Automobilindustrie 30 Millionen DM pro Monat. Daimler-Chef Joachim Zahn bezifferte die kombinierten Mehrkosten von Währungsaufwertung und amerikanischer Einfuhrabgabe auf 15 Prozent des Verkaufspreises. Das waren freihändig formulierte Summen, die den Zweck verfolgten, die Lasten der Exportwirtschaft zu begrenzen, sei es durch eine Rückkehr zu einem festen Wechselkurs mit geringerem Aufwertungssatz oder die Einführung einer Versicherung gegen Wechselkursrisiken im Rahmen des Hermes-Systems.[32] Die Währungsstabilität sei auch für die chemische Industrie ein hohes und schützenwertes Gut, führte Kurt Hansen von Bayer aus, »aber darf man die Lasten zur Verwirklichung dieses Ziels überwiegend oder ausschließlich der exportierenden Wirtschaft aufbürden? [...] Etwas mehr Rücksichtnahme auf die Industrie, vor allem die Exportindustrie wäre ganz sicher aus allgemeinen volkswirtschaftlichen Erwägungen heraus zweckmäßig.«[33]

»Die Klagen der Produzenten« würden die wirtschafts- und währungspolitische Diskussion in der Bundesrepublik »ganz deutlich dominieren«, schrieb der Volkswirt Herbert Giersch, dem Franz Josef Strauß schon 1964 eine »unnatürliche Vorliebe für floatende Wechselkurse« vorgeworfen hatte, in einem seiner vielen Zeitungsartikel.[34] Aus der Sicht des damaligen Präsidenten des Kieler Instituts für Weltwirtschaft war diese Dominanz ganz und gar unberechtigt, denn die bundesdeutschen Exportüberschüsse waren weiterhin groß. Die Folgen der notwendigen währungspolitischen Umkehr wurden nämlich durch zwei Effekte gedämpft: Erstens spielte der Dollar, gegenüber dem die D-Mark am deutlichsten aufwertete, im bundesdeutschen Außenhandel Ende der 1960er Jahre nur für rund 9 Prozent der Exporte eine Rolle. Die öffentliche Diskussion bezog sich aber fast ausschließlich auf die Aufwertung gegenüber dem Dollar.

Der zweite dämpfende Effekt ist etwas komplizierter: Wenn eine Währung gegenüber einer anderen Währung aufwertet, dann wirkt sich dies auf den ausländischen Verkaufspreis der inländischen Waren nur dann negativ aus, wenn die Inflationsrate im Herkunftsland mit der auf dem Absatzmarkt identisch ist. Sobald im Ausland die Inflationsrate aber größer ist, sich die Preise für andere Waren und auch die Löhne also schneller verteuern als im Inland, dann ist der »reale Aufwertungssatz« geringer als der »nominale«. Ein Teil der nominalen Aufwertung wird dann im Ausland gar nicht bemerkt, weil er nur die dort stärkere Preissteigerung ausgleicht. Genau diesen Effekt konnten sich die deutschen Exportunternehmen insbesondere in den 1970er Jahren zunutze machen. Und die Unternehmer wussten dies sehr genau: »Unsere Hoffnung

Grafik 10: Nominaler und realer effektiver Wechselkurs, 1960-1990

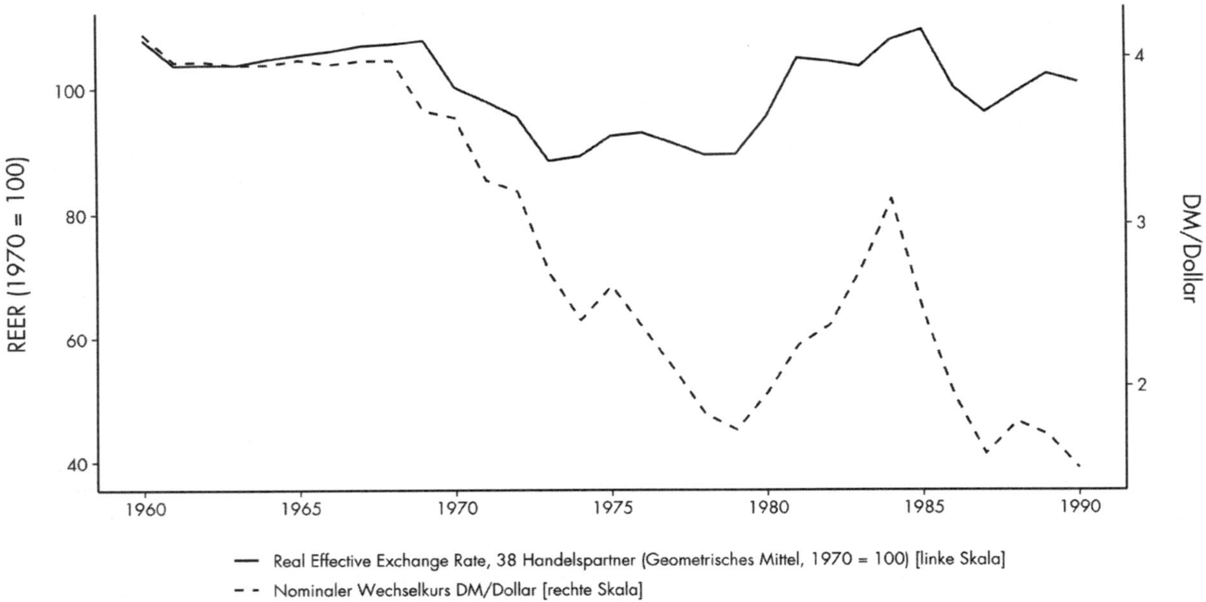

Erläuterung: Die gestrichelte Linie zeigt die Aufwertung der D-Mark von 4,20 auf 1,82 DM pro Dollar (rechte Skala). Eine fallende Kurve bedeutet eine Aufwertung der D-Mark. Die durchgezogene Line zeigt die »reale« Aufwertung im Verhältnis zu 38 Handelspartnern, gewichtet nach ihrem Handelsanteil in Prozent des Wertes von 1970 (linke Skala).
Quelle: D-Mark-Dollar-Wechselkurs wie Tabelle 4; REER-Daten: eigene Berechnung, siehe dazu die Dokumentation auf der Website der Universität Bayreuth: {https://www.wirtschaftsgeschichte.uni-bayreuth.de/de/index.html}.

hängt nun von den Inflationsraten in anderen Ländern ab«, so der Hoechst-Vorstand und langjährige Präsident des Verbandes der Chemischen Industrie, Alexander Menne, im Januar 1972.[35]

Mit einer Analyse des realen effektiven Wechselkurses, der beide Effekte berücksichtigt (den Preiseffekt und den Handelsumlenkungseffekt), lässt sich zeigen, dass die Belastung der deutschen Exportindustrie deutlich geringer ausfiel, als die nominale Aufwertung der D-Mark gegenüber dem Dollar von mehr als 50 Prozent zwischen 1968 und 1980 vermuten lässt (siehe Grafik 10). Real lag der Aufwertungseffekt gegenüber einem handelsgewichteten Durchschnitt der Währungen der 38 wichtigsten bundesdeutschen Handelspartner zwischen 1968 und 1973 bei ca. 20 Prozent. Danach veränderte sich der reale Wechselkurs kaum noch. Zwischen 1979 und 1981 – den noch zu erläuternden Jahren des Volcker-Schocks – wertete die D-Mark real sogar wieder um 12 Prozent ab. Dass der »reale« Wechselkurs zwischen 1973 und 1979 trotz einer nominalen deutlichen Aufwertung der D-Mark fast unverändert blieb, ging im Wesentlichen auf den beschriebenen Inflationseffekt zurück. Die Bundesrepublik wies in den 1970er Jahren gegenüber fast allen Handelspartnern deutlich niedrigere Inflationsraten auf. Zum kleineren Teil konnten Exporte auch aus den USA in andere Länder umgelenkt werden: Der Anteil der bundesdeutschen Exporte, der in die Vereinigten Staaten ausgeführt wurde, fiel (auch wegen der diversen amerikanischen Einfuhrbeschränkungen) von ca. 9 Prozent Ende der 1960er Jahre auf unter 6 Prozent seit Mitte der 1970er Jahre. Natürlich brachten die Aufwertungen zwischen 1968 und 1973 und das anschließende Währungsfloaten mit einer weiteren nominalen Aufwertung viele exportorientierte Unternehmen in Bedrängnis. Ganze Industriezweige rutschten »nach dem Boom« in eine Dauerkrise. Aber in der Gesamtbilanz konnte die Exportstärke der deutschen Wirtschaft nicht nur erhalten, sondern im Verlauf der 1970er Jahre sogar noch ausgebaut werden.

Wie war dieser Erfolg der deutschen Exportstärke inmitten einer aus den Angeln gehobenen Weltwirtschaft möglich? Angesichts der vielfältigen Einflussfaktoren verbieten sich monokausale Erklärungen. Zur Krise des Währungssystems kam im Oktober 1973 noch die Ölpreiskrise. Zusammen markierten sie die wichtigste wirtschaftshistorische Zäsur zwischen Weltkrieg und Wiedervereinigung. Die Ölpreiskrise spaltete die große Gruppe der Entwicklungsländer unter den deutschen Handelspartnern in zahlungskräftige und umso mehr entwicklungsbedürftige.[36] Dekolonialisierung, europäische Integration und der Aufstieg Japans warfen die gesamte außenwirtschaftspolitische Geografie der Bundesrepublik über den Haufen. War das Land durch die vielfältige Einbindung in die »atlantische Weltwirtschaft« vorher von weltwirtschaftlichen Impulsen weitgehend abgeschottet, fand es sich jetzt gleichsam über Nacht inmitten einer globalen Wirtschaftskrise wieder. Auf wenige Länder dürfte Niall Fergusons Interpretation der 1970er Jahre als eines »Schocks des Globalen« so umfassend zutreffen wie auf die Bundesrepublik Deutschland.[37]

Die vergleichsweise erfolgreiche inländische Inflationsbekämpfung der Bundesbank war ein wichtiger Flankenschutz für den Ausbau der deutschen Exportstärke während der weltwirtschaftlich turbulenten 1970er Jahre. Zudem profitierte die deutsche Exportwirtschaft von ihrer »Angebotselastizität«, also davon, dass sie die rasant wachsende Nachfrage unter anderem der Ölförderländer nach Maschinen und Fahrzeugen schnell und zuverlässig befriedigen konnte. Der Exporterfolg hing aber auch mit handelspolitischen Entwicklungen zusammen.

Die Anpassung des Systems der Exportfinanzierung

Die globale Währungskrise hatte in vielen Ländern zu einem Ausbau der Exportförderung geführt. Weil durch die vereinbarte liberale Zollpolitik des GATT die üblichen handelspolitischen Instrumente nicht genutzt werden konnten, rückte die Exportfinanzierung als wichtiger Hebel der Exportförderung in den Blick.

England hatte 1972 begonnen, die Zinsen für Exportkredite durch staatliche Subventionen unter den Marktzins zu drücken.[38] In Frankreich war das System der Exportkreditierung ausgebaut worden und umfasste nun ganz unterschiedliche Formen der Kreditgewährung von Zinssubventionen bei langfristigen Lieferungen bis hin zu direkten Krediten an die ausländischen Abnehmer französischer Produkte.[39] Die schon recht weit gediehenen Versuche, innerhalb der EWG einen einheitlichen Standard für Exportkredite zu etablieren, scheiterten mit dem Beitritt Großbritanniens.[40] Weil viele ihrer Wettbewerber nun über wesentlich bessere Konditionen für die Exportfinanzierung verfügten, drängte auch die deutsche Exportindustrie auf einen Ausbau des Hermes-Systems.

Im Herbst 1972 beauftragte der Außenhandelsbeirat den Geschäftsführer des Deutschen Industrie- und Handelstages, Albrecht Düren, mit der Abfassung eines Gutachtens, das den Wettbewerbsnachteil der deutschen Exportindustrie zunächst dokumentieren und dann Vorschläge zu einem Ausgleich machen sollte. Je nach Art des Geschäfts, so hielt das Düren-Gutachten fest, hätten die deutschen Exporteure eine zwischen 1 und 3 Prozent höhere Zinslast zu tragen. Hinzu kam der »Selbstbehalt«, der durch staatliche Bürgschaften nicht abgedeckt wurde und der im Ausland üblicherweise nicht anfiel. Vor allem im Anlagenbau und bei langfristigen Lieferbeziehungen sah das Gutachten die bundesdeutsche Industrie im Hintertreffen: Ein Anlagenprojekt im Volumen von 100 Millionen DM mit einer Laufzeit von 10 Jahren, so rechnete Düren vor, würde den Exporteur in den USA nur 0,7 Millionen DM für die Absicherung der Exportfinanzierung kosten. In der Bundesrepublik fielen – je nach Art des Geschäfts – dagegen zwischen 3,5 und 10 Millionen DM an.[41] Zu diesen ohnehin schon enormen Wettbewerbsnachteilen kämen die Wechselkursschwankungen nun noch hinzu. Die Industrie forderte daher, das Hermes-System um eine Versicherung gegen Wechselkursrisiken zu ergänzen.

»Die Erhaltung der Exportfähigkeit ist ein unentbehrlicher Bestandteil für die wirtschaftliche Entwicklung der BRD, für die Sicherung zahlreicher Arbeitsplätze sowie für die Existenzsicherung und zugleich die Steuerkraft der Unternehmungen«, schrieb der Vorsitzende Alwin Münchmeyer an Karl Schiller, als er ihm die Vorschläge des AHB zum Ausbau des Hermes-Systems vorlegte.[42] Diese waren weitreichend, und nur wenige wurden tatsächlich realisiert. Die vorgeschlagene Wechselkursversicherung hätte die gesamte Geldpolitik konterkariert, weil sie auf Fremdwährungskrediten der Bundesbank basierte, so gaben deren Vertreter zu bedenken. Die Exportindustrie verlange letztlich, durch die Hintertür zum »schmutzigen Floaten« überzugehen.[43] Die schließlich installierte Wechselkursversicherung war so unattraktiv, dass im ersten Halbjahr nur 13 Anträge eingingen.[44] Das lag freilich nicht nur an den unattraktiven Konditionen, sondern auch daran, dass die Unternehmen über den Kapitalmarkt längst eigene Strategien der Absicherung gefunden hatten.

Insgesamt war und blieb das deutsche System der Exportfinanzierung gegenüber den meisten anderen Ländern im Nachteil. Die Außenwirtschaftspolitik sah angesichts der guten Exporterfolge schlicht keinen Anlass, hier nachzubessern. »Die deutschen Exporteure haben gezeigt, dass sie auch ohne Zinssubventionen im internationalen Wettbewerb bestehen können«, hieß es in einem internen Papier des Bundeswirtschaftsministeriums zu Beginn der 1980er Jahre.[45]

Die Prämieneinnahmen aus der staatlichen Exportkreditversicherung überstiegen regelmäßig die Ausgaben für die Schadensfälle. Eine direkte Subvention fand hier also nicht statt. Verbesserungen betrafen nur Details und müssen wohl eher als minimale Konzessionen gegenüber der Exportindustrie verstanden werden, die mit großer Ausdauer auch in den 1970er Jahren versuchte, ihren Wettbewerbsnachteil auf diesem Feld zu verringern.[46] Großzügig erhöht wurde allerdings das staatliche Bürgschaftsvolumen, das bis Mitte der 1980er Jahre auf 195 Milliarden DM anwuchs, was ungefähr 40 Prozent des gesamten Exportwertes im Jahr 1984 entsprach.[47] Das lag vor allem daran, dass das Hermes-Instrument immer stärker zur Förderung des Osthandels herangezogen wurde. Während die Absicherung der Exportfinanzierung in westliche Länder viel günstiger durch den internationalen Kapitalmarkt vorgenommen werden konnte, mussten für die Ostgeschäfte und später vor allem für die Exporte in die politisch instabilen Ölförderländer die vergleichsweise teuren staatlichen Bürgschaften eingesetzt werden. Auf dem Höhepunkt im Jahr 1977 waren die Exporte in die OPEC-Staaten zu 71 Prozent durch Hermes-Bürgschaften gesichert.[48]

Wandel durch Handel?

Die Staatshandelsländer, also Länder mit einem staatlichen Außenhandelsmonopol, hatten in der Bundesrepublik in den 1960er Jahren keinen nennenswerten Handelsanteil erreichen können. Mit der Neuen Ostpolitik von Außenminister und später Bundeskanzler Willy Brandt sollte sich das ändern. Neben der allgemeinen politischen Entspannung zielte die Ostpolitik auch auf den Ausbau der Handelsbeziehungen. Insbesondere in der Schwerindustrie des Ruhrgebiets machte sich die Hoffnung breit, dass ein Teil der Ausfuhr, die durch Währungsturbulenzen und D-Mark-Aufwertung auf den Absatzmärkten des Westens erschwert war, durch den Osthandel ersetzt werden könnte – eine Strategie, die einige der handelnden Akteure in den 1920er und 1930er Jahren schon einmal mitgemacht hatten.

Auch die Architekten der Neuen Ostpolitik dachten nicht nur an eine politische Annäherung an die Sowjetunion und damit auch an die DDR. Handel und Wirtschaftskooperation waren von Beginn an Teil des ostpolitischen Programms der Bundesregierung.[49] »Es muß auch als in unserem Interesse liegend bezeichnet werden, daß die deutsche Wirtschaft eine dauerhafte zusätzliche Grundlage für die Belieferung des sowjetischen Marktes erhält«, schrieb Egon Bahr, Leiter des Planungsstabs im Außenministerium, 1969 an Willy Brandt.[50]

Ein anderer Mitstreiter des Außenministers, Ferdinand Duckwitz, gab 1968 allerdings zu bedenken, dass die Staatshandelsländer Schwierigkeiten haben würden, die bundesdeutschen Industrieprodukte zu bezahlen. Denn die Gemeinsame Agrarpolitik der Europäischen Gemeinschaft hatte den Agrarexportländern im Ostblock (Polen und Rumänien) wichtige Deviseneinnahmen entzogen.[51] Im Fall von Jugoslawien, das mit Wirtschaftsreformen und dem Beitritt zum GATT 1966 eine Phase der ökonomischen Öffnung zum Westen eingeleitet hatte, stießen die Ostpolitiker dann noch auf eine ganz andere Schwierigkeit.[52]

Das Land rangierte in der Bundesrepublik auf einer »Länderliste B«, die zusammen mit dem Außenwirtschaftsgesetz 1961 erstellt worden war und Staaten umfasste, aus denen Einfuhren grundsätzlich unter einem Genehmigungsvorbehalt standen. Als Bedingung der handelspolitischen Annäherung forderte Staatspräsident Tito die Aufnahme in die »Länderliste A«. Dort waren die ehemaligen OEEC-Mitglieder verzeichnet, deren Einfuhren grundsätzlich unbeschränkt waren.[53] Als dieses Anliegen in Bonn geprüft wurde, kam heraus, dass die Listen damals angelegt worden waren, damit »die Diskriminierung Japans [das auf der Liste B geführt wurde] nicht so offen in Erscheinung tritt«. Die »Länderliste B«, die insgesamt 79 Länder umfasste (darunter die USA), konnte also weder abgeschafft noch entscheidend verändert werden, zumal die Ministerialbeamten Länder wie die britische Kronkolonie Hongkong am liebsten von der A- auf die B-Liste verschoben hätten.[54]

Im Rahmen der Neuen Ostpolitik wiederholte sich letztlich im Kleinen dasselbe Prinzip, das bereits die Nachkriegszeit geprägt hatte: Wollte die deutsche Exportindustrie ihre Güter in den Osten verkaufen, musste im Gegenzug der eigene Markt für Exporte aus dem Osten geöffnet werden.[55] Beim Amtsantritt von Außenminister Brandt waren gerade einmal 53 Prozent der Einfuhren aus Staatshandelsländern »liberalisiert«.[56] 1969 waren dies bereits 75 Prozent der sowjetischen Einfuhren. Gegenüber der DDR wurden die

Einfuhrkontingente vergrößert, genauso wie gegenüber anderen osteuropäischen Handelspartnern, wobei der zuständige Staatssekretär im Bundeswirtschaftsministerium, Klaus Dieter Arndt, zuweilen offenbar eigenmächtig vorangeprescht war.[57]

Diese Vorgehensweise führte allerdings auch zu innenpolitischen Spannungen. Die vom Bundeskabinett im März 1969 beschlossenen Erhöhungen der Kontingente für den Handel mit Textil- und Bekleidungswaren im »passiven Veredelungsverkehr« mit der Tschechoslowakei, Polen, Rumänien, Bulgarien, Ungarn und Jugoslawien erregten die Gemüter westdeutscher Textilindustrieller und der Gewerkschaften in diesem Bereich, die sich nun sehr deutlich gegen die Ostpolitik der SPD positionierten. Rembert van Delden, CDU-Mitglied und Inhaber eines großen Jute-Spinnerei-Konzerns, erhoffte sich noch im Sommer 1969 Unterstützung vom Bundeskanzler. Er schrieb an Kiesinger, die Textilindustrie eigne sich nicht »für eine ›konzertierte Aktion‹ der Gestalt, dass sich der Wirtschaftsminister mit dem Außenminister verbündet und sozusagen auf dem Rücken einer vorwiegend mittelständisch ausgerichteten Industrie Wirtschafts- und Außenpolitik macht, wobei womöglich die Großen noch den Nutzen davon haben«.[58] Der öffentliche Protest der Textilindustrie hatte tatsächlich vorübergehenden Erfolg, während langfristig die Bekleidungsindustrie selbst von den attraktiven Möglichkeiten des Offshoring, die sich damit boten, immer stärker Gebrauch machte.[59]

Der großen Koalition gelang es schließlich, unter anderem durch einseitige Zugeständnisse die Sowjetunion für die Intensivierung des Handels mit der Bundesrepublik zu interessieren.[60] Im April 1969 besuchte Außenhandelsminister Nikolai Patolitschew die Hannover-Messe und kam zu einem ausführlichen Gespräch mit Karl Schiller zusammen, dem weitere Gespräche der Staatssekretäre Klaus von Dohnanyi und Klaus Dieter Arndt mit Repräsentanten der Staatshandelsländer folgten.[61] Als die Handels- und Kooperationsverträge mit diesen Ländern – beginnend mit dem Moskauer Vertrag im August 1970 – dann unterzeichnet wurden, war das Feld durch eine mehrjährige außenwirtschaftspolitische Entspannungsphase bereits sehr gut vorbereitet gewesen. Das bestätigen Äußerungen beteiligter Unternehmer wie Ernst Wolf Mommsen und Otto Wolff von Amerongen:[62] »Die stabilsten Beziehungen zu den Staatshandelsländern waren die Wirtschaftsbeziehungen«, resümierte Amerongen 1977.[63]

Tatsächlich stieg der Osthandel im Verlauf der 1970er Jahre deutlich an. Das Erdgas-Röhren-Geschäft der Ruhrindustrie mit der Sowjetunion, das im Februar 1970 mit der Unterzeichnung eines Vertrages in Essen besiegelt wurde, war eine Art Startschuss. Finanziert durch deutsche Banken sollte das sowjetische Pipeline-Netz mit 1,2 Millionen Tonnen Großröhren aus westdeutscher Produktion ausgebaut werden. Von Oktober 1973 an sollte die Sowjetunion im Gegenzug jährlich drei Milliarden Kubikmeter Erdgas an die Bundesrepublik liefern. In welche energiepolitischen Abhängigkeiten diese Konstruktion die Bundesrepublik langfristig bringen könnte, reflektierten die Akteure damals, Jahre vor der ersten Ölpreiskrise, noch nicht. 1965 hatten die bundesdeutschen Exporte in die Sowjetunion gerade einmal 500 Millionen DM, kaum 1 Prozent der gesamten Ausfuhren, betragen. Bis 1970 waren sie bereits um das Dreifache gewachsen. 1975 erreichten die Ausfuhren in die Sowjetunion einen Warenwert von fast 7 Milliarden DM, 3 Prozent des gesamten bundesdeutschen Exportes. Der Anteil des Osthandels an den deutschen Ausfuhren wuchs insgesamt auf 8 Prozent. Die Bundesrepublik wurde ihrerseits zum wichtigsten Handelspartner der Sowjetunion im Westen.[64]

Hinzu kam der ebenfalls an Fahrt gewinnende Interzonenhandel, der noch immer in einer separaten Statistik ausgewiesen wurde. Die Exporte in die DDR stiegen zwischen 1970 und 1975 von 2,5 auf 4 Milliarden DM.[65] Anfang der 1970er Jahre sah es also fast so aus, als wiederhole sich die Geschichte: Während wie in der Weltwirtschaftskrise die »atlantische Weltwirtschaft« von einer Währungs- und Ölpreiskrise geschüttelt wurde, nahm der Osthandel zu und schien die deutsche Exportwirtschaft zu stabilisieren. Ende der

Abbildung 3: »Verabschiedung« des ersten Mannesmann-Rohres für die Transgas-Pipeline am 6. Juli 1970 in Mülheim an der Ruhr

Quelle: Konzernarchiv der Salzgitter AG, Mülheim.

1970er Jahre verlangsamte sich dieses Wachstum aber wieder, und der Anteil an der Gesamtausfuhr ging zurück.

Das Wachstum des Osthandels war in der Bundesrepublik (wie auch bei den anderen Handelspartnern) auf Sand gebaut. Ein Teil der Nachfrage nach Westimporten wurde seit den 1960er Jahren durch westliche Kredite finanziert, wobei sich die Bundesrepublik anfangs zurückhielt. Das Ende dieses boomenden Osthandels war damit letztlich vorgezeichnet. Mitte der 1970er Jahre mehrten sich die Stimmen, die vor einer Überschuldung der osteuropäischen Länder im Westen warnten, insbesondere wenn überwiegend westliche Konsumprodukte und keine Investitionsgüter eingeführt würden. Hinzu kam, dass die Sowjetunion angesichts der globalen Ölpreisinflation die Subvention der »Satellitenstaaten« durch günstige Energiezufuhr heruntergefahren hatte. Zusammen mit der Westverschuldung führte dies direkt in eine Überschuldungskrise und bereitete den wirtschaftlichen Zusammenbruch des Ostblocks Ende der 1980er Jahre vor.[66]

Die deutsche Exportindustrie blieb hinsichtlich der Möglichkeiten des Osthandels überwiegend skeptisch. Eine systematische Strategie, etwaige Absatzstockungen im Westen durch den Ostexport zu ersetzen, lässt sich jedenfalls bei den deutschen Unternehmen kaum nachweisen. Höchstens einige spezialisierte Industriezweige – wie der Stahlröhrenbau oder der Anlagenbau – profitierten von der wirtschaftlichen Komponente der Neuen Ostpolitik, die insbesondere konservativen Unternehmern ohnehin suspekt war. Manager, die sich wie Ernst Wolf Mommsen intensiv in diesem Umfeld bewegten, fanden sich in der Rolle von Außenseitern wieder. Für ihn sei er ein »knallroter Bruder«, ätzte BDI-Präsident Fritz Berg.[67]

Willy Brandt äußerte in seinen Gesprächen mit den Regierungschefs der Staatshandelsländer offen seine Enttäuschung über die fehlende Initiative der westdeutschen Konzerne. Vor allem kleinere und mittlere Unternehmen hätten das Risiko gescheut, so Otto Wolff von Amerongen, der Vorsitzende des Ost-Ausschusses der deutschen Wirtschaft.[68] Jenseits des Erdgas-Röhren-Deals verstrickten sich die Großprojekte der Ruhrindustrie – etwa beim Aufbau von Industrieanlagen für die Eisen- und Stahlproduktion und im Bereich der Großchemie bzw. der Textilfaserproduktion und des Fahrzeugbaus – zudem in politisch-administrative Schwierigkeiten. Der hohe Kapitalbedarf für solche Großprojekte war immer wieder Anlass zu Diskussionen auf höchster politischer Ebene, insbesondere als das Zinsniveau im Westen parallel zu den hohen Inflationsraten in den 1970er Jahren stark anzog und damit auch die Kosten für Exportkredite.

Im November 1972 hatte ein bundesdeutsches Konsortium von Salzgitter AG und Korf Stahl mit Moskau den Bau eines riesigen Stahlwerkkomplexes im russischen Kursk vereinbart, in dem mit deutschen Patenten die Direktverhüttung von Eisenerz auf der Basis von Erdgas begonnen werden sollte.[69] Die Finanzierungsfragen verschleppten das Projekt aber über Jahre. Erst auf persönliche Vermittlung Willy Brandts konnte das Projekt, in dem die Krupp AG unter Ernst Wolf Mommsen seit 1973 die Konsortialführung übernommen hatte, realisiert werden. Leonid Breschnew, Generalsekretär der Kommunistischen Partei, hatte bei einem vierstündigen Gespräch mit Egon Bahr in Moskau zur großen Überraschung seines Gesprächspartners die Barzahlung für die erste Ausbauphase des Großprojektes beschlossen.[70]

Schon vor der Ölpreiskrise hatte sich die Osthandelspolitik aufgrund des geringen Interesses der deutschen Unternehmen, des unkalkulierbaren Risikos und der hierdurch hohen Finanzierungskosten festgefahren. In einem Brief an Finanzminister Helmut Schmidt, den Willy Brandt während längerer Verhandlungen mit Tito verfasst hatte und der deshalb nach dem Ort der Sommerresidenz des jugoslawischen Staatspräsidenten als »Brioni-Brief« bezeichnet wurde, schlug der Bundeskanzler deshalb den Einstieg in die Zinssubventionspolitik im Osthandel vor, gleichsam als letztes Mittel, die Unternehmen zu stärkerer Aktivität zu bewegen. Brandt erkannte in diesem Brief zwar an, dass es zur Belebung der Ostpolitik schon aus Rücksicht auf die europäischen Partner kein »spektakuläres Exportförderprogramm« geben könne. Er könne sich aber vorstellen, für bestimmte politisch wünschenswerte Projekte und insbesondere zur Förderung des Osthandels in die zwischenzeitlich übliche Praxis einzusteigen, das Exportgeschäft mit staatlichen Zinssubventionen zu fördern.[71]

Brandt setzte damit in den Bonner Ministerien eine außenwirtschaftspolitische Abwehrschlacht in Gang, in der nur FDP-Außenminister Walter Scheel auf seiner Seite stand. Eine Zinssubvention der Exportfinanzierung sei angesichts der großen Exporterfolge der deutschen Wirtschaft im Unterschied zu Ländern mit Handelsbilanzdefiziten wie den USA oder Großbritannien in der Bundesrepublik nicht gerechtfertigt. Sie würde auch die Initiative zur Harmonisierung der Konditionen in der Exportfinanzierung, die die Bundesrepublik gleichzeitig auf internationaler Ebene ergriffen hatte, konterkarieren. Außerdem, so wurde in unzähligen interministeriellen Besprechungen immer deutlicher, ließen sich die Förderbereiche nur schwer abgrenzen, so dass weitere Länder und Wirtschaftszweige zwangsläufig Begehrlichkeiten entwickeln würden, was schließlich zu einer Überforderung des Bundeshaushalts führen müsse. Die Zinssubvention stelle eine nicht wünschenswerte »Dekommerzialisierung von wichtigen Großgeschäften« dar, schrieb Bundeswirtschaftsminister Hans Friderichs. Außerdem würde sie einseitig die Großindustrie fördern, während kleinere und mittlere Firmen leer ausgingen.[72] Mit dem Rücktritt Willy Brandts im Zuge der Guillaume-Affäre im Mai 1974 hatte sich dieses letzte Aufbäumen der Osthandelspolitik dann im Grunde auch erledigt.

Der exportpolitische Effekt der Neuen Ostpolitik blieb, bei nüchterner Betrachtung der quantitativen Entwicklung, kaum mehr als ein Strohfeuer, das schon Mitte der 1970er Jahre an Strahlkraft einbüßte. Zu welchem Grad dieses Strohfeuer ohnehin durch staatliche Kredite entfacht wurde, so dass es letztlich ein reines politisches Projekt blieb, wäre noch gründlicher zu untersuchen. Einige Unternehmen machten in dieser Konjunktur außerordentlich gute Geschäfte, und jedenfalls für ein paar Jahre konnten die Ostgeschäfte in diesen Unternehmen einen Teil der Handelseinbußen, die im Westen durch die reale D-Mark-Aufwertung erzeugt wurden, kompensieren. Das Gros der Exportwirtschaft orientierte sich aber in den 1970er Jahren nicht am Osthandel, sondern verfolgte äußerst aufmerksam die Veränderungen der Märkte in der westlichen Welt und immer häufiger auch in Asien. Für die Konservierung des deutschen Exporterfolgs sorgten die Neue Ostpolitik und die sie flankierenden Maßnahmen höchstens vorübergehend.

5.3 Exportpolitik in der neuen Weltwirtschaftsordnung

Die Bundestagswahl Ende 1972 brachte eine für die Außenwirtschaftspolitik wichtige Kabinettsumbildung. Mit der Berufung von Hans Friderichs zum Bundeswirtschaftsminister begann eine 26 Jahre währende Tradition von FDP-Wirtschaftsministern in der Bundesrepublik, unterbrochen lediglich 1982 vom zweiwöchigen Interregnum des SPD-Politikers Manfred Lahnstein. Zugleich war das von Karl Schiller 1971 unter Zusammenführung von Finanz- und Wirtschaftsministerium eingerichtete »Superministerium« nach der Bundestagswahl wieder aufgespalten worden. Helmut Schmidt, der Schiller als »Superminister« beerbt hatte und nun das Finanzministerium weiterführen sollte, nahm bei der Aufspaltung die Kompetenz für die Geld- und Währungspolitik in sein neues Ministerium mit, zusammen mit der gesamten BMWi-Abteilung VI »Geld und Kredit«.[73] Die zurückbleibende Abteilung V »Außenwirtschaft und Entwicklung«, die im Verlauf des Jahres 1973 von Helga Steeg übernommen wurde, womit erstmals eine Frau auf die Bühne der bundesdeutschen Außenwirtschaftspolitik trat, rückte die Handelspolitik wieder in den Vordergrund. Spätestens als Helmut Schmidt nach dem Rücktritt Brandts im Mai 1974 zum Bundeskanzler gewählt wurde und die Weltwirtschaftspolitik immer mehr zur Chefsache machte, zeigte sich das ganze Ausmaß des Niedergangs des einst stolzen Erhard-Ministeriums im Bereich der Außenwirtschaftspolitik.

Zu Beginn des Jahres 1973 war das aber noch nicht erkennbar. Für das Jahr stand eine neue Welthandelsrunde des GATT an, und das Ministerium hatte den festen Willen, hierbei die »Gefahr einer protektionistischen Eskalation im Welthandel« zu bannen. Die Welthandelsrunde sollte mit einer regelrechten Liberalisierungsoffensive eröffnet werden. »Der ungehinderte Zugang zu den Märkten der Welt ist für einen großen Teil unserer Wirtschaft eine Existenzfrage«, so ein erstes Positionspapier des Ministeriums, das damit nahtlos an eine fast 100-jährige Tradition deutscher Exportorientierung anknüpfte.[74]

Die Ziele waren hoch gesteckt. Die in der Kennedy-Runde schon deutlich gesenkten Industriezölle sollten nun vollständig abgeschafft werden. Die Bundesregierung schaffte es, ein Null-Zoll-Projekt als Verhandlungsstrategie innerhalb der Europäischen Gemeinschaft (EG) – auf die die außenhandelspolitische Kompetenz zwischenzeitlich übergegangen war – durchzusetzen. Es sei zwar eine ganz und gar »utopische Forderung«, die die Regierung hier erhebe, bemerkte die Exportindustrie, die sie aber natürlich gerne unterstütze. Neben den Zöllen galt der Abbau nichttarifärer Handelshindernisse als eine zentrale Aufgabe der anstehenden GATT-Runde, sowie eine Lösung des Agrarkonflikts zwischen der EG und den Agrarexportländern (insbesondere USA, Kanada und Australien). Außerdem stand eine Reform des Artikels XIX auf der Tagesordnung, der unter bestimmten Umständen Schutzmaßnahmen einzelner Mitgliedsstaaten gestattete. Exportindustrie und Bundeswirtschaftsministerium lagen im Sommer 1973 bei den Vorbereitungen zur Tokio-Runde des GATT durchweg auf einer Linie, selbst bei dem Versuch, die Bundesregierung für eine Mäßigung des Agrarprotektionismus der EG zu gewinnen, weil dieser immer wieder zu Revanchemaßnahmen auf dem Industriesektor geführt hatte.[75]

Für eine Priorisierung der Handelspolitik am Jahresanfang 1973 sprachen aber nicht nur die organisatorischen und politischen Erwägungen der Ministeriumsspitze, sondern auch die äußeren Rahmenbedingungen: Durch den Beitritt Großbritanniens zur EG zum 1. Januar 1973 war die handelspolitische Abstimmung innerhalb des europäischen Binnenmarktes, in den Großbritannien in einer Übergangsphase bis 1977 schrittweise integriert wurde, komplizierter geworden. Zudem nahm das Gewicht des europäischen Handelsblocks innerhalb des GATT beträchtlich zu, wie aber eben auch die Vorbehalte. Gegenwehr kam dabei nicht nur von den zwischenzeitlich in der Gruppe der 77 und der Welthandels- und Entwicklungskonferenz recht gut organisierten Entwicklungsländern, sondern auch von westlichen Agrarexportländern wie Kanada, Australien und den USA. Noch weit stärker war die Geografie der Weltwirtschaft Anfang der 1970er Jahre durch den Aufstieg Japans verändert worden.

Die Tokio-Runde des GATT und der Aufstieg Japans

Japan galt längst nicht mehr nur als »Störer« auf den europäischen und nordamerikanischen Textil- und Bekleidungsmärkten, sondern hatte sich im Schiffsbau, der Automobilbranche, im Eisen- und Stahlsektor und der Elektrotechnik zu einer weltwirtschaftlichen Supermacht entwickelt. Schon im Verlauf der Währungskrise war Japan enger in die unterschiedlichen Initiativen zur Reparatur des Festkurssystems einbezogen worden, zumal der abgeschirmte japanische Finanzmarkt, der ausländische Direktinvestitionen kaum zuließ, ein Ärgernis sowohl für ordnungspolitische Puristen wie für internationale Konzerne war.[76]

Zu Beginn des Jahres 1973 sah es so aus, als stelle die Integration Japans in das GATT-System die eigentliche außenwirtschaftspolitische Herkulesaufgabe dar. Obwohl das Land frühzeitig dem IMF (1952) und dem GATT (1955) beigetreten war, verharrte es lange in einem durch handelspolitische Sonderregelungen gekennzeichneten Übergangsstatus. Nach dem Beitritt zur OECD (1963) beanspruchte Japan die Gleichberechtigung mit den Industrieländern. Dem entgegen stand eine große Zahl von Selbstbeschränkungsabkommen, die Japan zum Teil gedrängt durch den Artikel XIX des GATT über die »Safeguard Clauses« mit einzelnen Ländern vereinbart hatte. Dadurch war ein Geflecht aus Sonderregelungen gewachsen, und die Abänderung einer einzelnen Vereinbarung konnte mitunter das Gleichgewicht zwischen verschiedenen Vertragspartnern und Industriezweigen ins Wanken bringen. Auch die Mitglieder der EWG hatten sehr unterschiedliche Abkommen mit Japan geschlossen und konkurrierten dabei untereinander, was Ralf Dahrendorf, der 1970/71 als Handelskommissar für die EG mit Japan verhandelte, eine schlicht unlösbare Aufgabe bescherte.[77]

Ölpreiskrise

Die Abwehr des Rückfalls in den Protektionismus dominierte die Außenwirtschaftspolitik auch im Verlauf des Jahres 1973. In handelspolitischen Vorgesprächen zur GATT-Runde wurde an einer Lösung des Agrarkonflikts gearbeitet, und innerhalb der Europäischen Gemeinschaft versuchte die Bundesregierung die Harmonisierung der unterschiedlichen nationalen Exportkreditversicherungssysteme zu erreichen. Selbst als die Bundesbank im März 1973 erneut die Devisenmarktintervention zugunsten des Dollar einstellte – der Auftakt zum letzten Akt des Untergangs des Systems fester Wechselkurse –, sahen die Außenwirtschaftsexperten des BMWi keinen Anlass, sich von der liberalen Handelspolitik abzukehren. Mit der Freigabe des Wechselkurses sei lediglich »eine versteckte Exportsubvention beseitigt« worden.[78] Forderungen der Exportindustrie nach einer Entschädigung für die beschleunigte Aufwertung der D-Mark wurden zurückgewiesen: »Die Verbände stehen vor der Tatsache, daß sie seit 1969 ständig die bevorstehende Konkurrenzunfähigkeit vorhersagen und daß der Export auch nach der 2. Aufwertung von 1971 erneut alle Rekorde brach.«[79]

Die erste Ölpreiskrise wirbelte das ruhige wirtschaftsliberale Fahrwasser, in dem sich die Bundesrepublik gerne und souverän bewegte, dann aber im Oktober 1973 ordentlich durcheinander. Spätestens seit der Übernahme des Amts des Bundeskanzlers durch Helmut Schmidt im Mai 1974 wurde die liberale Außenwirtschaftspolitik immer häufiger von interventionistischen Abwegen durchbrochen.

Entstehung und Verlauf der Ölpreiskrise sowie ihre gesellschafts- und energiepolitischen Folgen sind sowohl international als auch für die Bundesrepublik ausführlich und umfassend untersucht worden.[80] Die BRD kam insofern etwas glimpflicher als andere Länder durch die Krise, als sie aufgrund der inländischen Kohlewirtschaft eine geringere Ölabhängigkeit hatte als beispielsweise Italien und Frankreich. Zudem wurde das Rohöl in Dollar fakturiert, gegenüber dem die D-Mark weiterhin aufwertete. Gleichwohl hinterließ der Preissprung von 3 Dollar pro Barrel Rohöl Anfang Oktober 1973 auf fast 12 Dollar kaum 3 Monate später auch in Deutschland Spuren. Die westdeutschen Ölimporte des Jahres 1974 würden allein Mehrausgaben von 13 Milliarden DM verschlingen, so die Berechnungen des BMWi.[81] Hatten alle OECD-Staaten zusammen 1973 noch einen Leistungsbilanzüberschuss von 4,5 Milliarden Dollar gegenüber dem Rest der Welt aufgewiesen, so rechneten die Experten für das Jahr 1974 angesichts der Verteuerung der Öleinfuhren mit einem Defizit von 40 Milliarden.[82]

Die deutsche Exportwirtschaft wurde von der Ölpreiskrise zunächst dadurch belastet, dass sich der Anstieg der Rohstoffpreise – die Ölpreise zogen sehr rasch andere Rohstoffpreise mit sich – auf ihre Produktionskosten niederschlug. Weil die Bundesrepublik aber gleichzeitig einen Exportboom erlebte, hielten sich die wirtschaftlichen Belastungen noch ein Jahr nach der Ölpreiskrise in Grenzen. Nicht der Energiepreis oder der Energiemix stand daher im Vordergrund der wirtschaftspolitischen Diskussionen, sondern die Sorge über die Versorgungssicherheit. Da sich die Rohstoffabhängigkeit der deutschen Wirtschaft nicht umgehen lasse und Autarkie ohnehin keine Lösung sein könne, müsse nach Möglichkeiten gesucht werden, die inländische Lagerung zu verbessern, so die Haltung der Exportunternehmen. Zum Teil wurde dies als eine staatliche Aufgabe angesehen. Der Staat müsse aber durch steuerliche Anreize Unternehmen zu einer eigenständigen Lagerhaltung anregen, weil ansonsten eine Versorgungssicherheit nicht garantiert werden könne.[83]

Ein weiteres Thema, das unmittelbar nach dem Ölpreisschock zwischen Exportindustrie und Außenwirtschaftspolitik intensiv diskutiert wurde, waren die hohen Leistungsbilanzüberschüsse der Erdölländer. Obwohl die Ölförderung der OPEC-Staaten von etwas mehr als 30 Millionen Barrel pro Tag im Durchschnitt der Jahre 1973/74 nahezu unverändert blieb, hatten sich ihre Einnahmen von 22,6 auf 87 Milliarden Dollar erhöht.[84] Selbst bei einem überschwänglichen Konsum der Ölförderländer, der zu einer enormen Steigerung ihrer Einfuhr führen würde, erwarteten die Industrieländer zu Jahresbeginn 1974 die gewaltige Summe von 30 bis 35 Milliarden Dollar an zusätzlicher Liquidität, die auf die westlichen Finanzmärkte fließen würde. Dort hätte sie das Potenzial, so die einhellige Meinung, in der noch immer ungelösten Krise des Weltwährungssystems großen Schaden anzurichten. Bei einem informellen Treffen der Finanzminister der Bundesrepublik, Frankreichs, Großbritanniens und der USA wurde daher schon im November 1973 als notwendig angesehen, den »ölproduzierenden Ländern Investitionsmöglichkeiten in den Industrieländern zu eröffnen«.[85]

Später ist diese Praxis als »Petrodollar-Recycling« bekannt geworden. Der Begriff ist insofern irreführend, als er eine ausschließlich von westlichen Politikern gesteuerte »Rückschleusung« der Ausgaben für Erdöl unterstellt. Weil die Investitionsmöglichkeiten in den Industrieländern letztlich beschränkt blieben und auch eine Umlenkung der Gelder in internationale Fonds zur Unterstützung der nicht ölfördernden Entwicklungsländer (z. B. die »Ölfazilität« des IMF) nur einen kleinen Teil des Liquiditätsüberschusses abschöpfte, floss ein großer Teil der Petrodollar auf den Eurodollarmarkt, wo er in Form von Krediten an Schwellenländer weitergeleitet wurde. Über diesen Umweg bereitete die erste Ölpreiskrise letztlich die Staatsschuldenkrise der 1980er Jahre vor.[86]

Neben der Rohstoffversorgungssicherheit und den Finanzmarkteffekten des Ölpreisschocks blickte die Bundesregierung und insbesondere Finanzminister Helmut Schmidt schließlich besorgt auf den Inflationsschub, den die Steigerung der Energie- und Rohstoffpreise in den ohnehin schon von Preissteigerungen gepeinigten westlichen Industrieländern auslösen würde. Die Inflationsrate in der Bundesrepublik war schon vor dem Ölpreisschock auf 7 Prozent angestiegen. Das Thema dominierte daher bereits die wirtschaftspolitischen Fachdebatten.[87] Die Diskussionen über die »Grenzen des Wachstums«, die Endlichkeit der Ressourcen und die Notwendigkeit des individuellen und gesellschaftlichen Verzichts mögen den öffentlichen Diskurs in der Bundesrepublik bestimmt haben. Exportindustrie und Außenwirtschaftspolitik sprachen zum Jahreswechsel 1973/74 hierüber hingegen kaum. Selbst die durch die Energiepreissteigerungen ausgelösten betriebswirtschaftlichen Probleme fanden erstaunlich wenig Niederschlag beispielsweise in den Sitzungen des Außenhandelsbeirats, der 1974 in Außenwirtschaftsbeirat (AWB) umbenannt wurde – auch um zu signalisieren, dass man ein Mitspracherecht nicht nur bei Handels-, sondern allgemein bei wirtschaftspolitischen Fragen etwa im Bereich der Währungspolitik beanspruchte.

Exportindustrie und Außenwirtschaftspolitik machten sich Gedanken über die mittel- und langfristigen Struktureffekte der Ölpreiskrise, die man vollkommen zu Recht als tiefgreifend einschätzte und ausgesprochen weitsichtig antizipierte. Die richtige Reaktion der Bundesrepublik auf die Ölpreiskrise lag für sie in einem Übergang zu einer stärker interventionistischen Außenwirtschaftspolitik, ganz im Gegensatz zu den Lagebeurteilungen, die noch den Jahresbeginn beherrscht hatten. Die Ölpreiskrise habe zu einer »gewissen Verschiebung der bisherigen Aufgabestellung« der Außenwirtschaftspolitik geführt, so konstatierte einer der handelspolitischen Referenten, Werner Flandorffer. Nicht mehr IMF-Reform und GATT-Verhandlungen dominierten. Vielmehr müssten »im Vordergrund [...] Bemühungen stehen, die [...] weltwirtschaftlichen Risiken möglichst auszuschalten«, und das gehe nur durch eine direkte Kooperation mit den Ölförder- und den anderen Industrieländern, also durch handelspolitischen Bilateralismus.[88]

In der Bundesrepublik ist diese Rückkehr zum Interventionismus unlösbar mit der Person und der Kanzlerschaft Helmut Schmidts verbunden. Schon als Bundeswirtschafts- und Bundesfinanzminister setzte er anders als sein Vorgänger Schiller auf die dauerhafte Rückkehr zu einem System fester Wechselkurse, das er mit Kapitalverkehrskontrollen und einer internationalen Koordination der Konjunkturpolitik stabilisieren wollte.

Im Verlauf des Jahres 1973 entstand ein vertraulicher Gesprächskreis zwischen den Finanzministern der USA (George Shultz), Großbritanniens (Anthony Barber), Frankreichs (Valéry Giscard d'Estaing) und der Bundesrepublik (Helmut Schmidt), der sich nach dem ersten Treffen in der Bibliothek des Weißen Hauses in Washington, D. C. »Library Group« nannte. Im Verlauf der Währungskrise wurden auch die Notenbankchefs und der japanische Außenminister (Takeo Fukuda) hinzugezogen, und üblicherweise nahmen Staatssekretäre teil. Auf deutscher Seite war dies der spätere Bundesbankpräsident Karl Otto Pöhl.[89] Der vertrauliche Meinungsaustausch zwischen den Männern sollte Absprachen vorbereiten und die Meinungsbildung in IMF und OECD erleichtern. Nach diversen personellen Wechseln formten Giscard d'Estaing und Helmut Schmidt (der eine war im Mai 1974 zum französischen Präsidenten, der andere zum deutschen Bundeskanzler gewählt worden) aus diesem Zirkel die Weltwirtschaftsgipfel, zu denen Kanada und Italien hinzukamen und so aus der Fünfergruppe die »G7« machten.

Die Gründung eines neuen Formats der internationalen Kooperation dokumentierte einerseits Helmut Schmidts Skepsis gegenüber den vorhandenen internationalen Organisationen, die sich in der Krise als vergleichsweise schwerfällig gezeigt hatten. Andererseits wollte er die Steuerung aber nicht den Märkten überlassen. Die »sichtbare Hand der Politik« würde einen größeren Beitrag zur Lösung der weltwirtschaftlichen Probleme leisten können als die »unsichtbare Hand des Marktes«, so eine von Schmidts Weisheiten.[90]

Innerhalb der SPD hatte Schmidt seine Ansichten wenige Wochen vor seiner Berufung zum Bundeskanzler in einem vertraulichen Papier an die Parteiführung niedergeschrieben. »Unsere handelspolitische Liberalität war beinahe vorbildlich«, hieß es dort. Um aber zu verhindern, dass am Ende der Eskalation der globalen Wirtschaftskrise »die demokratischen Strukturen in den Industriegesellschaften zerbrechen«, was »keine apokalyptische Vision« sei, »sondern eine reale Möglichkeit der Weltwirtschaft«, reiche es nicht aus, auf Freihandel und Einfuhrliberalisierung im Rahmen der GATT-Verhandlungen zu setzen. Notwendig seien vielmehr direkte Absprachen mit den Handelspartnern, langfristige Lieferverträge mit Rohstoffländern, eine Stabilisierung der »schwebenden« Wechselkurse durch Absprachen innerhalb der Europäischen Gemeinschaft und auf internationaler Ebene. Es müsse eine Eindämmung der Inflation durch bessere europäische Koordination erreicht werden sowie eine enge Zusammenarbeit mit der Bundesbank.[91]

In einer Rede vor dem Hamburger Übersee-Club, dem Zentrum der hanseatischen Exportwirtschaft, machte Schmidt am Tag des Brandt-Rücktritts sehr deutlich, »daß auf die Dauer einer zwischen Produzentenländern und Rohstoffempfängerländern vereinbarten Rohstoffpolitik nicht ausgewichen werden kann; auch wenn das gegen die heiligen Grundsätze der marktwirtschaftlichen Ideologie verstößt«.[92] »Um objektive, sachgerechte Lösungen zu finden, müsse man sich vorstellen, eine Weltwirtschaftsregierung zu sein, die ihre wirtschaftspolitischen Entscheidungen von einem Standpunkt außerhalb der deutschen Interessen treffe«, wurde Schmidt später aus einer internen Besprechung mit seinem Staatssekretär Hans-Jürgen Wischnewski zitiert.[93] Das war allerdings technokratisch und machtpolitisch gemeint und nicht etwa internationalistisch.

Schmidt war skeptisch gegenüber der Marktwirtschaft, jedenfalls wenn sie vollkommen unreguliert bliebe. Zwar setzte er im Inland die Abkehr von einer keynesianischen Globalsteuerung durch und steht bis heute für den Übergang zur Geldmengensteuerung des Monetarismus.[94] Das bedeutete aber noch lange keine Abkehr von staatlichen Interventionen, wie schon die damals rasch steigende Staatsverschuldung dokumentiert. Eine Lösung der weltwirtschaftlichen Doppelkrise (der Währungs- und Ölpreiskrise) erwartete er von der Marktwirtschaft allein jedenfalls nicht.

Auch in der Außenwirtschaftspolitik verstärkte und propagierte seine Kanzlerschaft die interventionistische Richtung. Schon im Februar 1974 sprach Bundeswirtschaftsminister Friderichs davon, dass sich das BMWi zu einer »aktiven Außenwirtschaftspolitik« entschlossen habe. Zur Rohstoffsicherung wolle man zu bilateralen Kooperationsabkommen nicht nur mit Ölförderländern wie den Vereinigten Arabischen Emiraten, dem Iran und dem Irak kommen, die keine GATT-Mitglieder waren, sondern auch mit Rohstoffexporteuren wie Kanada, Australien, Mexiko, Ecuador, Peru und Brasilien.[95] Die Mitglieder des Außenwirtschaftsbeirats sollten dem Ministerium dabei helfen, Kooperationspartner in diesen Ländern zu finden, die für die Einrichtung gemischter bilateraler Wirtschaftskommissionen geeignet seien.[96] Hans-Werner Osthoff, Geschäftsführer der Röchling-Stahlwerke und zwischen 1936 und 1939 selbst im Auswärtigen Amt tätig, sah gar die Notwendigkeit einer vollständigen »Revision der handelspolitischen Grundsätze der Bundesrepublik«. Damit stand er im Außenwirtschaftsbeirat aber ziemlich allein da.[97]

Die Außenwirtschaftspolitik unter Helmut Schmidt nahm keine grundsätzliche Änderung des handelspolitischen Programms vor, setzte aber verstärkt auf Absprachen innerhalb des marktwirtschaftlichen Rahmens. Hierzu dienten auch die erstmals im November 1975 auf Schloss Rambouillet in der Nähe von Paris veranstalteten G7-Weltwirtschaftsgipfel.[98] Eine »Weltwirtschaftsregierung« war das noch nicht, denn dem Zusammenschluss fehlte jegliche exekutive Kompetenz. Immerhin verkörperten die 7 Industrieländer aber die Hälfte des gesamten Welthandels und erwirtschafteten mehr als 80 Prozent des globalen Bruttosozialprodukts. Die Gespräche brachten zwar nicht den Durchbruch in den globalen Handels- und Währungskonferenzen, sorgten aber für neuen Schwung. Das im Rahmen der OECD schon im Mai 1974 abgeschlossene Trade-Pledge-Abkommen, durch das sich die Mitglieder verpflichteten, ihre Leistungsbilanzdefizite nach der Ölpreiskrise nicht durch handelsprotektionistische Instrumente zu bekämpfen, wurde bestätigt und verlängert. Die Gipfelteilnehmer einigten sich in einer Abschlussresolution auf ein vollmundiges Bekenntnis zum Prinzip des freien Handels. Hierzu sollte auch eine Harmonisierungsvereinbarung über Exportsubventionen und -kredite gehören, die im Rahmen des GATT abgeschlossen werden sollte. Die Mitgliedsländer müssten auf einen einheitlichen Mindestzinssatz und eine maximale Laufzeit für Exportkredite festgelegt werden. Die Regierungsführer vereinbarten ferner, dass die Tokio-Runde des GATT bis zum Ende des Jahres 1977 abgeschlossen werden sollte.[99]

Das wichtigste Ergebnis von Rambouillet betraf sicher die Währungspolitik, denn hier war es gelungen, die antagonistischen Positionen von Frankreich und den USA bezüglich der Struktur eines neuen Weltwährungssystems in einer salomonischen Formel zu vereinigen. Frankreich, das die Rückkehr zu einem System fester Wechselkurse anstrebte, gab sich damit zufrieden, in einem neuen Artikel IV des IMF-Vertrages den Mitgliedsstaaten die Wahl des Währungssystems freizustellen, sie aber zugleich dazu zu verpflichten, durch Devisenmarktinterventionen die Stabilität der Wechselkurse herzustellen. Die Vereinbarung von Rambouillet diente dann als Grundlage für die Neufassung des IMF-Vertrags in den Jamaica Accords im Januar 1976.[100]

Der Durchbruch, den sich Schmidt von einer direkten Absprache der führenden Industrieländer bei der Lösung der globalen ökonomischen Krise versprochen hatte, waren die Weltwirtschaftsgipfel in den 1970er Jahren nicht, zumal die Vereinbarungen leicht zurückgenommen werden konnten. Ausgerechnet Frankreich, vermeintlich der »privilegierte Partner« Helmut Schmidts,[101] fühlte sich nicht an die Übereinkunft zur Harmonisierung der Exportkreditbedingungen gebunden und bereitete sogar eine Klage vor dem Europäischen Gerichtshof vor, weil die in Rambouillet zusammengekommenen Einzelstaaten nach Artikel 113 des EWG-Vertrags überhaupt nicht befugt gewesen seien, handelspolitische Verträge abzuschließen.[102] Hatte der Gipfel von Rambouillet wenigstens in der Währungspolitik einen Erfolg vorweisen können, so waren die folgenden G7-Gipfel kaum mehr als Inszenierungen der Macht einer selbsternannten »Weltwirtschaftsregierung«, die bei allen Bekenntnissen zur Entwicklungshilfe und zu freiem Welthandel letztlich eine Gegenbewegung zur Gruppe der 77 der Entwicklungs- und Schwellenländer darstellte.

Jedenfalls erreichten auch die Weltwirtschaftsgipfel trotz der Einbeziehung Japans keine Abkehr vom System der »freiwilligen Selbstbeschränkung« und keine Reform des Schutzklauselparagrafen XIX des GATT. Der Agrarprotektionismus der EWG blieb unangetastet. Die Harmonisierung der Exportkreditsysteme war 1977 noch immer nicht erreicht. Nichttarifäre Handelshindernisse schossen ins Kraut, nicht zuletzt um das mehrmals vollmundig verlängerte Trade-Pledge-Abkommen zu umgehen. Als die Tokio-Runde 1979 abgeschlossen wurde, konnten stolz weitere Zollsenkungen von durchschnittlich 34 Prozent vermeldet werden. Die schon zu Beginn der 1970er Jahre vergleichsweise niedrigen Zollsätze waren aber auch längst nicht mehr das Problem im Welthandel. Die europäischen Zölle wurden von 6,6 auf 4,7 Prozent (bzw. von 9,7 auf 6,9 Prozent bei den Fertigwaren) gesenkt. Das Problem waren und blieben die zahlreichen und wachsenden nichttarifären Handelshindernisse sowie die Subventionen.[103]

Auch in der Bundesrepublik wurde die liberale Außenwirtschaftspolitik im Laufe der 1970er Jahre aufgeweicht. Der Ausdruck einer »elastischen Außenwirtschaftspolitik« hatte sich etabliert und wurde 1976 auch intern benutzt, unter anderem von der Leiterin der Handelsabteilung Helga Steeg.[104] Für die Grundsatzpapiere des Ministeriums und auch für die Regierungserklärung von Helmut Schmidt bedeutete dies, dass sie mit einem fast rituellen Bekenntnis zur außenwirtschaftlichen Freiheit und zum »weltoffenen Handelsstaat« begannen, um dann schnell auf diverse Einschränkungen zu kommen. Die Regierung habe für die »Eingrenzung außenwirtschaftlicher Risiken« zu sorgen, so der knapp wiedergewählte Helmut Schmidt in seiner Regierungserklärung 1976. In internen Papieren war deutlicher von einem »einfuhrpolitischen Instrumentarium« die Rede, von einem »auf rasches temporäres Reagieren ausgerichteten Flankenschutz« für die liberale Außenwirtschaftspolitik.[105]

Was bedeutete diese Wendung zu einem überwiegend nur noch semantischen Liberalismus unter Bundeskanzler Helmut Schmidt für die deutsche Exportwirtschaft und ihre internationale Wettbewerbsposition? Noch als Finanzminister hatte sich Schmidt ungewöhnlich deutlich gegen die Exportindustrie und die Exportüberschüsse positioniert. In einem programmatischen Text zur Lösung der globalen Wirtschaftskrise aus dem April 1974 heißt es: »Insgesamt sind die Exportüberschüsse auch gegenwärtig ungesund hoch. [...] Wir dürfen den Export nicht zusätzlich forcieren«, denn die Exportüberschüsse »bedeuten für die inländische Verwendung Entzug von realen Ressourcen«. Durch den auf diese Weise entstehenden Nachfrageüberhang trage die Exportwirtschaft zur Inflation bei.[106]

Tatsächlich waren die deutschen Handelsbilanzüberschüsse im April 1974 trotz des Ölpreisschocks auf Rekordkurs. Zwei Jahre später war die Situation der Weltwirtschaft wiederum eine andere: Die Exporte gingen zurück, die Arbeitslosigkeit war über die Millionengrenze geklettert und die Bereitschaft zur Unterstützung der Exportwirtschaft kehrte zurück. Überhaupt waren die 1970er Jahre durch eine ganz eigentümliche argumentative Dynamik in dieser Hinsicht gekennzeichnet: Während in den Jahren hoher Exportüberschüsse zur Vorsicht gemahnt und außenwirtschaftspolitisch für das Abwarten plädiert wurde, verfielen die Akteure bei nur den kleinsten Anzeichen rückläufiger Exportvolumina und noch mehr bei drohenden Leistungsbilanzdefiziten in aufgeregten Aktionismus. Es scheint diese spezielle Dynamik zu sein, die die deutsche Exportobsession im Kern ausmacht. Jedenfalls stellt sie die unmittelbare Vorgeschichte für die erste deutsche Exportweltmeisterschaft in den 1980er Jahren dar.

Exportboom und Exportkrise – Semantik der Exportobsession in den 1970er Jahren

Die Situation der deutschen Exportwirtschaft im Jahr 1973 war prächtig: Während über der Weltwirtschaft dunkle Gewitterwolken aufzogen, erlebte die Bundesrepublik einen ganz und gar unerwarteten »Exportboom«, der über die Ölpreiskrise hinweg bis in das Jahr 1975 anhielt. »Diese Entwicklung gibt einige Rätsel auf«, schrieben die Experten im BMWi schon im September 1973, zumal das Exportwachstum auf die Grundstoffindustrien (Eisen- und Stahlprodukte, Papier und Holz) zurückgehe und nicht auf die traditionellen Exportbranchen.[107] Es handele sich um ausgesprochene Sonderentwicklungen, gab Heinz Mesenberg in einer langen Analyse zum Jahresende zu bedenken, die vor allem durch die konjunkturelle Überhitzung und den »Importsog« bei den Handelspartnern getragen würden. Die dämpfenden Effekte der Währungsaufwertung und der steigenden Energiepreise würden sich mit einer Zeitverzögerung erst am Ende des Folgejahres bemerkbar machen. Der Exportboom sei ein vorübergehendes Phänomen und etwaige Forderungen nach einer Dämpfung, die Mesenberg bereits kommen sah, müssten abgewehrt werden: »Der Export ist pfleglich zu behandeln«, so sein Fazit.[108]

Das Jahr 1973 schloss in der Bundesrepublik mit einem Rekord-Exportüberschuss von 33 Milliarden DM und einem Leistungsbilanzüberschuss von 9,4 Milliarden DM ab.[109] Die meisten Handelspartner waren durch die stark steigenden Energiepreise, aber auch durch ansteigende Importe schon 1973 in zum Teil beachtliche

Leistungsbilanzdefizite gerutscht und forderten die Bundesrepublik zu Ausgleichsmaßnahmen auf. Angesichts steigender Arbeitslosenzahlen brachten die Gewerkschaften die »Exportlastigkeit« der deutschen Wirtschaft bei der Konzertierten Aktion im Sommer 1974 zur Sprache. In der Exportwirtschaft würden fröhlich Gewinne sprudeln, während der Rest des Landes in die Rezession gefallen sei.[110] Insbesondere der Begriff der »Exportlastigkeit« erregte dabei die Gemüter der Exportwirtschaft, die in zahlreichen Eingaben und Denkschriften an die Ministerien den Charakter der Sonderentwicklung hervorhob und die Wettbewerbssituation auf den Auslandsmärkten in dunkelsten Farben schilderte. Hinzu kämen die ungünstige inländische Lohnkostenentwicklung und die Währungsunsicherheit. Von einer strukturellen Exportlastigkeit könne trotz hoher Überschüsse keine Rede sein.[111]

Die Bundesbank hatte kurz nach dem Übergang zu floatenden Wechselkursen im März 1973 die neue geldpolitische Autonomie dazu genutzt, die Leitzinsen auf 5 Prozent zu erhöhen, und bekämpfte mit dieser Konjunkturbremse eifrig die inländische Inflation. Der Exportwirtschaft warf sie vor, diesen Kurs zu konterkarieren, und benutzte dabei – zum großen Entsetzen der Unternehmer – in ihrem Monatsbericht den ungeliebten Begriff der »Exportlastigkeit«. Der Exportüberschuss dürfe aus stabilitätspolitischen Gründen nicht von Dauer sein, so der ungewöhnlich direkte Appell der Zentralbank an die Politik.[112] Auch der französische Präsident Giscard d'Estaing habe sich im Juni 1974 »fassungslos« über die deutschen Exportüberschüsse gezeigt, so berichtete Helmut Schmidt von einem Vieraugengespräch.[113] Schließlich scherte ausgerechnet der wirtschaftspolitische Sprecher der FDP-Bundestagsfraktion, Otto Graf Lambsdorff, aus der trotz aller Kritik abwartenden, exportfreundlichen Linie der Bundesregierung aus und forderte in der *Zeit* und dem *Handelsblatt* die Einführung befristeter und sektoral gestaffelter »Exportsteuern«.[114]

Obwohl im Jahr 1974 der Exportüberschuss nochmals deutlich auf 51 Milliarden DM gesteigert werden konnte (trotz der um 15

Milliarden DM gestiegenen Ölimporte, was selbst die Experten des BMWi überraschte[115]), unternahm die Bundesregierung nichts. Es bestand Einigkeit, dass keine Maßnahmen zur Exportförderung ergriffen werden dürften, und hierzu gehörten auch Kredite an Staatshandels- und Entwicklungsländer. Aber direkte Eingriffe in das Exportgeschäft schloss die Regierung aus. Es wäre auch ein »hoffnungsloser Kampf gegen die Exportüberschüsse«, so der AEG-Vorstandsvorsitzende Matthias Schmitt süffisant in einer Sitzung des AHB. Gegen das »Gesetz einer zunehmenden Welthandelsquote« sei die Wirtschaftspolitik eben machtlos.[116] In einem Zeitungsinterview wehrte Bundeswirtschaftsminister Friderichs im September 1974 die Forderungen nach einer »Exportdämpfung« mit dem Hinweis ab, dass der Markt »die durchaus gewünschte Abschwächung des Ausfuhrbooms« schon herbeiführen würde.[117]

Es ist bezeichnend für die zwischenzeitlich eingespielte Dynamik der bundesdeutschen Exportobsession, dass Ministerium und Exportwirtschaft im Sommer 1975 in helle Aufregung gerieten, als diese Abschwächung dann tatsächlich einsetzte. Von einem »Exporteinbruch« war die Rede, als die Ausfuhr gegenüber dem Vorjahr um 3 Prozent zurückging. Dies entspreche einer um die Effekte der Inflation bereinigten Schrumpfung von »real« 13 Prozent. Der Handelsbilanzüberschuss drohte abzusinken. »Die Lage unserer Wirtschaft hängt in einem hohen Maße von der Entwicklung der Ausfuhr ab«, schrieb Heinz Mesenberg in einem Beitrag für die Bundesstelle für Außenhandelsinformation im August 1975. Daher sei der »Exporteinbruch von 13 % [...] das gegenwärtige außenwirtschaftspolitische Problem Nr. 1«.[118]

Noch eine andere Entwicklung alarmierte die Ministerialbeamten: 1970 war die Bundesrepublik im Bereich des Fertigwarenexportes erstmals an den USA vorbeigezogen und rangierte gewissermaßen als »Fertigwarenexportweltmeister«. Bis 1974 wurde dieser Spitzenplatz weiter ausgebaut. Fertigwaren im Wert von 79 Milliarden Dollar, fast ein Fünftel aller Fertigwaren innerhalb der OECD, stammten aus der Bundesrepublik. Aber schon ein geringfügiges Aufholen der USA in den beiden Folgejahren versetzte zumindest einen Bonner Beamten in Schockstarre: Zwar sei es für »staatliche Förderungsmaßnahmen noch zu früh«, schrieb dieser, die Situation müsse aber weiter beobachtet werden.[119]

Methoden der Exportförderung Mitte der 1970er Jahre

In der Öffentlichkeit wurde nicht nur der Anstieg der Arbeitslosenzahlen als eine dramatische Zuspitzung der Wirtschaftskrise aufgefasst, sondern auch der »in der Geschichte der Republik einmalige Exporteinbruch«, so als hätte es den ungewöhnlichen Exportboom der Vorjahre nicht gegeben.[120] Die angesehene Hamburger Werbeagentur Lintas schlug dem Bundeswirtschaftsministerium eine Kampagne zur Förderung des deutschen Exports vor, für die 5 bis 10 Millionen DM aus dem Konjunkturpaket der Bundesregierung abgezweigt werden sollten. »Made in Germany« lautete der Slogan, der mit allerlei skurrilen Marketingideen bis hin zum bedruckten T-Shirt platziert werden sollte.[121]

Das ließ sich leicht abwehren. Die Exporte waren zwar von 230 auf 222 Milliarden DM (am Jahresende 1975) zurückgegangen, aber der Handelsbilanzüberschuss betrug noch immer 37 Milliarden DM. Es bestehe also kein Anlass, deutsche Exporte besonders zu fördern, hieß es aus dem BMWi. In den Bundesländern wurde das anders gesehen. Gemeinsam mit regionalen Wirtschaftsverbänden wollten diese die Exportförderung nun selbst in die Hand nehmen. In Baden-Württemberg gründeten mittelständische Anlagenbauer mit staatlicher Unterstützung die BAWEX, die Baden-Württembergische Export-Genossenschaft e. G. Es folgten ähnliche Initiativen in Bayern, Hessen und dem Saarland, was das BMWi in große Verlegenheit brachte. Denn die internationalen Initiativen zur Harmonisierung der Exportkreditversicherung wurden damit unterlaufen.[122] Die mittelständische Wirtschaft kritisierte das Exportfördersystem der Bundesrepublik, weil im Hermes-System die

Abbildung 4: Geplante Werbekampagne der Agentur Lintas, 1975

Quelle: Bundesarchiv (Koblenz) B102/226587.

Großunternehmen und die Großbanken dominierten. Mit staatlich gefördertem Informationsmaterial, das sich unmittelbar an diese Unternehmensgruppe wandte – die »Exportfibel für kleine und mittlere Unternehmen« der Bundesstelle für Außenhandelsinformation –, wollten sie sich nicht abspeisen lassen.[123]

Einige kleinere Verbesserungen im Hermes-System konnte die Exportindustrie unter diesen Rahmenbedingungen immerhin erreichen, zumal mit dem Beitritt Großbritanniens die Harmonisierungsbestrebungen innerhalb der EG auf Eis gelegt worden waren.[124] Schon 1976 nahmen die bundesdeutschen Exporte trotz D-Mark-Aufwertung und globaler Rezession wieder zu. »Es gibt kein zweites Land, das im Ausnutzen von Exportchancen so pfiffig ist wie die Deutschen«, wurde Ernst Wolf Mommsen in einem *Spiegel*-Artikel zitiert, der beschrieb, wie deutsche Unternehmen durch die Einhaltung von Lieferfristen und »Metaökonomisches«

wie Sympathie und historische Verbundenheit selbst Wettbewerbsnachteile im Bereich der Exportfinanzierung ausglichen. Helmut Gschwend, Vorstandschef bei Thyssen Rheinstahl Technik, wird mit den Worten zitiert: »Wenn die Türken die Wahl zwischen Deutschen und Amerikanern haben, entscheiden sie sich in der Regel für uns. Da spielt sogar die alte Waffenbrüderschaft eine Rolle.«[125]

Nur angesichts der schnell zurückkehrenden Exporterfolge konnte die Bundesregierung bei ihrer Linie bleiben, keine zusätzlichen exportfördernden Maßnahmen zu erlassen. Gleichwohl hatte sie die Leistungsfähigkeit der eigenen Exportindustrie weiter stets im Blick. 1976 trat Frankreich zum zweiten Mal, nach 1974, aus dem Europäischen Wechselkursverbund aus, den die EWG-Mitglieder 1972 mit dem Abkommen von Basel gegründet hatten. Mit der »Währungsschlange« sollten Kursschwankungen zwischen den europäischen Währungen sowie zwischen den europäischen Währungen und dem Dollar begrenzt werden. Nach dem erneuten Austritt Frankreichs kam es im Laufe des Jahres 1976 innerhalb des Verbundes zu ähnlichen Währungsspekulationen, wie sie schon das Festkurssystem von Bretton Woods belastet hatten. Die Mitgliedsländer rangen sich zu einem Realignment der Wechselkurse durch, was zu einer Aufwertung der D-Mark gegenüber den verbliebenen Teilnehmerwährungen um 2,5 Prozent und gegenüber dem Dollar um 10 Prozent führte. Intern war währenddessen genau darauf geachtet worden, ob die Aufwertung die deutsche Exportindustrie möglicherweise zu stark belaste. In einer Ministervorlage hielt der zuständige Staatssekretär Hans Tietmeyer aber fest, die Exportindustrie könne die Kosten der Währungsaufwertung vergleichsweise mühelos kompensieren und deshalb sei vor der anstehenden Bundestagswahl von dieser Seite auch kein Gegenwind zu erwarten.[126]

Gegenwind kam aber aus den USA, wo nach der Übernahme der Präsidentschaft durch Jimmy Carter die Forderung nach einer deutlich expansiveren Konjunkturpolitik in der Bundesrepublik und nach dem Abbau der Exportüberschüsse »an Lautstärke« zugenommen habe, berichtete die deutsche Botschaft in Washington.[127] Die amerikanischen Forderungen nach expansiven Konjunkturprogrammen, die sich neben der Bundesrepublik auch an Japan richteten, rissen seitdem nicht mehr ab und fanden immer mehr Unterstützer in Europa. Die Bundesrepublik sollte die »Konjunkturlokomotive« für die kriselnde Weltwirtschaft spielen.[128] Anfang 1977 munitionierte das BMWi die Botschaft mit Argumenten gegen eine solche Überlegung: Die Bundesrepublik habe mit Krediten und weiteren Zahlungen bereits erheblich zur Stabilisierung Großbritanniens, Italiens und Irlands beigetragen. Außerdem sei damit zu rechnen, dass der Exportüberschuss nach den Währungsanpassungen allmählich zurückgehe.[129]

Im Umfeld einer Sitzung der OECD im Frühjahr 1977 überhäufte vor allem die amerikanische und britische Presse die Bundesrepublik mit Forderungen, den inländischen Konsum anzukurbeln.[130] Das Wachstum der Bundesrepublik stütze sich zu stark auf die Exporte, bekam Bundesbankpräsident Karl Otto Pöhl bei der Vorbereitung des dritten G7-Gipfels zu hören. Er erwarte, dass die Bundesrepublik und Japan auf der bevorstehenden Gipfelkonferenz im Mai 1977 in London »erheblich kritisiert werden, [...] nicht zuletzt, um rechtzeitig ein Alibi für protektionistische Maßnahmen zu schaffen«.[131] Diese Gefahr war durchaus real, nicht nur vonseiten der USA. Frankreich verfolgte unter Premierminister Raymond Barre einen »liberalisme organisé«, der zwar vordergründig den liberalen Außenhandel anstrebte, als Voraussetzung dafür aber international vereinbarte Spielregeln und insbesondere Monopolkontrolle ansah. Erst nachdem sich die Länder auf solche Spielregeln geeinigt hätten, wäre freier Welthandel möglich. Bis dahin solle auch die GATT-Verhandlungsrunde unterbrochen werden, hieß es aus Frankreich.[132]

Entgegen den deutschen Erwartungen einer allmählichen Ausbalancierung der Leistungsbilanzungleichgewichte stiegen die Überschüsse der Bundesrepublik im Verlauf des Jahres 1977 wieder an. Am Jahresende 1978 war die Handelsbilanz mit 40 und die Leistungsbilanz mit 18,4 Milliarden DM aktiv.[133] Der Druck auf die Bundesregierung, in die Rolle als Konjunkturlokomotive zu schlüpfen, setzte sich unter diesen Umständen fort. Ohne zusätzliche Staatsausgaben der Bundesrepublik und Japans, die dann über den Importsog die Nachfrage in den Krisenvolkswirtschaften der USA, Großbritanniens und Frankreichs ankurbeln sollten, würden keinerlei Zugeständnisse der anderen G7-Staaten zu erreichen sein, berichtete der Unterhändler des Auswärtigen Amtes, Hans Werner Lautenschläger, von den Vorbereitungen des vierten Weltwirtschaftsgipfels im Mai 1978.[134] Zu diesen Zugeständnissen, an denen die Bundesrepublik dringend interessiert war, gehörten die Fortsetzung der Handelsliberalisierung im Rahmen der laufenden GATT-Runde und die Bekämpfung der weltweiten Inflation.

Der Bonner Weltwirtschaftsgipfel endete mit der Selbstverpflichtung der Bundesregierung, die internationale Konjunktur durch eine zusätzliche Ausdehnung der staatlichen Nachfrage um »bis zu 1 Prozent des BSP« zu unterstützen. Das entsprach etwa 13 Milliarden DM, eine vergleichsweise geringe Summe, die aber zu einer ohnehin schon expansiven Finanzpolitik (mit einer Nettoneuverschuldung von 60 Milliarden DM) noch hinzukam.[135] Die Partnerländer hatten ähnliche Erklärungen abgegeben. Vor allem hatten sich die G7 aber zum freien Welthandel bekannt und auf einen baldigen Abschluss der GATT-Verhandlungen verständigt. Insofern schien der Bonner Gipfel, dem mit einer etwas oberlehrerhaften Pressekampagne über die Funktionsweise der Weltwirtschaft durch das Bundespresseamt das Feld bereitet worden war, die Gefahr des Rückfalls in den Protektionismus abgewendet zu haben.[136] »Helmut Schmidt stand im Sommer 1978 im Zenit seiner außenpolitischen Wirkung«, heißt es bei dem Diplomatiehistoriker Christian Hacke.[137]

Schon wenige Monate später wendete sich das Blatt: Nach der Revolution im Iran kam es zu einer kurzzeitigen Unterbrechung der Ölförderung, Auftakt zur zweiten Ölpreiskrise, in deren Verlauf sich die Preise bis 1981 nochmals gut verdoppelten. Der damit verbundene internationale Preisanstieg, der sich wiederum rasch auf zahlreiche Rohstoffe übertrug, traf die Bundesrepublik hart, die sich mitten in einem zarten Konjunkturaufschwung befand. Dazu wertete der Dollar, der seit dem Zusammenbruch des Bretton-Woods-Systems über Jahre immer weiter abgewertet worden war, nun gegenüber der D-Mark wieder auf, was die Einfuhr verteuerte.[138] Die nicht zuletzt als Antwort auf die Lokomotiv-Theorie, aber auch zur Belebung der Binnenwirtschaft moderat hochgefahrene Einfuhr sprang innerhalb von nur zwei Jahren von 243 auf 341 Milliarden DM, ein nominales Wachstum um 71 Prozent, mit dem der Export nicht annähernd Schritt hielt. Der Handelsbilanzüberschuss schrumpfte in kürzester Zeit rapide auf nur noch knapp 9 Milliarden DM am Ende des Jahres 1980. Im August 1980 vermeldete das Statistische Bundesamt »zum ersten Mal seit November 1965« einen negativen Saldo in der (monatlichen) Handelsbilanz von 100 Millionen DM.[139]

Der dahinschmelzende Handelsbilanzüberschuss konnte schon 1979 die Dienstleistungs- und Übertragungsbilanz nicht mehr ausgleichen, und die bundesdeutsche Leistungsbilanz rutschte mit 5,7 Milliarden DM ins Defizit. Im Jahr 1980 vergrößerte sich das Leistungsbilanzdefizit sogar auf 16 Milliarden DM. Die außenwirtschaftspolitischen Experten blieben zunächst gelassen, denn aus Kapitalimporten und Devisenüberschüssen der Bundesbank konnten die Leistungsbilanzdefizite »problemlos« finanziert werden. Es handele sich um einen erwarteten und notwendigen internationalen Anpassungsprozess.[140]

In der Öffentlichkeit löste das Leistungsbilanzdefizit indes große Sorgen aus. Ökonomen und Unternehmer rechneten damit, dass es sich um einen längerfristigen »Umschwung in der Zahlungsbilanz« handele, der nach grundlegenden Veränderungen in der Außenwirtschaftspolitik verlange, nämlich insbesondere einer Stärkung des Exports.[141] An den hohen Ausgaben für Rohstoffimporte ließe sich in näherer Zukunft ebenso wenig etwas ändern wie an der Reisefreudigkeit der Bevölkerung, die letztlich für das »große Loch« in der Dienstleistungsbilanz verantwortlich war. Allein 25 Milliarden DM flossen in die Auslandsreisen der Bundesbürger.[142] Schon schossen Spekulationen ins Kraut, die Regierung plane zur Reduktion des Leistungsbilanzdefizits die Reisefreiheit einzuschränken.[143] Das waren natürlich nur Gerüchte. Aber sie verdeutlichen, als wie dramatisch das Leistungsbilanzdefizit in der öffentlichen Diskussion wahrgenommen wurde.

Ob es der Regierung gelinge, das Leistungsbilanzdefizit auszugleichen, sei der zentrale Maßstab zur Beurteilung der Wirtschaftspolitik der neuen Bundesregierung, behauptete Otto Wolff von Amerongen. Das dritte Kabinett von Helmut Schmidt stand in der Leistungsbilanz- und Ölpreiskrise von Beginn an unter erheblichem Druck. Industrielle wie Otto Wolff von Amerongen forderten staatliche Initiativen zur Steigerung der Wettbewerbsfähigkeit der Exportindustrie durch Lohnzurückhaltung, während er die »Exportphilosophie« der Bundesregierung – die Spezialisierung auf Spitzentechnologie und die Verlagerung von arbeitsintensiven Fertigungsprozessen ins Ausland – für einen gefährlichen Holzweg hielt.[144]

Auch eine Verbesserung der Bedingungen der deutschen Exportfinanzierung kam wieder auf die Tagesordnung, und die etwas schläfrigen Diskussionen zwischen Exportwirtschaft und Bundeswirtschaftsministerium über die »Reform des Systems der Ausfuhrgewährleistung« erhielten durch die Leistungsbilanzkrise neuen Schwung. Schon Ende 1979 wurde eine lange geforderte Verbesserung umgesetzt: Ein »protraced default«, das heißt die scheibchenweise auftretende Zahlungsunfähigkeit ausländischer Abnehmer, konnte unter bestimmten Bedingungen versichert werden, so dass die deutschen Exporteure früher Schadensersatz aus dem Hermes-System erhalten konnten.[145] Damit waren aber längst nicht alle Wünsche der Exportindustrie erfüllt.

5.4 Die Exportoffensive der christlich-liberalen Regierung

Als Helmut Schmidt im Oktober 1982 durch ein konstruktives Misstrauensvotum gestürzt wurde und die FDP in eine Koalitionsregierung mit der CDU eintrat, wurde neben der ausgerufenen »geistig-moralischen Wende« auch eine politische erwartet. Die neuere Forschung betont allerdings die Ambivalenz der tatsächlich eingeschlagenen Politik in der frühen »Ära Kohl«. In der Wirtschafts- und Finanzpolitik wurde einerseits die Rückkehr zu Marktwirtschaft und Eigenverantwortung angestrebt. Zudem wurden Sozialausgaben gekürzt. Andererseits hielt die Kohl-Regierung aber in vielen Bereichen an der interventionistischen Politik der Vorgängerregierung fest, beispielsweise während der Strukturkrisen der Stahl- und Textilindustrie.[146]

Noch weniger Anlass hatte die neue Regierung, von einer Wende in der Außenwirtschaftspolitik zu sprechen. Schließlich waren Außenminister und Wirtschaftsminister von neuer und alter Regierung identisch: Hans-Dietrich Genscher und Otto Graf Lambsdorff. In dem programmatischen Text »Konzept für eine Politik zur Überwindung der Wachstumsschwäche und zur Bekämpfung der Arbeitslosigkeit«, den Lambsdorff 1982 publizierte und der später als »Scheidungsurkunde« der sozial-liberalen Koalition bezeichnet worden ist, spielte die Außenwirtschaftspolitik daher kaum eine Rolle.[147] Zwar forderte das im September Helmut Schmidt übergebene Konzept nichts Geringeres als einen grundlegenden wirtschaftspolitischen Kurswechsel: weg von einer keynesianisch ausgerichteten interventionistischen hin zu einer an den liberalen Grundsätzen der Regierungen von Ronald Reagan und Margaret Thatcher orientierten Politik. Die Konsequenz war der Bruch der rot-gelben Koalition. Aber die Weltwirtschaft behandelte das »Lambsdorff-Papier« kaum.

Das war im ersten Entwurf, den der BMWi-Abteilungsleiter Hans Tietmeyer verfasst hatte, noch anders gewesen. Tietmeyer hatte eine Änderung der Wirtschaftspolitik gerade deshalb als besonders dringlich angemahnt, weil er meinte, das Land leide unter einem »Mangel an wirtschaftlicher Zuversicht«, so dass die von ihm erwartete konjunkturelle Erholung der Weltwirtschaft im Inland nicht auf fruchtbaren Boden fallen könnte.[148] In der letztendlich veröffentlichten Fassung fehlten solche Hinweise auf eine Krise der Weltwirtschaft. Das fiel auch Burkhard Hirsch auf, als Lambsdorff das »Konzept« in der Sitzung der FDP-Bundestagsfraktion vorstellte. Das Papier sei unvollständig, weil die »internationalen Gründe weitgehend ausgeklammert« worden seien. Die »Produktionsverlagerung« durch deutsche Unternehmen und ihre beschäftigungspolitischen Folgen würden nicht thematisiert, so der Gegner der »Wende«.[149]

Weltwirtschaft, Volcker-Schock und US-Wirtschaft

Dabei waren die Verwerfungen der globalen Wirtschaftskrise nach dem zweiten Ölpreisschock für die Bundesrepublik gewaltig. Das BIP sank zwar nur in einem einzigen Jahr (1982) geringfügig um 0,9 Prozent. Die Zahl der Arbeitslosen hatte sich innerhalb von nur zwei Jahren aber auf 1,8 Millionen verdoppelt. Die Arbeitslosenquote betrug 7,5 Prozent.[150] Außerdem machte die amerikanische Geldpolitik der Außenwirtschaftspolitik schwer zu schaffen. Mit dem Amtsantritt von Paul Volcker als Chairman der amerikanischen Zentralbank im August 1979 begann ein »monetaristisches Experiment« bei der Bekämpfung der hohen Inflation in den USA, in dessen Verlauf der Diskontzins im Sommer 1980 bis auf 13 Prozent erhöht wurde.[151] Die Folge war eine schwere Rezession mit Arbeitslosenquoten von bis zu 13 Prozent sowie eine Kreditkrise.

Die drastische Geldpolitik, später als Volcker-Schock bezeichnet, war bei der Bekämpfung der inländischen Inflation äußerst erfolgreich. Von ihrem erschreckenden Höchststand von fast 15 Prozent im Jahr 1980 konnte sie rasch auf Werte zwischen 2 und 4 Prozent zurückgeführt werden. Aber die geldpolitische Rosskur belastete nicht nur die amerikanische Wirtschaft.[152] Das hohe Zinsniveau in den USA stieß viele überschuldete Entwicklungsländer in die Zahlungsunfähigkeit und bereitete hierdurch die »Weltschuldenkrise« der 1980er Jahre vor. Es belastete aber auch die europäische Wirtschaft. Mit Engelszungen versuchte Helmut Schmidt daher Ronald Reagan am Rande des G7-Gipfels im kanadischen Montebello 1981 zu einer Abkehr von der »Deflationspolitik« zu bewegen: »Er muss sich bewußt sein, daß die hohen Zinsen einer der Gründe der Arbeitslosigkeit in Europa sind und daß dies jeder in Europa weiß. Wenn diese Entwicklung so weitergeht, ist mit großen wirtschaftlichen und sozialen Schwierigkeiten in Europa zu rechnen, die den sozialen Zusammenhalt auf eine harte Probe stellen.«[153]

Die Zinspolitik der US-Notenbank führte zu einer rasanten Aufwertung des Dollar. Die D-Mark, die 1980 nach einer fast 10-jährigen nominalen Aufwertung mit einem Wechselkurs von 1,82 DM einen Höchststand gegenüber dem Dollar erreicht hatte, begann spiegelbildlich abzuwerten. Am Ende dieser Entwicklung kostete ein Dollar 1985 mehr als 3 DM. Das war schlecht für die amerikanischen Exporteure. Zugleich verbilligten sich die Importe in die USA, was die Preiskonkurrenz auf dem amerikanischen Binnenmarkt verschärfte und mit diversen Handelsbeschränkungen beantwortet wurde. Für die deutsche Exportindustrie müsste die Abwertung der D-Mark doch günstig sein, so Ronald Reagan 1981 gegenüber Helmut Schmidt. Aber der Anteil der Exporte in die USA an allen bundesdeutschen Exporten lag 1980 wegen des ungünstigen Wechselkurses und der restriktiven amerikanischen Handelspolitik nur noch bei 6 Prozent.[154] Eine Steigerung der Exportnachfrage, die von der günstigen Entwicklung des Wechselkurses zum Dollar zu erwarten gewesen wäre, befruchtete das Wirtschaftswachstum in der Bundesrepublik nur sehr langsam.

Die Importpreise in Deutschland erhöhten sich durch die Dollaraufwertung indes unmittelbar. Am stärksten war das wiederum bei der Öleinfuhr relevant, bei der die reale Angebotsverknappung und die Wechselkursanpassung nun sehr ungünstig zusammenwirkten (im Gegensatz zur ersten Ölpreiskrise, wo die beiden Effekte sich zum Teil neutralisiert hatten). Hatte die Bundesrepublik 1979 noch 107 Millionen Tonnen Erdöl eingeführt, sank die Einfuhrmenge 1982 auf nur noch 72 Millionen. Für die um ein Drittel verringerte Öleinfuhr musste das Land aber fast 45 Milliarden DM aufwenden, ein Drittel mehr als 3 Jahre zuvor.[155] Die Preissteigerungen betrafen auch andere Importgüter. Insgesamt verringerte sich das Einfuhrvolumen zwischen 1979 und 1982 um 4 Prozent, die Importrechnung stieg hingegen um 10 Prozent.

Die Frage, ob die Dollaraufwertung bzw. die Währungspolitik überhaupt Einfluss auf die globalen Handelsströme hatte, war Anfang der 1980er Jahre umstritten. Unter den internationalen Handels- und Währungsexperten galten insbesondere die »erratischen Wechselkursschwankungen« als Gift für den Welthandel, weil sie die Handlungs- und Planungssicherheit der Akteure verringere. Entwicklungsländer, die gezwungen seien, ihren Handel überwiegend in Fremdwährungen abzuwickeln, würden besonders unter den unkalkulierbaren Kursschwankungen leiden. Europäische Experten forderten die Rückkehr zu einem System fester Wechselkurse.[156] Überwiegend herrschte wohl die Meinung vor, dass die deutliche Dollaraufwertung und die starken Währungsschwankungen die Weltwirtschaft belasteten. Die führenden Welthandelsländer begannen daher darüber zu verhandeln, ob man zu einer stärkeren währungspolitischen Kooperation zurückkehren sollte. Im September 1985 kam es schließlich im New Yorker Plaza-Hotel zu einer Absprache zwischen den fünf wichtigsten währungspolitischen Akteuren (USA, Großbritannien, Frankreich, BRD und

Japan): Durch gemeinsame Devisenmarktinterventionen sollten die Wechselkursschwankungen zwischen diesen Ländern reduziert und der Dollar abgewertet werden.[157] Die D-Mark verteuerte sich danach und erreichte 1987 in etwa den Kurs der späten 1970er Jahre. Real hatte die D-Mark gegenüber den 38 wichtigsten Handelspartnern zwischen 1979 und 1981 um etwa 12 Prozent abgewertet und wertete nun zwischen 1985 und 1987 etwas moderater um ca. 10 Prozent wieder auf (siehe Grafik 10).

Mitten in diese zurückgewonnene währungspolitische Harmonie der Industrieländer platzte ein Politikwechsel des in der OPEC zusammengeschlossenen Kartells der wichtigen Ölförderländer. Die OPEC hatte seit 1979 begonnen, Fördermengen zurückzufahren und hierdurch den Preis in die Höhe zu treiben. Bis 1985 halbierte sie die Förderung auf nur noch 15,4 Millionen Barrel pro Tag. Wegen der Erschließung anderer Energiequellen und Erdölvorkommen sowie durch Energieeinsparungen brachte das aber anders als noch 1973 nicht den erwarteten Effekt. Die Einnahmen der OPEC-Länder halbierten sich. Im Jahr 1985 betrugen sie nur noch 132 Milliarden Dollar. Durch die Abwertung des Dollar nach dem Plaza-Abkommen bedeutete der verringerte Umsatz des Kartells sogar einen noch größeren internationalen Kaufkraftverlust. Die OPEC-Länder beschlossen daher 1986, die Fördermengen wieder auszudehnen, und verursachten hierdurch einen beispiellosen Preissturz für Erdöl um 50 Prozent, eine »dritte Ölpreiskrise«, wie BMWi-Staatssekretär Dieter von Würzen es nannte,[158] der interessanterweise in der westlichen Historiografie wesentlich weniger Aufmerksamkeit zuteilwurde als den Preissteigerungen der Jahre 1973 und 1979.[159] Dabei war das billige Öl der 1980er und 1990er Jahre eine wichtige Voraussetzung für die wirtschaftliche Globalisierung der letzten Jahrzehnte.

Die Abwertung des Dollar und der parallele Verfall des Ölpreises hatten 1986 drastische Folgen für den Welthandel. In der Bundesrepublik verbilligten sich die Importe unmittelbar und deutlich. Die Importrechnung sank trotz im Volumen leicht steigender Im-

Grafik 11: Handels- und Leistungsbilanzüberschüsse der BRD, 1970-1993

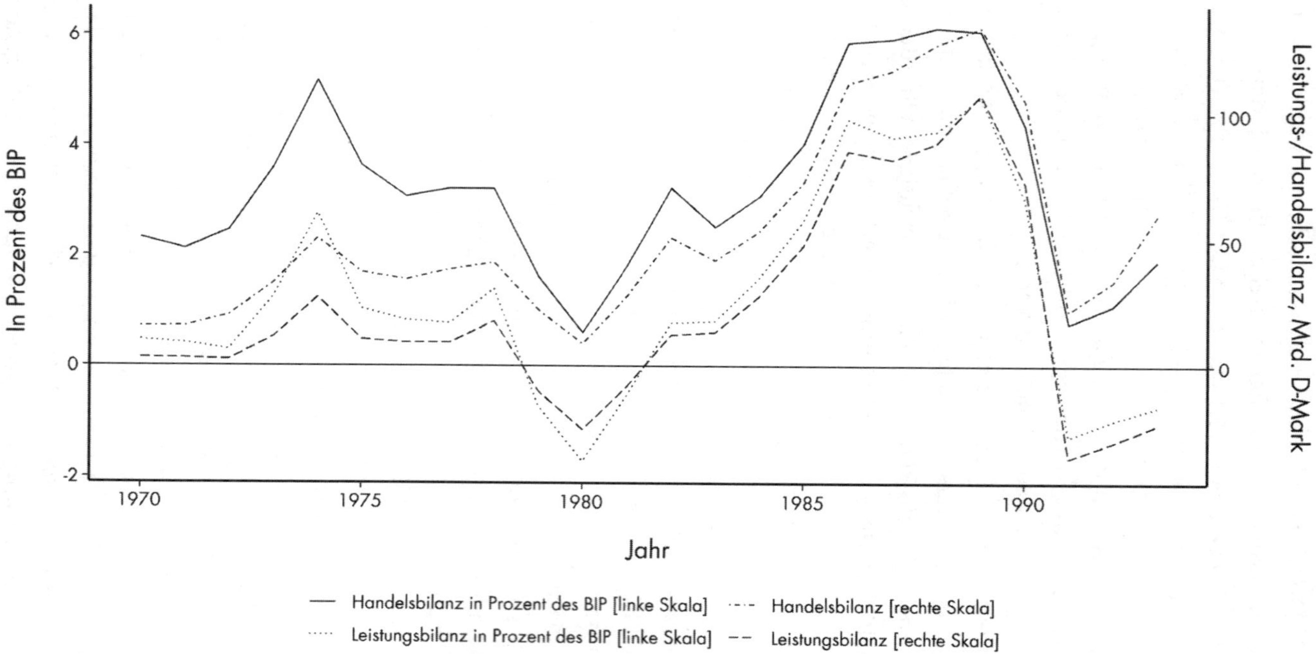

Quelle: *Statistische Jahrbücher* der Bundesrepublik Deutschland, div. Jg.

porte 1986 gegenüber dem Vorjahr um gut 50 Milliarden DM. Allein 23 Milliarden gingen auf die Öleinfuhr zurück. Dagegen reagierten die Exporte kaum auf die Aufwertung der D-Mark und hielten das 1985 durch den niedrigen Dollarkurs erreichte Niveau von ca. 530 Milliarden DM – der Wechselkurseffekt hätte in der Theorie zu einem Rückgang der Exporte führen sollen. Der bundesdeutsche Handelsbilanzüberschuss nahm durch die asymmetrische Reaktion von Exporten und Importen innerhalb nur eines Jahres deutlich zu und wurde 1986 auf 112 Milliarden DM katapultiert. Das entsprach 5,8 Prozent des BIP, ein gigantischer Wert. Der Überschuss in der Leistungsbilanz verdoppelte sich annähernd und betrug am Jahresende stolze 80 Milliarden DM (siehe Grafik 11).[160]

Die deutschen Außenwirtschaftspolitiker wurden von dieser Entwicklung vollkommen überrascht. Im Oktober 1985 erwartete das Bundeswirtschaftsministerium einen Leistungsbilanzüberschuss von 35 Milliarden DM und betrachtete die Prognose der Wirtschaftsforschungsinstitute, die von 50 Milliarden ausgingen, als »überhöht«.[161]

1986 war das erste Jahr, in dem die Bundesrepublik einen größeren Warenwert exportierte als jedes andere Land der Welt. Die bundesdeutsche »Exportweltmeisterschaft« war erreicht, in hohem Maße begünstigt durch internationale Währungsmanipulationen, denn die Dollaraufwertung wertete den deutschen Export im internationalen Vergleich gleichsam »künstlich« auf. Knapp ein Viertel ihres Handelsbilanzüberschusses erzielte die Bundesrepublik 1986 im Handel mit den USA. Bis 1967 war die deutsche Handelsbilanz mit den USA immer negativ gewesen, danach schwankend, aber selbst der größte Überschuss hatte (1974) »nur« 3,3 Milliarden DM betragen. Nun lag er bei 28 Milliarden. Japan schloss 1986 sogar mit einem doppelt so hohen Handelsbilanzüberschuss ab, weshalb von Würzen im japanischen Fernsehen behauptete, die deutschen Überschüsse seien höchstens an dritter Stelle ein Problem für den Welthandel.[162] Die USA hatten sich spiegelbildlich zu den Überschüssen Japans und der Bundesrepublik ein riesiges Defizit von

159 Milliarden Dollar eingehandelt. Ein Teil dieses Defizits resultierte aus dem Rückgang der Exporte, der jedenfalls zum Teil mit der Aufwertung des Dollar zu erklären ist. Das war die handelspolitische Kehrseite des Volcker-Schocks.[163]

Die weltwirtschaftlichen Rahmenbedingungen für die erste Exportweltmeisterschaft waren turbulent und günstig: Der bundesdeutsche Export hatte sich durch die mehrjährige Aufwertung des Dollar stetig erhöht und wurde durch diesen Antrieb noch ein paar Jahre weitergetragen, selbst als nach dem Plaza-Abkommen der Währungsbooster wegfiel. Real wertete die D-Mark nach 1985 um 12 Prozent auf (siehe Grafik 10). Die Importe reagierten dagegen unmittelbar auf die währungspolitische Preissenkung, und die »dritte Ölpreiskrise« pulverisierte 1986 die Energiekosten. Zu diesem bereits kräftigen weltwirtschaftlichen Rückenwind kam die exportfreundliche Handelspolitik der Kohl-Regierung schließlich noch hinzu (dazu unten mehr). Die erste Exportweltmeisterschaft ging aus günstigen Rahmenbedingungen hervor, war aber eben gleichwohl kein Zufall.

Welthandel in den 1980er Jahren

Die Währungsturbulenzen wirkten unmittelbar auf den Handel. Viele Länder versuchten, Veränderungen der Wechselkursrelationen mit protektionistischer Handelspolitik zu bekämpfen. Frankreich forderte deshalb bei den Vorbereitungen des Weltwirtschaftsgipfels wiederholt, die Handelspolitik solle nur im Zusammenhang mit der Währungspolitik besprochen werden.[164] Nicht weniger als 236 Selbstbeschränkungsabkommen und andere bilaterale Absprachen bestimmten den internationalen Güterhandel und hatten das GATT und die Handelsfreiheit Anfang der 1980er Jahre in den Hintergrund gedrängt. Für den Abschluss der Tokio-Runde 1979 mussten viele Konzessionen gemacht werden, um wenigstens ein Minimum an Handelserleichterungen zu erreichen. Sonst wäre die Existenz des Regimes kaum noch zu rechtfertigen gewesen. Nicht ein Handelskrieg sei die eigentliche Gefahr für das GATT, so dessen Generaldirektor Arthur Dunkel 1982 voller Frustration, sondern dass die Mitglieder das Abkommen einfach ignorierten.[165] Erst 1986 fanden sich die Mitgliedsstaaten überhaupt zum Start einer 7. Verhandlungsrunde wieder zusammen, der Uruguay-Runde, die zwischendurch immer wieder unterbrochen werden musste und erst nach dem Kollaps der Sowjetunion Mitte der 1990er Jahre abgeschlossen wurde.

In den USA war der Anteil der Einfuhren, die nichttarifären Handelshindernissen ausgesetzt waren, zwischen 1966 und 1986 von 36 Prozent an allen Importen auf 45 Prozent gewachsen, in der EG sogar von 25 auf 54 Prozent. Unter Ronald Reagan, der freilich zum Teil nur auf »unfaire Handelspraktiken« der Handelspartner reagierte, nahm der Anteil der direkt beschränkten Einfuhren in die USA zwischen 1979 und 1984 von 12 auf 21 Prozent zu. Ökonomen haben den gesamten Wohlfahrtsverlust aller Handelsbeschränkungen in den USA für 1984 auf 26 Milliarden Dollar geschätzt. Ein Einfuhrzoll, der denselben Wohlfahrtsverlust generiert, hätte bei 49 Prozent liegen müssen.[166]

Länder in anderen Weltregionen verhielten sich ähnlich. Während die Delegationen im Rahmen der Tokio-Runde des GATT über die Zollsenkungen verhandelten, waren für 3 bis 5 Prozent der Welthandelsgüter neue Einfuhrbeschränkungen erlassen worden.[167] Hinzu kam die Fortsetzung der bestehenden Beschränkungen wie beispielsweise die Verlängerung des Multi Fibre Arrangement, dem kollektiven Selbstbeschränkungsabkommen der globalen Textil- und Bekleidungsindustrie. Bei den Verlängerungen 1977 und 1982 waren bereits 1974 zugesagte Steigerungen der Einfuhrquoten nach Europa und in die USA zurückgenommen worden.[168] In der Stahlindustrie waren sowohl in den USA als auch in der EG im Verlauf der 1970er Jahre Marktordnungsregime (*orderly market arrangements*) errichtet worden, die neben Mindestpreisen und Produktionsquoten auch mit Einfuhrbeschränkungen operierten.[169] Die

Einfuhr von Videorekordern und Fernsehröhren aus Japan nach Europa wurde durch ein Selbstbeschränkungsabkommen begrenzt. Bei anderen Produkten vereinbarte man eine »Exportmoderation«, eine Vorstufe zur Selbstbeschränkung, so etwa bei Gabelstaplern, Motorrädern und HiFi-Anlagen.[170] Der Export von Autos war ohnehin sowohl in den USA als auch in der EG reguliert.[171]

Der »neue Protektionismus«, der seit den 1970er Jahren von der bundesdeutschen Außenwirtschaftspolitik beklagt wurde, spielte sich unterhalb der Ebene der Zollverhandlungen und der Gipfeldiplomatie ab. Nicht zuletzt deshalb ist er so schwer zu fassen. Er war eine Begleiterscheinung und nicht etwa eine Gegenbewegung der zweiten Welle der Globalisierung.

Außenwirtschaftspolitik Lambsdorff

In diese weltwirtschaftliche Konstellation, in der vollmundige Bekenntnisse zum Freihandel auf Weltwirtschaftsgipfeln mit aggressivem Handelsprotektionismus verknüpft waren,[172] in der die Wechselkursfreiheit von Zentralbankern gelobt und zugleich in Hotelzimmern unterwandert wurde, fiel die Regierungsübernahme durch Helmut Kohl. Welche Richtung nahm unter diesen Rahmenbedingungen die bundesdeutsche Außenwirtschaftspolitik? Welche Rolle spielte die Exportindustrie?

Bundeswirtschaftsminister Otto Graf Lambsdorff konnte 1983 nahtlos an die Tradition handelsliberaler Außenwirtschaftspolitik anschließen, für die er schon unter Helmut Schmidt eingetreten war und die Schmidt selbst stets propagiert hatte.[173] »Die deutsche Wirtschaft habe ein vitales Interesse daran, die Märkte offen zu halten«, so Lambsdorffs Überzeugung.[174] Höchstens im Verhältnis zur Sowjetunion und den anderen Staatshandelsländern ließ Lambsdorff das »Primat der Außenpolitik« gelten, auch wenn er von Boykottmaßnahmen und Wirtschaftssanktionen nach dem sowjetischen Einmarsch in Afghanistan nicht sonderlich begeistert war.[175]

Auf der Ebene der programmatischen Konzepte fand keine Wende in der Außenwirtschaftspolitik statt, höchstens in der praktischen Ausgestaltung.

Die Politik von Genscher und Lambsdorff in Bezug auf die Außenwirtschaft zielte schon seit den späten 1970er Jahren darauf ab, den neuen Protektionismus ostentativ zu bekämpfen und sich bei der intensiv diskutierten Exportfinanzierung gegen jede Form staatlicher Subventionierung zu wenden. Nach innen betrieben sie aber zugleich eine Strategie der Exportbefähigung, die sich Ende des Jahrzehnts vor allem an die kleinen und mittleren Unternehmen richtete.[176] Hierzu diente die über viele Dekaden gewachsene Struktur von Informationsangeboten über ausländische Absatzmärkte und von rechtlichen Beratungsangeboten, die immer weiter ausgebaut und finanziell besser ausgestattet wurde.

Je weniger Erfolg die internationalen Initiativen in OECD und GATT zur »Harmonisierung« der Exportfinanzierung hatten, desto stärker konzentrierte sich die deutsche Außenwirtschaftspolitik auf solche weniger sichtbaren Instrumente. Das zeigte sich beispielsweise bei der Behandlung einer Großen Anfrage der CDU/CSU-Bundestagsfraktion im Dezember 1981. Die Opposition hatte die öffentliche Erregung über die Leistungsbilanzkrise dazu genutzt, die Regierung zu befragen, ob sie genug dafür tue, die internationale Wettbewerbsfähigkeit der deutschen Wirtschaft zu verbessern. Die im BMWi vorbereitete Antwort enthielt die erwartbaren Bekenntnisse zum liberalen Welthandel und die klare Ablehnung von Subventionen. In der Kabinettssitzung, in der der Text der Antwort besprochen wurde, forderte Wirtschaftsminister Lambsdorff aber auch »offensive Marktstrategien«, mit denen die deutsche Wirtschaft Marktanteile zurückgewinnen und neue erobern sollte. Er meinte damit nicht nur eine aggressivere Expansionspolitik der Unternehmen, sondern auch eine bessere staatliche Unterstützung.[177]

Der Regierungswechsel änderte diese Strategie nicht, sondern trug höchstens dazu bei, die hieraus abzuleitenden Aktivitäten zu verstärken. Das lässt sich am Beispiel Japan illustrieren. Das Land gehörte zu den wenigen, die mehr Güter in die Bundesrepublik einführten, als sie von dort erhielten. Die erfolgreiche Automobilindustrie hatte der Bundesrepublik schon 1980 einen »Japanschock« versetzt, flankiert von weitschweifigen Überlegungen über die »japanische Herausforderung«.[178] Japan hatte in den 1970er Jahren eine einzigartige Exportstrategie entwickelt, indem es systematisch leicht zu erobernde Marktnischen in den USA und in Europa ausfindig machte und diese gezielt mit einem eigenen Exportangebot bearbeitete, während die eigenen Einfuhren niedrig gehalten wurden. Im BMWi sprachen die Experten mit einer Mischung aus Furcht und Anerkennung von »laserstrahlartigen Exporten« aus Japan.[179]

Auf internationaler Ebene versuchten Europäer und vor allem Amerikaner daher, Japan zur Öffnung seiner Märkte zu bewegen, insbesondere im Bereich der Industrieprodukte und auch des Kapitalverkehrs. Die deutsche Außenwirtschaftspolitik verfolgte aber zusätzlich die Strategie, die deutsche Industrie gezielt zur Ausdehnung ihrer Exporte nach Japan zu animieren.[180] Im Frühjahr 1984 veranstalteten Bundeswirtschaftsministerium und Auswärtiges Amt eine Industriemesse in Tokio, für die »ein zweistelliger Millionenbetrag« zur Verfügung gestellt wurde. Es sollte eine »Leistungsschau der deutschen Wirtschaft« aufgeführt werden, »eine eindrucksvolle Präsentation des Leistungswillens und der Leistungsfähigkeit der deutschen Wirtschaft«. Selten wurde die nationale Färbung der deutschen Exportorientierung so deutlich wie an dieser Stelle.[181] Bundeswirtschaftsminister Lambsdorff drängte die Exportunternehmer ganz persönlich, sich an dieser Messe zu beteiligen – und zwar genau während der kritischen Startphase der Koalition, zwischen konstruktivem Misstrauensvotum und Bundestagswahl.[182]

Die neue Bundesregierung beließ es aber nicht bei Appellen und letztlich symbolischen Aktivitäten. Vielmehr griffen CDU-Finanzminister Gerhard Stoltenberg und Otto Graf Lambsdorff die Diskussionen über eine Verbesserung des Hermes-Systems auf. Sie dachten dabei nicht daran, eine grundsätzliche Systemveränderung vorzunehmen und etwa zu einem Subventionssystem überzugehen, wie es in Großbritannien oder den USA existierte. Auch in dieser Hinsicht blieb die deutsche Außenwirtschaftspolitik ihrer Linie treu. Es ging darum, die vorhandenen Instrumente besser zu nutzen, konkret um eine »maßvolle Auflockerung der Praxis der Bürgschaftsgewährung«. Diese wurde mit »einer schwierigen Absatzlage auf den traditionellen Absatzmärkten der deutschen Exportwirtschaft« begründet. Deshalb sollte diese jetzt in die Lage versetzt werden, »bei Ausweichen auf andere Märkte den entsprechenden Versicherungsschutz des Bundes zur Verfügung zu haben«, so erläuterte die zwischen BMWi und BMF abgestimmte Kabinettsvorlage.[183] Konkret sollte der Interministerielle Ausschuss, der für die Prüfung der Bürgschaftsanfragen im Rahmen des Hermes-Systems zuständig war, bei der Risikobewertung großzügiger sein und das »besondere gesamtwirtschaftliche Interesse [...] insbesondere zur Sicherung von Arbeitsplätzen« stärker berücksichtigen. Das Instrument blieb damit zwar unverändert, und am Grundsatz der Kostendeckung wurde förmlich festgehalten. Durch die Vergabe von staatlichen Bürgschaften an risikoreichere Exportgeschäfte würde aber die Schadenshäufigkeit zunehmen, das war vollkommen klar.

Während die Exportkreditversicherung bei den vielen kleinen Modifikationen und Weiterungen der Vorjahre fast immer Überschüsse an den Staatshaushalt hatte abführen können, deckten die Prämieneinnahmen schon 1983 die Schadenssumme nicht mehr. Das Jahr schloss mit einem Verlust von 733 Millionen DM, der in den Folgejahren weiter stieg.[184] Obwohl vom Grundprinzip her unverändert, war aus dem Hermes-System eine Exportsubvention geworden, selbst nach den eigenen, im Ausland schon längst nicht mehr geteilten Definitionen des Ministeriums. Das änderte sich auch nicht, als Ende des Jahres die Prämien deutlich erhöht wurden, zum Unmut der Exportunternehmen.[185]

Die von der Politik vorgegebene neue Marschrichtung für den Interministeriellen Ausschuss hatte neben der Umkehr des betrieblichen Ergebnisses noch weitere Folgen. Die Hermes-Bürgschaften waren insbesondere in den 1970er Jahren eingesetzt worden, um die Geschäfte mit Staatshandelsländern, verstärkt aber auch mit den OPEC-Staaten abzusichern. In jener Dekade hatte das Hermes-System eine wichtige Funktion für das Petrodollar-Recycling übernommen. In den OPEC-Staaten wurden Mitte der 1970er Jahre bis zu 70 Prozent der Ausfuhr mit Hermes-Bürgschaften abgesichert, in den Staatshandelsländern waren es gut die Hälfte. Diese Schwerpunktsetzung änderte sich nach 1983, wobei mangels weiterer Untersuchungen über die Arbeit des Interministeriellen Ausschusses nicht abschließend beantwortet werden kann, ob die sinkenden Ölumsätze der OPEC-Länder, die Verschuldung einiger Staatshandelsländer oder die Neudefinition außenpolitischer Ziele zum Wandel beigetragen hatten. Jedenfalls nahm die Bedeutung der Industrieländer bei den neuen Gewährleistungsanträgen deutlich zu.[186] Die von Lambsdorff geforderte »offensive Marktstrategie« der deutschen Unternehmen könnte hier eine Rolle gespielt haben.

Das Hermes-System der Exportfinanzierung und -versicherung bildete nur eine Säule eines auf »drei Säulen« fußenden Systems der deutschen Exportpolitik. Eine zweite Säule bestand aus den Informationsstellen wie der Bundesstelle für Außenhandelsinformation in Bonn und den Auslandshandelskammern. Die dritte Säule stellte die staatliche Förderung von Auslandsmessen dar. Die Mittel für die drei Säulen der bundesdeutschen Exportförderung waren seit den 1960er Jahren stetig erhöht worden, auch über einen reinen Inflationsausgleich hinaus. Die christlich-liberale Regierung drehte dieses Ventil nun weiter auf.

Tabelle 5: Aufwendungen des Bundes zur Förderung des Außenhandels (in Mio. DM)

	Auslandsmessen	Auslandshandelskammern	Bundesstelle für Außenhandelsinformation	Verfügungsrahmen Ausfuhrbürgschaften (Hermes)	kassenmäßiges Ergebnis (Hermes)
1970	13,50	4,05	6,15	27000	164,8
1975	18,70	9,78	11,00	60000	638,4
1980	21,85	19,73	14,99	150000	-7,3
1981	23,28	21,51	15,96	150000	72,2
1982	25,00	23,92	17,28	160000	141,3
1983	28,83	26,19	18,32	185000	-733,0
1984	30,00	27,40	18,90	195000	-1206,0

Quellen: Spalten 1-3: »Haushaltsmäßige Aufwendungen des Bundes im Rahmen der Außenhandelsförderung (VA6 an VA1)«, 5. Oktober 1984, BArch B102/296985; Spalte 4 und 5: Bernd Halfen, *Gesamtwirtschaftliche Wirkungen staatlicher Ausfuhrgewährleistungen*, Mainz: FfW Mainz 1991, S. 73 und 93.

Eine substanzielle merkantilistische Exportförderung erwuchs hieraus freilich noch immer nicht. Fraglich ist aber, ob sich die Impulse dieser Förderinstrumente überhaupt über ihre finanziellen Wirkungen angemessen bewerten lassen. So nahm die Hermes-Versicherung für sich in Anspruch, dass sie eine Exportkreditversicherung anbot, die marktwirtschaftlich überhaupt nicht zustande kommen würde, weil sie für privatwirtschaftliche Unternehmen unattraktiv sei.[187] Die Informationsdienstleistungen der anderen beiden Säulen sind noch schwerer zu bemessen: Mit welchem Geldbetrag soll beispielsweise eine Information über die Einfuhrbestimmungen für Edelstahl, wie sie von der deutschen Außenhandelskammer in den USA zur Verfügung gestellt wurde, bewertet werden?

Die ökonomischen Effekte des deutschen Systems der Exportförderung waren vermutlich bescheiden. Das Hermes-System generierte Ende der 1980er Jahre zusätzliche Exporte von gerade einmal 10 Milliarden DM, weniger als 1,5 Prozent des Gesamtexports.[188] Ausschlaggebend für die deutschen Exporterfolge der 1980er Jahre war es jedenfalls nicht. Interessant sind die Diskussionen um die »drei Säulen der Exportförderung« aber aus einem ganz anderen Grund: Sie illustrieren sehr gut die spezifische Dynamik, die sich in den 1970er Jahren in der Bundesrepublik herausgebildet hatte. Alarmiert durch den Untergang der alten Ordnung, die über die Währungsunterbewertung im wirtschaftlichen System der Bundesrepublik einen Exportbooster eingebaut hatte, zeigten sich Außenwirtschaftspolitik und Exportwirtschaft dünnhäutig gegenüber noch den kleinsten Anzeichen für den Rückgang der bundesdeutschen Exporte. Trat dieser ein, so zerrten und modifizierten sie an den spärlichen Instrumenten der Exportförderung. Je stärker zur selben Zeit die Möglichkeiten von »Liberalisierung« und »Abbau von Handelsschranken« in den Hintergrund traten, die die Außenwirtschaftspolitik auf internationaler Ebene für die wichtigste Waffe im Kampf um die deutsche Exportstärke hielt, desto eifriger wurde an den »drei Säulen« gefeilt und geschraubt. Der klandestine Richtungswechsel des Jahres 1983 war mithin eine fast zwangsläufige Reaktion auf die »Leistungsbilanzkrise« der Vorjahre. Umgekehrt verhielten sich die Akteure im Moment des Exportbooms abwartend und vorsichtig. Sie trauten den Erfolgen nicht und sahen sie als vorübergehend an, weshalb Abwarten als die beste Strategie erschien. So war es auch beim Erringen der Exportweltmeisterschaft im Jahr 1986.

Außenwirtschaftspolitik Bangemann

Zunächst verkomplizierte sich die deutsche Außenwirtschaftspolitik aber aus einem ganz anderen Grund: Im November 1983 kündigte die Bonner Staatsanwaltschaft eine Anklageerhebung wegen Bestechlichkeit unter anderem gegen Otto Graf Lambsdorff an. Ihm wurde vorgeworfen, Bestechungsgelder von der Friedrich Flick KG angenommen und im Gegenzug Steuererleichterungen eingeräumt zu haben. Als die Anklage im Juni 1984 zugelassen wurde, trat Lambsdorff von seinem Amt als Bundeswirtschaftsminister zurück.[189] Der als Flick-Affäre in die Geschichtsbücher eingegangene Skandal um verdeckte Parteispenden und Bargeldzahlungen an zahlreiche Politiker erschütterte zwar die Republik, doch die Außenwirtschaftspolitik änderte er kaum. Lambsdorffs Nachfolger, Europaparlamentarier und FDP-Präsidiumsmitglied Martin Bangemann, hatte einen Hang zu programmatischen Entwürfen. Und die sich verdichtende Frequenz internationaler Konferenzen, eine Folge der zunehmenden Handels- und Währungskonflikte, bot ihm hierfür die internationale Bühne.

Gleich in den ersten Monaten nach seiner Amtsübernahme ließ Bangemann außenwirtschaftspolitische Konzepte ausarbeiten, in denen die bereits seit Längerem praktizierte Politik in Worte gegossen wurde: Es sei die zentrale Aufgabe der Bundesregierung, »für die deutsche Außenwirtschaft funktionsfähige internationale und nationale Rahmenbedingungen sicherzustellen«, wobei »Außenwirtschaft« hier wie in den vielen anderen, insgesamt etwas redundanten Konzeptpapieren synonym mit »Exportwirtschaft« gebraucht wurde.[190] Natürlich verstehe man die Außenwirtschaftspolitik »subsidiär«, also dem Handeln der Unternehmen auf Märkten nachgeordnet. Aber der Staat müsse auf »Veränderungen der Weltmärkte« flexibel reagieren und durch »Setzung und fortlaufende Verbesserung der außenwirtschaftlichen Rahmenbedingungen die Wettbewerbsfähigkeit der Exportwirtschaft erhalten«.[191] So deutlich war das Ziel der Pflege der Exportwirtschaft vorher nicht benannt worden. Der Import spielte keine Rolle. Das außenwirtschaftliche Gleichgewicht, das im Stabilitäts- und Wachstumsgesetz von 1967 immerhin noch verankert war, ebenfalls nicht.

Für die Zwischenbilanz der 1983 gewählten Kohl-Regierung legte der neue Bundeswirtschaftsminister im Januar 1985 dem Kabinett eine Ausarbeitung vor, die der Regierung bescheinigte, durch »große Exporterfolge [...] und die Zurückgewinnung von Weltmarktanteilen« die Leistungsbilanzkrise überwunden zu haben. Die »Wiederherstellung bzw. Absicherung unserer internationalen Wettbewerbsfähigkeit« sei ihr Verdienst.[192] Hier wie in vielen anderen Bangemann-Papieren wurde nun nicht mehr zwischen den Exporterfolgen einzelner Unternehmen und denen des Landes insgesamt unterschieden. Nation und Wirtschaft hatten sich vollständig vermischt. Als »zweitgrößte Handelsnation der Welt« habe die Bundesrepublik eine besondere Verantwortung für die Freiheit des Welthandels, ihr käme eine »Schrittmacherfunktion« oder »Vorreiterrolle« zu.[193] Auch bei diesem Motiv, das jetzt in keiner Programmschrift und in keiner Festrede mehr fehlte, wurde zwischen der Ebene des Unternehmenshandelns, aus dem die Exporterfolge resultierten, und der Ebene der staatlichen Politik, die allein handelspolitische Ziele umsetzen konnte, nicht weiter differenziert.

Auch Helmut Schmidt hatte die politische Koordinierung auf internationaler Ebene gesucht und vorangetrieben, was bei ihm mit einer Überschätzung der Rolle der Politik einherging. Aber er war an echter politischer Koordination interessiert, die Unternehmen und Märkten Regeln vorgeben sollte. In den Konzeptpapieren Bangemanns dominierten in den 1980er Jahren nun ganz klar die eigennützigen Motive in einem globalen Standortwettbewerb der Nationen. Der Minister und auch der parlamentarische FDP-Staatssekretär Martin Grüner verbanden den Hinweis auf ihre Aktivitäten und Initiativen zur »Offenhaltung der Märkte« ganz unverblümt mit dem außenwirtschaftlichen »Eigeninteresse« des Landes: »Außenhandel ist für uns lebenswichtig. Rund 1/3 unseres BSP geht in den Export«, so Martin Grüner vor Führungskräften des Vereins Deutscher Ingenieure.[194] Die Öffnung von Absatzmärkten durch Handelspolitik und »Liberalisierungsinitiativen« innerhalb des GATT ging für die liberale Außenwirtschaftspolitik Hand in Hand mit den eigenen Ambitionen. So beispielsweise auch im Fall Japans, wo die Marktöffnung zur Not auch durch die »Exportexpansion« und »expansive Lösungen« zu erzwingen sei.[195] Anfang der 1980er Jahre diskutierte die Außenwirtschaftspolitik über nationale Wirtschaftsmodelle, über das »Modell Deutschland« als einer territorialen Einheit, die mit einem besonderen Institutionengefüge der Organisation von Arbeit und Produktion ausgestattet sei und mit anderen territorialen Einheiten in einem globalen Wettbewerb stehe.[196] Für die Berücksichtigung von Verflechtungsstrukturen – ausländische Produktionsstätten deutscher Unternehmen, Beteiligungen, grenzüberschreitende Produktionsstrukturen – war in diesen öffentlichen Analysen kein Platz. Selbst in internen Diskussionen spielten diese eine erstaunlich geringe Rolle.

Wenn die Bundesregierung, wenn Bangemann von »funktionsfähigen Rahmenbedingungen für die Außenwirtschaft« sprach, dann meinte sie und meinte er die politische Unterstützung der deutschen Exportstärke. Es war die Exportobsession in ihrer nationalen Variante, die ihn antrieb, und nicht etwa der liberale Welthandel als ordnungspolitisches Ideal. Als Bangemann bei seiner ersten Teilnahme am Außenwirtschaftsrat die Meinung vertrat, es gebe »im Prinzip nur noch eine internationale Wirtschaftspolitik, bzw. eine hohe Interdependenz der nationalen Wirtschaftspolitiken«,[197] so war das nicht etwa internationalistisch gemeint, sondern ein Hinweis darauf, dass auch die nationale Wirtschaftspolitik am Ziel einer »internationalen Wettbewerbsfähigkeit« und damit großer Exporterfolge orientiert werden müsse.

Die Freihandels- und Liberalisierungsinitiativen, die der FDP-Wirtschaftsminister in den folgenden Jahren in OECD, GATT und den entsprechenden Komitees des IMF vortrug, waren daher mit einem Programm zur Stärkung der »außenwirtschaftspolitischen Infrastruktur« im Inland verbunden, das letztlich nur ein Ziel verfolgte, nämlich auch innerhalb der großen Zahl deutscher kleiner und mittlerer Unternehmen das »aktivierungsfähige Exportpotential« freizusetzen.[198] Hierzu wurde die Bundesstelle für Außenhandelsinformation mit einem elektronischen Informationssystem ausgestattet und der privatwirtschaftliche Nachrichtendienstleister Vereinigte Wirtschaftsdienste mit der technischen Umsetzung beauftragt. Überall sollte die »moderne Datenverarbeitung« Einzug halten, und die Kommunikation von Auslandshandelskammern und Auswärtigem Amt sollte verbessert werden, nicht zuletzt durch die Schaffung zusätzlicher Stellen für die Wirtschaftsberatung gerade für Wachstumsmärkte im diplomatischen Dienst, die Bangemann am liebsten mit Spezialisten aus dem BMWi besetzt hätte.[199]

Obwohl Handels- und Leistungsbilanz längst komfortable Überschüsse aufwiesen, wurden 1984 nochmals deutliche Verbesserungen beim Hermes-System vorgenommen. Als Altkanzler Helmut Schmidt dem übereifrigen Wirtschaftsminister vom Spielfeldrand aus zurief, die Bundesrepublik würde sich »krank-exportieren« – Schmidt sah hohe Exportüberschüsse weiterhin als ungünstigen Transfer von realen Ressourcen ins Ausland an und forderte eine »Kurskorrektur in Bonn«, mit der die Leistungsbilanzüberschüsse halbiert und die Abhängigkeit von der Weltwirtschaft verringert werden sollte[200] –, reagierte Bangemann mit einer eitlen Belehrung in der regierungsamtlichen *Bonner Depesche*: Man brauche die Handelsbilanzüberschüsse, um die Dienstleistungsbilanz, die Gastarbeiterüberweisungen und den Reiseverkehr auszugleichen. Selbst Leistungsbilanzüberschüsse seien nötig, um Kapitalexport in die Entwicklungsländer leisten zu können. »Eine Verteufelung unserer temporär hohen Überschüsse, die z. T. auch Ergebnis falscher Wirtschaftspolitik in anderen Ländern sind, wird der deutsche Wirtschaftsminister nicht mitmachen.«[201]

Nun nahmen die Überschüsse in Handels- und Leistungsbilanz aber im Laufe des Jahres 1986 wie beschrieben gigantische Ausmaße an, was die Beziehungen nicht nur zu den USA und Japan, sondern auch zu den Partnern innerhalb der EG zunehmend belastete. Die Mitglieder im Außenwirtschaftsbeirat berichteten mit leuchtenden Augen von ihren Exporterfolgen. Für BMW-Vorstand Eberhard von Kuenheim war 1986 »das beste Jahr in der Geschichte der Kraftfahrzeugindustrie«. VW-Vorstand Carl Hahn sprach von einem um 15 Prozent gewachsenen Fahrzeugabsatz. Selbst die gebeutelte Textilindustrie vermeldete ein Exportwachstum von 12 Prozent.[202] Trotzdem blieben die Außenwirtschaftspolitiker vorsichtig, weil das Exportwachstum nicht von Dauer sein könnte und die Binnennachfrage deutlich zunehme. Wenn man den europäischen Handel künftig als Binnenhandel auffasse, so fühlte sich der AWB-Vorsitzende Kurt Werner durch Ausführungen über das geplante Binnenmarktgesetz motiviert zu erläutern, »verringere sich auch die Exportlastigkeit der deutschen Wirtschaft«.[203] Für die europäischen Handelspartner, die spiegelbildlich mit Defiziten zu kämpfen hatten, war das sicher ein schwacher Trost.

Selbst am Beginn des Folgejahres, als der außenwirtschaftspolitische Sprengstoff des deutschen Rekordüberschusses schon weithin sichtbar war, ergingen sich die Experten des BMWi in langatmigen Ausführungen darüber, dass die Exporte real eher zurückgegangen, die Importe aber deutlich gestiegen seien. Würde der Handelsbilanzüberschuss in Preisen von 1985 ausgedrückt, wäre er mit 50 Milliarden DM sogar noch niedriger ausgefallen als in diesem Jahr, so wurde vorgerechnet. Überhaupt sei es »ungünstig für die internationale Diskussion«, dass der Überschuss in Dollar umgerechnet würde, so dass er 1987 wegen der Dollarabwertung blöderweise noch höher ausfallen könnte, als er eigentlich sei.[204] Das Lavieren des Bundeswirtschaftsministeriums war regelrecht amüsant und dürfte von den Managern im AWB mit größter Genugtuung zur Kenntnis genommen worden sein. Einfuhrerleichterungen beispielsweise für Stahl-, Textil- oder Agrarprodukte oder auch eine Stärkung der Konsumnachfrage durch Lohnerhöhungen, wie sie der Gewerkschaftsvertreter im Beirat gefordert hatte, mussten sie von dieser Bundesregierung sicher nicht befürchten.

Der Wirtschaftsminister selbst rief zur Gelassenheit auf: »Wir werben deshalb in der Handelspolitik für Augenmaß und die politische Geduld, die jetzt nötig ist, um den Fortgang des Anpassungsprozesses abzuwarten. Das Schlimmste, was dem Welthandel und damit auch der deutschen Außenwirtschaft gegenwärtig widerfahren könnte, wäre eine Währungs- oder handelspolitische Überreaktion in den USA oder anderswo.«[205]

Als dieser Anpassungsprozess dann doch ausblieb (oder sich um Jahre verspätete), wurden die Handelsbilanzüberschüsse gleichwohl als vermeintliche Erfolge der Regierungspolitik verkauft, unter anderem von Helmut Kohl selbst. »Die Position unserer Unternehmen auf den Weltmärkten« habe sich seit 1982 erheblich verbessert, führte dieser in einer Rede vor dem Deutschen Industrie- und Handelstag 1989 aus. »Die deutsche Wirtschaft exportiert heute mehr als jedes andere Land der Welt. [...] Gerade wir als Exportland Nr. 1 können kein Interesse haben an einer protektionistisch abgeschotteten ›Festung Europa‹, die nur in wechselseitigen Vergeltungsmaßnahmen zum Schaden aller einmünden würde.«[206]

Am Vorabend der deutschen Wiedervereinigung dominierte die »Exportobsession« die Wirtschaftspolitik der alten Bundesrepublik. Natürlich gab es auch Kritik. Gewerkschaften forderten eine Stärkung der Binnennachfrage. Von einer »amtlichen Verherrlichung des Exports« war die Rede. Der »Weltmeister« würde dem Ausland Geschenke machen, indem er gute Produkte für billiges Geld liefere.[207] Wie Helmut Schmidt sahen auch viele Ökonomen in den Exportüberschüssen einen Realtransfer, durch den der deutschen Volkswirtschaft Ressourcen entzogen würden, was nicht nur die Handelspartner in protektionistische Reaktionen treibe, sondern zudem ökonomisch unsinnig sei.[208]

Im internationalen Kontext erweckten die Überschüsse die Lokomotiv-Theorie der 1970er Jahre zu neuem Leben. Im Inland hatte die Debatte aber im Laufe der 1980er Jahre eine andere, eine nationalstaatliche Note erhalten. Weltwirtschaftliche Verflechtung wurde jetzt vornehmlich als Nationalstaatskonkurrenz interpretiert.[209] Die globale Expansion der deutschen Unternehmen, ihre seit den 1970er Jahren stark ausgedehnten Beteiligungen an ausländischen Unternehmen und die Verlagerung von Produktionsstufen ins Ausland spielten in dieser diskursiven Konstruktion einer territorialen nationalen Wirtschaft kaum eine Rolle. Das Nachdenken über diese Aspekte der ökonomischen Globalisierung war aus der außenwirtschaftlichen Debatte ausgelagert in Spezialistenkreise, ganz anders als noch in den 1960er und 1970er Jahren. Der »Exportweltmeister«, wie er 1986 gekürt worden ist, war bei allen Hinweisen auf hohe Exportquoten und Weltmarktabhängigkeit ein zutiefst nationalstaatsbezogener, nach innen blickender, regelrecht hermetischer Akteur.

5.5 Exporterfolg und »Produktionsverlagerung«: Die Globalisierung der deutschen Wirtschaft

Die Handelspolitik und die Diskussionen zwischen Politik und Wirtschaft konnten zweifellos dazu beitragen, die Rahmenbedingungen für die deutsche Exportwirtschaft erheblich zu verbessern. Welchen Vorteil deutsche Exporteure genau durch den »außenwirtschaftspolitischen Flankenschutz« erhielten, lässt sich aber nur im Einzelfall genau ermessen, zumal für die Periode nach der Erosion des Währungsschutzes seit Ende der 1960er Jahre, als die Handelspolitik mehr und mehr auf direkte kleinteilige Instrumente setzte. Erzielt wurde der Exporterfolg jedenfalls nicht in der Politik, sondern in den Unternehmen. Allerdings ist auch mit Blick auf das seit den 1970er Jahren stark zunehmende Auslandsengagement der deutschen Unternehmen festzustellen, dass sich dieses in die wachsende Exportorientierung und -begeisterung gut eingefügt hat.

Die konkreten Unternehmenserfolge im Exportgeschäft setzen eine genaue Analyse von Wettbewerbsvorteilen, Innovationen und Strategien voraus, welche bislang nur in wenigen Fällen vorliegt. Die einzige zusammenfassende Studie über die »Internationalisierung der deutschen Unternehmen« behandelt den Zeitraum vor 1973.[210] Die zahlreichen unternehmenshistorischen Studien, die häufig als Auftragsarbeiten entstanden sind, helfen nur sehr punktuell weiter.[211] Sehr häufig wird die Internationalisierung von Unternehmen als geradezu zwangsläufige Stufe in einem kontinuierlichen Prozess des Unternehmenswachstums dargestellt.[212] Die neuere unternehmenshistorische Forschung konnte dagegen in zahlreichen Beispielen zeigen, dass multinationale Unternehmen nicht zwangsläufig über die Zwischenstadien der Exportorientierung, die Gründung ausländischer Tochtergesellschaften für den Vertrieb und später zur Produktion aus nationalen Unternehmen hervorgehen. Vielmehr gibt es sehr unterschiedliche Formen der Internationalisierung, darunter auch mit inländischem Kapital von Beginn an im Ausland gegründete »free standing companies« (Harm Schröter und Mira Wilkins) oder vom ersten Moment an in mehreren Ländern aktive »born global«-Unternehmen.[213]

Diese von der Theorie zwischenzeitlich anerkannte Vielfalt der Internationalisierungspfade kennzeichnet auch die Transformation der deutschen Wirtschaft zwischen 1966 und 1990. Neben den stark ins Ausland drängenden deutschen Großunternehmen waren es eben gerade zahlreiche kleine und mittlere Unternehmen, die die zweite Welle der Globalisierung in Deutschland entscheidend prägten und damit für das Erreichen der Exportweltmeisterschaft letztlich verantwortlich waren. Die Entwicklung verlief dabei in den einzelnen Branchen sehr unterschiedlich und muss folglich auch im Einzelnen betrachtet werden, was hier freilich nur exemplarisch geschehen kann.

Die deutsche Automobilindustrie war schon in der ersten Nachkriegsdekade zur wichtigsten deutschen Exportindustrie aufgestiegen. In der normierten SITC-Klassifizierung stellte sie seit 1962 den mit Abstand wichtigsten Exportsektor dar, dessen Anteil an allen Exporten zwischen 10 und 12 Prozent bis in die 1970er Jahre angewachsen war und in den 1980er Jahren sogar noch auf 16 Prozent deutlich stieg. Unter den Automobilexporteuren war Volkswagen das bei Weitem wichtigste Unternehmen, das zeitweilig drei Viertel des Autoexports produzierte.

Allerdings war der deutsche Automobilexport wie in allen anderen Ländern (bis auf Japan) in der ersten Ölpreiskrise eingebrochen. Hatten die deutschen Unternehmen 1973 noch 2,2 Mio. Fahrzeuge exportiert, waren es zwei Jahre später gut 700 000 weniger. Erst 1982 wurde das Exportvolumen des Jahres 1973 wieder übertroffen, wozu zum einen die Modellpolitik beitrug. Auf den VW Käfer folgte 1974 der VW Golf. Zum anderen wuchsen neben Volkswagen andere Automobilunternehmen als wichtige Exporteure heran. Die Bayrischen Motorenwerke, die Anfang der 1960er Jahre noch kurz vor dem Untergang gestanden hatten, steigerten die Exportumsätze im Verlauf der 1970er Jahre von 50 auf 60 Prozent, was nicht zuletzt auf den Aufbau eines Netzwerkes ausländischer Vertriebspartner über Exklusivverträge zurückging, eine Praxis, die später vom Europäischen Gerichtshof beanstandet wurde.[214] In Bezug auf die Stückzahlen stand der Export von BMW und Daimler-Benz mit jeweils gut 200 000 Fahrzeugen Anfang der 1980er Jahre freilich sehr weit hinter den 1,5 Millionen Fahrzeugen der Volkswagen AG zurück.

Alle Automobilunternehmen zusammen exportierten schon seit 1963 jedes Jahr mehr Autos, als sie auf dem Inlandsmarkt absetzten (außer in der stürmischen Binnenkonjunktur des Jahres 1978). Vor der Wiedervereinigung gingen 2,7 Millionen Autos aus der Bundesrepublik in den Export.[215]

Hinzu kamen 1,5 Millionen Autos, die von deutschen Unternehmen im Ausland hergestellt wurden. Die deutsche Automobilindustrie hatte das Kunststück fertiggebracht, Export und Auslandsproduktion gleichzeitig auszudehnen, eine Entwicklung, die nach der Wiedervereinigung fortgesetzt werden konnte. Ab 2000 überstieg die Auslandsproduktion den deutschen Export, der seinerseits auf 3,5 Millionen Fahrzeuge gewachsen war. Im Spitzenjahr 2016 führte die deutsche Automobilindustrie 4,4 Millionen Fahrzeuge aus, zu denen noch über 10 Millionen hinzukamen, die im Ausland produziert wurden.[216] Auch wenn die deutsche Automobilindustrie in der Nachkriegsgeschichte in vielerlei Hinsicht eine Sonderstellung hatte und für die »Exportweltmeisterschaft« eine unvergleichliche Bedeutung besaß, so war ihre industrielle Entwicklung zugleich leitbildhaft für eine Transformation der deutschen Wirtschaft, die sich in vielen anderen Branchen auf geringerem Niveau ebenfalls findet.

Das lag auch an der Situation, mit der die deutschen Unternehmen im globalen Wettbewerb in vielen Branchen in vergleichbarer Weise konfrontiert waren. Sie standen nicht nur auf dem Inlandsmarkt, sondern auch auf ausländischen Märkten in einer scharfen Konkurrenz zu japanischen Multinationals. Anfang der 1970er Jahre hatten japanische Automobilkonzerne kaum 800 000 Fahrzeuge exportiert. Im Verlauf nur einer Dekade entwickelte sich das Land mit 4 Millionen Fahrzeugen zum wichtigsten Autoexporteur der Welt. Es war vor allem die kostengünstige »schlanke« Produktion, die diesen Erfolg möglich machte, aber auch die Spezialisierung auf die nach der Ölpreiskrise stark gefragten verbrauchs- und kostengünstigen Klein- und Mittelklassewagen. Die USA waren dagegen als globaler Autoexporteur zurückgefallen, genauso wie viele europäische Länder, allen voran Großbritannien. Auch die französische Autoindustrie hatte an Boden verloren, exportierte aber Anfang der 1980er Jahre noch immer mehr Autos, als nach Frankreich importiert wurden. Lediglich die bundesdeutschen Unternehmen schafften es, sich gegen die japanische Konkurrenz bis Mitte der 1980er Jahre mit einem namhaften Nettoexport von 1,4 Millionen Fahrzeugen zu behaupten. Dabei halfen die Selbstbeschränkungsabkommen, die die EG seit 1982 mit Japan geschlossen hatte. Der für die bundesdeutsche Autoindustrie wichtige europäische Absatzmarkt wurde hierdurch bis zur Jahrtausendwende vor der japanischen Konkurrenz effektiv geschützt.[217]

Der Erfolg der deutschen Automobilindustrie zog andere Unternehmen mit, zum einen als inländische Zulieferbetriebe und Subunternehmer, aber auch als Zulieferer für ausländische Produktionsstätten, die sich zum Teil selbst auf diesem Wege in die

Auslandsproduktion wagten. Die Lieferbeziehungen waren dabei nicht so eng, wie dies für die japanische Automobilindustrie kennzeichnend war, wo Nippondenso im Sog der Globalisierung der Autounternehmen zu einem der größten Zulieferer weltweit aufstieg. Bosch verfolgte dagegen von Beginn an eine eigenständige Globalisierungsstrategie, die gleichwohl von der »Produktionsverlagerung« der deutschen Automobilindustrie profitierte. Zu dieser Strategie gehörten beispielsweise die Versuche, gleich nach dem Krieg auf dem indischen Markt wieder Fuß zu fassen, auch wenn dabei die Erwartung schnell enttäuscht wurde, dass es der Bundesregierung gelingen würde, Volkswagen oder BMW zum Bau von Produktionsanlagen in Indien zu bewegen. Bosch blieb in Indien präsent und ging mit dem indischen Joint Venture Motor Industries Company (MICO) eine dauerhafte Partnerschaft ein, die 1969 durch einen globalen »Investitionsplan« des Bosch-Vorsitzenden Hans Lutz Merkle ausgebaut wurde. MICO produzierte sehr erfolgreich Zündkerzen und Einspritzdüsen nicht nur für den indischen Markt, sondern auch für den Export nach Deutschland und Europa.[218]

Die Globalisierung von Bosch nahm in den 1970er Jahren stark zu, wobei ähnlich der Automobilindustrie Export und Auslandsinvestitionen gleichermaßen gesteigert wurden. 1973 wurden gleich drei Produktionsunternehmen im Ausland eröffnet, in der Türkei, in Malaysia und in den USA, gefolgt von einer Tochter in Belgien (1974) und einer in Südafrika (1976). Dem Wiedereinstieg in den US-Markt galt oberste Priorität. Dort versuchte Bosch, sich als Zulieferer der amerikanischen Firmen zu etablieren. 1983 konnten sämtliche Markenrechte an der amerikanischen Bosch zurückerworben werden. Bosch hatte zu diesem Zeitpunkt 48 ausländische Tochterunternehmen, vorwiegend in Europa, war mit Joint Ventures aber auch im japanischen Zulierergeschäft vertreten. Zwischen 1971 und 1982 wuchs der Auslandsumsatz von 42 auf 55 Prozent des Gesamtumsatzes und der Anteil der Auslandsbeschäftigten von 18 auf 37 Prozent.[219]

Im Kielwasser der Automobilindustrie schwammen auch Zulieferer aus dem Karosseriebau und Hersteller von Industrie- und Spezialmaschinen. Unternehmen wie Voith oder auch der Augsburger Hersteller von industriellen Schweißanlagen KuKa, der seit den 1970er Jahren zu einem der wichtigsten internationalen Produzenten von Industrierobotern aufstieg, stehen beispielhaft für den Globalisierungserfolg mittlerer Unternehmen in den 1970er Jahren. Einige der Unternehmen aus diesem Segment waren dabei überhaupt erst in den 1970er Jahren in einem bedeutsamen Umfang in das Auslandsgeschäft eingestiegen, wie etwa der südwestdeutsche Hersteller von Blechschneide- und Stanzmaschinen Trumpf, der mit der Erfindung einer numerisch gesteuerten Blechschneidemaschine zum Global Player wurde. Der Auslandsumsatz konnte hierdurch Anfang der 1970er Jahre von 40 auf 60 Prozent gesteigert werden und hielt sich auf diesem Niveau, um nach der Jahrtausendwende weiter auf 70 Prozent zu steigen. In den 1970er Jahren gründete Trumpf Vertriebsgesellschaften in den USA, England, Japan und zuletzt in Frankreich. Erst 1982 wurde dort die erste Auslandsproduktion begonnen.[220]

Zu den traditionsreichsten Untergruppen des deutschen Maschinenbaus und zu den erfolgreichsten Exportbranchen zählte der Druckmaschinenbau. Dieser Industriezweig, mit Unternehmen wie Koenig & Bauer aus Würzburg, Heidelberger Druck oder der MAN-Tochter Roland, wies schon vor der zweiten Globalisierungswelle Exportquoten von mehr als 70 Prozent auf.[221] In den 1970er und 1980er Jahren wurde die Exportstärke zum Teil noch gesteigert, wobei die Maschinen immer weitere Vorarbeiten des eigentlichen Druckprozesses einschlossen, beispielsweise den Prozess der Papierzuführung. Die Darmstädter Druck- und Papiermaschinenfabrik Goebel hatte mit Spezialdruckmaschinen unter anderem für Briefmarken und Etiketten großen Erfolg. Schon in den 1950er Jahren wurden diese Maschinen zu 60 Prozent im Export abgesetzt. Unter der Leitung des 1963 in die Geschäftsführung gekommenen Kurt Werner wurde die Exportorientierung auch dieses kleinen und spezialisierten Unternehmens weiter vorangetrieben.[222]

Werner war ein für die deutsche Wirtschaftselite sehr typischer Multifunktionär, von 1970 bis 1974 Präsident der Industrie- und Handelskammer Darmstadt und von 1974 bis 1977 des Verbandes der Deutschen Maschinenbauanstalten. Im September 1983 wurde er zum neuen Vorsitzenden des Außenwirtschaftsbeirats des Bundesministeriums für Wirtschaft gewählt. Der Hamburger Privatbankier Alwin Münchmeyer schied nach 20 Jahren als Vorsitzender dieses Gremiums aus, das Bundeswirtschaftsministerium hatte sich eine generelle Altersgrenze von 70 Jahren für Beiratsmitglieder verordnet.[223] Bis zu diesem Zeitpunkt hatte der Vorsitz des Gremiums in den Händen der hanseatischen Kaufleute und Bankiers gelegen. Insofern war dieser Wechsel des Vorsitzes ein durchaus paradigmatischer Wendepunkt in der Geschichte der deutschen Exportwirtschaft, in der nun auch institutionell die starke Maschinenbauindustrie und die Direktvermarktung die Oberhand gegenüber den Außenhandelskaufleuten und Finanzintermediären gewannen. Das hatte Einfluss auf die außenwirtschaftspolitische Perspektive, denn für Maschinenbauunternehmer wie Werner wurden die inländischen Lohnkosten und die »soziale Hängematte« zum wichtigsten Angriffsziel einer exportorientierten Außenwirtschaftspolitik. Schon allein das »Bild einer ›Freizeitnation‹« sei im Ausland »exportschädigend«, so hieß es in der IHK Darmstadt im April 1984.[224]

Neben dem Maschinenbau gehörte die Chemieindustrie zu den wichtigsten deutschen Exportindustrien, auch wenn sich das nicht unbedingt in einem steigenden Anteil am Gesamtexport niederschlug, der relativ unverändert zwischen 16 und 20 Prozent lag. Im Gegensatz zum Maschinenbau exportierte die Chemieindustrie aber eben keine teuren Investitionsgüter, sondern Massengüter wie Farben, Düngemittel und synthetische Fasern. Der Vergleich mit dem Inlandsumsatz liefert daher ein besseres Bild für die Exportorientierung dieses Industriezweiges. Die Exportquote der Chemieindustrie lag schon Mitte der 1960er Jahre mit 25 Prozent im Vergleich zu anderen Branchen hoch, stieg danach kontinuierlich weiter an und überschritt 1984 erstmals die Marke von 40 Prozent.[225]

Die Ausweitung des Exports vollzog sich dabei parallel zu einer noch rascheren Ausweitung der Auslandsproduktion. Die Chemiekonzerne waren früher und in größerem Stil als alle anderen Industriezweige zur Produktion im Ausland übergegangen.[226] In vielen Ländern war dies durch die nationale Gesetzgebung bedingt, die bei der Patentgewährung die lokale Produktion verlangten. Auf dem amerikanischen Markt litt die Chemieindustrie besonders unter dem »American selling price«-System, das den Einfuhrzoll grundsätzlich nach der Höhe des inländischen Verkaufspreises richtete und die deutsche Einfuhr mit Zöllen weit jenseits der 100 Prozent belastete.[227]

Viele geschäftliche Kooperationen zwischen der deutschen und der ausländischen Chemieindustrie gingen auf Kontakte aus der Vorkriegszeit zurück und waren rudimentär bereits in den frühen 1950er Jahren aufgebaut worden. So hatte Bayer in Indien schnell wieder Fuß gefasst und Hoechst schon 1961 eine Tochtergesellschaft in den USA gegründet, in der frühere Joint Ventures aufgingen. Aber die eigentliche Expansionswelle mit einer rasanten Steigerung der FDI begann Ende der 1960er Jahre, was neben der strategischen Neuausrichtung der deutschen Unternehmen während der globalen Chemiekrise auch mit dem steigenden Auslandswert der D-Mark zu tun hatte. Auslandsinvestitionen und Fusionen wurden hierdurch wesentlich einfacher. Es kam zu großen Übernahmen und Fusionen insbesondere in den USA und in Westeuropa. 1969 fusionierten die Vereinigten Glanzstoff-Fabriken endgültig mit den holländischen Partnern von Allgemeene Kunstzijde Unie. Die Farbwerke Hoechst übernahmen 1970 einen britischen Farbenhersteller, 1972 einen amerikanischen Chemiefaserproduzenten und 1974 einen französischen Pharmahersteller. 1980 steuerten ausländische Produktionsstätten mehr als 50 Prozent des gesamten Konzernumsatzes bei, das war noch vor der Fusion mit dem amerikanischen Chemieunternehmen Celanese 1987.[228]

Noch furioser war die Entwicklung bei Merck, wo schon zu Beginn der 1970er Jahre 57 Prozent des Umsatzes durch Export und Auslandsproduktion erwirtschaftet wurden. 36 Prozent der Beschäftigten arbeiteten für die ausländischen Tochtergesellschaften in 26 Ländern. In der »Ära« des Vorstandsvorsitzenden Hans Joachim Langmann, die für das Unternehmen bis heute prägend ist, wurde die Internationalisierung weiter vorangetrieben, und zur Jahrtausendwende war das Unternehmen in 53 Ländern vertreten, erwirtschaftete 89 Prozent des Gesamtumsatzes im oder mit dem Ausland und hatte 72 Prozent ausländische Beschäftigte.[229]

Maschinenbau und Chemieindustrie gehörten zu den starken Industriezweigen, die auch während der 1970er Jahre wirtschaftlich erfolgreich waren, obwohl es auch zu Beschäftigungsabbau gekommen war. In anderen Branchen löste die Globalisierung der deutschen Wirtschaft wesentlich größere Krisen und vor allem den Abbau von Arbeitsplätzen im Inland aus. Aber selbst in den großen Krisenbranchen der 1970er und 1980er Jahre – der Textil- und Bekleidungsindustrie, der Eisen- und Stahlindustrie und der Elektroindustrie – konnten einzelne Unternehmen über eine Kombination von Auslandsverlagerung der Produktion und Verstärkung des Exports profitabel arbeiten.

Die Textil- und Bekleidungsindustrie befand sich hinsichtlich der Zahl der Beschäftigten bereits seit dem Ende der 1950er Jahre im Niedergang.[230] Die überwiegend kleinteilig organisierte und arbeitsintensive Industrie litt schon frühzeitig unter dem Preisdruck der »Billigeinfuhr« nicht nur aus Asien, sondern auch von anderen europäischen Produzenten. Die bundesdeutsche Außenwirtschaftspolitik war im Fall dieses Industriezweiges sehr früh davon überzeugt, dass die Inlandsproduktion wegen der hohen Lohnkosten nicht dauerhaft aufrechtzuerhalten sei, und versuchte, eine Verlagerung der Produktion ins Ausland anzuregen. »Teile der Baumwollindustrie, und zwar nicht nur in der BR [der Bundesrepublik], sondern bei allen traditionellen Baumwollproduzenten […,] müssen sich […] auf die veränderte Marktlage einstellen, z. B. durch Stillegung von Kapazitäten, durch Ausweichen in andere Herstellungszweige oder durch Verlagerung der Produktion in die Entwicklungsländer«, so hieß es in der Bonner Ministerialbürokratie schon 1963.[231]

Auch wenn es zum Teil im Verein mit Industrieverbänden aus Frankreich und Italien gelang, diesen Prozess durch handelspolitische Protektion und die immer weitere Ausdehnung der Selbstbeschränkungsabkommen zu verlangsamen, führte an der Verlagerung arbeitsintensiver Produktionsteile letztlich kein Weg vorbei.[232] Die deutschen Bekleidungsunternehmen bauten daher Produktionsbetriebe im Ausland auf. Der Bielefelder Hersteller von Oberhemden Seidensticker gründete schon in den 1960er Jahren Betriebe in Spanien und Portugal, von wo auch auf den deutschen Markt exportiert wurde. Profitabel war das allerdings nicht, und Seidensticker verlagerte ab Mitte der 1970er Jahre die Produktion zunehmend nach Hongkong.[233] Im Fall der Textil- und Bekleidungsindustrie wurden die FDI durch den Veredelungsverkehr ergänzt, weil die Fertigung in Osteuropa ganz besonders günstig war, Direktinvestitionen aber schwierig. Einer der wichtigsten Akteure auf diesem Feld war Adidas. Das Unternehmen begann 1967 mit ersten Verträgen zur Schuhproduktion in Jugoslawien, die später auf Bekleidung und Taschen ausgedehnt wurden. Spätestens ab 1973 wurde der »Veredelungsverkehr« mit der DDR und mit Ungarn aufgenommen: Das bundesdeutsche Unternehmen lieferte Garne und Stoffe in die osteuropäischen Länder und erhielt von dort die fertigen Waren zurück, die dann von den Unternehmenszentralen in Westdeutschland und in Frankreich weltweit abgesetzt wurden.[234]

Zwar importierte die Bundesrepublik längst mehr Bekleidung, als sie exportierte. Deutsche Unternehmen waren aber sowohl im eigentlich eher archaisch anmutenden Bereich des Bekleidungsexports als auch im Absatz von Textilien (zu dem der große Bereich der Industrietextilien zählt) so erfolgreich, dass das Land bis nach der Jahrtausendwende zu den wichtigsten Exporteuren gehörte. Die Textil- und Bekleidungsindustrie leistete so ihren Beitrag zur ersten Exportweltmeisterschaft. Allein im Jahr 1985 habe der Textilexport der BRD um 12 Prozent zugenommen, berichtete Ernst-Günter Plutte, der Präsident des Gesamttextil-Verbandes, im AWB. Die Exportquote in der Branche liege bei 47 Prozent.[235]

Die Eisen- und Stahlindustrie gehörte bis zur Mitte der 1970er Jahre zu den wichtigen Exportbranchen und war sowohl in den Verbänden als auch in der Außenwirtschaftspolitik äußerst einflussreich. Nicht zuletzt der Osthandel hatte dazu geführt, dass 1975 8 Prozent des gesamten Exportwertes der Bundesrepublik auf diesen Bereich entfielen. Bis 1985 war der Wert auf 5 Prozent zurückgegangen. Ohne das Röhrengeschäft wäre der Rückgang wohl deutlicher ausgefallen. Die Verlagerung der Produktion war in diesem Sektor ungleich schwieriger und vor allem sehr viel teurer als beispielsweise in der Textil- und Bekleidungsindustrie. Trotzdem versuchten auch die deutschen Eisen- und Stahlunternehmen, küstennahe Produktionsstätten zu errichten, um von den günstigen internationalen Erz- und Kohlelieferungen zu profitieren. Entsprechende Beteiligungen von Thyssen in Südfrankreich und den Niederlanden scheiterten aber noch im Planungsstadium. Ein Stahlwerk in Brasilien musste 1979 wieder aufgegeben werden. Hoesch fusionierte 1972 mit dem niederländischen Hoogovens-Konzern zu Estel und plante den Bau eines Stahlwerkes in Rotterdam.[236] Das Joint Venture ging am Ende aber in der europäischen Stahlkrise unter.

In der Eisen- und Stahlindustrie war nicht die Verlagerung der Produktion erfolgreich, sondern die Diversifizierung und die Integration in die Verarbeitung. In den 1970er Jahren galt der Bau von Industrieanlagen als zukunftsträchtiger Wirtschaftszweig. Bereits erwähnt wurde der Bau eines riesigen Stahlwerkkomplexes im sowjetischen Kursk durch ein Konsortium von Krupp, Korf-Stahl, Demag, Siemens und der Salzgitter AG, der 1974 begonnen werden konnte. Krupp war aber auch an vielen anderen Projekten beteiligt:

am Bau von Raffinerien im Iran etwa, von Walzanlagen und einer Traktorenfabrik in Polen. Der Konzern erwirtschaftete 1975 36 Prozent seines Gesamtumsatzes im Anlagenbau. 60 Prozent der Exporte entfielen auf die Zulieferung im Anlagenbau, der phasenweise durch großzügige Staatskredite der Bundesregierung an die Länder des Ostblocks forciert worden war.[237]

Die Ausweitung des Anlagenbaus betrieben auch die Konkurrenten von Krupp. Mannesmann übernahm 1973 die Deutsche Maschinenbau AG, die sich zu einem der weltweit führenden Anlagenbauer entwickelt hatte, mit einer besonderen Expertise im Kranbau und der Fördertechnik.[238] Der Sog des Anlagenbaus insbesondere in den Ölförderländern war so stark, dass auch das bis dahin überwiegend national agierende Münchener Versicherungsunternehmen Allianz mitgerissen wurde, das für das Risikomanagement 1975 Büros in Saudi-Arabien und im Iran einrichtete.[239] Zwar steckte die deutsche Eisen- und Stahlindustrie vor allem in den 1980er Jahren, in »Schimanskis Jahrzehnt«, in einer schweren Krise.[240] Die betriebswirtschaftliche Krise nach den goldenen 1960er Jahren kam dabei mit einer durch den Beschäftigungsabbau ausgelösten schweren Reputationskrise zusammen. Im Hintergrund leiteten aber selbst die großen Stahlunternehmen einen strukturellen Internationalisierungsprozess ein, durch den sie mittelfristig überlebten.

Innerhalb der deutschen Elektroindustrie gelang vor allem Siemens eine erfolgreiche Globalisierung des Geschäfts. Der »Wiederaufbau des Auslandsgeschäftes«, das traditionell eine sehr große Rolle bei Siemens gespielt hatte, war sehr frühzeitig nach dem Zweiten Weltkrieg eingeleitet worden. Der spätere Vorstandsvorsitzende Gerd Tacke spielte hierbei von Beginn an eine zentrale Rolle. Trotz des systematischen Rückkaufs von Auslandsunternehmen und Namensrechten lag der Auslandsumsatz im Mischkonzern aber bis zum Ende der 1960er Jahre bei gerade einmal 30 Prozent und war damit deutlich geringer als in den anderen traditionellen globalen Branchen. Im Vergleich zu den amerikanischen Konkurrenten und auch zu Philips resultierte dabei ein größerer Teil des

Auslandsumsatzes von Siemens aus dem Export und nicht (wie bei den Konkurrenten) aus der Auslandsproduktion. Mit der Reorganisation des Unternehmens leitete Tacke seit 1969 diesbezüglich einen Richtungswechsel ein. Durch »Produktionsverlagerungen« steigerte er den Auslandsumsatz deutlich, bis dieser 1975 den Inlandsumsatz überholte. Insbesondere die USA und dort die Medizintechnik wurden zu einem systematisch bearbeiteten internationalen Expansionsfeld des Konzerns in den 1970er Jahren.[241]

Für die Elektroindustrie insgesamt ist der Siemens-Konzern aber schon aufgrund der wichtigen Kraftwerksparte und der frühen Internationalisierung kein geeigneter Maßstab. Vor allem die Unterhaltungselektronik stand in den 1970er Jahren unter erheblichem Druck. Zwar hatten auch hier die deutschen Unternehmen sehr früh begonnen, Produktionszweige zu verlagern. Ende der 1970er Jahre stammte die Hälfte der Einfuhr von Farbfernsehgeräten aus der Auslandsproduktion in Werken deutscher Mutterkonzerne, von Grundig in Österreich beispielsweise. Deutsche Unternehmen wie Grundig, Nordmende und Saba ließen auch Bildröhren und andere Teile im Ausland fertigen, um Kosten zu sparen, und konnten sich hierdurch bis in die späten 1980er Jahre als wichtige Exporteure von Farbfernsehern halten. Danach brach das Geschäft aber in kürzester Zeit zusammen, weil Investitionen ausgeblieben waren. Der französische Thomson-Konzern schluckte nacheinander Nordmende (1977), Saba (1980) und Telefunken (1983).[242] Die AEG meldete 1982 Insolvenz an und verschwand in den Elektrobeteiligungen des Daimler-Benz-Konzerns. Die Unterhaltungselektronik war neben der Fotoindustrie tatsächlich ein Opfer der »japanischen Herausforderung« geworden.

Die deutsche Exportstärke beeinträchtigte das aber nicht. Der globale Erfolg der Automobilindustrie und des Maschinenbaus kompensierte die rückläufigen Weltmarktanteile der Elektroindustrie. Zugleich entwickelte sich im Verlauf eines industriellen Spezialisierungsprozesses ein anderer Unternehmenstypus, der für den deutschen Exporterfolg immer wichtiger wurde. Anfang der

1990er Jahre prägte der deutsche Unternehmensberater Hermann Simon für diese Unternehmen den Ausdruck »Hidden Champions«, offenbar durch ein Gespräch mit einem Professor für Management an der Harvard Business School motiviert, der die deutschen Exporterfolge besser verstehen wollte. Simon hatte kleine, eher unbekannte Unternehmen identifiziert, die in Nischenmärkten insbesondere auf den Weltmärkten äußerst erfolgreich waren, die Firma Würth, Hersteller von Schrauben, Koenig & Bauer, Brita-Wasserfilter und den Hersteller von Hochdruckreinigern Kärcher. In diesen Unternehmen habe er eine »mentale Internationalisierung« festgestellt, die ihrer organisatorischen Internationalisierung vorausgegangen sei. Und diese Unternehmen, so Simon, steckten hinter der deutschen »Exportweltmeisterschaft«.[243]

Tatsächlich reproduzierte Simon mit seinen auf Selbsteinschätzungen der Unternehmen basierenden Hypothesen letztlich nur die Exporteuphorie, die insbesondere in kleinen und mittleren Unternehmen Ende der 1980er Jahre vorherrschte. Durch die starke Globalisierung der Produktionsprozesse und eine starke Spezialisierung hatten diese Unternehmen große strukturelle Vorteile, die ihren internationalen Erfolg begünstigten. In einigen Fällen gaben auch verschiedene Förderinstrumente den Ausschlag dafür, den Schritt ins Ausland zu wagen. Als beispielsweise Sartorius Anfang der 1970er Jahre nach einer Möglichkeit suchte, den wichtigen US-amerikanischen Absatzmarkt stärker zu bearbeiten, kamen neben steuerlichen Fördermaßnahmen der Bundesregierung noch jene einer Sonderwirtschaftszone in Puerto Rico hinzu, wo das Unternehmen 1973 einen Produktionsbetrieb für Laborfilter aufbaute – der sich anfangs allerdings finanziell überhaupt nicht lohnte.[244] Ob die mit großer Euphorie in den 1980er Jahren vor allem von kleinen Unternehmen begonnenen Auslandsaktivitäten tatsächlich an sich schon unternehmerische Erfolge darstellten (wie ein Großteil der unternehmenshistorischen Literatur annimmt) oder doch letztlich auf die ausgeprägte Mentalität im Umfeld der ersten Exportweltmeisterschaft zurückgingen, bleibt zu untersuchen. Eine wichtige Komponente war die politische und gesellschaftliche »Exportobsession« aber schon.

Auch die Bedeutung einer weiteren Komponente müsste noch genauer untersucht werden, bevor hierzu verlässliche Urteile gefällt werden können: die Globalisierung der Finanzmärkte und die Internationalisierung der deutschen Banken, der in diesem Buch viel zu wenig Aufmerksamkeit geschenkt werden kann.[245] Durch den verstärkten Einstieg der Banken in die Auslandsfinanzierung konnten die hohen und letztlich unattraktiven Kreditbedingungen der staatlichen Exportfinanzierung und von Auslandsinvestitionen im Verlauf der 1970er Jahre deutlich gesenkt werden. So hatte Krupp 1967 noch 31 Prozent seines Exportumsatzes mit einem Exportkredit abdecken müssen, 1974 aber nur noch 5 Prozent, was die Kosten erheblich reduzierte.[246] Dabei waren die deutschen Großbanken, so eine interne Einschätzung für den Vorstand der Deutschen Bank aus dem Jahr 1978, vergleichsweise schlecht auf die Internationalisierung der deutschen Unternehmen vorbereitet. Traditionell sei man der Auslandsexpansion vorangegangen, jetzt sei es umgekehrt: Die Banken folgten den ins Ausland strebenden Unternehmen nach und müssten sich bemühen, gegenüber ausländischen Kreditgebern wie der Crédit Lyonnais und der Midland konkurrenzfähig zu werden.[247]

Es ist davon auszugehen, dass auch die Kosten für die privatwirtschaftliche Finanzierung von Auslandsinvestitionen in ähnlicher Weise zurückgegangen sind, durch den Angebotsüberhang auf den internationalen Kapitalmärkten, verbessertes banktechnisches Risikomanagement und (im Exportgeschäft) die Verringerung der Bedeutung von Lieferantenkrediten. Auch diese Entwicklung deutet aber vor allem darauf hin, dass die territoriale Fantasie, die in dem Bild einer »Exportweltmeisterschaft« steckt, 1986 längst der Vergangenheit angehörte.

»Überall Deutschland«: Staatliche Förderung der Auslandsverlagerung

Die Globalisierung der bundesdeutschen Wirtschaft erhielt in den 1970er und 1980er Jahren ihren letzten Schliff. Gleichzeitig mit der rasanten Steigerung des Exports, die letztlich zur ersten Exportweltmeisterschaft 1986 führte, stieg der Güterausstoß von im Ausland betriebenen Produktionsstätten. Es handelte sich um eine Parallelentwicklung und nicht etwa um zwei aufeinander folgende Stufen der Internationalisierung von Unternehmen.

Einmal mehr gingen auch bei diesem Prozess staatliche Unterstützung und unternehmerische Initiative Hand in Hand. Die Überlegung, die Auslandsverlagerung der Produktion in einigen Industriezweigen durch staatliche Anreize zu fördern, reichte, wie oben bereits ausgeführt, bis in die späten 1950er Jahre zurück.

Dass die Förderung von Auslandsinvestitionen in einem direkten Zusammenhang mit der Exportobsession stand und dieselben nationalstaatlichen Ideen und Stereotype adressierte, zeigte sich schon auf einer der ersten diesbezüglichen Sitzungen im Bundeswirtschaftsministerium im Frühjahr 1969: Abteilungsleiter Wilhelm Hanemann eröffnete mit der Bemerkung, dass »die Bundesrepublik sehr stark auf der Exportbrust sei, dagegen ein Zwerg bei den Direktinvestitionen im Ausland«.[248] Die Bundesrepublik verwende, so hieß es in einem in der Ministerialüberlieferung befindlichen Artikel aus der *Zeit*, nur 2,5 Prozent ihres Bruttosozialprodukts für FDI, im Vergleich zu 14,1 Prozent in Großbritannien, 10,1 in den Niederlanden, 7,4 in den USA und 5,6 in Frankreich.[249]

Aber nicht die Politik hatte 1968 das Thema aufgegriffen, sondern die Industrie. Und diese hatte sich nicht etwa von der deutschen Übersetzung des bekannten Bestsellers des französischen Journalisten Jean-Jacques Servan-Schreiber über *Die amerikanische Herausforderung* als einem »Paukenschlag« motivieren lassen.[250] Die Initiative stand vielmehr im Zusammenhang mit dem Gesetz über die außenwirtschaftliche Absicherung, mit dem Karl

Schiller über eine Exportabgabe und Einfuhrerleichterungen das deutsche Leistungsbilanzdefizit zulasten der Exportindustrie korrigieren wollte, um eine Währungsaufwertung zu verhindern.

Noch vor der Verabschiedung des Absicherungsgesetzes wandten sich die wichtigsten industriellen Interessenvertretungen mit der Aufforderung an Bundesfinanzminister Franz Josef Strauß, Steuererleichterungen für Auslandsinvestitionen einzuführen. »Volkswirtschaftlich zählt im Wettbewerb mit anderen Industrienationen nicht nur der Direktexport – insofern täuscht die Zahlungsbilanzsituation –, sondern der in einer wachsenden Zahl von Ländern notwendig werdende Absatz deutscher Waren über Montagestellen und Produktionsstätten im Ausland«, hieß es in einem vertraulichen Schreiben des Deutschen Industrie- und Handelstags.[251] Der BDI, die Bundesvereinigung Deutscher Arbeitgeberverbände, der Bankenverband und der Verband des Groß- und Außenhandels versuchten dasselbe Anliegen als Unterstützung der Ziele des Absicherungsgesetzes darzustellen, wenn sie Steuervergünstigungen für Kapitalexport forderten, als das einzige Mittel, die außenwirtschaftlichen Ungleichgewichte wirklich dauerhaft zu verringern.[252]

Strauß war für dieses Hilfsangebot äußerst empfänglich und ließ zum Jahresende 1968 die Grundzüge eines Steueränderungsgesetzes ausarbeiten, das nach dem Vorbild des Entwicklungsländersteuergesetzes die Steuerfreiheit für Verluste in neu gegründeten Auslandsunternehmen, für dort reinvestierte Gewinne aus dem Verkauf von inländischen Kapitalbeteiligungen und für Verlustrückstellungen vorsah. Nach hektischen Diskussionen zwischen den Ministerien wurden die nur wenig veränderten Bestimmungen des Bundesfinanzministers als Auslandsinvestitionsgesetz (AIG) im August 1969 mit der Stimmenmehrheit der großen Koalition durch den Bundestag gebracht.[253] Eine ebenfalls von Strauß vorgeschlagene Deutsche Investitionsgesellschaft, die als »Schwesterinstitut« der Deutschen Investitions- und Entwicklungsgesellschaft mit einer signifikanten Staatsbeteiligung insbesondere Direktinvestitionen in den USA erleichtern sollte, scheiterte allerdings am Widerstand der anderen Ministerien.

Das BMWi störte sich vor allem an der nicht marktwirtschaftlichen Lösung und schlug stattdessen eine privatwirtschaftliche Risikogemeinschaft nach dem Vorbild der Ausfuhrkredit-Aktiengesellschaft vor, in der der Bund mit Bürgschaftszusagen mitwirken sollte. Das Entwicklungshilfeministerium sah die wirtschaftliche Entwicklungshilfe entwertet und das Arbeitsministerium forderte einen steuerlichen Ausgleich an anderer Stelle für die geplante Vermögensumverteilung. Bundeskanzleramt und Auswärtiges Amt sorgten sich am meisten darum, dass der Schritt im Ausland als eine Rückkehr zu einem deutschen »Wirtschaftsimperialismus« gewertet werden könnte.[254]

Diese Sorge war auch im Hinblick auf die inländische Diskussion nicht unbegründet. Unter der Überschrift »Überall Deutschland« kommentierte *Der Spiegel* im Dezember 1969:

> Zu Kaiser Wilhelms Zeiten, als Afrikaner noch deutsche Untertanen waren, gehörten dem Deutschen Reich 2717 Milliarden Quadratmeter Afrikas. [...] Heute, 50 Jahre nach dem Ende der Kolonialherrschaft und 25 Jahre nach dem Zweiten Weltkrieg, haben sich die Industriellen von Rhein, Ruhr und Isar immerhin schon wieder in über 100 Ländern eingenistet. [...] Hatten sich in Deutschland Industrielle wegen der Milliarden-Erlöse aus dem deutschen Export noch bis vor wenigen Jahren als Ausfuhr-Helden feiern lassen, so ist ihnen das heute nicht mehr genug.[255]

In welchem Umfang das AIG die in den 1970er Jahren stark zunehmenden Auslandsinvestitionen deutscher Unternehmen begünstigt hat, ist bislang nicht untersucht worden. Nur eine einzige Inanspruchnahme des § 4 AIG hat es zu großer Berühmtheit gebracht: nämlich die für einen Teil des Gewinns aus dem Verkauf einer 30-prozentigen Beteiligung am Daimler-Benz-Konzern in

Abbildung 5: *Spiegel*-Cover aus dem Jahr 1969

Quelle: *Der Spiegel* (15. Dezember 1969).

Höhe von 1,93 Mrd. DM durch die Friedrich Flick KG. Nach der Verurteilung von Hans Friderichs und Otto Graf Lambsdorff im Zuge des Flick-Skandals und einem Bundestagsuntersuchungsausschuss wurde der Paragraf 4 des AIG 1994 gestrichen.[256]

Die deutschen FDI erhielten durch zahlreiche Effekte der Weltwirtschaft in den 1970er Jahren Rückenwind: durch die Aufwertung der D-Mark, durch protektionistische Handelspolitik auf den Absatzmärkten und durch den als Petrodollar bezeichneten Angebotsüberhang auf den globalen Kapitalmärkten. Die wichtigste Rolle für die Globalisierung der Produktion spielten in den allermeisten Fällen strategische Unternehmensentscheidungen. Unter den vielen Faktoren, die diese Globalisierung antrieben, findet sich aber eben auch die bislang nicht untersuchte steuerliche Begünstigung. In der Ministerialbürokratie wurde intern von einer steuerlichen Förderung gesprochen und mehrfach darauf hingewiesen, dass der Eindruck vermieden werden solle, die Regierung verlagere die Fördermittel vom Export zur Auslandsinvestition. In der Öffentlichkeit wurde dagegen versucht, eine steuerliche Förderung jenseits der Entwicklungspolitik generell abzustreiten.[257]

Anfang der 1970er Jahre wurde die »Produktionsverlagerung« Gegenstand einer Ad-hoc-Kommission des Außenwirtschaftsbeirats, in der der ansonsten zurückhaltende und vorsichtige Quandt-Bevollmächtigte Hans Graf von der Goltz den Vorsitz hatte. Kurz vor der Ölpreiskrise, am 23. September 1973, legte die Arbeitsgruppe ihren Bericht über das »Problem der personalkosten- und aufwertungsinduzierten Auslandsinvestition« vor, der die Möglichkeit des »Zahlungsbilanzausgleichs« und der Produktivitätssteigerung durch Auslandsinvestitionen grundsätzlich bestätigte. Außerdem könnten FDI einen »Beitrag zur Lösung der durch die Beschäftigung von ca. 2,4 Mio. ausländischen Arbeitnehmern entstandenen vielfältigen Probleme in der Bundesrepublik« leisten.[258] Hiermit lag der AWB auf der Linie des BDI, der in einem Memorandum noch vor der Ölpreiskrise festgehalten hatte, »daß es auf die Dauer wirtschaftlich und sozial sinnvoller ist, [...] das Kapital zu den Menschen, anstatt die Menschen zum Kapital zu führen«.[259] Das hörte sich wie eine modernisierte Variante von Caprivi an.

Tatsächlich war die Industrie der Meinung, »Produktionsverlagerungen« und Auslandsinvestitionen könnten keine generelle Lösung, sondern nur in bestimmten Fällen erfolgreich sein. Sie sollten eine Ergänzung zum Export darstellen, wenn die Markterschließung, die Kundennähe und rechtliche Hindernisse dies erforderlich machten, bei »natürlichen« oder »künstlichen Standortvorteilen« im Ausland, nicht aber bei heimischen Standortnachteilen, die vor allem in den hohen Lohnkosten gesehen wurden, die durch die inländische Wirtschaftspolitik behoben werden müssten. Während die Ministerialbürokratie die steuerliche Förderung mit der Verabschiedung des AIG 1969 und dem Außensteuergesetz 1972 für ausgeschöpft hielt, wünschte sich der Außenwirtschaftsbeirat weitere steuerliche Erleichterungen unter anderem für Führungskräfte in den Auslandsunternehmen, eine

Ausweitung der Instrumente zur Absicherung politischer Risiken und neue staatliche Niederlassungs- und Schifffahrtsverträge.[260]

Die Ölpreiskrise veränderte auch diese Diskussion. Als die Thesen der Arbeitsgruppe von der Goltz' im Februar 1974 im AWB diskutiert wurden, forderte Hans Friderichs zu mehr Auslandsinvestitionen auf. Während sich die Unternehmen im Inland »verstärkt auf technologisch hochstehende Produktionen konzentrieren« müssten, um »langfristig unsere Wettbewerbsfähigkeit zu garantieren«, sollte »die Industrie [...] die gebotenen Möglichkeiten der Auslandsinvestition verstärkt nutzen«.[261] Er meinte vor allem Auslandsinvestitionen zur Rohstoffsicherung, zumal dafür das Entwicklungshilfesteuergesetz verwendet werden könne. Die Exportwirtschaft verlängerte hierauf ihren Forderungskatalog und wünschte sich in erster Linie die Abnahme des politischen Risikos sowie »besondere Hilfestellungen« für kleine und mittlere Unternehmen z. B. durch den Ausbau des Informationssystems der Bundesstelle für Außenhandelsinformation, einen Abbau der Währungsüberbewertung, eine zuverlässige Förderpolitik, die nicht nach politischen und konjunkturellen Zyklen variierte, Verträge über den Schutz deutscher Auslandsinvestitionen, eine Aufstockung des Stammkapitals der Deutschen Investitions- und Entwicklungsgesellschaft, staatliche Förderung bei Projekten zur Rohstoffsicherung, die steuerliche Begünstigung nicht nur von Produktionsbetrieben, sondern auch von Holdinggesellschaften, die Ausdehnung des »Schachtelprivilegs« (die Anrechnung von Erträgen aus Kapitalbesitz auf deutsche Steuerlasten) und dass »die Bundesregierung unqualifizierten Angriffen gegen multinationale Unternehmen stärker als bisher entgegentrete«. Natürlich war diese unbescheidene Wunschliste von einem generellen Bekenntnis zur liberalen Weltwirtschaft, zur Freiheit unternehmerischer Entscheidungen und zur Freiheit des Kapitalverkehrs eingeleitet worden.[262]

Viele der großen Investitionsprojekte der 1970er Jahre, insbesondere in den Ölförderländern und in den Staaten des Ostblocks, kamen in einem engen Schulterschluss zwischen Staat und Exportwirtschaft zustande. Ernst Wolf Mommsen hatte als Staatssekretär im Bundesministerium für Wirtschaft und Finanzen im Dezember 1972 Regierungsgespräche mit dem Iran begonnen, die 1973 von Hans Friderichs weitergeführt wurden und 1974 zu einem Vertragsabschluss zwischen dem Iran und dem mittlerweile von Mommsen geleiteten Krupp-Konzern führten.[263] Es wäre verwunderlich, wenn bei diesen Geschäften die Möglichkeiten des Entwicklungshilfesteuergesetzes und der Bundesbürgschaften nicht in Anspruch genommen worden wären, zumal sich Mommsen nach seinem Zerwürfnis mit dem legendären Krupp-Aufsichtsratsvorsitzenden Berthold Beitz später im Zusammenhang mit dem Iran-Geschäft damit brüstete, dass es für ihn »selbstverständlich war, Steuern nur in dem unbedingt notwendigen Umfang zu bezahlen«.[264]

Aber die Kooperation zwischen Staat und Exportwirtschaft beschränkte sich nicht auf diesen, aufgrund der Person Mommsens zweifellos sehr ungewöhnlichen Fall. Die Vermittlung zur iranischen Führung betraf genauso den Bau eines Kraftwerks durch AEG und den Schweizer Konzern Brown, Boveri & Cie., die sich während der iranischen Revolution bei Hans-Dietrich Genscher um eine Bürgschaftszusage der Bundesregierung bemühten.[265] Die Zusammenarbeit von Bundesregierung und Großindustrie bei den Geschäften mit der diktatorischen Regierung von Schah Mohammad Reza Pahlavi wäre eine eigene Studie wert. Innerhalb des allgemeinen Anstiegs der deutschen FDI war der Iran aber nur eine Fußnote, denn der Löwenanteil floss in die Industrieländer. Die Hinweise von Außenpolitikern, die versuchten, die deutschen Leistungsbilanzüberschüsse mit dem Kapitaltransfer in die Entwicklungsländer zu rechtfertigen, standen auf tönernen Füssen. Immer mehr kleine und mittlere Unternehmen wandten sich Mitte der 1970er Jahre mit der Bitte an das Bundeswirtschaftsministerium, Kontakte auf den Auslandsmärkten zu vermitteln.[266] Insgesamt stieg das Volumen der jährlich ins Ausland transferierten Direktinvestitionen in der zweiten Hälfte der 1970er Jahre auf 8 Milliarden DM und nach 1982 noch einmal schlagartig auf mehr als 13 Milliarden.

Tabelle 6.1: Deutsche ausländische Direktinvestitionen (in Millionen DM), 1962-2001

	1962-1966	**1967-1971**	**1972-1976**	**1977-1981**	**1982-1986**	**1987-1991**	**1992-1996**	**1997-2001**
FDI, jährlicher Nettozuwachs	1,231	2,757	4,983	8,234	13,741	21,818	22,544	65,069
Nettozuwachs in Prozent BIP	0,29	0,46	0,47	0,51	0,65	1,08	1,22	3,16
FDI-Bestand, BRD	7,309	17,784	35,899	67,255	140,967	228,558	348,898	545,908
FDI-Bestand in Prozent aller globaler FDI	n. A.	n. A.	4,14	6,45	6,84	9,52	12,82	8,64

Tabelle 6.2: Deutsche ausländische Direktinvestitionen (in Millionen DM/ab 2022 in Euro), 2002-2021

	2002-2006	2007-2011	2012-2016	2017-2021
FDI, jährlicher Nettozuwachs	38,821	74,383	57,629	92,562
Nettozuwachs in Prozent BIP	1,68	2,93	1,95	2,69
FDI-Bestand, Deutschland	675,910	945,425	1,175,817	1,617,165
FDI-Bestand in Prozent aller globaler FDI	7,39	6,97	5,65	5,17

Erläuterungen: Die Tabellen zeigen die jährlichen Durchschnittswerte für deutsche ausländische Direktinvestitionen (Zeile 1), deren Anteil am deutschen BIP (2), den durchschnittlichen Bestand deutscher FDI (3) und den Anteil des deutschen am gesamten globalen Bestand (4) jeweils für Fünfjahresabschnitte. Hierbei wurden die Angaben aus der UN-Statistik jeweils unter Verwendung des offiziellen Wechselkurses von Dollar in DM bzw. Euro zurückgerechnet.

Quellen: FDI-Flow: Krägenau (1962-1974); Bundesbank (1975-1979); UNCTAD (1975-2021); FDI-Bestand: Krägenau (1962-1974); UNCTAD (1980-2021); BIP für die Bundesrepublik Deutschland: Sachverständigenrat (1962-1974); UNCTAD (1975-2021); Wechselkurse Dollar zu DM/Euro: IMF (1969); UNCTAD (1970-2021).

Während vor allem von Gewerkschaften und kleineren Unternehmen aus Krisenbranchen (wie der Textil- und Bekleidungsindustrie) eine breite gesellschaftliche Debatte über den durch die Auslandsverlagerung geschürten Arbeitsplatzabbau angestoßen wurde,[267] stand für Exportindustrie und Außenwirtschaftspolitik Ende der 1970er Jahre zweifelsfrei fest, dass die Auslandsverlagerung eine notwendige Ergänzung zur Exportstrategie sei. Als der AWB 1977 auf Initiative des zwischenzeitlich bei Krupp entlassenen Vertreters der alten Schwerindustrie Ernst Wolf Mommsen sich erneut mit der Auslandsverlagerung befasste und hierbei die üblichen Gegenargumente aufbrachte, wies der zuständige Referent diese Interpretation deutlich zurück: »Nicht selten haben Produktionsverlagerungen ins Ausland auf Grund ihres Marktaufschließungseffektes für die heimische Produktion sogar eine export- und damit beschäftigungsfördernde Wirkung.« Das Mommsen-Gutachten wurde nach mehrfacher Diskussion im AWB schließlich als von der Realität überholt zu den Akten gelegt.[268] Noch deutlicher wurde das Ministerium bei der Beantwortung einer Kleinen Anfrage im Bundestag während der »Leistungsbilanzkrise« 1979: »Zusammenfassend kann daher festgesellt werden, daß sich Investitionen deutscher Unternehmen im Ausland in der Tendenz positiv auf die deutschen Exporte auswirken.«[269] Die »Produktionsverlagerung« hatte sich als eine moderne Variante der Exportorientierung in der Politik etabliert.

Die ausländischen Direktinvestitionen der deutschen Unternehmen wurden in den 1970er Jahren verstärkt zu strategischen Partnerschaften, Joint Ventures und ausländischen Unternehmensgründungen benutzt, wobei der Schwerpunkt ihrer Aktivitäten in den USA und Europa lag. Bei dieser Globalisierung von Produktionsprozessen und Unternehmensorganisation handelt es sich nicht um ein deutsches Spezifikum. So gingen ausländische Unternehmen auch in Deutschland im Verlauf der 1970er Jahre auf Einkaufstour, und zwar nicht nur die Erdölstaaten, deren Beteiligungen an deutschen Unternehmen zum Teil auf den erbitterten

Widerstand der Regierung von Bundeskanzler Helmut Schmidt stießen. Grundig wurde schrittweise vom niederländischen Philips-Konzern übernommen; die AEG 1984 vom französischen Thomson-Konzern. Die auf diese Weise entstandenen multinationalen Unternehmen wurden von einer äußerst kritischen öffentlichen Debatte begleitet. Die »Multinationals« bedrohten die nationalstaatliche Souveränität, so hieß es, und im Rahmen der OECD und der Vereinten Nationen wurde an Selbstverpflichtungen gearbeitet, denen sich die Unternehmen unterwerfen sollten.[270]

Solche Vorbehalte schienen in den 1980er Jahren weitestgehend verschwunden zu sein. Die Bundesrepublik und Europa erlebten damals eine Welle von Zusammenschlüssen und Unternehmensübernahmen, die teilweise in Zusammenhang mit der Entscheidung zur Einführung des Europäischen Binnenmarktes 1986 standen. Seit Beginn der 1980er Jahre kooperierte beispielsweise Volkswagen mit dem staatlichen spanischen Automobilkonzern Seat enger und musste sich dabei zunächst noch der Konkurrenz eines Konsortiums von Fiat und Toyota erwehren, bis die Fusion im Januar 1986 nach einem Besuch des spanischen Königs Juan Carlos I. in Wolfsburg besiegelt werden konnte. In dieser Fusions- und Übernahmewelle sehen einige das Ende der »Deutschland AG«, des engen Geflechts einer Managerelite aus unterschiedlichen Branchen, die über gegenseitige Vorstands- und Aufsichtsratsposten verbunden und mit jahrzehntealten Bankenbeziehungen ausgestattet waren.[271] Tatsächlich handelt es sich aber wohl um einen wesentlich früher beginnenden Globalisierungsprozess der deutschen Wirtschaft, der auf der Ebene der Organisation von globalen Produktionsprozessen das fortsetzte, was mit der Exportorientierung und -förderung bereits sehr viel früher begonnen worden war.

Die Bundesregierung unterstützte diese Entwicklung, wie viele andere Regierungen auch. In vielen Fällen war die moralische, semantische und strategische Unterstützung auch mit finanziellen Anreizen bis hin zu Subventionen verbunden. Man wird diese Phase der beginnenden zweiten Welle der Globalisierung daher nicht als einen Sieg des Kapitalismus über einen überforderten Nationalstaat deuten können, der vor allem durch die Liberalisierung der Kapitalmärkte (denn das war zweifellos eine wichtige Voraussetzung für internationale Unternehmenszusammenschlüsse) den neoliberalen Geistern in der Wirtschaft und in internationalen Organisationen willfährig die Tür geöffnet hat. Es handelte sich – jedenfalls im Fall der Bundesrepublik – um einen Schulterschluss zwischen Exportwirtschaft und Außenwirtschaftspolitik, die gemeinsam mit deutlich nationalstaatlicher Motivation die institutionelle Struktur der Weltwirtschaft so gestalten wollten, dass die eigenen inländischen Erträge maximiert wurden. Und hierfür galt der Exportüberschuss weiterhin als aussagekräftiger Maßstab.

Der Historiker Quinn Slobodian hat die Personengruppe, die sich eine durch internationale Organisationen lancierte Liberalisierung der Weltwirtschaft zum Ziel gesetzt hatte, welche aber nur über die Mittäterschaft der Nationalstaaten möglich war, als »Globalisten« bezeichnet.[272] Für die Bundesrepublik ergibt sich eher der umgekehrte Befund: Außenwirtschaftspolitiker und Exportwirtschaft verfolgten auch in der zweiten Welle der Globalisierung ein fast überraschend nationalstaatlich gedachtes Programm, das an der globalen Dominanz der deutschen Industriewirtschaft ausgerichtet war. Hierzu wurde die Exportstärke nicht nur mit Lohnzurückhaltung, Währungspolitik und Preisstabilität im Inland zu konservieren versucht, sondern zugleich durch ein hohes Maß an Auslandsproduktion, das auf die Beherrschung von Exportmärkten durch Kundennähe und Lieferfähigkeit abzielte sowie den Reexport günstiger Vorprodukte für die hochtechnologische Exportproduktion aus dem Heimatmarkt. So paradox das zunächst scheinen mag: In diesem Sinne war die Auslandsverlagerung der Produktion geradezu die Voraussetzung für das Erreichen der Exportweltmeisterschaft. Gerade wenn dieser Zusammenhang bedacht wird, ist die territoriale Abgrenzung der deutschen Wirtschaft, die sich in der Rede von der Exportweltmeisterschaft seit 1986 ausdrückt, mysteriös und erklärungsbedürftig.

6
SCHLUSS
Exportobsessionen seit der Exportweltmeisterschaft

Als im November 1989 die Berliner Mauer fiel und die Scorpions an ihrem epochalen Song über den »Wind of Change« feilten, strotzte die bundesdeutsche Exportwirtschaft vor Kraft wie nie.[1] Über drei Jahre hatten die Unternehmen des Landes zusammen mehr Güter exportiert als jedes andere Land der Welt. Trotz einer anhaltend hohen Arbeitslosigkeit von mehr als 7 Prozent, trotz der Arbeitskämpfe in den Stahlunternehmen des Ruhr- und Saargebiets und des Werftensterbens, trotz eines nur moderaten jährlichen Wirtschaftswachstums von 2 bis 3 Prozent war die Bundesrepublik »Exportweltmeister«, wie immer wieder in der Presse zu lesen war. Zwar waren sich Wirtschaftsfachleute und Unternehmer einig, dass diese Exportweltmeisterschaft mindestens ebenso sehr auf günstige Wachstumsdynamiken in den Ländern zurückging, in die deutsche Güter verkauft wurden, wie auf die Wettbewerbsfähigkeit der deutschen Unternehmen. Dem großen Selbstbewusstsein und der gesellschaftlichen Stellung der deutschen Exportwirtschaft tat dies aber keinen Abbruch. Im Ausland war hingegen von den »exportwütigen Deutschen« die Rede, die mit ihren Produkten ganz Europa »überschwemmten«.[2]

Die Konstellation am Vorabend der Wiedervereinigung war nicht neu. In der BRD hatte sich die Exportorientierung und das Streben nach Exportüberschüssen zu einem breiten gesellschaftlichen Wachstumskonsens entwickelt. In einer frappierenden historischen Kontinuität – die von der Monarchie des Deutschen Kaiserreichs über die erste deutsche Republik, die nationalsozialistische Diktatur und die Regierungen der Bundesrepublik Deutschland reichte; die im Kolonialimperialismus vor dem Ersten Weltkrieg genauso funktionierte wie in der Deglobalisierungskrise der

1930er Jahre und der liberalen Weltwirtschaft nach dem Zweiten Weltkrieg – wurde in Deutschland das Ziel verfolgt, Exporte zu steigern und möglichst hohe Exportüberschüsse zu erwirtschaften. Nach der Staatsgründung 1949 war in diesem Streben ein erstes Etappenziel erreicht: Seit 1952 stellten sich Exportüberschüsse in der Bundesrepublik dauerhaft ein. Aus diesen Anfängen entwickelte sich Schritt für Schritt ein allgemeines Wachstumsmuster. Handels- und Leistungsbilanzüberschüsse, nach wirtschaftswissenschaftlicher Lehrmeinung vorübergehende und letztlich flüchtige Übergangsphänomene, wurden dabei zum Maßstab für eine erfolgreiche Wirtschaftspolitik.

Der Begriff der Exportweltmeisterschaft, der in der deutschen Öffentlichkeit für das Ziel dieses Strebens gefunden wurde, war daher weit mehr als nur eine launige Verbindung von Sport und Wirtschaft. Er griff auf eine sehr lange Vorgeschichte prägender Denk- und Handlungsmuster in der deutschen Außenwirtschaftspolitik, in Unternehmenszentralen und nicht zuletzt in der Gesellschaft insgesamt zurück. Er bedient Klischees und assoziiert unreflektierte Vorannahmen und ist in dieser Funktion weiter in Verwendung, selbst nachdem die zweite Exportweltmeisterschaft 2009 endete.

Die Denk- und Handlungsmuster, die in diesem Begriff gebündelt werden, entfalteten in den letzten 150 Jahren in der deutschen Geschichte eine ganz erstaunliche unterschwellige Steuerungswirkung. Die Existenz der deutschen Exportorientierung als einer eigenständigen historischen Kraft ist, so das Argument, das ich in diesem Buch entwickelt habe, der wichtigste Grund dafür, dass der Export in der deutschen Geschichte über einen so erstaunlich langen Zeitraum eine so große Bedeutung gespielt hat und spielt, und zwar nicht nur in der sozioökonomischen Sprache, sondern auch in den tatsächlichen materiellen Exporterfolgen.

Diese stellen sich natürlich nicht einfach ein, weil Unternehmer oder Politiker sich das so wünschen. Die Exportstärke der deutschen Wirtschaft war immer mit konkreten Wettbewerbsvorteilen der deutschen Unternehmen verbunden, die sich allerdings nur für jeden Einzelfall, für einzelne Unternehmen oder gar Produkte, konkret untersuchen lassen. Aber solche Vorteile sind flüchtig: Patente erlöschen, Lohnkostenvorteile gehen verloren, Organisationsprinzipien werden von Wettbewerbern kopiert, eine hohe Arbeitsmoral macht der Genügsamkeit Platz, staatliche Förderinstrumente erodieren. Wenn Deutschland über bald 150 Jahre also zu den wichtigsten Exportnationen der Welt zählt, dann ist das nur möglich, weil verflossene Wettbewerbsvorteile immer wieder durch neue ersetzt werden konnten, die sich möglicherweise in ganz anderen Branchen eröffneten. Und in diesen Prozessen der Anpassung an eine sich rasant verändernde weltwirtschaftliche Umwelt kam die Exportorientierung und die »Exportwut« der Deutschen historisch jeweils zur Anwendung. Letztlich war auch der weltwirtschaftliche Wiederaufstieg Deutschlands nach dem Ende der Teilung, als sich das Land vom »kranken Mann Europas« zu einer zweiten Exportweltmeisterschaft aufschwang, von der historisch vererbten Exportorientierung durchdrungen.[3]

Bevor ich die Brücke zur Gegenwart schlage, möchte ich kurz die wichtigsten Bereiche nennen, in denen die langfristige Orientierung Deutschlands am Export nachhaltig das politisch-soziale System des Landes geprägt hat. Durch diese fünf Kernelemente wurde die Exportorientierung ähnlich unverrückbar im »Modell Deutschland« verankert wie die Sozialpartnerschaft, der Mittelstand und die Inflationsangst.

Zusammenfassung: Fünf Kernelemente der Exportorientierung

Als erstes Kernelement ist die enge Verbindung der Exportindustrie mit dem Schicksal des Landes zu nennen. Die Grundlagen hierfür wurden mit der berühmten Rede des Reichskanzlers Leo Graf von Caprivi gelegt, der in der Tat der Meinung war, dass »das deutsche Volk nicht in der Lage« sei, »weiter zu leben«, wenn der Agrarprotektionismus die Entstehung einer erfolgreichen Exportindustrie im Deutschen Reich verhindere.[4] Charles Kindleberger hat deshalb das ausgehende 19. Jahrhundert einmal sehr treffend als »export or die«-Periode der deutschen Geschichte bezeichnet.[5] Die Idee von der »Lebenswichtigkeit des Exports« hat sich danach umfassend in der politisch-sozialen Sprache Deutschlands verbreitet. Sie findet sich beim Abteilungsleiter des Reichswirtschaftsministeriums Hans Posse 1924, bei Bundeswirtschaftsminister Ludwig Erhard 1953, bei den Managern Ernst Wolf Mommsen und Hans von der Goltz 1966 und 1973, beim parlamentarischen Staatssekretär im Bundeswirtschaftsministerium Martin Grüner 1985.

Zunächst handelte es sich dabei nur um rhetorische Stilmittel mit dem Zweck einer Dramatisierung vor dem Hintergrund konkreter historischer Umstände und Interessen. Lediglich in den Jahren nach dem Ersten Weltkrieg steckte in dieser gedanklichen Verbindung ein überaus harter wahrer Kern. Die Herauslösung einer kaum deutlich definierbaren Exportindustrie aus der restlichen Wirtschaft wirft aber insbesondere in Zeiten, in denen die Existenzbedrohung weniger real war, diverse Fragen auf, und noch mehr die implizite Behauptung, dass die Exporterfolge privatwirtschaftlicher Unternehmen automatisch der »Gesellschaft« zugutekämen. Denn die Überschüsse in einer nationalen Handelsbilanz sind ja nur scheinbar die Erfolge eines Landes, tatsächlich schlagen sie in den Kassen der Unternehmen zu Buche (hier allerdings nicht notwendig als Gewinne!), von wo aus sie nur über komplizierte Abschöpfungsmechanismen der Gesellschaft erst noch zugeführt werden müssten, soll die Verknüpfung des Schicksals einer Nation mit den Exporterfolgen ihrer Wirtschaft eine materielle Basis erhalten.

Die Ausrichtung der deutschen Wirtschaftspolitik an der Exportorientierung hat nicht zuletzt diesen Umstand zeitweise sehr erfolgreich verschleiert, wobei das nicht einmal die Motivation gewesen sein dürfte. Häufig ging es um den Appell an die patriotische Gesinnung der Unternehmen, um ein öffentliches Hilfeersuchen der Politik in Krisenlagen, das die Verschleierung der tatsächlichen

Verhältnisse aber in Kauf nahm. Die dergestalt umworbenen Unternehmen haben das gleichwohl auch ausnutzen können und sich für ihre vermeintliche oder tatsächliche Hilfestellung für die nationale Handelsbilanz diverse Vorzüge einräumen lassen: steuerliche Vorteile, institutionelle Sonderbehandlungen und besondere Finanzhilfen. Das ist aber an dieser Stelle für das erste Kernelement der Exportorientierung nicht entscheidend, sondern allein die hierbei praktizierte Isolierung einer »Exportwirtschaft« aus der Wirtschaft insgesamt und die Behauptung ihrer existenziellen Bedeutung für den Wohlstand in Deutschland, ja für das »Überleben« der Nation, wenn es pathetisch wurde.

Das zweite Kernelement stellt die institutionelle Verankerung des Systems der Exportförderung dar, das über einen langen Zeitraum von mehr als 100 Jahren Schritt für Schritt errichtet wurde. Durch dieses System wurde die Stimme der Exportwirtschaft gleichsam permanent in die politökonomische Diskussion eingespeist.

Drei Formen der institutionellen Exportförderung sind dabei zu unterscheiden: Erstens eine Infrastruktur an Informationsangeboten für Exportunternehmen außerhalb der diplomatischen Stellen, die mit den Auslandshandelskammern der 1890er Jahre, den Musterausstellungen und der Auslandsinformationsstelle ihren Anfang nahm und sich über zahlreiche Ausweitungen und Spezialisierungen bis zur Bundesstelle für Außenhandelsinformationen (heute Germany Trade and Invest) fortsetzte. Die staatlichen Mittel, die in diese Infrastruktur flossen, mögen gegenüber den Handelsströmen verschwindend gering gewesen sein, aber insbesondere für die vielen kleinen und mittleren Unternehmen, die heute einen großen Beitrag zur deutschen Exportstärke leisten, machten sie einen Unterschied. Nicht zuletzt deshalb lenkte die Wirtschaftspolitik der jüngeren deutschen Geschichte, von Martin Bangemann bis Rainer Brüderle, ihre Aufmerksamkeit insbesondere auf diese Instrumente.[6]

Eine wichtige Form der staatlichen Exportförderung stellte, zweitens, die Währungspolitik dar. Dieser Aspekt ist in der wirtschaftshistorischen Forschung bisher nur punktuell beschrieben worden. Die Geschichte der Währungspolitik beschäftigte sich überwiegend mit der Bekämpfung der Inflation durch die Zentralbanken oder diversen Bank- und Finanzmarktaspekten. Eine systematische Geschichte der exportpolitischen Komponente der deutschen Geld- und Währungspolitik liegt bislang nicht vor und konnte in diesem Buch nicht zusätzlich geschrieben werden. So viel ist aber klar: Nach dem Ersten Weltkrieg wurde das Währungsdumping systematisch zur Erleichterung des Warenexports eingesetzt und damit ein neues Instrument für die deutsche Exportstärke geschaffen, auf das in späteren Phasen zurückgegriffen wurde, in der Devisenbewirtschaftung der NS-Zeit, der fast störrischen Weigerung von Adenauer und seinen Nachfolgern, die Unterbewertung der D-Mark im Bretton-Woods-System zu beseitigen, sowie schließlich im »managed floating« der 1980er Jahre und im europäischen Währungssystem.

Ein dritter Instrumentenkasten zur Exportförderung stand der Bundesrepublik im System der Exportfinanzierung und der besonderen Risikoabdeckung zur Verfügung. Weil im Exportgeschäft Lieferantenkredite üblich und der Zugriff auf säumige Kunden im Ausland schwierig ist, entstand um den Warenexport herum ein dichtes Geflecht von Finanzierungstechniken. Vor dem Ersten Weltkrieg war die Handelsfinanzierung in Deutschland ein wichtiges Geschäftsfeld von Hamburger Privatbanken und den später gegründeten Großbanken. Die Deutsche Bank war explizit für die Exportfinanzierung gegründet worden.[7] Nach dem Ersten Weltkrieg war das Geschäftsfeld, das über Filialen und Partnerbanken von den großen Finanzmärkten in London und Paris reichlich Gebrauch gemacht hatte, schwieriger geworden. Hinzu kam, dass deutsche Unternehmen zunehmend auf prekäre Exportmärkte ausweichen mussten, unter anderem die Sowjetunion, und hierdurch wesentlich höhere Ausfallrisiken zu stemmen hatten. Mit der Gründung der Hermes-Versicherung schaffte die Reichsregierung ein effektives Instrument, um der Exportfinanzierung wieder auf die Beine zu helfen. Das Hermes-System wurde nach dem Zweiten Weltkrieg weiter ausgebaut, wobei großzügige Staatsbürgschaften das gesamte System trugen, zu dem nun noch eine Exportkreditbank, die Ausfuhrkredit-Aktiengesellschaft, hinzukam.

Die Stellschrauben des Hermes-Systems waren zahlreich und feingliedrig. Über Kreditlaufzeiten, Selbstbeteiligungen, Prämienhöhe und »Forfaitierung« konnten sich die Experten von Exportwirtschaft und Ministerialbürokratie ausdauernd und detailliert streiten. Die besondere Exportorientierung und Exportstärke der deutschen Wirtschaft erklärt es aber nicht, schon weil andere Nationen ähnliche Förderinstrumente entwickelten, die seit den 1970er Jahren deren Exportunternehmen wesentlich günstigere Bedingungen anbieten konnten, während internationale »Waffenstillstandsabkommen« an dieser Front nicht zustande kamen.[8] Im konkreten Fall der ersten Exportweltmeisterschaft machte das deutsche Hermes-System vermutlich aber doch den entscheidenden Unterschied, bevor es volkswirtschaftlich gesehen in der Versenkung verschwand, weil die privatwirtschaftlichen Finanzmärkte die Exportfinanzierung günstiger und besser abdeckten.

Der materielle Gesamteffekt dieser institutionellen Exportförderung in Deutschland ist kaum zu beziffern. Eine systematische und dauerhafte Exportsubvention bestand hierin sicher nicht, und die Exportstärke der deutschen Wirtschaft ist darauf nicht zurückzuführen. Die staatlichen und halbstaatlichen Institutionen wirkten eher als eine Art Reservoir, über das in zahlreichen Gremien – dem Außenhandelsbeirat, dem Interministeriellen Ausschuss für Ausfuhrgarantien und Ausfuhrbürgschaften,[9] dem Handelspolitischen Ausschuss des Bundestags usw. – die Exportorientierung regelmäßig in die Außenwirtschaftspolitik eingespeist wurde.

Die drei wichtigen institutionellen Instrumentenkästen, die im Zuge des 100-jährigen deutschen Exportstrebens Schritt für Schritt entwickelt wurden, waren von einer besonderen Handelspolitik flankiert, die mit dem üblichen Adjektiv »liberal« nur sehr unvollständig beschrieben ist. Diese besondere Handelspolitik ist ein drittes Kernelement der deutschen Exportorientierung. Sicherlich lässt sich die Geschichte der Exportweltmeisterschaft auch als fundamentaler Übergang zur außenwirtschaftlichen Liberalisierung schreiben, bei dem Ludwig Erhard als Held fungiert, der die ausschlaggebende Wende einleitete. Der im Deutschen Kaiserreich dominierende Protektionismus konnte zeitweise gezähmt, aber bis in die 1950er Jahre nie entscheidend zurückgedrängt werden. Deutschland gehörte seit den 1870er Jahren zu den Ländern mit hohen Zöllen und strikten Handelsbeschränkungen. In der Weltwirtschaftskrise (also noch vor dem Machtantritt der Nationalsozialisten) gab es den freien Außenhandel schließlich vollständig auf.

Die Bundesrepublik fand sich dagegen nach dem Zweiten Weltkrieg schnell und gerne in der Rolle des handelspolitischen Musterknaben ein. Zölle wurden deutlich reduziert und Handelsbeschränkungen in rasanter Geschwindigkeit abgebaut. Aber dieser Liberalismus blieb immer unvollständig, und das lag eben nicht an den Grenzen, die der bundesdeutschen Außenwirtschaftspolitik durch die protektionistischen europäischen Partner gesetzt wurden, insbesondere durch Frankreich. Die Liberalisierung wurde in erster Linie für industrielle Fertigwaren vorangetrieben, in der Hoffnung, die Exportmärkte der Handelspartner für die eigenen Produkte zu öffnen. Dieses Muster wandten bereits die Außenhandelsexperten der Weimarer Republik in den 1920er Jahren an. Erhard habe »unter freiem Welthandel in erster Linie die Freiheit für die eigenen Exporte auf den Märkten der anderen verstanden«, so formuliert es der beste Kenner der Thematik, der Historiker Reinhard Neebe,[10] während der Inlandsmarkt für Agrarprodukte, Eisen- und Stahlerzeugnisse und später auch für Textil- und Bekleidungsprodukte verschlossen blieb. Der Protektionismus war nicht verschwunden, sondern zu einem »selektiven Protektionismus« geschrumpft, dem eine partielle Liberalisierung zur Seite stand, welche in enger Abstimmung mit der Exportwirtschaft konzipiert wurde.

Der Außenhandelsbeirat des Bundeswirtschaftsministeriums, in dem die Spitzen der deutschen Exportindustrie vertreten waren, wurde hierzu eng in die Vorbereitungen der Handelsrunden des GATT einbezogen und munitionierte die Unterhändler umfassend mit Detailwissen, mit dem der Zugang zu den wichtigsten Exportmärkten, insbesondere in den USA, vorangetrieben werden sollte. Das war notwendig, denn die Handelspolitik entwickelte nach dem Zweiten Weltkrieg eine Komplexität, die es den Unterhändlern im BMWi und im Auswärtigen Amt schwermachte, die konkreten Diskriminierungen der deutschen Exporteure überhaupt zu erkennen bzw. Gegenmaßnahmen zu entwickeln. Nachdem Zölle und Handelsbeschränkungen nach der Kennedy-Runde des GATT schon Anfang der 1970er Jahre keine große Hürde für den Welthandel mehr darstellten, waren es vor allem kleinteilige nichttarifäre Maßnahmen, mit denen die Staaten nun umso deutlicher im Welthandel intervenierten. Die Außenwirtschaftspolitik nicht nur der Bundesrepublik entwickelte sich unter diesen Umständen von einer klaren Ordnungspolitik zu einer Art nationaler Kumpanei von Politik und Wirtschaft, was der Bundesrepublik sehr entgegenkam.[11] Denn hier gab es eine weitgehende Interessenkongruenz zwischen Exportwirtschaft und Politik.

Diese Situation führte letztendlich zu einer verteilungspolitischen Schieflage. Als Ergebnis muss diese Einkommensumverteilung, die die deutsche Exportorientierung mit sich brachte, als ein viertes Kernelement bezeichnet werden. Schon die Institution des Außenhandels- bzw. Außenwirtschaftsbeirats zeigt diese Schieflage: Dort erhielten drei- bis viermal im Jahr die Spitzenfunktionäre der deutschen Exportwirtschaft einen direkten Zugang zum im Außenhandel federführenden Bundeswirtschaftsminister, der sie über seine Sicht auf die Weltwirtschaft informierte und sich in Detailfragen der versammelten Fachexpertise bediente. Zwar ist eine direkte Einflussnahme des Gremiums nur in wenigen Fällen nachweisbar. Aber schon die hohe Anwesenheitsquote viel beschäftigter Top-Manager auf der einen Seite und auch der Spitzen der Ministerialbürokratie, der Bundesbank und des Ministers auf der anderen zeigt, welche Bedeutung diesem Gremium zugemessen wurde. Seit 1966 gehörten dem Gremium zwei Bundestagsabgeordnete an, und die SPD-Fraktion achtete darauf, einen Gewerkschaftsvertreter zu benennen. Das änderte aber nichts daran, dass die verteilungspolitischen Folgen der strikten Exportorientierung der bundesdeutschen Außenwirtschaftspolitik kaum systematisch diskutiert wurden, nicht in diesem Gremium und auch nicht in anderen, mit Ausnahme vielleicht auf wenigen Sitzungen der Konzertierten Aktion.

Die verteilungspolitischen Folgen der Exportorientierung waren aber gravierend, hierauf wies kein Geringerer als Herbert Giersch freimütig hin, einer der prominentesten Volkswirte und Regierungsberater der späten 1960er Jahre: »Durch die jahrelange Tendenz zur Unterbewertung der Deutschen Mark«, so zitiert ihn ein Sitzungsprotokoll des Wissenschaftlichen Beirats beim Bundesministerium für Wirtschaft aus dem Jahr 1971,

> seien Exportindustrie und Importsubstitution subventioniert worden, was nicht ohne Verzerrung für die funktionale Einkommensverteilung geblieben sei. Gewinnvolumen, Selbstfinanzierung und Monopolgrad seien auf diese Weise höher und die Lohnquote niedriger gewesen, als das unter anderen Umständen durchzusetzen gewesen wäre. Diese probate Wachstumspolitik der Unternehmer habe sich zu Lasten der Verbraucher, der Arbeitnehmereinkommen und der Vermögenspolitik ausgewirkt.[12]

Eine übertriebene Sympathie für die Arbeiterbewegung oder den Konsum wird man der lautesten Stimme im ersten Sachverständigenrat und dem langjährigen Präsidenten des Kieler Instituts für Weltwirtschaft schwerlich nachsagen können.[13]

Während also die Exportorientierung in ihrem vierten Kernelement permanent und dauerhaft zu einer Dämpfung der Löhne und des Konsums im Inland führte und der Exportindustrie größere Investitionsspielräume verschaffte, führte die Rechtfertigung einer solchen Unwucht im Inland zu allerlei Paradoxien. Exportunternehmen begründeten ihren Exportdrang beispielsweise häufig mit der Schwäche des Binnenmarktes, welche aber ihrerseits aus der Exportorientierung resultierte.

Eine interessante Episode stellt vor diesem Hintergrund die Förderung von Auslandsinvestitionen dar, die die Bundesregierungen seit den späten 1950er Jahren ins Spiel brachte. Während die Handelspartner in Europa und in den USA die Steigerung des Konsums in Deutschland forderten, rechtfertigte die Bundesregierung einen Teil der Überschüsse damit, dass diese zu privaten Auslandsinvestitionen in den Entwicklungsländern verwendet würden und damit gleichsam der Welt zugutekämen. Allerdings zeigt die Verteilung deutscher FDI, auf welch tönernen Füßen dieses Argument stand. Das Schauspiel wiederholte sich später mehrfach, nach der Ölpreiskrise, bei der Abwehr der Lokomotiv-Theorie und noch während der ersten Exportweltmeisterschaft.

Die sozial-liberalen Regierungen zeigten angesichts steigender Inflationsraten zwar ein großes Maß an Verständnis für die Lohnabschlüsse der 1970er Jahre. Bundeskanzler Helmut Schmidt selbst stand hohen Exportüberschüssen eher skeptisch gegenüber und appellierte gerne und oft an die »patriotische Verantwortung« deutscher Unternehmen, die diese sowohl vom Verkauf von Aktien an Investoren aus den Golfstaaten als auch von der Verlagerung der Produktion ins Ausland abhalten sollte. Die an »optimalen Handelsbilanzüberschüssen« orientierte Außenwirtschaftspolitik und die sich hieraus ergebenden Verteilungseffekte beseitigte aber auch er nicht.

Das fünfte und letzte Kernelement des Denk- und Handlungsmusters, das am Ende des historischen Untersuchungszeitraums zur Exportweltmeisterschaft führte, bezieht sich auf die Semantik selbst, die sich im Zusammenhang damit etablierte, mit Folgen bis in die Gegenwart. Die Verknüpfung von wirtschaftlichen

Produktionsprozessen mit einem nationalstaatlichen Territorium, die sich im 19. Jahrhundert umfassend etabliert hatte, konstruierte den internationalen Warenhandel als Austausch zwischen Nationen und zeichnete damit ein zutiefst irreführendes Bild, in dem Unternehmen letztlich nationale Produzenten sind, die mit dem Ausland Handel treiben. Dieses Bild ist von einer langen Tradition der nationalstaatlichen Handelsstatistik verfestigt worden, was in einer reichhaltigen Literatur in den letzten Jahren umfassend untersucht worden ist.[14] Erst in der jüngsten Zeit werden Versuche unternommen, globale Wertschöpfungsketten und internationale Gütertransfers innerhalb multinationaler Unternehmen aus diesen nationalstaatlichen Handelsdaten herauszulösen.[15]

Die nationale Codierung der Wirtschaft, die mit der nationalstaatlichen Handelsstatistik verbunden war, ging aber eben weit über das »national accounting« und die Volkswirtschaftliche Gesamtrechnung hinaus. Sie ist auch mit Marketingstrategien wie dem »nation branding«, das multinationale Konzerne heute standardisiert anwenden, nur unvollständig erfasst,[16] weil sie doch letztlich zu einem umfassend verzerrten Verständnis der globalen Wirtschaft führt, das sich nicht nur in der populären Sprache (Stichwort »Exportweltmeister«), sondern bis hinein in ansonsten kritisch reflektierende wissenschaftliche Darstellungen findet.

Tatsächlich sind Produktionsprozesse selten national begrenzt, und zwar nicht erst seit der jüngsten Globalisierungswelle. Schon die Produktivitätssteigerung in der englischen Baumwollindustrie, Auslöser der Industrialisierung in Großbritannien und damit des Übergangs zur modernen Industriewirtschaft überhaupt, war eingebettet in ein globales Produktionssystem, in dem die britischen Unternehmen eine entscheidende Produktionsstufe revolutionierten und hierdurch einen Teil der globalen Veredelungsindustrie bei der Verarbeitung von Baumwolle ins Inland zogen.[17] Das Prinzip hat sich in der modernen Industriegeschichte hundertfach wiederholt.[18] Unternehmen dehnen ihre Aktivitäten entlang einer globalen Wertschöpfungskette der Produktion aus oder verlagern sie. Viele Firmen organisieren den Absatz ihrer Produkte im Ausland durch eigene Vertriebsgesellschaften, andere bauen eigene Transportunternehmen auf. Wieder andere beginnen, im Ausland zu produzieren, manche gezwungenermaßen, weil der Handel durch politische Maßnahmen beschränkt ist, am Ende geben einige die Inlandsproduktion sogar vollständig auf. Produktionsprozesse bedingen – heute wie auch in der Vergangenheit – ein permanentes Agieren im Kontext globaler Wertschöpfungsketten.

Diese Form der Globalisierung von Wirtschaft und Unternehmen nahm in Deutschland eine besonders verschlungene Entwicklung, möglicherweise ein Grund, weshalb die Exportobsession sich hierzulande weit besser »einnisten« konnte als beispielsweise in Großbritannien oder den USA. Denn die Auslandsaktivitäten der deutschen Konzerne kamen durch Beschlagnahmungen und Enteignungen nach den Weltkriegen zweimal im 20. Jahrhundert fast vollkommen zum Erliegen. Die Exporterfolge der Wirtschaftswunderzeit resultierten daher zum Teil aus dem Verlust der Auslandsproduktion deutscher Unternehmen. Firmen aus Großbritannien und den USA betrieben überall auf der Welt Produktionsstätten und sorgten statt hoher Exportüberschüsse für ausländische Kapitaleinkommen.

Als deutsche Außenwirtschaftspolitiker und Großunternehmen sich in den 1970er Jahren daranmachten, den ausländischen Teil der deutschen Wirtschaft wiederaufzubauen, lebten Exportorientierung und -erfolge weiter. Sie wuchsen parallel zu den ausländischen Direktinvestitionen. Hieraus ergaben sich zahlreiche Widersprüche: Während Bundeskanzler Helmut Schmidt beispielsweise den Verkauf von Aktienpaketen von Daimler-Benz, der »Perle der deutschen Wirtschaft«, an den Irak verhinderte, schwärmten die deutschen Unternehmen ins Ausland und produzierten steuerbegünstigt und mit niedrigen Lohnkosten Fernseher in Österreich, Hemden in Portugal und Hongkong, Autos in Mexiko – oft für den deutschen Heimatmarkt. In der nationalstaatlich codierten Sprache hatte diese globale Natur der Wirtschaft aber eben keinen Platz.

Lange wurde sie daher als eine Art Gegenbewegung zur Exportorientierung angesehen, obwohl sie spätestens seit den 1970er Jahren in die Weltmarktstrategie der deutschen Wirtschaft genauso eingebettet war wie in die deutsche Außenwirtschaftspolitik.

Wiedervereinigung und zweite Exportweltmeisterschaft

Diese fünf Kernelemente trieben die obsessive Exportorientierung der Bundesrepublik auch nach der Wiedervereinigung weiter an. Die durch den Niedergang und den Umbau der ostdeutschen Wirtschaft verursachte ökonomische Krise dauerte nur wenige Jahre, auch wenn die Wendezeit für viel zu viele Familien in Ostdeutschland zu einer äußerst bitteren Erfahrung wurde. Gut zehn Jahre später wurde Deutschland zum zweiten Mal Exportweltmeister. Der wenige Jahre zuvor in Westdeutschland begonnene Umbau der Industriewirtschaft, die verstärkte Globalisierung der Produktion, bildete die Blaupause für die »Übernahme« der ostdeutschen Wirtschaft, die innerhalb nur einer Dekade vollständig in das exportorientierte Wachstumsmuster der alten Bundesrepublik integriert wurde. Insofern war die Form der Wiedervereinigung und die rasche Überwindung der aus ihr notwendig resultierenden ökonomischen Krise eine Folge der deutschen Exportobsession.

Die Wirtschaft der DDR war 1989 in einem denkbar schlechten Zustand. Das Land hatte lange Zeit von günstigen Energielieferungen profitiert, bis die Sowjetunion in den 1970er Jahren diese Form der Subvention langsam zurückfuhr. Zugleich begann eine Öffnung des Inlandsmarkts für westliche Konsumerzeugnisse, zu deren Einfuhr sich die DDR – wie viele andere Länder des Ostblocks auch – im Westen hoch verschuldet hatte. Schon vor der Wiedervereinigung hatte die Bundesrepublik mehrfach mit Milliardenkrediten die Zahlungsunfähigkeit des sozialistischen deutschen Staates verhindert. Der ökonomische Kollaps war Ende der 1980er Jahre nur noch eine Frage der Zeit. Die »friedliche Revolution« war nicht zuletzt durch das Bewusstsein um diese schwelende ökonomische Krise getragen.[19]

Die Frage, welche Handlungsspielräume bei dem wirtschaftlichen Zusammenschluss der beiden sehr unterschiedlichen Wirtschaftsräume vor dem Hintergrund des politischen Zusammenbruchs der DDR bestanden haben, kann hier nicht diskutiert werden. Für die außenwirtschaftliche Einbettung der DDR-Wirtschaft lassen sich aber zwei Entscheidungen ausmachen, die den wirtschaftlichen Kollaps beschleunigten: Zum einen führte die Währungsunion und insbesondere der Umtauschkurs zwischen Ost- und Westmark 1990 dazu, dass die Handelsbeziehungen der DDR zu den osteuropäischen Nachbarn in kürzester Zeit zusammenbrachen, und mit ihnen der exportorientierte Teil der DDR-Wirtschaft. Die D-Mark machte die Güter aus Ostdeutschland unerschwinglich.

Zum anderen führte die rasche Überführung der Volkseigenen Betriebe Ostdeutschlands in Privateigentum dazu, dass westdeutsche (und in kleinerer Anzahl westeuropäische) Unternehmen sich einen Großteil der ostdeutschen Wirtschaft, die Werftindustrie, die Leuna-Werke, Banken und Versicherungen, aneigneten und diesen nach der herrschenden Managementphilosophie der Zeit in ihre eigenen Wertschöpfungsketten integrierten. Zwischen 1990 und 1994 war an vielen Privatisierungen die Treuhand beteiligt. Nach der Ermordung des ersten Präsidenten, Detlev Karsten Rohwedder, 1991 trat Birgit Breuel an die Spitze der Anstalt des öffentlichen Rechts, die Tochter des früheren AHB-Vorsitzenden und Hamburger Privatbankiers Alwin Münchmeyer.[20]

Die ostdeutsche Wirtschaft wurde auf diese Weise für lange Zeit zu einem strategischen Umstrukturierungsgebiet westdeutscher Unternehmen. Die westdeutschen Großkonzerne nutzten die Chancen, die sich durch die Öffnung der osteuropäischen Märkte und die Osterweiterung der Europäischen Union boten, in atemberaubender Geschwindigkeit. Die Übernahme der tschechischen Škoda-Werke durch Volkswagen 1991 war vor diesem Hintergrund die Spitze eines Eisberges massenhafter Umstrukturierungen.

Diese rasche Verlagerung nach Osteuropa und die intelligente Neuorganisation von grenzüberschreitenden Produktionsprozessen durch deutsche Unternehmen leistete einen erheblichen Beitrag dazu, dass sich die Bundesrepublik seit Mitte der 1990er Jahre rasch von der Wiedervereinigungskrise erholte und Anfang der 2000er Jahre deutlich schneller wuchs als die europäischen Konkurrenten. Neben der Aufweichung der starken Arbeitnehmerpositionen in einem zuvor relativ zentralistischen System der Lohnfindung war die Ausweitung des kostengünstig im Ausland produzierten Anteils von Vorprodukten ein entscheidender Faktor bei der Reduktion der realen Lohnstückkosten, die zwischen 1995 und 2008 in der Bundesrepublik im Vergleich zu den Konkurrenten sehr viel schneller sanken.[21]

Begleitet wurde dieser Prozess von einer breiten öffentlichen Debatte über die Attraktivität des Wirtschaftsstandorts Deutschland, in der bürokratische Hindernisse, hohe Unternehmenssteuern und Lohn- bzw. Lohnnebenkosten als die entscheidenden Wettbewerbsnachteile angesehen wurden.[22] Die schon in den 1980er Jahren begonnene »Standortdebatte« fungierte als wichtiger Hebel bei der beschriebenen Globalisierung deutscher Unternehmen. Sie führte daher auch keineswegs zum Niedergang der Deutschland AG, die das Gesicht der »alten« Bundesrepublik deutlich geprägt hatte. Vielmehr bewies diese mit dem Umbau der Produktionsprozesse in den 1990er und 2000er Jahren wiederum eine erstaunliche Anpassungsfähigkeit, wie der Wirtschafts- und Sozialhistoriker Hartmut Berghoff das Ergebnis dieses Zeitraums jüngst bilanziert hat.[23]

Der Beginn des europäischen Binnenmarktes und vor allem der rasante Abbau der Regulierung von Kapitalmärkten in den USA und in Europa veränderten die Weltwirtschaft in diesen Jahren zutiefst, genauso wie die Terroranschläge vom 11. September 2001 die politische Landschaft erschütterten. Der Übergang zu einer »postmodernen Handelspolitik«, in der politische und gesellschaftliche Werte mit den Mitteln von Handelsverträgen durchgesetzt werden sollen, datiert auf diese schwierige Endphase der rot-grünen Koalitionsregierung.[24] Die deutsche Wirtschaft überstand aber gerade diese Phase der weltwirtschaftlichen Öffnung zwischen dem Zusammenbruch der Sowjetunion und der Lehman-Pleite überraschend gut. Nach 2003 überflügelten die deutschen Exporte wiederum die aller anderen Länder. Es wäre daher verfehlt, diese Jahre als das Ergebnis eines politischen Umsteuerungsprozesses anzusehen, in dem die Politik die »Globalisierungsrede« forcierte, um eine neoliberale Transformation der Institutionen der Weltwirtschaft einzuleiten.[25] Der Umbau der globalen Wertschöpfungsketten war eine sehr reale Veränderung.

Im Jahr 2005 veröffentlichte der Ökonom und damalige Präsident des ifo Instituts für Wirtschaftsforschung, Hans-Werner Sinn, ein Buch mit dem Titel *Die Basar-Ökonomie*. Er wies darauf hin, dass der deutsche Exportüberschuss weiterhin mit einer sehr hohen Arbeitslosigkeit einhergehe und daher nicht ohne Weiteres als wirtschaftspolitischer Erfolg betrachtet werden könne. Sinn zeichnete das Zerrbild einer Wirtschaft, in der aus technologischer Sicht wichtige und innovationsträchtige Fertigungsschritte wegen der hohen inländischen Lohnkosten immer mehr ins Ausland verlagert würden, so dass für die deutschen Unternehmenszentralen letztlich nur das Zusammensetzen von Teilen und die Vermarktung von Produkten übrigbleibe – daher der Titel seines Buches. So stammten beispielsweise 40 Prozent der Wertschöpfung des überwiegend für den Export produzierten Porsche Cayenne aus den industriellen Zulieferbetrieben in Osteuropa. Die Investitionen deutscher Unternehmen und die technologische Innovation fänden im Ausland statt, während im Inland gering qualifizierte Beschäftigte in großer Zahl freigesetzt würden.[26]

Das Buch verlieh dem Ausdruck »Exportweltmeister« eine zweite Konjunktur. Spätestens nach dem Sommermärchen 2006, als die deutsche Fußballnationalmannschaft unter lebhafter Anteilnahme der Bevölkerung und diesmal sogar mit ansehnlichem Fußball den dritten Platz bei der Weltmeisterschaft im eigenen Land erreichte, gehörte er zu den Grundbegriffen der politisch-sozialen Sprache in Deutschland. Die Debatte unter den Spezialisten entkräftete Sinns Diagnose dagegen rasch. Die Finanzkrise schien sie dann endgültig zu widerlegen, da sich das Land als äußerst resistent erwies.[27] Im Ausland ging die Debatte über die deutschen Leistungsbilanzüberschüsse indes unter umgekehrten Vorzeichen weiter. Das alte Argument, Deutschland müsse als »Konjunkturlokomotive« der Weltwirtschaft fungieren, wurde wiederbelebt und die hohen Exportüberschüsse kritisiert.

Rückkehr der Lokomotiv-Theorie in der Eurokrise 2012

Ausländische Beobachter sahen in den deutschen Export- und Leistungsbilanzüberschüssen eine gravierende Belastung für die globale Krisenüberwindung. Der Internationale Währungsfonds und die Europäische Kommission legten Studien vor, die sowohl die schwache Binnennachfrage in Deutschland als auch die Exportorientierung als Krisenfaktor ausmachten, Letztere, weil sie angesichts der schwachen Konsumnachfrage auf den Absatzmärkten eine dauerhafte Belastung der Weltwirtschaft darstelle. Der IMF empfahl: »Eine Neuausrichtung der deutschen Wirtschaft weg von der Exportorientierung hin zu einer stärkeren Nachfrage im Inland würde die Ungleichgewichte in der Eurozone reduzieren helfen.«[28] Deutschland wurde eine »Beggar-thy-neighbour«-Haltung unterstellt. Christine Lagarde, damals französische Finanzministerin, forderte Korrekturen in der deutschen Außenwirtschaftspolitik. In einem Artikel in der amerikanischen Monatszeitschrift *The Atlantic* aus dem Februar 2012 griff James Angelos ein Interview mit dem deutschen gewerkschaftsnahen Ökonomen Till van Treeck auf, in dem dieser Deutschland als »von Export und nationaler Wettbewerbsfähigkeit besessen [*obsessed*]« bezeichnet hatte. Die Folge sei, dass das Land, trotz seiner vergleichsweise günstigen Wirtschaftslage, nicht die Rolle der Konjunkturlokomotive für die

Abbildung 6: Cartoon aus der *Financial Times* vom Mai 2013

Quelle: *Financial Times* (11. Mai 2013).

Eurozone erfüllen würde. Deutschland exportiere nicht nur Güter, so Martin Wolf von der *Financial Times*, einer der einflussreichsten Wirtschaftsjournalisten weltweit, sondern auch Bankrott und Arbeitslosigkeit. »Germany vs. the Rest of Europe« titelte die *New York Times* 2012.[29]

Die Eurokrise konnte mit diversen Rettungsschirmen der Europäischen Zentralbank, der »Whatever it takes«-Rede von EZB-Chef Mario Draghi und der damals nur metaphorisch gemeinten »Bazooka« abgewehrt werden. Aber die Diskussion über die deutsche Exportstärke ebbte danach nicht ab, zumal die Exportüberschüsse vor allem im innereuropäischen Handel erwirtschaftet wurden. Wiederholt wurde der deutsche »Exportnationalismus« dabei auch im Inland kritisiert. In der Eurokrise sei es der Bundesrepublik gelungen, den anderen europäischen Staaten das deutsche Wachstumsmodell – Austerität, Inflationsbegrenzung und Exportüberschüsse – mit ihrer wirtschaftlichen Übermacht aufzuzwingen, so dass der europäische Währungsraum als ganzer nun erhebliche Leistungsbilanzüberschüsse aufweise, was die Weltwirtschaft belaste.[30] Nicht etwa Wettbewerbsvorteile von Unternehmen trieben die Exporterfolge der deutschen Wirtschaft an. Ihr Weltmarktanteil sei immer weiter zurückgegangen, auf nur noch 7,7 Prozent am Vorabend der Coronapandemie. Allein die durch die Geld- und Finanzpolitik verfolgte Austeritätspolitik treibe diese künstliche Entwicklung an.[31] Die Lohnkompression des »kompetitiven

Merkantilismus« bildete das zentrale Thema dieser gewerkschaftlichen Debatte über die Exportorientierung, die aber ihrerseits erstaunlich unreflektiert die internationale Ausdehnung der deutschen Wirtschaft aussparte.[32]

Im Hintergrund vollzog sich der vielleicht bedeutendste Umbau der deutschen Wirtschaft in den letzten 150 Jahren: die Verknüpfung deutscher Unternehmen mit Produktionsstandorten im ostasiatischen Raum, insbesondere in China, die einen großen Anteil an den jüngsten Exporterfolgen der deutschen Wirtschaft hatte. China ist mit einem Anteil von 9,5 Prozent am deutschen Export heute der wichtigste Handelspartner der Bundesrepublik, traditionell waren das die (west-)europäischen Nachbarländer gewesen. Es ist vor allem der Handel mit Zwischenprodukten und zum Teil auch der innerhalb multinationaler Konzerne, der zu dieser Veränderung geführt hat. Hinter dieser Entwicklung wiederum steht die globale Aufspaltung von Produktionsprozessen. In einigen Branchen, insbesondere in der Chemieindustrie, der Elektroindustrie und in der Transportinfrastruktur ist dadurch eine große Abhängigkeit der deutschen von der chinesischen Wirtschaft entstanden. Einige deutsche Unternehmen, allen voran Volkswagen, erwirtschaften beachtliche Umsatzanteile von 30 Prozent und mehr in und mit der Volksrepublik. Allerdings steht dieser Abhängigkeit umgekehrt auch eine Abhängigkeit Chinas von europäischen Produktionsstrukturen gegenüber. In welche Richtung sich diese für beide Seiten sehr profitable Wirtschaftsverflechtung entwickeln wird, ist derzeit vollkommen offen.[33]

Ausblick: Deglobalisierungskrise seit 2016

Seit der Coronakrise und dem Krieg gegen die Ukraine wird die Diskussion über die Stellung der deutschen Wirtschaft innerhalb der Weltwirtschaft auf einer neuen Ebene geführt. Jetzt stehen vor allem die Abhängigkeiten der deutschen Wirtschaft und der Konsum in Deutschland von entlang internationaler Wertschöpfungsketten produzierten Gütern am Pranger, auch das eine Rückkehr traditionsreicher historischer Argumente. Die Diskussion ist damit weniger grundsätzlich geworden, als sie es noch vor zwei Jahren üblicherweise war, als Befürworter eines globalen Freihandels sich am neuen Protektionismus eines Donald Trump abarbeiteten. Schon vorher war in der Wissenschaft darüber gestritten worden, ob die allzu weite Entfaltung der ökonomischen Globalisierung die nationale Souveränität von Staaten einschränke und damit die Demokratie gefährde.[34] Die Bereitschaft der westlichen Demokratien, in den Welthandel einzugreifen und Handelsströme politisch zu regulieren, war vermutlich seit dem Zweiten Weltkrieg nicht mehr so groß wie in unserer Zeit. Wirtschaftspolitiker träumen von der energiepolitischen Autarkie, und Lokalpolitiker wittern ihre Chance, Hochtechnologiekonzerne zur Rückkehr nach Deutschland zu bewegen, für einen Neustart der deutschen Batterietechnik und Mikroelektronik. Um bei politischen Krisen handlungsfähig zu bleiben, sollen wirtschaftliche Abhängigkeiten reduziert werden, so lautet die Devise.

Eine realistische politische Strategie ist die Autarkie freilich nicht, so lässt sich aus der in diesem Buch erzählten Geschichte ableiten. Spätestens wenn die deutschen Leistungsbilanzüberschüsse zusammenschmelzen und die Exportquote deutlich sinkt, werden Öffentlichkeit und Politik zu einer Gegenbewegung aufbrechen. Es wäre erfreulich, wenn dabei die Unsinnigkeit einer nationalen Codierung von Prozessen wirtschaftlicher Wertschöpfung stärker ins Bewusstsein träte. Weltwirtschaftliche Verflechtungen und globale Arbeitsteilung sind Errungenschaften moderner Gesellschaften mit großen Vorteilen und Wohlstandsgewinnen. Ein vollständiger Rückzug aus ihnen ist schlicht unmöglich. Selbst mit den drakonischen Maßnahmen, die in den finstersten Kapiteln der deutschen Geschichte erlaubt waren, ist er nicht gelungen. Wenn es dagegen um den Abbau ökonomischer Verflechtungen geht, die ökologisch unsinnig oder durch bürokratische Fehlanreize überhaupt erst entstanden sind, dann ist vor allem Aufklärung über die Funktionsweise der globalen Wirtschaft nötig, Aufklärung, an welchen Stellen Produktionsprozesse durch Fehlanreize und lobbyistisch erzeugte Privilegien internationalisiert werden, wie durch subventionierte Logistik Welthandel kreiert wird. Es gibt durchaus die Möglichkeit, zu einer vernünftigen weltwirtschaftlichen Arbeitsteilung überzugehen, die nicht durch politische Macht und nationalstaatliches Interesse korrumpiert wird. Die historisch in Deutschland gewachsene Exportorientierung gilt es hierzu kritisch und differenziert zu hinterfragen.

Anmerkungen

Einleitung
DIE DEUTSCHE EXPORTOBSESSION

1 Schon in diesen frühesten Zeitungsartikeln war der Begriff ganz offensichtlich bereits etabliert; siehe »Augen öffnen«, in: *Der Spiegel* (23. Februar 1987), und »In Japan kann man alles verkaufen«, in: *Süddeutsche Zeitung* (18.-20. April 1987).

2 Ernst von Halle, »Die Seeinteressen Deutschlands«, in: *Jahrbuch für Gesetzgebung, Verwaltung und Volkswirtschaft im Deutschen Reich* 22 (1898), S. 221-245, hier S. 235.

3 Ludwig Erhard, *Deutschlands Rückkehr zum Weltmarkt*, unter Mitwirkung v. Dr. Vollrath Frh. v. Maltzan bearbeitet v. Dr. Herbert Gross, 2., erw. Aufl., Düsseldorf: Econ 1954, S. 8.

4 »Protokoll der 103. Tagung des AHB«, 4. April 1963, Politisches Archiv des Auswärtigen Amtes (PA AA), B52-REF.400/IIIA1/334.

5 William Glenn Gray, *Trading Power. West Germany's Rise to Global Influence, 1963-1975*, Cambridge und New York: Cambridge University Press 2023. In seinem Buch beschreibt Will Gray den Aufstieg Deutschlands zu einer »Handelsmacht« zwischen dem Rückzug Adenauers und der Entstehung der Weltwirtschaftsgipfel unter Helmut Schmidt. Mit dem Begriff der »trading power« schließt er an den Politologen Richard N. Rosecrance, *Der neue Handelsstaat: Herausforderungen für Politik und Wirtschaft*, Frankfurt/Main und New York: Campus 1987, an. Die Bundesrepublik habe unter Verwendung ihrer Wirtschaftsmacht begonnen, internationale Beziehungen mitzugestalten. Dieser meisterhaft recherchierten Interpretation ist unbedingt zuzustimmen. Allerdings bin ich der Meinung, dass die Entwicklung einen längeren historischen Anlauf seit dem späten 19. Jahrhundert nahm und dass auch in den 1960er und 1970er Jahren die Exportwirtschaft für die Ausgestaltung der Politik eine größere Bedeutung hatte.

6 Vgl. zur US-Handelsgeschichte Douglas A. Irwin, *Clashing over Commerce: A History of US Trade Policy, Markets and Governments in Economic History*, Chicago: Chicago University Press 2017, S. 566-572. Ein weiterer wirtschaftlicher Grund für die geringere nationale Bedeutung des Exports liegt in der geringeren »Exportquote« von gerade einmal 8 Prozent, im Vergleich zu 40 Prozent in der BRD. Außerdem funktioniert die Sportmetaphorik in den USA anders als in Deutschland, und »Weltmeisterschaften« haben hierdurch eine geringere Bedeutung.

Vgl. Johannes Nagel und Tobias Werron, »The Civilizing Force of National Competition. U.S. Nationalist Reasoning in the Mid-to-late Nineteenth Century«, in: Daniela Russ (Hg.), *Competition in World Politics: Knowledge, Strategies and Institutions*, Bielefeld: Transcript 2021, S. 107-133.

7 Michael Billig, *Banal Nationalism*, London und Thousand Oaks: Sage 1995. Die Perspektive von Jessica Gienow-Hecht, »Interested in a serious relationship? Die Marke Deutschland im internationalen Kontext«, in: *Geschichte und Gesellschaft* 45/4 (2019), S. 580-596, hier S. 589, die im modernen »nation branding« eine durchweg friedliche Außendarstellung sieht, scheint mir etwas unreflektiert.

8 Zahlen nach den vom Statistischen Bundesamt laufend veröffentlichten »Globalisierungsindikatoren«. Hier werden zwei »Exportquoten« ausgewiesen. Im Gegensatz zum hier verwendeten »Außenhandelskonzept« enthält das »VGR-Konzept« auch den Dienstleistungsexport. »Kennzahlen zur Außenwirtschaft«, Statistisches Bundesamt, online verfügbar unter: {https://www.destatis.de/DE/Themen/Wirtschaft/Globalisierungsindikatoren/Tabellen/01_02_03_AH.html} (alle Internetquellen Stand Juli 2023).

9 Johannes Bähr und Paul Erker, *Bosch: Geschichte eines Weltunternehmens*, München: C.H. Beck 2013.

10 Volker Wellhöner, *»Wirtschaftswunder« – Weltmarkt – westdeutscher Fordismus: Der Fall Volkswagen*, Münster: Westfälisches Dampfboot 1996.

11 Diese Faktoren werden insbesondere hervorgehoben von: Linda von Delhaes-Guenther, *Erfolgsfaktoren des westdeutschen Exports in den 1950er und 1960er Jahren*, Dortmund: Gesellschaft für Westfälische Wirtschaftsgeschichte 2003.

12 David M. Higgins, *Brands, Geographical Origin, and the Global Economy: A History from the Nineteenth Century to the Present*, New York: Cambridge University Press 2018; Walter E. Minchinton, »E. E. Williams' ›Made in Germany‹ and after«, in: *Vierteljahrschrift für Sozial- und Wirtschaftsgeschichte* 62/2 (1975), S. 229-242.

1
ZUR THEORIE DER INTERNATIONALEN WIRTSCHAFT

1 Zu den Grundlinien der wirtschaftstheoretischen Debatte zwischen Merkantilismus und Freihandel siehe Douglas A. Irwin, *Against the Tide: An Intellectual History of Free Trade*, Princeton: Princeton University Press 1996, sowie Moritz Isenmann (Hg.), *Merkantilismus: Wiederaufnahme einer Debatte*, Stuttgart: Franz Steiner Verlag 2014; Lars Magnusson, *Mercantilism: The Shaping of an Economic Language*, London und New York: Routledge 1994, und Jonathan Barth, »Reconstructing Mercantilism: Consensus and Conflict in British Imperial Economy in the Seventeenth and Eighteenth Centuries«, in: *The William and Mary Quarterly* 73/2 (2016), S. 257-290.
2 Pars pro toto siehe die beiden heute gebräuchlichsten Standardlehrbücher Paul R. Krugman, *Internationale Wirtschaft: Theorie und Politik der Außenwirtschaft*, 11. Aufl., Hallbergmoos: Pearson 2019, und Robert C. Feenstra, *International Economics*, 4. Aufl., New York: Worth Publishers, Macmillan Learning 2017.
3 Siehe Kapitel 7 über den auswärtigen Handel in David Ricardo, *Über die Grundsätze der Politischen Ökonomie und der Besteuerung: Vollständige deutsche Fassung der englischen Standardausgabe einschließlich der Einführung und editorischen Anmerkungen Piero Sraffas*, 2. Aufl., Marburg: Metropolis-Verlag 2006.
4 Zur Ideengeschichte der Außenhandelstheorie siehe Leonard Gomes, *Neoclassical International Economics: An Historical Survey*, New York: St. Martin's Press 1990; Irwin, *Against the Tide*; Jürg Niehans, *Geschichte der Außenwirtschaftstheorie im Überblick*, Tübingen: Mohr 1995. Zur politischen und öffentlichen Debatte in UK am Ende des 19. Jahrhunderts Frank Trentmann, *Free Trade Nation: Commerce, Consumption, and Civil Society in Modern Britain*, Oxford und New York: Oxford University Press 2008.
5 Vgl. zur Geschichte des Handels das Standardwerk Ronald Findlay und Kevin H. O'Rourke, *Power and Plenty: Trade, War, and the World Economy in the Second Millennium*, Princeton: Princeton University Press 2009. Kritisch zum Freihandel schon Paul Bairoch, »Free Trade and European Economic Development in the 19th Century«, in: *European Economic Review* 3/3 (1972), S. 211-245. In der jüngeren Forschung wird überwiegend davon ausgegangen, dass kein eindeutiger Zusammenhang zwischen Freihandelspolitik und Wirtschaftswachstum nachweisbar ist; Antonio Tena-Junguito, Markus Lampe und Felipe Tâmega Fernandes, »How Much Trade Liberalization Was There in the World Before and

After Cobden-Chevalier?«, in: *The Journal of Economic History* 72/3 (2012), S. 708-740.

6 Ricardo, *Über die Grundsätze der Politischen Ökonomie und der Besteuerung*, S. 117.

7 Das gilt auch für die Heckscher-Ohlin-Theorie oder Theorie des Faktorpreisausgleichs, die als wichtigste Weiterentwicklung Ricardos interpretiert wird. Diese Theorie besagt, dass »Regionen« sich auf die Produktion des Gutes konzentrieren sollen, zu dessen Herstellung sie Produktionsfaktoren im Überfluss haben. Durch den internationalen Handel würden sich dann langfristig die Preise der Produktionsfaktoren (Arbeit, Kapital, Land) ausgleichen. Schon der junge deutsche Ökonom August Lösch kritisierte, dass Ohlins »Regionen [...] im Wesentlichen doch nur verkleinerte Staaten« seien und diese seien »zu Punkten degradiert«, ohne jegliche Reflexion ihrer geografischen und wirtschaftlichen Heterogenität. August Lösch, »Eine neue Theorie des internationalen Handels«, in: *Weltwirtschaftliches Archiv* 50 (1939), S. 308-328, und August Lösch, »Wo gilt das Theorem der komparativen Kosten?«, in: *Weltwirtschaftliches Archiv* 48 (1938), S. 45-65.

8 Friedrich List, *Das nationale System der politischen Ökonomie*, Tübingen: Mohr 1959 [1841], S. 43. List schwebte eine globale Arbeitsteilung vor, in der die Länder der »gemäßigten Zone« industrielle Fertigprodukte herstellen und die der »heißen Zone« Rohstoffe und Nahrungsmittel zur Verfügung stellen würden.

9 Wolfgang Streeck, *Zwischen Globalismus und Demokratie: Politische Ökonomie im ausgehenden Neoliberalismus*, Berlin: Suhrkamp 2021. Streeck bezieht sich u. a. auf das 2011 von dem amerikanischen Ökonomen Dani Rodrik aufgeworfene vermeintliche Trilemma zwischen freier Weltwirtschaft, nationaler Souveränität und Demokratie; siehe Dani Rodrik, *Das Globalisierungs-Paradox: Die Demokratie und die Zukunft der Weltwirtschaft*, München: C.H. Beck 2011.

10 Dabei diskutiert Krugman auch die Frage, warum die deutsche Standorttheorie der 1930er Jahre, zu deren Vertretern auch August Lösch zu zählen ist und die einen ganz ähnlichen Ansatz gewählt hatte, nicht früher einflussreich geworden ist. Nach Paul Krugman, *Development, Geography, and Economic Theory*, Cambridge/Mass.: MIT Press 1997, S. 34, lag dies an der fehlenden Formalisierung.

11 Vgl. hierzu klassisch Robert Feenstra, »Integration of Trade and Disintegration of Production in the Global Economy«, in: *Journal of Economic Perspectives* 12/4 (1998), S. 31-50; Elhanan Helpman und Paul R. Krugman, *Market Structure and Foreign Trade: Increasing Returns, Imperfect Competition, and the International Economy*, Cambridge/Mass.

u. a.: MIT Press 1985; Richard Baldwin, *The Great Convergence: Information Technology and the New Globalization*, Cambridge/Mass.: Harvard University Press 2016; Marc Levinson, *Outside the Box: How Globalization Changed from Moving Stuff to Spreading Ideas*, Princeton: Princeton University Press 2020.

12 Das ist beispielsweise das beherrschende Thema in der Erforschung der Schutzzollpolitik unter Bismarck und der »Koalition von Roggen und Eisen«; Cornelius Torp, *Die Herausforderung der Globalisierung: Wirtschaft und Politik in Deutschland 1860-1914*, Göttingen: Vandenhoeck & Ruprecht 2005; siehe auch die Beispiele für die etwas komplizierter argumentierende Heckscher-Ohlin-Theorie bei Ronald Findlay (Hg.), *Eli Heckscher, International Trade, and Economic History*, Cambridge/Mass.: MIT Press 2006.

13 Die Wirtschaftstheorie ist in einem System flexibler Wechselkurse heute der Auffassung, dass Veränderungen der Wechselkurse Handelsströme nicht beeinflussen; siehe Virginie Coudert, Cécile Couharde und Valérie Mignon, »On the Impact of Volatility on the Real Exchange Rate – Terms of Trade Nexus: Revisiting Commodity Currencies«, in: *Journal of International Money and Finance* 58 (2015), S. 110-127. Wie in den folgenden Kapiteln (insbes. Kapitel 4) zu zeigen ist, spielte gerade dieses Instrument in der Praxis historisch dagegen eine sehr große Rolle.

14 Barry J. Eichengreen und Douglas A. Irwin, »The Slide to Protectionism in the Great Depression: Who Succumbed and Why?«, in: *Journal of Economic History* 70/4 (2010), S. 871-897.

15 Herbert Matis und Alice Teichova (Hg.), *Nation, State and the Economy in History*, Cambridge: Cambridge University Press 2003; aus der neueren Literatur siehe auch Sam Pryke, »Economic Nationalism: Theory, History and Prospects«, in: *Global Policy* 3/3 (2012), S. 281-291, und Eric Helleiner und Andreas Pickel (Hg.), *Economic Nationalism in a Globalizing World*, Ithaca: Cornell University Press 2005.

16 Ralf Ahrens, *Jürgen Ponto: Bankier und Bürger. Eine Biografie*, München: C.H. Beck 2013, S. 186 f., und Lea Haller, *Transithandel: Geld- und Warenströme im globalen Kapitalismus*, Berlin: Suhrkamp 2019.

17 Johannes Bähr, *Werner von Siemens 1816-1892: Eine Biografie*, München: C.H. Beck 2016.

18 Ludger Pries, *Auf dem Weg zu global operierenden Konzernen? BMW, Daimler-Benz und Volkswagen: Die »Drei Großen« der deutschen Automobilindustrie*, München: Rainer Hampp 1999, und Bernhard Rieger, »Volkswagen als bundesdeutscher Sympathieträger und Konfliktherd: Internationale Perspektiven auf den deutschen Exporterfolg«, in: *Geschichte und Gesellschaft* 45/4 (2019), S. 551-579.

19 Jan-Otmar Hesse, »The German Textile Puzzle: Selective Protectionism and the Silent Globalization of an Industry«, in: *Business History Review* 93/2 (2019), S. 221-246.

20 Gemeinsam mit dem Anthropologen Patrick Neveling habe ich in einem sehr vollständigen Überblick die Entwicklung dieser Forschungsperspektive bis hin zu den frühen Arbeiten Immanuel Wallersteins dargestellt: Jan-Otmar Hesse und Patrick Neveling, »Global Value Chains«, in: Teresa da Silva Lopes, Christina Lubinski und Heidi Tworek (Hg.), *Routledge Companion to the Makers of Modern Global Business*, London und New York: Routledge 2019, S. 279-293. Ich darf daher in diesem Ausnahmefall auf einen eigenen Beitrag und die dort genannte Literatur verweisen. Besondere Erwähnung verdient allerdings der wichtige Forschungsüberblick von Jennifer Bair (Hg.), *Frontiers of Commodity Chain Research*, Stanford: Stanford University Press 2009. Einige Überlegungen zur wissenschaftlichen Herkunft des Ansatzes finden sich in Jan-Otmar Hesse, »›Global Value Chains‹ und die vertikale Struktur des Kapitalismus. Überlegungen im Anschluss an Karl Marx und Eugen Böhm-Bawerk«, in: Christian Kleinschmidt et al. (Hg.), *Moderner Kapitalismus: Wirtschafts- und unternehmenshistorische Beiträge*, Tübingen: Mohr 2020, S. 13-30.

21 Pietra Rivoli, *The Travels of a T-Shirt in the Global Economy: An Economist Examines the Markets, Power, and Politics of World Trade*, 2. Aufl., Hoboken: John Wiley & Sons 2009, und Sven Beckert, *King Cotton. Eine Globalgeschichte des Kapitalismus*, München: C.H. Beck 2014.

22 Dieses, wie ich finde, ganz passende Bild wurde von dem amerikanischen Handelsökonomen Jagdish Bhagwati 1995 aufgebracht, der es aber auf die Komplikationen bezog, die durch sich überlappende Freihandelszonen entstehen, der sogenannte »Spaghetti Bowl Effect«.

2
DIE GLOBALE VERFLECHTUNG DER DEUTSCHEN WIRTSCHAFT IM ÜBERBLICK

1 Zu den Gebietsänderungen und den einzelnen auf sie bezogenen Statistikgesetzen siehe Karl Heinz Schlüter, *Außenhandel und Statistik. Wegweiser durch die Außenwirtschaftsstatistik der Bundesrepublik*, Wiesbaden: Kohlhammer 1967. Zur älteren Außenhandelsstatistik siehe Martin Kutz, *Deutschlands Außenhandel von der Französischen Revolution bis zur Gründung des Zollvereins: Eine statistische Strukturuntersuchung zur vorindustriellen Zeit*, Wiesbaden: Steiner 1974, und Bodo von Borries,

Deutschlands Außenhandel 1836 bis 1856: Eine statistische Untersuchung zur Frühindustrialisierung, Stuttgart: Fischer 1970.

2 Peter E. Fäßler, *Durch den »Eisernen Vorhang«: Die deutsch-deutschen Wirtschaftsbeziehungen 1949-1969*, Köln u. a.: Böhlau 2006, und Sighart Nehring, »Der Sonderstatus des innerdeutschen Handels«, in: *Wirtschaftsdienst* 12 (1977), S. 631-637.

3 Über die Methoden der Messung weltwirtschaftlicher Verflechtung gibt es mittlerweile umfangreiche Spezialdiskussionen; siehe Giovanni Federico und Antonio Tena-Junguito, »The Globalisation in the Long Run: Gains from Trade and Openness 1800-2014«, VoxEU.org (18. April 2016); online verfügbar unter: {https://voxeu.org/article/gains-trade-and-openness-1830-2014}; Giovanni Federico und Antonio Tena-Junguito, »A Tale of Two Globalizations: Gains from Trade and Openness 1800-2010«, in: *Review of World Economics* 153/3 (2017), S. 601-626. Neben dem Offenheitsgrad wird vor allem der Maßstab der Preiskonvergenz für Massengüter diskutiert. Vgl. hierzu Kevin H. O'Rourke und Jeffrey G. Williamson, »When Did Globalisation Begin?«, in: *European Review of Economic History* 6/1 (2002), S. 23-50, und Giovanni Federico, »How Much Do We Know about Market Integration in Europe?«, in: *The Economic History Review* 65/2 (2012), S. 470-497.

4 Robert C. Feenstra, *International Economics*, 4. Aufl., New York: Worth Publishers, Macmillan Learning 2017.

5 Siehe hierzu das zwischenzeitlich zum Klassiker avancierte Buch von Ronald Findlay und Kevin H. O'Rourke, *Power and Plenty: Trade, War, and the World Economy in the Second Millennium*, 6. Aufl., Princeton: Princeton University Press 2009, insbes. S. 507.

6 Die folgenden Ausführungen nach: Markus Lampe und Niko Wolf, »Binnenhandel und Außenhandel«, in: Thomas Rahlf (Hg.), *Deutschland in Daten. Zeitreihen zur Historischen Statistik*, Bonn: Bundeszentrale für politische Bildung 2015, S. 278-292.

7 Dabei bereitet insbesondere die Währungsumrechnung große Probleme. Werden die fast zur Hälfte in westliche Industrieländer gelieferten Ausfuhrgüter mit westlichen Marktpreisen bewertet, auf der Grundlage des zeitgenössischen tatsächlichen Wechselkurses umgerechnet und in das Verhältnis zu einem in Ostmark erhobenen BIP gesetzt, lassen sich auch Exportquoten von mehr als 60 Prozent errechnen, die aber als unrealistisch gelten und mit westlichen Exportquoten nicht vergleichbar sind. Von diesen Schwierigkeiten unabhängig ist aber der eindeutige Befund, dass auch die Außenhandelsverflechtung der DDR bis in die frühen 1980er Jahre anstieg. Ralf Ahrens, *Gegenseitige Wirtschaftshilfe? Die DDR im RGW – Strukturen und handelspolitische Strategien 1963-1976*,

Köln: Böhlau 2000, S. 56-60. Ein Wert von zwischen 23,6 und 20 Prozent für die Jahre 1985 bis 1989 wurde dort aus den Exportanteilen der produzierenden Betriebe, d.h. kostenbasiert, ermittelt und entspricht am ehesten der »westlichen« Berechnungsweise.

8 Bundesministerium für Wirtschaft und Energie (Hg.), *Fakten zum Deutschen Außenhandel*, Berlin Juli 2021, und Andreas Falke, »Einflussverlust: Der Export(vize)weltmeister im Welthandelssystem des 21. Jahrhunderts«, in: Thomas Jäger, Alexander Höse und Kai Oppermann (Hg.), *Deutsche Außenpolitik: Sicherheit, Wohlfahrt, Institutionen und Normen*, 2. Aufl., Wiesbaden: VS Verlag für Sozialwissenschaften 2011, S. 296-322.

9 Richard Baldwin, *The Great Convergence: Information Technology and the New Globalization*, Cambridge/Mass.: Harvard University Press 2016.

10 Ernst von Halle, »Die Seeinteressen Deutschlands«, in: *Jahrbuch für Gesetzgebung, Verwaltung und Volkswirtschaft im Deutschen Reich* 22 (1898), S. 221-245, hier S. 235, beziffert den »Außenhandel« Großbritanniens mit 15 Mrd. Mark, den Deutschlands mit 8,5 Mrd. Mark.

11 Siehe allgemein zum Außenhandel im Deutschen Kaiserreich Cornelius Torp, *Die Herausforderung der Globalisierung: Wirtschaft und Politik in Deutschland 1860-1914*, Göttingen: Vandenhoeck & Ruprecht 2005, sowie die Ausführungen am Ende des Kapitels und im nächsten Kapitel.

12 Herbert Giersch, Karl-Heinz Paqué und Holger Schmieding, *The Fading Miracle: Four Decades of Market Economy in Germany*, Cambridge und New York: Cambridge University Press 1994; Ludger Lindlar, *Das missverstandene Wirtschaftswunder: Westdeutschland und die westeuropäische Nachkriegsprosperität*, Tübingen: Mohr 1997; siehe auch Tamás Vonyó, *The Economic Consequences of the War: West Germany's Growth Miracle after 1945*, Cambridge und New York: Cambridge University Press 2018, S. 169.

13 Charles P. Kindleberger, »Germany's Persistent Balance-of-Payments Disequilibrium«, in: Robert E. Baldwin (Hg.), *Trade, Growth and the Balance of Payments: Essays in Honor of Gottfried Haberler*, Chicago und Amsterdam: Rand McNally 1965, S. 230-248.

14 Darstellung nach Giersch, Paqué und Schmieding, *The Fading Miracle*, S. 13, sowie eigene Berechnungen auf der Grundlage der *Statistischen Jahrbücher*; siehe auch Grafik 11.

15 Wolf-Fabian Hungerland und Nikolaus Wolf, »The Panopticon of Germany's Foreign Trade 1880-1913: New Facts on the First Globalization«, in: *European Review of Economic History* 26/4 (2022), S. 479-507, hier S. 487, und Bernd Höpfner, *Der deutsche Außenhandel 1900-1945: Änderungen in der Waren- und Regionalstruktur*, Frankfurt/Main: Peter Lang 1993, S. 194.

16 Höpfner, *Der deutsche Außenhandel*, S. 217-219.

17 Siehe hierzu auch das nächste Kapitel sowie Stephen Gross, *Export Empire: German Soft Power in Southeastern Europe, 1890-1945*, Cambridge und New York: Cambridge University Press 2015.

18 Siehe hierzu insbesondere die Arbeiten von Jonas Scherner: ders., Lutz Budrass und Jochen Streb, »Fixed-Price Contracts, Learning, and Outsourcing: Explaining the Continuous Growth of Output and Labour Productivity in the German Aircraft Industry during the Second World War«, in: *The Economic History Review* 63/1 (2010), S. 107-136; ders., »Supplier Networks in the German Aircraft Industry during World War II«, in: *Business History* 56/6 (2014), S. 996-1020, und ders., »Außenwirtschaft und Außenhandel«, in: Marcel Boldorf (Hg.), *Die deutsche Wirtschaft in der NS-Zeit*, Berlin: De Gruyter, Oldenbourg 2023, S. 737-765.

19 Ludger Lindlar und Carl-Ludwig Holtfrerich, »Geography, Exchange Rates and Trade Structures: Germany's Export Performance Since the 1950s«, in: *European Review of Economic History* 1/2 (1997), S. 217-246.

20 Der Anteil Afrikas am Welthandel fiel von 10 Prozent (1950) auf 5,7 Prozent (1973), 2,8 Prozent (1990) und schließlich auf 2,6 Prozent (1998): Angus Maddison, *The World Economy*, Bd. 2: *Historical Statistics*, Paris: Development Centre of the OECD 2003, S. 361; siehe auch Ralph A. Austen, *African Economic History: Internal Development and External Dependency*, London: Currey u. a. 1987, S. 211-242, und Derek Howard Aldcroft, »The Fatal Inversion: The African Growth Disaster«, in: Michael J. Oliver und ders. (Hg.), *Economic Disasters of the Twentieth Century*, Cheltenham und Northampton: Edward Elgar 2007, S. 312-355.

21 Lampe und Wolf, »Binnenhandel und Außenhandel«, S. 284.

22 Hungerland und Wolf, »The Panopticon of Germany's Foreign Trade 1880-1913: New Facts on the First Globalization«, S. 490.

23 Höpfner, *Der deutsche Außenhandel*, S. 63-87; etwas andere Zahlen bei Alexander A. J. Wulfers, *Trade and Protectionism in Interwar Germany*, Dissertationsschrift, Universität Oxford 2021, S. 137f.

24 Ulrich Kluge, *Agrarwirtschaft und ländliche Gesellschaft im 20. Jahrhundert*, München: Oldenbourg 2005.

25 Höpfner, *Der deutsche Außenhandel*, S. 100, geht von einem relativ stabilen Anteil von 44 Prozent aus, während Lampe und Wolf, »Binnenhandel und Außenhandel«, S. 285, auf höhere und deutlich schwankende Werte kommen.

26 Siehe hierzu auch Wulfers, *Trade and Protectionism in Interwar Germany*.

27 Adam Tooze, *Ökonomie der Zerstörung: Die Geschichte der Wirtschaft im Nationalsozialismus*, München: Siedler 2007, S. 162f.

28 Die Bedeutungszunahme des »Intra-Industry-Trade« wird schon seit den frühen 1970er Jahren beobachtet und diskutiert, siehe Gary C. Hufbauer und John G. Chilas, »Spezialisierung von Industrieländern: Umfang und Auswirkungen«, in: Herbert Giersch und Heinz-Dieter Haas (Hg.), *Probleme der weltwirtschaftlichen Arbeitsteilung*, Berlin: Duncker & Humblot 1974, S. 3-38.

29 Robert Feenstra, »Integration of Trade and Disintegration of Production in the Global Economy«, in: *Journal of Economic Perspectives* 12/4 (1998), S. 31-50.

30 Die deutsche Fassung des Internationalen Warenverzeichnisses für den Außenhandel ist auf der Website des Statistischen Bundesamtes verfügbar: {https://www.destatis.de/DE/Methoden/Klassifikationen/Aussenhandel/internationales-warenverzeichnis.html}. Wolf-Fabian Hungerland und Christoph Altmeppen, »What Is a Product anyway? Applying the Standard International Trade Classification (SITC) to Historical Data«, in: *Historical Methods: A Journal of Quantitative and Interdisciplinary History* 54/2 (2021), S. 65-79.

31 Hungerland und Wolf, »The Panopticon of Germany's Foreign Trade 1880-1913«, S. 13, ziehen diese Schlussfolgerung aus einer Analyse des Zugangs zu neuen Produktkategorien in der Exportstatistik.

32 Die SITC-Klassifikation weicht in diesem Zusammenhang von der Eingruppierung der Exportgüter durch die Reichsstatistik entscheidend ab. Eisen- und Stahlprodukte zählte die Reichsstatistik beispielsweise zu den Fertigwaren. Vgl. Verena Schröter, *Die deutsche Industrie auf dem Weltmarkt 1929 bis 1933: Außenwirtschaftliche Strategien unter dem Druck der Weltwirtschaftskrise*, Frankfurt/Main u. a.: Peter Lang 1984, S. 526.

33 Lampe und Wolf, »Binnenhandel und Außenhandel«, S. 286.

34 Bundesministerium für Wirtschaft und Energie, *Fakten zum Deutschen Außenhandel*, 2021, S. 3.

35 Zu den Teilbilanzen der »Zahlungsbilanz« siehe die entsprechenden Lehrbücher, z. B. Paul R. Krugman, *Internationale Wirtschaft: Theorie und Politik der Außenwirtschaft*, 11. Aufl., Hallbergmoos: Pearson 2019, S. 381-392. Nach der dort verwendeten Definition ist die »Zahlungsbilanz« immer ausgeglichen (gleich null). Wenn in historischen Texten vereinzelt von einer »negativen Zahlungsbilanz« die Rede ist, dann sind damit zumeist Situationen gemeint, in denen die Leistungsbilanz und die Kapitalbilanz sich tatsächlich nicht ausgleichen. Der »Zahlungsbilanzausgleich« wurde in diesen Fällen zumeist über Devisentransfer hergestellt bzw. durch den Transfer von Gold.

36 Franziska Hünnekes, Moritz Schularick und Christoph Trebesch, »Ex-

portweltmeister: The Low Returns on Germany's Capital Exports«, CEPR Discussion Paper 13 863, London 2019.

37 Sahra Wagenknecht, »Kritik des Exportnationalismus«, in: Horst Gischer (Hg.), *Bewegungsgesetze des Kapitalismus. Festschrift für Fritz Helmendag*, Marburg: Metropolis-Verlag 2018, S. 165-172; Matthew C. Klein und Michael Pettis, *Trade Wars Are Class Wars: How Rising Inequality Distorts the Global Economy and Threatens International Peace*, New Haven und London: Yale University Press 2020.

38 Deutsche Bundesbank, »Zahlungsbilanzstatistik. Aktualisierte Ausgabe«, 10. Februar 2023, S. 42. Die privaten Vermögensanlagen, insbesondere der Wertpapierbesitz, haben heute wesentlich größere Bedeutung für die Kapitalbilanz. Sie liegen bei dem Doppelten bis Dreifachen der jährlichen FDI.

3
VORGESCHICHTE

1 Martin J. Daunton, *Wealth and Welfare: An Economic and Social History of Britain; 1851-1951*, Oxford u. a.: Oxford University Press 2007, S. 215-220.

2 Siehe hierzu den immer noch lesenswerten klassischen Artikel John Gallagher und Ronald Robinson, »The Imperialism of Free Trade«, in: *The Economic History Review* 6/1 (1953), S. 1-15; Charles P. Kindleberger, »The Rise of Free Trade in Western Europe 1820-1875«, in: *Journal of Economic History* 35 (1975), S. 20-55, und Peter J. Cain, *British Imperialism: 1688-2015*, London: Taylor and Francis 2016.

3 Siehe die mittlerweile klassische Darstellung Ronald Findlay und Kevin H. O'Rourke, *Power and Plenty: Trade, War, and the World Economy in the Second Millennium*, Princeton: Princeton University Press 2009, sowie Giovanni Federico und Antonio Tena-Junguito, »A Tale of Two Globalizations: Gains from Trade and Openness 1800-2010«, in: *Review of World Economics* 153/3 (2017), S. 601-626, und Kevin H. O'Rourke und Jeffrey G. Williamson, »When Did Globalisation Begin?«, in: *European Review of Economic History* 6/1 (2002), S. 23-50.

4 Antonio Tena-Junguito, Markus Lampe und Felipe Tâmega Fernandes, »How Much Trade Liberalization Was There in the World Before and After Cobden-Chevalier?«, in: *The Journal of Economic History* 72/3 (2012), S. 708-740.

5 Kevin H. O'Rourke, »The European Grain Invasion, 1870-1913«, in: *The Journal of Economic History* 57/4 (1997), S. 775-801, und Findlay und O'Rourke, *Power and Plenty*, S. 395-402.

6 Findlay und O'Rourke, *Power and Plenty*, S. 378-383, und Jürgen Osterhammel, *Die Verwandlung der Welt: Eine Geschichte des 19. Jahrhunderts*, München: C.H. Beck 2013, S. 1010-1037.

7 Friedrich List, *Das nationale System der politischen Ökonomie*, Tübingen: Mohr 1959 [1841], insbes. S. 41-43; William O. Henderson, *Friedrich List: Eine historische Biographie des Gründers des Deutschen Zollvereins und des ersten Visionärs eines vereinten Europa*, Düsseldorf: Econ-Verlag 1984, und Harald Winkel, *Die deutsche Nationalökonomie im 19. Jahrhundert*, Darmstadt: Wissenschaftliche Buchgesellschaft 1977, S. 69-79.

8 Wolfgang Keller und Carol H. Shiue, »Endogenous Formation of Free Trade Agreements: Evidence from the Zollverein's Impact on Market Integration«, in: *The Journal of Economic History* 74/4 (2014), S. 1168-1204; Hans-Werner Hahn, *Geschichte des Deutschen Zollvereins*, Göttingen: Vandenhoeck & Ruprecht 1984, S. 116, und Hans-Ulrich Wehler, *Deutsche Gesellschaftsgeschichte*, Bd. 2: *Von der Reformära bis zur industriellen und politischen Deutschen Doppelrevolution 1815-1845/49*, München: C.H. Beck 1987, S. 134.

9 Diese Zahlen beziehen sich allerdings nicht auf alle, sondern »nur« auf eine genaue Auswertung der 21 Güter mit dem größten Handelswert: Markus Lampe, »Effects of Bilateralism and the MFN Clause on International Trade: Evidence for the Cobden-Chevalier Network, 1860-1875«, in: *The Journal of Economic History* 69/4 (2009), S. 1012-1040, hier S. 1015. Auf dieser Basis berechnet Lampe einen Durchschnittszollsatz von 7 Prozent für den Zollverein, für Großbritannien 16,3, Frankreich 11,8, USA 15,8, Österreich-Ungarn 7,3, Belgien 3,2 und 1,2 Prozent für die Niederlande. Der handelsgewichtete Durchschnittszollsatz lag bei: 8,9 Prozent, 18,7, 17,6, 10,9, 9,3 und 2.

10 »Exporteure aus Ländern, deren Diplomaten sorgfältig Zollverringerungen ausgehandelt hatten, die auf die jeweilige inländische Exportindustrie zugeschnitten waren, strichen deutlich höhere Gewinne ein.« Lampe, »Effects of Bilateralism and the MFN Clause on International Trade: Evidence for the Cobden-Chevalier Network, 1860-1875«, S. 1014. Zur Rolle der preußischen Beamten siehe Cornelius Torp, *Die Herausforderung der Globalisierung: Wirtschaft und Politik in Deutschland 1860-1914*, Göttingen: Vandenhoeck & Ruprecht 2005, S. 124-128.

11 Hahn, *Geschichte des Deutschen Zollvereins*, S. 115; Knut Borchardt, »Protektionismus im historischen Rückblick«, in: Armin Gutowski (Hg.), *Der neue Protektionismus*, Hamburg: Weltarchiv 1984, S. 17-47, hier S. 23 f.

12 Torp, *Die Herausforderung der Globalisierung*, S. 139-144.

13 Karl Erich Born, *Wirtschafts- und Sozialgeschichte des Deutschen Kaiser-*

reiches (1867/71-1914), Stuttgart: Kohlhammer 1985, S. 119-121; Hans-Ulrich Wehler, *Deutsche Gesellschaftsgeschichte*, München: C.H. Beck 1995; Volker Hentschel, *Wirtschaft und Wirtschaftspolitik im wilhelminischen Deutschland: Organisierter Kapitalismus und Interventionsstaat?*, Stuttgart: Klett-Cotta 1978, und Wolfgang J. Mommsen, *Das Ringen um den nationalen Staat. Die Gründung und der innere Ausbau des Deutschen Reiches unter Otto von Bismarck 1850 bis 1890*, Berlin: Propyläen 1993, S. 374-382.

14 In einem Schreiben an Finanzminister Otto von Camphausen vom Februar 1877, siehe Torp, *Die Herausforderung der Globalisierung*, S. 158 f.

15 Der Zoll wurde für jede Getreideart als fester Zollsatz pro Tonne festgelegt und schwankte daher mit dem Preis; siehe Torp, *Die Herausforderung der Globalisierung*, S. 169 f.

16 Ebd., S. 117, zitiert eine entsprechende Aussage des Vorsitzenden des Verbands Deutscher Eisen- und Stahlindustrieller, Karl Richter, aus dem Jahr 1878.

17 Die Bayer-Werke hatten seit 1882 eine Beteiligung in den USA und Produktionsbetriebe in Russland, Frankreich und Spanien; siehe Werner Plumpe, *Carl Duisberg 1861-1935: Anatomie eines Industriellen*, München: C.H. Beck 2016, S. 207-209.

18 Siehe mit zahlreichen Referenzen Torp, *Die Herausforderung der Globalisierung*, S. 213-218.

19 Leo von Caprivi, »Reichstagsrede zur Handelspolitik«, in: *Verhandelungen des Deutschen Reichstages* 118 (10. Dezember 1891), S. 3301-3309, hier S. 3302 f. und 3307.

20 Torp, *Die Herausforderung der Globalisierung*, S. 182-192.

21 Gustav von Schmoller, »Die wirtschaftliche Zukunft Deutschlands und die Flottenvorlage (1899)«, in: ders., *Zwanzig Jahre Deutscher Politik, 1897-1917. Aufsätze und Vorträge von Gustav Schmoller*, herausgegeben von Lucie Schmoller, München: Duncker & Humblot 1920, S. 1-20, hier S. 2.

22 Torp, *Die Herausforderung der Globalisierung*.

23 Hans-Peter Ullmann, *Der Bund der Industriellen: Organisation, Einfluß und Politik klein- und mittelbetrieblicher Industrieller im Deutschen Kaiserreich 1895-1914*, Göttingen: Vandenhoeck & Ruprecht 1976, S. 29-32.

24 Torp, *Die Herausforderung der Globalisierung*, S. 208 und 322. Genauer gesagt ging es um die Aufhebung des »Identitätsnachweises«, die den Einfuhrschein zu einer Exportprämie machte: Otto Jöhlinger und Erich Ewer, *Die Praxis des Getreidegeschäftes: Ein Hand- und Lehrbuch für den Getreidehandel*, 2. Aufl., Berlin und Heidelberg: Springer 1917, S. 237. Der Getreideexport stieg hierdurch von 1,7 Mio. auf 27 Mio. Mark.

25 Markus Lampe und Wolf-Fabian Hungerland, »Globalisierung und Außenhandel«, in: Ulrich Pfister et al. (Hg.), *Deutschland 1871: Die Nationalstaatsbildung und der Weg in die moderne Wirtschaft*, Tübingen: Mohr 2021, S. 335-358.

26 Hans-Peter Ullmann, »Staatliche Exportförderung und private Exportinitiative. Probleme des Staatsinterventionismus im Deutschen Kaiserreich am Beispiel der staatlichen Außenhandelsförderung (1880-1919)«, in: *Vierteljahrschrift für Sozial- und Wirtschaftsgeschichte* 65 (1978), S. 157-216.

27 Die Widersprüchlichkeit findet sich nicht zuletzt in den sozialwissenschaftlichen Debatten über die wirtschaftlichen Entwicklungsmöglichkeiten des Deutschen Reichs, die mit den Großbegriffen »Agrarstaat« und »Industriestaat« operierten: Martin Steinkühler, *Agrar- oder Industriestaat: Die Auseinandersetzungen um die Getreidehandels- und Zollpolitik des Deutschen Reiches 1879-1914*, Frankfurt/Main u. a.: Peter Lang 1992.

28 Jeweils im Jahresdurchschnitt für 1895-1899: Zucker 215 Mio. Mark, Maschinen usw. 175 Mio., Textilien 669 Mio., Chemische Produkte 363 Mio.; Torp, *Die Herausforderung der Globalisierung*, S. 93.

29 Siehe hierzu und zum Folgenden Erik Grimmer-Solem, *Learning Empire: Globalization and the German Quest for World Status, 1875-1919*, Cambridge und New York: Cambridge University Press 2019; Niels P. Petersson, »Das Kaiserreich in Prozessen ökonomischer Globalisierung«, in: Sebastian Conrad und Jürgen Osterhammel (Hg.), *Das Kaiserreich transnational: Deutschland in der Welt 1871-1914*, 2. Aufl., Göttingen: Vandenhoeck & Ruprecht 2006, S. 49-67, und Woodruff D. Smith, »›Weltpolitik‹ und ›Lebensraum‹«, in: Sebastian Conrad und Jürgen Osterhammel (Hg.), *Das Kaiserreich transnational: Deutschland in der Welt 1871-1914*, 2. Aufl., Göttingen: Vandenhoeck & Ruprecht 2006, S. 29-48.

30 Siehe hierzu klassisch Wilhelm Deist, *Flottenpolitik und Flottenpropaganda: Das Nachrichtenbureau des Reichsmarineamtes 1897-1914*, Stuttgart: Deutsche Verlagsanstalt 1976; u. a. ging es dabei auch darum, die hanseatischen Kaufleute, die militärischen Interventionen in den Handel zunächst skeptisch gegenübergestanden hatten, für die Flottenpolitik zu gewinnen. Siehe hierzu Ekkehard Böhm, *Überseehandel und Flottenbau: Hanseatische Kaufmannschaft und deutsche Seerüstung 1879-1902*, Düsseldorf: Bertelsmann 1972.

31 Gustav von Schmoller, »Die Wandlungen in der europäischen Handelspolitik des 19. Jahrhunderts: Eine Säkularbetrachtung«, in: *Jahrbuch für Gesetzgebung, Verwaltung und Volkswirtschaft im Deutschen Reich* 24 (1900), S. 373-382, hier S. 380.

32 Schmoller, »Die wirtschaftliche Zukunft Deutschlands und die Flottenvorlage (1899)«, S. 8.

33 Werner Sombart, »Entwickeln wir uns zum Exportindustriestaat?«, in: *Soziale Praxis* 8 (1899), S. 633-637.

34 Schmoller, »Die wirtschaftliche Zukunft Deutschlands und die Flottenvorlage (1899)«, S. 10.

35 Hierzu ausführlich Konrad Canis, *Von Bismarck zur Weltpolitik: Deutsche Außenpolitik 1890 bis 1902*, Berlin: Akademie Verlag 1997. Da es im Deutschen Kaiserreich keine Reichsminister gab, erfüllte die Position des Staatssekretärs faktisch die Rolle des Außenministers.

36 Der handelsgewichtete Durchschnittszollsatz (= Zolleinnahmen geteilt durch Importwert) wird 1903 mit 9 Prozent für die gesamte Einfuhr und mit 19 Prozent für zollpflichtige Waren angegeben. Der Anteil der zollpflichtigen Waren am gesamten Importwert sank von 50 Prozent im Jahr 1900 auf 46 Prozent im Jahr 1904. Zahlen nach Torp, *Die Herausforderung der Globalisierung*, S. 372-379. Auf Basis der 19 wichtigsten Handelsgüter geben Lampe/Hungerland ein durchschnittliches Protektionsniveau von 7 bzw. 18 Prozent an. Lampe und Hungerland, »Globalisierung und Außenhandel«, S. 344.

37 Torp, *Die Herausforderung der Globalisierung*, S. 240.

38 Ullmann, *Der Bund der Industriellen*; Torp, *Die Herausforderung der Globalisierung*, S. 255-262, und Ullmann, »Staatliche Exportförderung und private Exportinitiative. Probleme des Staatsinterventionismus im Deutschen Kaiserreich am Beispiel der staatlichen Außenhandelsförderung (1880-1919)«.

39 *Verhandlungen des Vereins für Socialpolitik über die Wohnungsfrage und die Handelspolitik in München 1901*, München und Leipzig: Duncker & Humblot 1902, S. 198f., 201, 208. Später weitete er seine Argumente zu einer Monografie aus: Ludwig Pohle, *Deutschland am Scheidewege: Betrachtungen über die gegenwärtige volkswirtschaftliche Verfassung und die zukünftige Handelspolitik Deutschlands*, Leipzig: Teubner 1902.

40 *Verhandlungen des Vereins für Socialpolitik über die Wohnungsfrage und die Handelspolitik in München 1901*, S. 293f.

41 Franz Lusensky, *Der zollfreie Veredelungsverkehr*, Berlin: O. Haering 1903, S. 109.

42 Ernst von Halle, »Die Seeinteressen Deutschlands«, in: *Jahrbuch für Gesetzgebung, Verwaltung und Volkswirtschaft im Deutschen Reich* 22 (1898), S. 221-245, hier S. 235, schätzte erstaunlich exakt 8,5 Mrd. Mark gegenüber einem britischen Handelsvolumen von 15 Mrd.

43 Lampe und Hungerland, »Globalisierung und Außenhandel«, S. 351f.

44 Walter Lotz, »Wirkung der gegenwärtigen Ziele der künftigen Handels-

politik, insbesondere in socialpolitischer Beziehung«, in: *Verhandlungen des Vereins für Socialpolitik über die Wohnungsfrage und die Handelspolitik in München 1901*, S. 112.

45 Johannes Bähr und Paul Erker, *Bosch: History of a Global Enterprise*, München: C.H. Beck 2015, S. 61-75.

46 Diese (freilich sehr grobe) Schätzung ist von heutigen Werten nicht sehr weit entfernt: 2019 hatte das Nettoauslandsvermögen der Deutschen einen Wert von 2,5 Billionen Euro, ca. 72 Prozent des BIP.

47 Es handelt sich freilich um eine grobe Schätzung des Auslandsvermögens und der Kapitalerträge: Torp, *Die Herausforderung der Globalisierung*, S. 69-77; Karl Christian Schaefer, *Deutsche Portfolioinvestitionen im Ausland: 1870-1914; Banken, Kapitalmärkte und Wertpapierhandel im Zeitalter des Imperialismus*, Münster u. a.: Lit 1995, S. 95-103, schätzt den ausländischen Wertpapierbesitz (d. h. die ausländischen Portfolioinvestitionen) auf der Basis der Verkäufe ausländischer Wertpapiere in Deutschland für 1914 auf 20 Mrd. Mark. Zur Problematik dieser Schätzungen siehe auch Boris Barth, »Banken und Kapitalexport vor 1914: Anmerkungen zum Forschungsstand der politischen Ökonomie des Kaiserreichs«, in: Manfred Köhler und Keith Ulrich (Hg.), *Banken, Konjunktur und Politik: Beiträge zur Geschichte deutscher Banken im 19. und 20. Jahrhundert*, Essen: Klartext 1995, S. 42-54, hier S. 50-52.

48 Schaefer, *Deutsche Portfolioinvestitionen im Ausland*, S. 561.

49 Alfred Lansburgh, »Deutsches Kapital im Auslande«, in: *Die Bank* (1909), S. 819-833.

50 Bernhard Dernburg, *Kapital und Staatsaufsicht*, Berlin 1911, S. 16, zit. n. Barth, »Banken und Kapitalexport vor 1914: Anmerkungen zum Forschungsstand der politischen Ökonomie des Kaiserreichs«, S. 53.

51 Fritz Blaich, »Protektionismus und unternehmerische Wirtschaft«, in: *Zeitschrift für Unternehmensgeschichte*, Supplement 37 (1985), S. 16-26.

52 Werner Plumpe, Alexander Nützenadel und Catherine R. Schenk, *Deutsche Bank: Die globale Hausbank 1870-2020*, Berlin: Propyläen 2020, S. 95-98.

53 Johannes Bähr, Ralf Banken und Thomas Flemming, *Die MAN: Eine deutsche Industriegeschichte*, 2. Aufl., München: C.H. Beck 2008.

54 Plumpe, Nützenadel und Schenk, *Deutsche Bank*, S. 124-136.

55 Dirk van Laak, *Imperiale Infrastruktur: Deutsche Planungen für eine Erschließung Afrikas 1880 bis 1960*, Paderborn: Schöningh 2004, S. 135.

56 Christian Schölzel, *Walther Rathenau: Eine Biographie*, Paderborn u. a.: Schöningh 2006, S. 56-61.

57 Die hier vorangestellte Analyse der weltwirtschaftlichen Situation ist be-

reits häufig beschrieben worden, siehe z. B. Adam Tooze und Ted Fertik, »The World Economy and the Great War«, in: *Geschichte und Gesellschaft* 40/2 (2014), S. 214-238; Albrecht Ritschl, »The Pity of Peace: Germany's Economy at War, 1914-1918 and Beyond«, in: Stephen Broadberry und Mark Harrison (Hg.), *The Economics of World War I*, Cambridge und New York: Cambridge University Press 2005, S. 41-76; Adam Tooze, *Sintflut: Die Neuordnung der Welt 1916-1931*, München: Siedler 2015; Albrecht Ritschl, *Deutschlands Krise und Konjunktur 1924-1934: Binnenkonjunktur, Auslandsverschuldung und Reparationsproblem zwischen Dawes-Plan und Transfersperre*, Berlin: Akademie-Verlag 2002. Ich darf außerdem auf einen eigenen neueren Aufsatz verweisen, der auch die neuere Literatur aufführt: Jan-Otmar Hesse und Christian Marx, »The Overstretched Economy: Industry and Services«, in: Nadine Rossol und Benjamin Ziemann (Hg.), *The Oxford Handbook of the Weimar Republic*, Oxford: Oxford University Press 2021, S. 429-453; siehe zudem Jan-Otmar Hesse, »Die globale Verflechtung der Weimarer Wirtschaft: De-Globalisierung oder Formwandel?«, in: Christoph Cornelissen und Dirk van Laak (Hg.), *Weimar und die Welt: Globale Verflechtungen der ersten deutschen Republik*, Göttingen: Vandenhoeck & Ruprecht 2020, S. 347-377.

58 Hierbei handelte es sich vor allem um Entschädigungen für die Enteignung von Vermögenswerten in den USA, beispielsweise bei der Münchener Rückversicherungs AG oder im Fall von Siemens, die nach längeren Verhandlungen im Verlauf der 1920er Jahre in Dollar ausgezahlt, dann aber von den Unternehmen ebenfalls im Ausland gehalten wurden, zumeist in der Schweiz.

59 Joachim Scholtyseck, »Ein transatlantischer Wirtschaftskrieg im globalen Wettstreit: Ein neuer Blick auf den Alien Property Custodian der USA im Ersten Weltkrieg und der Nachkriegszeit«, in: Dieter Ziegler und Jan-Otmar Hesse (Hg.), *1919 – Der Versailler Vertrag und die deutschen Unternehmen*, Berlin: De Gruyter Oldenbourg 2022, S. 251-277, und Dirk Hainbuch, *Das Reichsministerium für Wiederaufbau 1919 bis 1924: Die Abwicklung des Ersten Weltkrieges: Reparationen, Kriegsschäden-Beseitigung, Opferentschädigung und der Wiederaufbau der deutschen Handelsflotte*, Frankfurt/Main: Peter Lang 2016.

60 Diese Schätzung stammt aus der britischen McKenna-Kommission im Kontext der Reparationsverhandlungen: Schaefer, *Deutsche Portfolioinvestitionen im Ausland*, S. 103; Franz Eulenburg, »Internationale Kapitalbildung nach dem Kriege«, in: *Weltwirtschaftliches Archiv* 19 (1923), S. 363-395, hier S. 375f., nimmt an, dass von 20 Mrd. Mark ausländischer »Effekten« 1919 noch 2 Mrd. übrig gewesen seien, geht aber davon aus,

dass seit 1919 nur 4 Mrd. Mark »Fluchtkapital« ins Ausland abgeflossen seien.

61 Werner Plumpe, »Exportweltmeister. Ökonomiekolumne«, in: *Merkur* 68/778 (2014), S. 236-242, führt die starke Exportorientierung der deutschen Gesellschaft vollständig auf diese Ausgangslage zu Beginn der Weimarer Republik zurück.

62 Letztlich zeigen die Friedensverhandlungen selbst diese Komplexität und Bedeutung des Globalen: In Paris waren 27 Nationen und insgesamt 10 000 Delegationsmitglieder an den Verhandlungen beteiligt. Jörn Leonhard, *Der überforderte Frieden: Versailles und die Welt 1918-1923*, München: C.H. Beck 2018, S. 654 f.

63 Findlay und O'Rourke, *Power and Plenty*, S. 429-472; Jeffry A. Frieden, *Global Capitalism: Its Fall and Rise in the Twentieth Century*, New York: Norton 2006, S. 129-134, und Gerd Hardach, *Der Erste Weltkrieg 1914-1918*, München: dtv 1973, S. 266.

64 Glenda Sluga und Patricia Clavin (Hg.), *Internationalisms: A Twentieth-Century History*, New York: Cambridge University Press 2017, und Patricia Clavin, »The Ben Pimlott Memorial Lecture 2019: Britain and the Making of Global Order after 1919«, in: *Twentieth Century British History* 31/3 (2020), S. 340-359.

65 Hans Posse, *Grundlagen der künftigen deutschen Handelspolitik*, Berlin: Selbstverlag des Reichsverbandes der Deutschen Industrie 1924, S. 30.

66 »Rudolf Schwander, St.S. des Reichswirtschaftsamtes, an AA«, 6. November 1917, BArch Berlin, R901/3971. Die Abfrage der Stellungnahme Schwanders zu den Nachkriegsplanungen stand im Zusammenhang mit den bevorstehenden Friedensverhandlungen mit Russland/Sowjetunion, die dann im März 1918 zum Vertrag von Brest-Litowsk führten.

67 »Staatssekretär des Auswärtigen Amtes (Richard von Kühlmann) an Chef des Generalstabes des Feldheeres«, 9. Februar 1918, BArch Berlin, R901/3971.

68 Gustav Stresemann, »Reichstagsrede v. 15. 3. 1910«, in: *Verhandelungen des Deutschen Reichstages* 260 (1909/1910), S. 2131-2137, hier S. 2135.

69 Gottfried Niedhart, »Außenminister Stresemann und die ökonomische Variante deutscher Machtpolitik«, in: Karl Heinrich Pohl (Hg.), *Politiker und Bürger: Gustav Stresemann und seine Zeit*, Göttingen: Vandenhoeck & Ruprecht 2002, S. 229, und Gottfried Niedhart, *Die Aussenpolitik der Weimarer Republik*, 3. Aufl., München: Oldenbourg 2013, S. 46.

70 Manuskript einer Rede in Dresden am 22. April 1926 aus dem PA AA, zit. n. Karl Heinrich Pohl, *Gustav Stresemann: Biografie eines Grenzgängers*, Göttingen: Vandenhoeck & Ruprecht 2015, S. 252.

71 Gustav Stresemann, »Rede von der Arbeitsgemeinschaft Deutscher Landsmannschaften in Gross-Berlin am 14.12.1925«, in: *Akten zur deutschen auswärtigen Politik 1918-1945*, B. 1,1 (1966), S. 727-751, hier S. 729. Ministerialrat im RMW Hans Posse hatte 1924 fast wortgleich formuliert, »einem geschwächten Staat wie dem deutschen, der des militärischen Schutzes so gut wie ganz entraten muß, verbleibt als fast die einzige Waffe zur Zurückdrängung unberechtigter Interessen des Auslandes nur seine Handelspolitik«. Posse, *Grundlagen der künftigen deutschen Handelspolitik*, S. 8.

72 Siehe hierzu auch Philipp Müller, *Zeit der Unterhändler: Koordinierter Kapitalismus in Deutschland und Frankreich zwischen 1920 und 1950*, Hamburg: Hamburger Edition 2019. Müller verortet die Bedeutungszunahme der Wirtschaft in den deutsch-französischen Beziehungen allerdings später, in den 1930er Jahren, weil er sich ganz auf die Frage der Transformation des Kapitalismus konzentriert und dabei insbesondere die Perspektive der Verbandsvertreter einnimmt.

73 Niall Ferguson, »The Balance of Payments Question: Versailles and After«, in: Manfred F. Boemeke, Gerald D. Feldman und Elisabeth Glaser (Hg.), *The Treaty of Versailles: A Reassessment after 75 Years*, Cambridge: Cambridge University Press 1998, S. 401-440, hier S. 404.

74 Niall Ferguson, *Paper and Iron: Hamburg Business and German Politics in the Era of Inflation; 1897-1927*, Cambridge u.a.: Cambridge University Press 1995.

75 Kurt Doss, *Das deutsche Auswärtige Amt im Übergang vom Kaiserreich zur Weimarer Republik: Die Schülersche Reform*, Düsseldorf: Droste 1977, S. 205-219.

76 Kurt Wiedenfeld, *Zwischen Wirtschaft und Staat: Lebenserinnerungen*, Berlin: De Gruyter 1960, S. 74.

77 Wenig erforscht ist bisher die Frage, ob die Reform aufgrund des Wiedererstarkens der konservativen Kräfte im Auswärtigen Amt gestoppt wurde oder weil sie sich angesichts des Aufbaus einer umfassenden Außenwirtschaftsbürokratie im Umfeld des Reichswirtschaftsministeriums als überflüssig erwies. Jedenfalls wurde der Einfluss der Wirtschaft sehr rasch zurückgeführt, der Verwaltungsrat der erst als Außenhandelsstelle und später als Abteilung X firmierenden früheren Handelspolitischen Abteilung entmachtet und die Zweigstellen aufgelöst. »Niederschrift über die Sitzung des Ausschusses«, 7. März 1921, PA AA, RZ 303/117 626; »Denkschrift ›Die Zweigstellen des Auswärtigen Amtes für Außenhandel‹«, 31. Januar 1922, PA AA, RZ 303/117 626. Danach kehrte man nicht zu einer Handelspolitischen Abteilung in der Organisationsstruktur des AA zurück, sondern richtete im Juni 1920 ein Sonderreferat W(irtschaft)

und 1922 zusätzlich ein Sonderreferat W(irtschaft) und R(eparationen) ein, die direkt dem Unterstaatssekretär für Wirtschaft unterstellt waren. Eckart Conze, *Das Auswärtige Amt vom Kaiserreich bis zur Gegenwart*, München: C.H. Beck 2013.

78 »Richtlinien für die deutschen Friedensunterhändler, 21.4.1919 (Dokument Nr. 49)«, in: Hagen Schultze (Bearbeiter), *Akten der Reichskanzlei: Weimarer Republik – Das Kabinett Scheidemann*, Bd. 1, Boppard/Rhein: Boldt 1971, S. 193-204; online verfügbar unter: {https://www.bundesarchiv.de/aktenreichskanzlei/1919-1933/0000/sch/sch1p/kap1_2/para2_52.html#d8e47}; Leonhard, *Der überforderte Frieden*, S. 990.

79 Zit. n. Plumpe, *Carl Duisberg 1861-1935*, S. 583.

80 Gerald D. Feldman, *Hugo Stinnes: Biographie eines Industriellen 1870-1924*, München: C.H. Beck 1998, S. 569.

81 Franz Eulenburg, »Der innere Aufbau der deutschen Außenwirtschaft«, in: *Weltwirtschaftliches Archiv* 14 (1919), S. 185-209, hier S. 188.

82 Vgl. hierzu klassisch: Gerald D. Feldman, *The Great Disorder: Politics, Economics, and Society in the German Inflation, 1914-1924*, New York u.a.: Oxford University Press 1993, S. 137-155; siehe die neuere Übersicht in Harold James, »Das Reichswirtschaftsministerium und die Außenwirtschaftspolitik: ›Wir deutschen Pleitokraten, wir sitzen und beraten‹«, in: Carl-Ludwig Holtfrerich und Hartmut Berghoff (Hg.), *Das Reichswirtschaftsministerium der Weimarer Republik und seine Vorläufer: Strukturen, Akteure, Handlungsfelder*, Boston und Berlin: De Gruyter 2016, insbes. S. 521-527.

83 Zur wichtigen Entscheidung der Wechselkursfreigabe siehe Carl-Ludwig Holtfrerich, »Aus dem Alltag des Reichswirtschaftsministeriums während der Großen Inflation 1919-1923/24«, in: Carl-Ludwig Holtfrerich und Hartmut Berghoff (Hg.), *Das Reichswirtschaftsministerium der Weimarer Republik und seine Vorläufer. Strukturen, Akteure, Handlungsfelder*, Boston und Berlin: De Gruyter 2016, S. 297f. Zur deutschen Hyperinflation siehe Sebastian Teupe, *Zeit des Geldes: Die deutsche Inflation zwischen 1914 und 1923*, Frankfurt/Main und New York: Campus 2022, zur Außenwirtschaft insbes. S. 61f., sowie Carl-Ludwig Holtfrerich, *Die deutsche Inflation 1914-1923: Ursachen und Folgen in internationaler Perspektive*, Berlin u.a.: De Gruyter 1980, und Feldman, *The Great Disorder: Politics, Economics, and Society in the German Inflation, 1914-1924*.

84 »Wirtschaftspolitische Richtlinien des Reichswirtschaftsministers, 19.9.1919, Dok. Nr. 65«, in: Anton Golecki (Bearbeiter), *Akten der Reichskanzlei: Weimarer Republik – Das Kabinett Bauer*, Bd. 1, Boppard/Rhein: Boldt 1980, S. 268. Dieses Zitat bezog sich allerdings nicht direkt

auf die Entscheidung, die Währungskonvertibilität zuzulassen, sondern stand im Zusammenhang mit den Versuchen der Ein- und Ausfuhrkontrolle.

85 Brief an Bernhard Huldermann v. 6. 9. 1917, zit. n. Ferguson, »The Balance of Payments Question: Versailles and After«, S. 406. Das Zitat wurde aus dem englischen Aufsatz zurück ins Deutsche übersetzt.

86 James, »Das Reichswirtschaftsministerium und die Außenwirtschaftspolitik«.

87 Unveröffentlichte Denkschrift aus dem Jahr 1921, zit. n. Schölzel, *Walther Rathenau: Eine Biographie*, S. 317.

88 Die Tätigkeit des dem Reichswirtschaftsminister angegliederten »Reichskommissars für die Ein- und Ausfuhrkontrolle«, Ernst Trendelenburg, ist minutiös beschrieben bei Holtfrerich, »Aus dem Alltag des Reichswirtschaftsministeriums während der Großen Inflation 1919-1923/24«. Im Einzelnen war das Kontrollsystem kompliziert und wurde häufig angepasst. Vgl. z. B. »Bericht einer Besprechung im Reichsjustizministerium über Abbau der Ausfuhrverbote«, 7. Juli 1919, BArch Berlin, R901/4272; »Botschaft in Rotterdam schickt Beschwerden über die Organisation des Ein- und Ausfuhrwesens in Dtld., Schreiben eines holländischen Kaufmanns«, 29. 8. 1919, BArch Berlin, R901/4273, und »AA an Reichsfinanzminister«, 9. 10. 1919, BArch Berlin, R901/4274.

89 Als »Loch im Westen« wurde das französisch besetzte rechtsrheinische Gebiet bezeichnet, in dem die deutsche Zollverwaltung die Ein- und Ausfuhrkontrolle nicht durchsetzen konnte. James, »Das Reichswirtschaftsministerium und die Außenwirtschaftspolitik«; Mario Daniels, »›Wirtschaftlicher Landesverrat‹ im ›Wirtschaftskampf gegen Deutschland‹: Die deutsche Chemieindustrie und die Bekämpfung ausländischer Industriespionage in den 1920er Jahren«, in: *Historische Zeitschrift* 299/2 (2014), S. 352-383, und »›Überfremdung‹, Artikel von Bankier Ferdinand Rinkel, Kölnische Zeitung«, 4. August 1920, PA AA, 104/97758.

90 Adam Tooze, »Trouble with Numbers: Statistics, Politics, and History in the Construction of Weimar's Trade Balance, 1918-1924«, in: *The American Historical Review* 113/3 (2008), S. 678-700, hier S. 682, weist auch auf die unterschiedlichen Erhebungsmethoden für die Einfuhr und die Ausfuhr hin, die jeweils unterschiedlich stark auf Preissteigerungen reagierten.

91 Statistisches Reichsamt an AA, Außenhandel im Dezember 1921, 31. 1. 1922, PA AA, RZ 303/117600, »Außenhandel im allgemeinen«, 1921-1927.

92 Barry J. Eichengreen, *Golden Fetters: The Gold Standard and the Great Depression, 1919-1939*, New York u. a.: Oxford University Press 1992.

93 Knut Borchardt, »Zwangslagen und Handlungsspielräume in der großen

Weltwirtschaftskrise der frühen dreißiger Jahre. Zur Revision eines überlieferten Geschichtsbildes (1979)«, in: ders., *Wachstum, Krisen, Handlungsspielräume der Wirtschaftspolitik: Studien zur Wirtschaftsgeschichte des 19. und 20. Jahrhunderts*, Göttingen: Vandenhoeck & Ruprecht 1982, S. 165-182.

94 Die Weiterführung der Diskriminierungspraktiken etwas unterschätzend Matthias Schulz, *Deutschland, der Völkerbund und die Frage der europäischen Wirtschaftsordnung 1925-1933*, Hamburg: Krämer 1997, S. 48; Peter Krüger, *Die Aussenpolitik der Republik von Weimar*, Darmstadt: Wissenschaftliche Buchgesellschaft 1985, S. 247f.

95 Blaich, »Protektionismus und unternehmerische Wirtschaft«, S. 28.

96 Franz Eulenburg, »Die handelspolitischen Ideen der Nachkriegszeit«, in: *Weltwirtschaftliches Archiv* 25 (1927), S. 59-103, hier S. 89.

97 Siehe die Zusammenstellung des AA über die Zollmaßnahmen der Handelspartner: »Zollmaßnahmen des Auslandes aus der neuesten Zeit«, 19. September 1921, PA AA, RZ 303/117600.

98 Bernhard Harms, »Die Schicksalsstunde der deutschen Handelspolitik«, in: *Weltwirtschaftliches Archiv* 21/1 (1925), S. 37-60.

99 James, »Das Reichswirtschaftsministerium und die Außenwirtschaftspolitik«, S. 539.

100 Holtfrerich, »Aus dem Alltag des Reichswirtschaftsministeriums während der Großen Inflation 1919-1923/24«, S. 352.

101 Die Interpretation, es habe sich dabei letztlich um eine liberale Inszenierung gehandelt, während praktisch die wirtschaftsnationalistische Politik fortgesetzt worden sei, ist dabei vor allem vertreten worden von Dirk Stegmann, »Deutsche Zoll- und Handelspolitik 1924/25-1929 unter besonderer Berücksichtigung agrarischer und industrieller Interessen«, in: Hans Mommsen und Dietmar Petzina (Hg.), *Industrielles System und politische Entwicklung in der Weimarer Republik*, Bd. 2, Kronberg/Taunus: Athenäum u.a. 1977, S. 499-513. Stärker eine tatsächliche Hinwendung zum Handelsliberalismus betonen Jonathan Wright, »Foreign Policy: The Dilemmas of a Revisionist State«, in: Nadine Rossol und Benjamin Ziemann (Hg.), *The Oxford Handbook of the Weimar Republic*, Oxford: Oxford University Press 2021, S. 242-264, und Schulz, *Deutschland, der Völkerbund und die Frage der europäischen Wirtschaftsordnung 1925-1933.*

102 Aus den Sitzungen des Vereinigten Reichswirtschaftsrats am 14. März 1924 und des Reichstags am 30. August 1924 zit. n. Holtfrerich, »Aus dem Alltag des Reichswirtschaftsministeriums während der Großen Inflation 1919-1923/24«, S. 352-354.

103 Posse, *Grundlagen der künftigen deutschen Handelspolitik*, S. 32, und Eckart Teichert, *Autarkie und Großraumwirtschaft in Deutschland: 1930-*

1939. Außenwirtschaftspolitische Konzeptionen zwischen Wirtschaftskrise und Zweitem Weltkrieg, München: Oldenbourg 1984, S. 106-115, können zeigen, dass Posse (wie auch Karl Ritter) später zu einem Verfechter einer deutschen wirtschaftlichen Vorherrschaft in Europa wurde und damit wichtiger Unterstützer der Großraumwirtschaftsvorstellungen der Nationalsozialisten. In den 1920er Jahren scheint er aber die liberale Politik Stresemanns unterstützt zu haben.

104 Kurt Wiedenfeld, *Deutschlands handelspolitische Aufgaben*, 1924, S. 2. Wiedenfeld war 1920 in das Auswärtige Amt eingetreten und hatte dort die »Außenhandelsstelle« geleitet, bevor er nach dem Scheitern der Schüler'schen Reform zurück an die Universität wechselte.

105 »Karl Ritter (AA) an v. Mutius, Dt. Gesandten in Kopenhagen, per Depesche«, 29. Oktober 1924, PA AA, RZ 303/117 600.

106 Harms, »Die Schicksalsstunde der deutschen Handelspolitik«, S. 48 und 53. Der Aufsatz ist wortgleich mit der Rede Harms' auf der Jahresversammlung des Vereins für Socialpolitik in Stuttgart. *Verhandlungen des Vereins für Sozialpolitik in Stuttgart 1924*, München und Leipzig: Duncker & Humblot 1925, S. 186-213.

107 Wilhelm Röpke, »Die neue Wirtschaftsstruktur Deutschlands als Grundlage seiner künftigen Handelspolitik«, in: Franz Eulenburg (Hg.), *Neue Grundlagen der Handelspolitik: Wissenschaftliche Gutachten*, Berlin: Duncker & Humblot 1925, S. 1-46, hier S. 20.

108 Ernst Trendelenburg, »Fragen der Weltwirtschaftspolitik«, in: Bernhard Harms (Hg.), *Strukturwandlungen der deutschen Volkswirtschaft: Vorlesungen, gehalten in der Deutschen Vereinigung für Staatswissenschaftliche Fortbildung*, Bd. 1, Berlin: Hobbing 1928, S. 422-451, hier S. 439.

109 »AA an Botschaften, Einfuhrscheinsystem«, 29. März 1932, PA AA, RZ 206/240 666; deutsche Agrarexporteure erhielten auf ihre Exporte eine Zollgutschrift in Form eines »Einfuhrscheins«, den sie selbst einlösen konnten, wenn sie Agrargüter importierten oder an andere Importeure verkauften. Einfuhrscheine waren als ein Instrument der Exportförderung eingeführt worden; Jöhlinger und Ewer, *Die Praxis des Getreidegeschäftes*, insbes. S. 237.

110 »Entwurf eines Gesetzes über Zolländerungen v. 15. 6. 1925, Anlage Nr. 1036«, in: *Verhandlungen des Reichstages, III. Wahlperiode*, Berlin 1925, S. 66f.; online verfügbar unter: {http://daten.digitale-sammlungen.de/bsb00000085/image_719}.

111 Nach den neuesten und gründlichsten Berechnungen (Alexander A. J. Wulfers, *Trade and Protectionism in Interwar Germany*, Dissertationsschrift, Universität Oxford 2021, S. 193) ist davon auszugehen, dass das »Wertzolläquivalent« im Deutschen Reich vor 1930 unter 9 Prozent

lag, der Völkerbundswert von 12 Prozent, auf den in der Literatur üblicherweise zurückgegriffen wird, also deutlich überhöht ist.

112 Douglas A. Irwin, *Clashing over Commerce: A History of US Trade Policy*, Chicago und London: The University of Chicago Press 2017, S. 356.

113 Alan de Bromhead et al., »When Britain Turned Inward: The Impact of Interwar British Protection«, in: *American Economic Review* 109/2 (2019), S. 325-352, hier S. 331.

114 Findlay und O'Rourke, *Power and Plenty*, S. 431.

115 Siehe hierzu die Schilderungen von Robert Boyce, *The Great Interwar Crisis and the Collapse of Globalization*, Houndsmills: Palgrave Macmillan UK 2009, S. 153-178, insbes. S. 168. Boyce (ebd., S. 486, Fn. 143) verwendet hierbei eine zeitgenössische Schätzung, die den französischen Durchschnittszollsatz mit 3,3 Prozent im Jahr 1925 angibt, was von den in der jüngeren Spezialliteratur auffindbaren Werten weit nach unten abweicht, ebenso wie die Sätze von 8,8 Prozent für 1913 und 12 für 1927.

116 Herbert Matis und Alice Teichova (Hg.), *Nation, State and the Economy in History*, Cambridge: Cambridge University Press 2003.

117 Schulz, *Deutschland, der Völkerbund und die Frage der europäischen Wirtschaftsordnung 1925-1933*, S. 50.

118 »Gustav Cassel: ›Handelspolitische Abrüstung‹, Übersetzung eines Artikels im ›Svenska Dagbladet‹«, 27. November 1925, PA AA, RZ 303/117557.

119 Siehe zu den Details der Verhandlungen: »Abschrift einer Aufstellung des ›Gegenwärtigen Standes der Handelsvertragsverhandlungen‹«, 1925, PA AA, RZ 206/240675; Trendelenburg, »Fragen der Weltwirtschaftspolitik«.

120 Julius Curtius, »Rede zur Haushaltsdebatte«, in: *Verhandlungen des Reichstages, III. Wahlperiode*, Bd. 389: *Sitzung v. 19.3.1926*, Berlin 1926, S. 6340-6350, hier S. 6343. Die Rede schien Curtius so bedeutungsvoll, dass er sie in seinen eitlen Memoiren ausführlich zitierte: Julius Curtius, *Sechs Jahre Minister der Deutschen Republik*, Heidelberg: Winter 1948, S. 35.

121 Franz Schenk von Stauffenberg, »Rede zur Haushaltsdebatte«, in: *Verhandlungen des Reichstages, III. Wahlperiode*, Bd. 389: *Sitzung v. 19.3.1926*, Berlin 1926, S. 6352-6358, hier S. 6354.

122 Boyce, *The Great Interwar Crisis and the Collapse of Globalization*, S. 178.

123 Patricia Clavin, *Securing the World Economy: The Reinvention of the League of Nations 1920-1946*, Oxford und New York: Oxford University Press 2015, S. 39-46.

124 Hermann Habicht, *50 Jahre Hermes Kreditversicherungs-Aktiengesellschaft: Ein Beitrag zur Geschichte der Kreditversicherung in Deutschland*, Bonn 1967.

125 Mark Jakob, »Between Entrepreneurial Risk-Taking and the Reason of State: Export Credit Insurance in Germany and Britain during the Interwar Period«, in: Christian Kleinschmidt, Mark Jakob und Nina Kleinöder (Hg.), *Securities and Insecurities in Business History: Case Studies in the Perception and Negotiation of Threats*, Baden-Baden: Nomos 2021, S. 71-110.

126 Robert Mark Spaulding, *Osthandel and Ostpolitik: German Foreign Trade Policies in Eastern Europe from Bismarck to Adenauer*, Providence: Berghahn Books 1997.

127 Stephen Gross, *Export Empire: German Soft Power in Southeastern Europe, 1890-1945*, Cambridge: Cambridge University Press.

128 Schulz, *Deutschland, der Völkerbund und die Frage der europäischen Wirtschaftsordnung 1925-1933*, S. 103.

129 Zit. n. Clemens A. Wurm, »Internationale Kartelle und die deutsch-französischen Beziehungen 1924-1930: Politik, Wirtschaft, Sicherheit«, in: Stephen A. Schuker (Hg.), *Deutschland und Frankreich: Vom Konflikt zur Aussöhnung. Die Gestaltung der westeuropäischen Sicherheit 1914-1963*, München: Oldenbourg 2009, S. 97-116, hier S. 102; Dominique Barjot, »Les cartels, une voie vers l'intégration européenne?: Le rôle de Louis Loucheur (1872-1931)«, in: *Revue économique* 64/6 (2013), S. 1043-1066.

130 »Karl Ritter (AA) an v. Mutius«, 29.10.1924, PA AA, RZ 303/117 600.

131 Clemens A. Wurm, »Politik und Wirtschaft in den internationalen Beziehungen: Internationale Kartelle, Außenpolitik und weltwirtschaftliche Beziehungen 1919-1939: Einführung«, in: Clemens A. Wurm (Hg.), *Internationale Kartelle und Außenpolitik: Beiträge zur Zwischenkriegszeit*, Stuttgart: Steiner 1989, S. 1-32, hier S. 13.

132 Clemens A. Wurm, »Handelsdiplomatie in der Weltwirtschaftskrise: Internationale Kartelle, Stahl und Baumwolltextilien in der Außenpolitik Großbritanniens 1924-1939«, in: ders. (Hg.), *Internationale Kartelle und Aussenpolitik: Beiträge zur Zwischenkriegszeit*, Stuttgart: Steiner 1989, S. 103-150, hier S. 116.

133 Alfred Reckendrees, *Das »Stahltrust«-Projekt: Die Gründung der Vereinigte Stahlwerke AG und ihre Unternehmensentwicklung 1926-1933/34*, München: C.H. Beck 2000, S. 130-135; Dirk Bariéty, »Das Zustandekommen der Internationalen Rohstahlgemeinschaft (1926) als Alternative zum mißlungenen ›Schwerindustriellen Projekt‹ des Versailler Vertrages«, in: Hans Mommsen und Jacques Petzina (Hg.), *Industrielles System und politische Entwicklung in der Weimarer Republik*, Bd. 2, Kronberg/Taunus: Athenäum u.a. 1977, S. 552-568, und Wurm, »Internationale Kartelle und die deutsch-französischen Beziehungen 1924-1930: Politik, Wirtschaft, Sicherheit«.

134 Wurm, »Politik und Wirtschaft in den internationalen Beziehungen. Internationale Kartelle, Außenpolitik und weltwirtschaftliche Beziehungen 1919-1939: Einführung«, S. 12; siehe auch Reckendrees, *Das »Stahltrust«-Projekt*, S. 135.

135 Wurm, »Internationale Kartelle und die deutsch-französischen Beziehungen 1924-1930: Politik, Wirtschaft, Sicherheit«, S. 106.

136 Allerdings hatte die französische Stickstoffindustrie an dem norwegischen Unternehmen eine Minderheitsbeteiligung. Harm G. Schröter, »Privatwirtschaftliche Marktregulierung und staatliche Interessenpolitik. Das internationale Stickstoffkartell 1929-1939«, in: ders. und Clemens A. Wurm (Hg.), *Politik, Wirtschaft und internationale Beziehungen: Studien zu ihrem Verhältnis in der Zeit zwischen den Weltkriegen*, Mainz: Verlag Philipp von Zabern 1991, S. 117-137.

137 Wurm, »Internationale Kartelle und die deutsch-französischen Beziehungen 1924-1930: Politik, Wirtschaft, Sicherheit«.

138 Leonard S. Reich, »Lighting the Path to Profit: GE's Control of the Electric Lamp Industry, 1892-1941«, in: *Business History Review* 66/2 (1992), S. 305-334, hier S. 325-328.

139 Peter Hertner, »L'industrie électrotechnique allemande entre les deux guerres: À la recherche d'une position internationale perdue«, in: *Relations Internationales* 43 (1985), S. 289-304, hier S. 290.

140 Hartmut Rübner, *Konzentration und Krise der deutschen Schiffahrt: Maritime Wirtschaft und Politik im Kaiserreich, in der Weimarer Republik und im Nationalsozialismus*, Bremen: Hauschild 2005, S. 158-178.

141 Harm G. Schröter, »Kartellierung und Dekartellierung 1890-1990«, in: *Vierteljahrschrift für Sozial- und Wirtschaftsgeschichte* 81/4 (1994), S. 457-493, hier S. 480.

142 Blaich, »Protektionismus und unternehmerische Wirtschaft«, S. 29.

143 Wurm, »Politik und Wirtschaft in den internationalen Beziehungen. Internationale Kartelle, Außenpolitik und weltwirtschaftliche Beziehungen 1919-1939: Einführung«, S. 10.

144 Verena Schröter, *Die deutsche Industrie auf dem Weltmarkt 1929 bis 1933: Außenwirtschaftliche Strategien unter dem Druck der Weltwirtschaftskrise*, Frankfurt/Main: Peter Lang 1984, S. 30.

145 Bähr und Erker, *Bosch*, S. 96-130 und 139f.

146 Patrick Kleedehn, *Die Rückkehr auf den Weltmarkt: Die Internationalisierung der Bayer AG Leverkusen nach dem Zweiten Weltkrieg bis zum Jahre 1961*, Stuttgart: Steiner 2007, S. 61-68.

147 Johannes Bähr, »GHH und M. A. N. in der Weimarer Republik, im Nationalsozialismus und in der Nachkriegszeit (1920-1960)«, in: ders., Ralf Banken und Thomas Flemming (Hg.), *Die MAN: Eine deutsche Indus-*

triegeschichte, München: C.H.Beck 2008, S. 231-371, hier S. 254, und Christian Marx, *Paul Reusch und die Gutehoffnungshütte: Leitung eines deutschen Großunternehmens*, Göttingen: Wallstein 2013, S. 172-177.

148 Jakob, »Between Entrepreneurial Risk-Taking and the Reason of State: Export Credit Insurance in Germany and Britain during the Interwar Period«.

149 Frank J. Nellißen, *Das Mannesmann-Engagement in Brasilien von 1892-1995: Evolutionspfade internationaler Unternehmenstätigkeit aus wirtschaftshistorischer Sicht*, München: C.H.Beck 1998, S. 70 und 133.

150 Harm G. Schröter, »Die Auslandsinvestitionen der chemischen Industrie 1870-1930«, in: *Zeitschrift für Unternehmensgeschichte* 35/1 (1990), S. 1-22, hier S. 2.

151 Blaich, »Protektionismus und unternehmerische Wirtschaft«, S. 36.

152 Nach zeitgenössischen Schätzungen: Hertner, »L'industrie électrotechnique allemande entre les deux guerres: À la recherche d'une position internationale perdue«, S. 298, und Schröter, *Die deutsche Industrie auf dem Weltmarkt 1929 bis 1933*, S. 220.

153 Schröter, »Die Auslandsinvestitionen der chemischen Industrie 1870-1930«, S. 4.

154 Boyce, *The Great Interwar Crisis and the Collapse of Globalization*, S. 179.

155 Eulenburg, »Die handelspolitischen Ideen der Nachkriegszeit«, S. 84.

156 Christian Marx und Ben Wubs, »National Conflicts in a Multinational: The Case of the Dutch-German AKU/VGF/Akzo, 1920s to 1970s«, in: *Business History* 64/9 (2021), S. 1709-1734.

157 »Niederschrift über die Ressortbesprechung über Maßnahmen zum Schutze des deutschen Grundbesitzes gegen Überfremdung«, 9. Februar 1920, PA AA, 104/97758. Zu ähnlichen Diskussionen in der Schweiz siehe Lea Haller, *Transithandel Geld- und Warenströme im globalen Kapitalismus*, Berlin: Suhrkamp 2019, S. 199-209.

158 Alfred Reckendrees und Kim Priemel, »Politik als produktive Kraft? Die ›Gelsenberg-Affäre‹ und die Krise des Flick-Konzerns (1931/32)«, in: *Jahrbuch für Wirtschaftsgeschichte* 47/2 (2006), S. 41-71.

159 Aus der Fülle der Gesamtdarstellungen: Charles P. Kindleberger, *Die Weltwirtschaftskrise, 1929-1939*, München: dtv 1973; Eichengreen, *Golden Fetters*; Boyce, *The Great Interwar Crisis and the Collapse of Globalization*; Liaquat Ahamed, *Die Herren des Geldes: Wie vier Bankiers die Weltwirtschaftskrise auslösten und die Welt in den Bankrott trieben*, München: FinanzBuch Verlag 2010; Jan-Otmar Hesse, Roman Köster und Werner Plumpe, *Die Große Depression: Die Weltwirtschaftskrise 1929-1939*, Frankfurt/Main und New York: Campus 2014; Florian Pressler, *Die erste Weltwirtschaftskrise: Eine kleine Geschichte der großen Depression*,

2. Aufl., München: C.H. Beck 2019, und Tobias Straumann, *1931: Die Finanzkrise und Hitlers Aufstieg*, Stuttgart: Konrad Theiss Verlag 2020.

160 In der politökonomischen Literatur wird umgekehrt argumentiert, dass die von der Handelsliberalisierung besonders bedrohten Beschäftigten die Wahlerfolge der »protektionistischen« Parteien verursacht hätten: Wulfers, *Trade and Protectionism in Interwar Germany*, S. 55-102.

161 Isabel Schnabel, »The German Twin Crisis of 1931«, in: *The Journal of Economic History* 64/3 (2004), S. 822-871.

162 Siehe hierzu insbesondere die wunderbare Darstellung von Straumann, *1931: Die Finanzkrise und Hitlers Aufstieg*, sowie auch Ritschl, *Deutschlands Krise und Konjunktur 1924-1934*.

163 Siehe hierzu die Arbeiten von Ralf Banken über das Devisenrecht und die Devisenwirtschaft.

164 Einen guten Überblick über die USA in der Weltwirtschaftskrise bietet Jeremy Atack und Peter Passell, *A New Economic View of American History from Colonial Times to 1940*, 2. Aufl., New York: W.W. Norton & Company 1994, S. 583-614. Der wichtigste Vertreter dieser »keynesianischen« Interpretation der Weltwirtschaftskrise ist Peter Temin, *Lessons from the Great Depression*, Cambridge/Mass. u.a.: MIT Press 1989.

165 Für eine recht gute Zusammenfassung der Literatur siehe Barry J. Eichengreen und Douglas A. Irwin, »The Slide to Protectionism in the Great Depression: Who Succumbed and Why?«, in: *Journal of Economic History* 70/4 (2010), S. 871-897.

166 Irwin, *Clashing over Commerce*, S. 386-391. Spezifische Zölle, wie sie auch das Deutsche Reich anwendete, setzen einen bestimmten Geldbetrag für eine bestimmte Menge des eingeführten Gutes fest, so dass sich der prozentuale Zoll erhöht, wenn der Preis für das Gut sinkt. Im Gegensatz dazu setzen Wertzölle, wie sie heute überwiegend angewendet werden, einen bestimmten Prozentsatz des Einfuhrwertes fest.

167 Die Bedeutung der französischen Goldpolitik nach Kenneth Mouré, *Managing the Franc Poincaré: Economic Understanding and Political Constraint in French Monetary Policy, 1928-1936*, Cambridge und New York: Cambridge University Press 1991; Douglas A. Irwin, »The French Gold Sink and the Great Deflation 1929-1932«, in: *Cato Papers on Public Policy* 2 (2012), S. 1-56. Allerdings ist diese Interpretation nicht unumstritten: Boyce, *The Great Interwar Crisis and the Collapse of Globalization*, S. 314-326.

168 de Bromhead et al., »When Britain Turned Inward: The Impact of Interwar British Protection«.

169 Eichengreen, *Golden Fetters*, insbes. die Karte S. 339.

170 Dietmar Rothermund (Hg.), *Die Peripherie in der Weltwirtschaftskrise:*

Afrika, Asien und Lateinamerika, 1929-1939, Paderborn: Schöningh 1982; Tomoko Shiroyama, *China during the Great Depression: Market, State, and the World Economy; 1929-1937*, Cambridge/Mass. u. a.: Harvard University Press 2008.

171 Wertzolläquivalent für die Weizeneinfuhr berechnet bei Wulfers, *Trade and Protectionism in Interwar Germany*, S. 57.

172 Nach den Zahlen der Reichsstatistik in Schröter, *Die deutsche Industrie auf dem Weltmarkt 1929 bis 1933*, S. 524.

173 Hans Posse, »Deutschlands Handelspolitik im Jahre 1931 (Radiovortrag)«, 11. Januar 1932, PA AA, RZ 303/117 560.

174 »Ausführungen des RM AA (Konstantin von Neurath) in der Sitzung des Auswärtigen Ausschusses«, 24. Januar 1933, Bl. 18, PA AA, RZ 206/240 609. Dieser Referentenentwurf (Durchschlag) ist irrtümlich auf den 20. Januar 1932 datiert. Teichert, *Autarkie und Großraumwirtschaft in Deutschland*, S. 132, zitiert den gleichen Inhalt als Ausführung vor der Ausschusssitzung am 24. Januar 1933.

175 Trendelenburg, »Fragen der Weltwirtschaftspolitik«, S. 438.

176 Wulfers, *Trade and Protectionism in Interwar Germany*.

177 Willi A. Boelcke, *Deutschland als Welthandelsmacht: 1930-1945*, Stuttgart: Kohlhammer 1994, S. 17.

178 Bülow war ein Gegner der Verständigungspolitik und kam mit Unterstützung von Reichspräsident von Hindenburg ins Amt, wo er einen klar protektionistischen Kurs vertrat. Brüning selbst habe bei dieser Personalentscheidung keine größere Rolle gespielt, so Annette Schmidt-Klügmann, *Bernhard Wilhelm von Bülow (1885-1936): Eine politische Biographie*, Paderborn: Schöningh 2019, S. 353-363.

179 »Ausführungen des RM AA (Konstantin von Neurath) in der Sitzung des Auswärtigen Ausschusses«, Bl. 19.

180 Teichert, *Autarkie und Großraumwirtschaft in Deutschland*, S. 132-134.

181 Posse, »Deutschlands Handelspolitik im Jahre 1931 (Radiovortrag)«.

182 »Auswärtiges Amt, Neurath, an sämtliche diplomatischen Vertretungen«, 19. Juli 1933, PA AA, RZ 206/240 608/1.

183 Wulfers, *Trade and Protectionism in Interwar Germany*, S. 128.

184 Ich folge hier weitgehend der exzellenten älteren Arbeit von Teichert, *Autarkie und Großraumwirtschaft in Deutschland*.

185 Siehe zum Einstieg und als Überblick Adam Tooze, *Ökonomie der Zerstörung: Die Geschichte der Wirtschaft im Nationalsozialismus*, München: Pantheon 2008.

186 Z. B. die klassischen Arbeiten Boelcke, *Deutschland als Welthandelsmacht*; Hans-Erich Volkmann, *Ökonomie und Expansion: Grundzüge der NS-Wirtschaftspolitik, Ausgewählte Schriften*, München: Olden-

bourg 2003, und Teichert, *Autarkie und Großraumwirtschaft in Deutschland*.

187 Siehe zu diesem Themenkomplex die jüngste Überblicksdarstellung des wohl besten internationalen Experten auf diesem Gebiet: Jonas Scherner, »Außenwirtschaft und Außenhandel«, in: Marcel Boldorf und ders. (Hg.), *Handbuch Wirtschaft im Nationalsozialismus*, Berlin: De Gruyter Oldenbourg 2023, S. 737-765, sowie immer noch klassisch Boelcke, *Deutschland als Welthandelsmacht*; Ralf Banken, »Die wirtschaftspolitische Achillesferse des ›Dritten Reiches‹: Das Reichswirtschaftsministerium und die NS-Außenwirtschaftspolitik 1933-1939«, in: Albrecht Ritschl (Hg.), *Das Reichswirtschaftsministerium in der NS-Zeit*, Berlin und Boston: De Gruyter Oldenbourg 2016, S. 110-230.

188 »Reichstagsrede Adolf Hitlers, 23.3.1933«, in: *Verhandlungen des Deutschen Reichstags*, 1933, S. 29.

189 Boelcke, *Deutschland als Welthandelsmacht*, S. 46. Das Beispiel bezieht sich auf das Jahr 1937.

190 Michael Ebi, *Export um jeden Preis: Die deutsche Exportförderung von 1932-1938*, Stuttgart: Steiner 2004.

191 Tooze, *Ökonomie der Zerstörung*, insbes. S. 54f. und 120-130, und Tim Schanetzky, *»Kanonen statt Butter«: Wirtschaft und Konsum im Dritten Reich*, Bonn: Bundeszentrale für politische Bildung 2016.

192 »›Hitler Creé un fond de dumping‹, Petit Journal«, 20. Juni 1935, PA AA, RZ 303/117625.

193 Ebi, *Export um jeden Preis*, S. 242.

194 Marion Moormann, *150 Jahre Heidelberger Druckmaschinen-Aktiengesellschaft: Vom Schnellpressenbauer zum weltweit führenden Lösungsanbieter für die gesamte Druck- und Verlagsindustrie; 1850-2000*, Heidelberg: Heidelberger Druckmaschinen-AG 2000, S. 45f.

195 Hartmut Berghoff u.a., *Sartorius 1870-2020*, München: Piper 2021.

196 Michael C. Schneider, *Unternehmensstrategien zwischen Weltwirtschaftskrise und Kriegswirtschaft: Chemnitzer Maschinenbauindustrie in der NS-Zeit 1933-1945*, Essen: Klartext 2005, S. 101-109.

197 »Arbeitstagung der Aussenhandelsstellen in Bremen«, 12. April 1934, PA AA, RZ 303/117623. Das Argument war indes nicht neu und findet sich auch in einer Rede des liberalen Wirtschaftsministers Curtius vor dem Reichsverband der Deutschen Industrie: Julius Curtius, »Deutschland auf der Weltwirtschaftskonferenz: Bevorstehender Abbau der Industriezölle«, in: *Industrie- und Handelszeitung* 144 (1927).

198 Teichert, *Autarkie und Großraumwirtschaft in Deutschland*, S. 106-115, nennt Hans Posse als Beispiel eines Liberalen, der schon in den 1920er Jahren Anhänger von Großwirtschaftsraumplänen gewesen sei.

199 »Chefbesprechung im Reichswirtschaftsministerium 20.7.1940, Dok. 139«, in: Hans Günter Hockerts (Hg.), *Akten der Reichskanzlei. Regierung Hitler 1933-1945*, Bd. VII: *1940*, München 2015, S. 466 u. 469.

4
»DEUTSCHLANDS RÜCKKEHR ZUM WELTMARKT«

1 Ronald Findlay und Kevin H. O'Rourke, *Power and Plenty: Trade, War, and the World Economy in the Second Millenium*, Princeton: Princeton University Press 2009, S. 476.

2 Zur Bedeutung der USA im »amerikanischen Jahrhundert« und dem Begriff des »liberalen Imperiums« siehe Philipp Gassert, »Bilaterale Beziehungen im multilateralistischen Kontext: Die Bundesrepublik im liberalen Imperium der USA«, in: *Vierteljahrshefte für Zeitgeschichte* 68/4 (2020), S. 579-594. Zur militärischen Bedeutung der US-Rüstungsindustrie siehe Richard J. Overy, *Die Wurzeln des Sieges: Warum die Alliierten den Zweiten Weltkrieg gewannen*, Reinbek bei Hamburg: Rowohlt 2002.

3 Zur Geschichte des Bretton-Woods-Systems gibt es zahlreiche klassische Studien, an denen sich die folgende Darstellung orientiert: Barry J. Eichengreen, *Globalizing Capital: A History of the International Monetary System*, Princeton: Princeton University Press 1996; Catherine R. Schenk, *International Economic Relations since 1945*, Abingdon und New York: Routledge 2011; Michael D. Bordo und Barry J. Eichengreen (Hg.), *A Retrospective on the Bretton Woods System: Lessons for International Monetary Reform*, Chicago: University of Chicago Press 1993; Eric Helleiner, *States and the Reemergence of Global Finance: From Bretton Woods to the 1990s*, Ithaca: Cornell University Press 1994; Harold James, *International Monetary Cooperation since Bretton Woods*, Washington, D.C. und New York: International Monetary Fund, Oxford University Press 1996, sowie jüngst Martin Daunton, *The Economic Government of the World: 1933-2023*, London: Penguin Books 2023.

4 Diese Geschichte ist hervorragend erzählt von Douglas A. Irwin, *Clashing over Commerce: A History of US Trade Policy*, Chicago und London: The University of Chicago Press 2017, S. 413-501.

5 Siehe die schönen Ausführungen zur Vorgeschichte des Lend-Lease-Abkommens bei Benn Steil, *The Battle of Bretton Woods: John Maynard Keynes, Harry Dexter White, and the Making of a New World Order*, Princeton: Princeton University Press 2013, S. 104-124.

6 Max Harris, *Monetary War and Peace: Sterling, the Exchange Equalisa-*

tion Account, and the Tripartite Agreement, 1931-1939, Cambridge und New York: Cambridge University Press 2021.

7 Jeffrey M. Chwieroth, *Capital Ideas: The IMF and the Rise of Financial Liberalization*, Princeton: Princeton University Press 2009, S. 63-70, 106-109.

8 John Gerard Ruggie, »International Regimes, Transactions, and Change: Embedded Liberalism in the Postwar Economic Order«, in: *International Organization* 36/2 (1982), S. 379-415.

9 J. Keith Horsefield (Hg.), »Articles of Agreement of the International Monetary Fund (July 22, 1944)«, in: *The International Monetary Fund 1945-1965: Twenty Years of International Monetary Cooperation*, Bd. 3: *Documents*, Washington, D.C.: International Monetary Fund 1969, S. 185-214, hier S. 187.

10 Carmen M. Reinhart und Kenneth S. Rogoff, *This Time Is Different: Eight Centuries of Financial Folly*, Princeton: Princeton University Press 2009, S. 156; Carmen M. Reinhart und Kenneth S. Rogoff, »The Modern History of Exchange Rate Arrangements: A Reinterpretation«, in: *The Quarterly Journal of Economics* 119/1 (2004), S. 1-48, und Michael D. Bordo, »An Historical Perspective on the Quest for Financial Stability and the Monetary Policy Regime«, in: *The Journal of Economic History* 78/2 (2018), S. 319-357.

11 »The Secretary of State (Cordell Hull) to the Secretary of War (Stimson)«, Dok. Nr. 151, in: *Foreign Relations of the United States (FRUS), Diplomatic Papers 1944, General*, Bd. 1, 1944, S. 485f.; online verfügbar unter: {https://history.state.gov/historicaldocuments/frus1944v01/d151}.

12 Diese Pläne standen allerdings bekanntlich bis 1947 in Konkurrenz mit dem Morgenthauplan der vollständigen Deindustrialisierung Westdeutschlands. Werner Abelshauser, *Deutsche Wirtschaftsgeschichte seit 1945*, München: C.H. Beck 2004, und Barry J. Eichengreen, *Europe's Post-War Recovery*, Cambridge und New York: Cambridge University Press 1995, S. 57f.

13 Irwin, *Clashing over Commerce*, S. 500-507; Chad Bown und Douglas A. Irwin, »The GATT's Starting Point: Tarif Levels Circa 1947«, NBER Working Paper Nr. 21782 (2015); Douglas A. Irwin, Petros Mavroidis und Alan O. Sykes, *The Genesis of the GATT*, Cambridge u.a.: Cambridge University Press 2008; Findlay und O'Rourke, *Power and Plenty*, S. 491, und Francine McKenzie, *GATT and Global Order in the Postwar Era*, Cambridge: Cambridge University Press 2020.

14 Die Geschichte des GATT ist gut über die Webseite der Nachfolgeorganisation, der Welthandelsorganisation, erschließbar, inklusive eines riesigen digitalen Archivs: »History of GATT/WTO«, o.J.; online ver-

fügbar unter: {https://www.wto.org/english/thewto_e/history_e/history_e.htm}; »GATT-Archiv«, o. J.; online verfügbar unter: {https://exhibits.stanford.edu/gatt}.

15 Dabei ist allerdings zu berücksichtigen, dass der auf Verrechnungspreisen beruhende RGW-Handel sich nur schwer mit den Marktpreisen des GATT-Handels vergleichen lässt. Steven Morewood, »The Demise of the Command Economies in the Soviet Union and Its Outer Empire«, in: Michael J. Oliver und Derek Howard Aldcroft (Hg.), *Economic Disasters of the Twentieth Century*, Cheltenham und Northampton: Edward Elgar 2007, S. 258-310; Ralf Ahrens, *Gegenseitige Wirtschaftshilfe? Die DDR im RGW – Strukturen und handelspolitische Strategien 1963-1976*, Köln: Böhlau 2000, und Oscar Sanchez-Sibony, »Capitalism's Fellow Traveler: The Soviet Union, Bretton Woods, and the Cold War, 1944-1958«, in: *Comparative Studies in Society and History* 56/2 (2014), S. 290-319.

16 Diesen Ausdruck benutzen Findlay und O'Rourke, *Power and Plenty*, S. 486.

17 Markus Lampe und Niko Wolf, »Binnenhandel und Außenhandel«, in: Thomas Ralf (Hg.), *Deutschland in Daten: Zeitreihen zur Historischen Statistik*, 2. Aufl., Bonn: Bundeszentrale für politische Bildung 2022, S. 278-292, hier S. 281; Jürgen Wulf, *Der deutsche Außenhandel seit 1850: Entwicklung, Strukturwandlungen und Beziehungen zum Wirtschaftswachstum*, Dissertationsschrift, Universität Basel 1965, S. 148-152, und Willi A. Boelcke, *Deutschland als Welthandelsmacht: 1930-1945*, Stuttgart: Kohlhammer 1994, S. 37.

18 Herbert Giersch, Karl-Heinz Paqué und Holger Schmieding, *The Fading Miracle: Four Decades of Market Economy in Germany*, Cambridge u. a.: Cambridge University Press 1992, S. 91.

19 Referat des BMWi-Referenten Weber, »Protokoll der 85. AHB-Sitzung«, 12. Dezember 1957, 1, BArch Koblenz B102/54297.

20 »Aktuelle Fragen unserer aussenwirtschaftlichen Beziehungen. Vortrag des Leiters der Handelspolitischen Abteilung«, 27. November 1961, PA AA B52/193.

21 »Ausführungen von Staatssekretär Dr. Westrick vor dem Aussenhandels-Ausschuss des BDI«, 26. Januar 1962, Bundesverband der Industrie, Berlin, AH 56.

22 Ich folge hier im Wesentlichen der Perspektive von Christoph Buchheim, *Die Wiedereingliederung Westdeutschlands in die Weltwirtschaft 1945-1958*, München: Oldenbourg 1990, S. 110-133; siehe auch Eichengreen, *Europe's Post-War Recovery*; Tamás Vonyó, *The Economic Consequences of the War: West Germany's Growth Miracle After 1945*, Cam-

bridge und New York: Cambridge University Press 2018, S. 134-172; siehe auch Ludger Lindlar, *Das missverstandene Wirtschaftswunder: Westdeutschland und die westeuropäische Nachkriegsprosperität*, Tübingen: Mohr 1997; Giersch, Paqué und Schmieding, *The Fading Miracle*. Die ältere deutsche Debatte hat sich sehr stark auf die inländischen Faktoren konzentriert, die direkten Wirkungen der Marshallplan-Hilfe, die Währungsreform und die Liberalisierung; siehe Abelshauser, *Deutsche Wirtschaftsgeschichte seit 1945*, und Helge Berger und Albrecht Ritschl, »Die Rekonstruktion der Arbeitsteilung in Europa: Eine neue Sicht des Marshallplans in Deutschland 1947-1951«, in: *Vierteljahrshefte für Zeitgeschichte* 43/3 (1995), S. 473-519.

23 Reinhard Neebe, *Weichenstellung für die Globalisierung: Deutsche Weltmarktpolitik, Europa und Amerika in der Ära Ludwig Erhard*, Köln: Böhlau 2004, S. 88-99.

24 Ebd., S. 117.

25 Die D-Mark war 1948 mit 0,3 Dollar bewertet worden. Im September 1949 wurde dann der Kurs bei 24 Cent fixiert (4,20 DM pro Dollar), während die Bundesregierung 22,5 Cent durchsetzen wollte. Volker Hentschel, *Ludwig Erhard: Ein Politikerleben*, Berlin: Ullstein 1998, S. 120-126.

26 In der ausländischen Presse wurde Erhard als »Mr. Convertibility« verhöhnt, siehe Anette Koch-Wegener, *Apostle of the Free Market Economy: Ludwig Erhard und die soziale Marktwirtschaft aus US-amerikanischer Perspektive, 1949-1955*, Marburg: Tectum 2005, S. 220-224.

27 Eichengreen, *Globalizing Capital*. Der IMF erlaubte Beitrittsländern nach Artikel VIII Kapitalverkehrskontrollen für eine Übergangszeit von 3 Jahren. Japan trat 1952 bei, operierte aber bis 1964 mit Kapitalverkehrskontrollen: Yoshio Asai, »The IMF and Japan: Liberalization of Foreign Exchange and Pursuit of High Growth«, in: Kazuhiko Yago, ders. und Masanao Itoh (Hg.), *History of the IMF: Organisation, Policy and Market*, Tokio: Springer 2015, S. 249-273.

28 Ludwig Erhard (Hg.), *Deutschlands Rückkehr zum Weltmarkt*, Düsseldorf: Econ-Verlag 1954, S. 7f. Diese Passage stammt aus dem Vorwort, das tatsächlich von Ludwig Erhard verfasst wurde, während der Rest des Buches von dem Gründer des *Handelsblatts*, Herbert Gross, geschrieben wurde.

29 Zit. n. Neebe, *Weichenstellung für die Globalisierung*, S. 100.

30 Jürgen Bellers und Markus Porsche-Ludwig, *Außenwirtschaftspolitik der Bundesrepublik Deutschland 1950-2011: Ein Handbuch zu Vergangenheit und Gegenwart*, Münster: Lit 2011, S. 137, zitieren Ludwig Erhards Aussage auf einer der ersten Sitzungen des Bundeskabinetts: »Wir hätten die

Möglichkeit, in der europäischen Entwicklung zu einer freieren Gestaltung der Wirtschaftsbeziehungen Schrittmacher zu werden im Geiste der amerikanischen Wirtschaftspolitik«. Die Handelspolitik der frühen Bundesrepublik ist glänzend dargelegt von Neebe, *Weichenstellung für die Globalisierung*, dem ich hier folgen darf.

31 Bei einer mengenmäßigen Beschränkung der Einfuhr (»Kontingentierung«) wird üblicherweise nicht der Einfuhrwert bemessen, sondern die Zahl der Positionen des Zolltarifs in Prozent angegeben, die nicht kontingentiert (»liberalisiert«) waren. Der so zugesagte »Liberalisierungssatz« wird mit 80 Prozent der Einfuhrpositionen angegeben. Weil viele Positionen aber praktisch gar keine Bedeutung haben, liegt der Anteil des freien Handels an dem Gesamtwert der Einfuhr häufig sehr viel niedriger; siehe allgemein Bellers und Porsche-Ludwig, *Außenwirtschaftspolitik der Bundesrepublik Deutschland 1950-2011*, S. 94-96. Im Verhältnis zum Einfuhrwert waren 1952 50 Prozent der Einfuhr kontingentiert. Werner Bührer, *Westdeutschland in der OEEC: Eingliederung, Krise, Bewährung 1947-1961*, München: Oldenbourg 1997, S. 285. 1957 waren noch immer 18 Prozent der bundesdeutschen Einfuhr kontingentiert. Buchheim, *Die Wiedereingliederung Westdeutschlands in die Weltwirtschaft 1945-1958*, S. 140 und 156.

32 »Protokoll der Tagung des Aussenhandelsbeirats«, 28. April 1951, S. 14, BArch Koblenz B102/54290.

33 Eckart Conze, *Das Auswärtige Amt: Vom Kaiserreich bis zur Gegenwart*, München: C.H. Beck 2013, S. 108.

34 Neebe, *Weichenstellung für die Globalisierung*, S. 112-115, 176.

35 Erhard, *Deutschlands Rückkehr zum Weltmarkt*, S. 18.

36 Bundesminister für Wirtschaft, »Zur Frage der Zusammenarbeit zwischen dem Bundesministerium für Wirtschaft und dem Auswärtigen Amt«, 28. Juni 1955, BArch B136/6577. Zu den vor allem europapolitischen Hintergründen des Konflikts siehe auch Hanns Jürgen Küsters, »Der Streit um Kompetenzen und Konzeptionen deutscher Europapolitik«, in: Ludolf Herbst, Werner Bührer und Hanno Sowade (Hg.), *Vom Marshallplan zur EWG: Die Eingliederung der Bundesrepublik Deutschland in die westliche Welt*, München: Oldenbourg 1990, S. 335-373.

37 »Protokoll über die Außenhandelstagung in Minden«, 27. Februar 1947, BArch Koblenz B102/54285.

38 Thomas Rhenisch, *Europäische Integration und industrielles Interesse: Die deutsche Industrie und die Gründung der Europäischen Wirtschaftsgemeinschaft*, Stuttgart: Steiner 1999, und Werner Bührer, »Der BDI und die Außenpolitik der Bundesrepublik in den fünfziger Jahren«, in: *Vierteljahrshefte für Zeitgeschichte* 40/2 (1992), S. 241-261.

39 »Protokoll der Tagung des Aussenhandelsbeirats«, 28. April 1951, S. 14, BArch Koblenz B102/54290.

40 »Protokoll über die Außenhandelstagung in Minden«, 27. Februar 1947, BArch Koblenz B102/54285.

41 »Mitglieder des Aussenhandelsbeirates«, 1948, BArch Koblenz B102/65.

42 »Entschließung des AHB zur Exportförderung«, 15. November 1950, BArch Koblenz B102/54290.

43 »Protokoll der Tagung des Aussenhandelsbeirats«, 28. April 1951, S. 14, BArch Koblenz B102/54290; Bellers und Porsche-Ludwig, *Außenwirtschaftspolitik der Bundesrepublik Deutschland 1950-2011*, S. 112f.

44 Siehe hierzu die sehr gründliche Diskussion bei Linda von Delhaes-Guenther, *Erfolgsfaktoren des westdeutschen Exports in den 1950er und 1960er Jahren*, Dortmund: Gesellschaft für Westfälische Wirtschaftsgeschichte, S. 113-171.

45 Das System wurde dabei leicht modifiziert und basierte nicht mehr auf privatwirtschaftlichen Kreditversicherungen, sondern auf durch Hermes vermittelten staatlichen Bürgschaften und Garantien. Im Folgenden ist vereinfachend nur von »Bürgschaften« die Rede. Bürgschaften wurden für Geschäfte mit ausländischen Regierungsstellen vergeben. Für Geschäfte mit Privatunternehmen verwendet der Gesetzestext den Begriff »Garantien«. Hermann Habicht, *50 Jahre Hermes Kreditversicherungs-Aktiengesellschaft: Ein Beitrag zur Geschichte der Kreditversicherung in Deutschland*, Bonn 1967, S. 134.

46 AKA Ausfuhrkredit-Gesellschaft m.b.H, *50 Jahre AKA. Von einer Liquiditäts- und Risikogemeinschaft zum modernen Anbieter von Finanzierungen und Dienstleistungen*, Frankfurt/Main 2002, S. 8f.

47 Die Exportförderung ist auch ausführlich beschrieben bei Delhaes-Guenther, *Erfolgsfaktoren des westdeutschen Exports in den 1950er und 1960er Jahren*, S. 115-137.

48 Habicht, *50 Jahre Hermes Kreditversicherungs-Aktiengesellschaft*, S. 134.

49 Ione Oliveira, *Außenpolitik und Wirtschaftsinteresse in den Beziehungen zwischen Brasilien und der Bundesrepublik Deutschland 1949-1966*, Frankfurt/Main u. a.: Peter Lang 2005, und Simone Breimhorst, *Exportsicherheit: Deutschlands Rückkehr auf den Weltmarkt und die »Causa Brasilien«*, Baden-Baden: Nomos 2021.

50 »Protokoll der 82. AHB-Sitzung«, 14. Mai 1957, BArch Koblenz B102/54297, S. 20f.

51 »Vermerk: Aufwendungen des Bundes im Rahmen der Außenhandelsförderung«, 7. November 1984, BArch B102/296985.

52 »Protokoll der 82. AHB-Sitzung«, 14. Mai 1957, BArch Koblenz B102/54297.

53 »Vermerk betr. Abbau künstlicher Exportförderungsmaßnahmen im Rahmen der OEEC, 6.2.1956 (Entwurf)«, 6. Februar 1956, BArch B102/85281.

54 »Declaration Extending the Standstill regarding Export Subsidies on Non-Primary Products – Proposal by the Executive Secretary«, 30. November 1957, GATT-Online Archive; online verfügbar unter: {https://docs.wto.org/gattdocs}.

55 Als eine Rückführung der Exportförderung wirkten die folgenden Maßnahmen: Erhöhung der Selbstbeteiligung bei den AKA-Krediten bis auf 40 Prozent, bei den Hermes-Bürgschaften auf 25 Prozent. Volumen des AKA-Plafond B wurde 1957 auf 300 Mio. DM reduziert. Zu den Einzelmaßnahmen siehe »Protokoll der 82. AHB-Sitzung«, 14. Mai 1957, BArch Koblenz B102/54297, S. 18-21.

56 »Dr. Boden, Vorsitzender des Aussenhandelsausschusses des BDI, an Globke, St.S. Bundeskanzleramt«, 2. November 1954, BArch B136/6577.

57 »Protokoll der 81. AHB-Sitzung«, 6. Februar 1957, BArch Koblenz B102/54297, S. 9.

58 In der Forschung wird die Währungsunterbewertung vor allem für die 1950er Jahre bestritten, u.a. von Buchheim, *Die Wiedereingliederung Westdeutschlands in die Weltwirtschaft 1945-1958*, S. 177f.; Vonyó, *The Economic Consequences of the War*, S. 139, und Delhaes-Guenther, *Erfolgsfaktoren des westdeutschen Exports in den 1950er und 1960er Jahren*, S. 165-194 hat als Einzige den Versuch unternommen, die Unterbewertung zu beziffern, und kommt zu gemischten Befunden. In den USA sei keine Unterbewertung zu erkennen, in Großbritannien schon. Allerdings ist die Berechnung angesichts der nicht konvertiblen Währungen und in einem stark beschränkten Außenhandel schwierig und fragwürdig.

59 Diese Position vertreten u.a. Andrea Boltho, »Convergence, Competitiveness and the Exchange Rate«, in: Nicholas F.R. Crafts und Gianni Toniolo (Hg.), *Economic Growth in Europe since 1945*, Cambridge und New York: Cambridge University Press 1996, S. 107-130; Lindlar, *Das missverstandene Wirtschaftswunder*, S. 234-237; Giersch, Paqué und Schmieding, *The Fading Miracle*, S. 94 und 165, und Frank D. Weiss und Bernhard Heitger (Hg.), *Trade Policy in West Germany*, Tübingen: Mohr 1988.

60 »Protokoll der 82. AHB-Sitzung«, 14. Mai 1957, BArch Koblenz B102/54297, S. 3 u. 7; siehe auch »Probleme der deutschen Außenhandelspolitik«, 14. März 1957, PA AA B52-REF.400/IIIA1185.

61 »Protokoll der 84. AHB-Sitzung«, 5. November 1957, BArch Koblenz B102/54297.

62 »Protokoll der 99. AHB-Sitzung«, 20. September 1960, BArch Koblenz B102/54299.
63 »Protokoll der 100. AHB-Sitzung«, 9. Dezember 1960, BArch Koblenz B102/54299, S. 14f., Zitat Währungsaufwertung: S. 3.
64 Hentschel, *Ludwig Erhard*, S. 497-510.
65 »Protokoll der 102. AHB-Sitzung«, 30. Juni 1961, BArch Koblenz B102/54299.
66 »Zechen geprellt«, in: *Der Spiegel* (4. April 1961).
67 »Ausführungen von Staatssekretär Dr. Westrick vor dem Aussenhandels-Ausschuss des BDI«, 26. Januar 1962. Bundesverband der Industrie (Berlin), AH 56, S. 12.
68 »Protokoll der 103. Tagung des AHB«, 4. April 1963, PA AA B52-REF.400/IIIA1334, S. 9f.
69 Beitrag v. Dr. v. Poll, »Protokoll der 85. AHB-Sitzung«, 12. Dezember 1957. BArch Koblenz B102/54297.
70 »Siemens-Schuckertwerke AG: ›Zur Exportsituation‹«, 5. Februar 1953, BArch Koblenz B102/54291.
71 Berechnungen nach Tabelle 4.4 bei Josef Reindl, *Wachstum und Wettbewerb in den Wirtschaftswunderjahren: Die elektrotechnische Industrie in der Bundesrepublik Deutschland und in Großbritannien 1945-1967*, Paderborn: Schöningh 2001, S. 152. Im »Auslandsumsatz« ist die Auslandsproduktion üblicherweise enthalten, die in einigen Unternehmen weit größer war als der Exportumsatz, z.B. bei Henkel über 80 Prozent (hierzu siehe unten).
72 Reindl, *Wachstum und Wettbewerb in den Wirtschaftswunderjahren*, S. 149-157 und 257.
73 Siehe hierzu die umfassende Arbeit von Christian Marx, *Wegbereiter der Globalisierung: Multinationale Unternehmen der westeuropäischen Chemieindustrie in der Zeit nach dem Boom (1960er-2000er Jahre)*, Göttingen: Vandenhoeck & Ruprecht 2023, insbes. S. 107-152, sowie Patrick Kleedehn, *Die Rückkehr auf den Weltmarkt: Die Internationalisierung der Bayer AG Leverkusen nach dem Zweiten Weltkrieg bis zum Jahre 1961*, Stuttgart: Steiner 2007.
74 Carsten Burhop et al., *Merck: Von der Apotheke zum Weltkonzern*, München: C.H. Beck 2018, S. 397.
75 Götz Hanjo Borsdorf, *Die Internationalisierung deutscher Unternehmen nach dem Zweiten Weltkrieg bis 1973*, Aachen: Shaker 2007, S. 184.
76 Christian Marx, »Die Internationalisierung der Chemieindustrie als Herausforderung für die Deutschland AG«, in: Ralf Ahrens, Boris Gehlen und Alfred Reckendress (Hg.), *Die »Deutschland AG«: Historische An-*

näherungen an den bundesdeutschen Kapitalismus, Essen: Klartext 2013, S. 247-273.

77 Johannes Bähr, *Thyssen in der Adenauerzeit: Konzernbildung und Familienkapitalismus*, Paderborn: Schöningh 2015.

78 Thomas Flemming, »Der Weg zur heutigen MAN Gruppe (1960-2008)«, in: Johannes Bähr, Ralf Banken und ders. (Hg.), *Die MAN: Eine deutsche Industriegeschichte*, München: C.H. Beck 2008, S. 375-483, hier S. 378 und 434-439.

79 Borsdorf, *Die Internationalisierung deutscher Unternehmen nach dem Zweiten Weltkrieg bis 1973*, S. 186 u. 225f.

80 Heidrun Edelmann, *Vom Luxusgut zum Gebrauchsgegenstand: Die Geschichte der Verbreitung des Personenkraftwagens in Deutschland*, Frankfurt/Main: Verband der Automobilindustrie 1989.

81 Ingo Köhler, *Auto-Identitäten: Marketing, Konsum und Produktbilder des Automobils nach dem Boom*, Göttingen: Vandenhoeck & Ruprecht 2018, S. 44.

82 Ebd., S. 53, 56 und 76f.

83 Annika Biss, *Die Internationalisierung der Bayerischen Motoren Werke AG: Vom reinen Exportgeschäft zur Gründung eigener Tochtergesellschaften im Ausland 1945-1981*, Berlin und Boston: De Gruyter 2017, S. 242-245, 327-349; Elfriede Grunow-Osswald, *Die Internationalisierung eines Konzerns: Daimler-Benz 1890-1997*, Vaihingen/Enz: IPa 2006.

84 Johannes Bähr und Paul Erker, *Bosch: Geschichte eines Weltunternehmens*, München: C.H. Beck 2015, S. 325.

85 Rudolf Aschenbrenner, *Exporthandel und direkter Industrie-Export in der Nachkriegszeit*, Dissertationsschrift, Universität Berlin 1929, und Peter Krohn, *Die Tendenz zum Direktexport*, Dissertationsschrift, Universität Hamburg 1959.

86 Der handelsgewichtete Durchschnittszollsatz ist definiert als Gesamtsumme der Zolleinnahmen geteilt durch die Gesamtsumme aller Einfuhren. Werte für Deutschland: Statistisches Bundesamt (Hg.), *Bevölkerung und Wirtschaft 1872-1972*, Stuttgart und Mainz: Kohlhammer 1972, S. 233 und 270. Werte für die übrigen Länder (für BRD dort z.T. abweichend): Barry J. Eichengreen, *The European Economy since 1945: Coordinated Capitalism and Beyond*, Princeton: Princeton University Press 2007, S. 181.

87 »Die jüngsten Entwicklungen in Westdeutschlands Handelspolitik«, Artikel v. Arnims für das *Cotton Trade Journal*, 10. September 1958, PA AA B52/186.

88 »Protokoll der 85. AHB-Sitzung«, 12. Dezember 1957; BArch Koblenz B102/54297, S. 10.

89 Nach Aussage des BMWi-Außenhandelsreferenten, Elson: »Protokoll der 93. AHB-Sitzung«, 17. April 1959, BArch Koblenz B102/54298, S. 17.

90 Delhaes-Guenther, *Erfolgsfaktoren des westdeutschen Exports in den 1950er und 1960er Jahren*, S. 87.

91 Neumarks Diskussionsbeitrag nach dem Vortrag: Hermann Reinhardt, »Gegenwartsprobleme der deutschen Außenwirtschaftspolitik«, in: Gerhard Albrecht (Hg.), *Deutschland und die Weltwirtschaft: Verhandlungen auf der Tagung des Vereins für Socialpolitik in Bad Nauheim 1954*, Berlin: Duncker & Humblot 1954, S. 123-142, hier S. 127.

92 Referat Turowski; »Protokoll der 90. AHB-Sitzung«, 13. Oktober 1958, BArch Koblenz B102/54298. Die Fachliteratur ist sich in dieser Bewertung des EWG-Vertrages weitgehend einig: Kiran Klaus Patel, *Projekt Europa: Eine kritische Geschichte*, München: C.H. Beck 2018, S. 123f.; Eichengreen, *The European Economy since 1945*, S. 162-198; John Gillingham, *European Integration, 1950-2003: Superstate or New Market Economy?*, Cambridge und New York: Cambridge University Press 2003, S. 61f.; Neebe, *Weichenstellung für die Globalisierung*, S. 309; Bührer, *Westdeutschland in der OEEC*, S. 354-356.

93 Bernhard Löffler, »Globales Wirtschaftsdenken vor der Globalisierung: Weltwirtschaftliche Ordnungsvorstellungen bei Konrad Adenauer und Ludwig Erhard«, in: Eckart Conze (Hg.), *Die Herausforderung des Globalen in der Ära Adenauer*, Bonn: Bouvier 2010, S. 113-147; Küsters, »Der Streit um Kompetenzen und Konzeptionen deutscher Europapolitik«.

94 Zur europäischen Agrarpolitik im Detail siehe Kiran Klaus Patel, *Europäisierung wider Willen: Die Bundesrepublik Deutschland in der Agrarintegration der EWG, 1955-1973*, München: Oldenbourg 2009.

95 Rhenisch, *Europäische Integration und industrielles Interesse*, S. 75-85. Dass die Haltung des BDI eine »Synthese« von Adenauer und Erhard gewesen sei (Johannes Bähr und Christopher Kopper, *Industrie, Politik, Gesellschaft: Der BDI und seine Vorgänger, 1919-1990*, Göttingen: Wallstein 2019, S. 226), trifft wohl erst für die Zeit nach dem Vertragsabschluss zu.

96 »Protokoll der 97. AHB-Sitzung«, 24. März 1960, BArch Koblenz B102/54299.

97 Z.B. in Gegenwart des Ministers, »Protokoll der 96. AHB-Sitzung«, 20. November 1959, BArch Koblenz B102/54299; siehe auch die ausführliche Darstellung bei Bührer, *Westdeutschland in der OEEC*, S. 336f.

98 McKenzie, *GATT and Global Order in the Postwar Era*, S. 104-140.

99 So führte der Referent des BMWi, Klein, auf der Sitzung des AHB aus. »Protokoll der 87. AHB-Sitzung«, 21. März 1958, BArch Koblenz B102/

54 298, S. 14. Siehe zu diesem Konflikt auch: Neebe, *Weichenstellung für die Globalisierung*, S. 386-397.

100 »Protokoll der 93. AHB-Sitzung«, 17. April 1959, BArch Koblenz B102/54 298.

101 Ber. n. *Statistische Jahrbücher für die Bundesrepublik Deutschland*, div. Jg.

102 »Protokoll der 103. Tagung des AHB«, 4. April 1963, PA AA B52-REF.400/IIIA1334, S. 9. Ob die EWG eine handelsschaffende oder handelshemmende Wirkung hatte, ist immer wieder diskutiert worden. 1978 gab es hierzu auch eine kurze Aufstellung im BMWi: Der Referent berechnete einen Zuwachs des Handels zwischen 1958 und 1973 von 1051 Prozent im EWG-Binnenmarkt, von 391 Prozent im Welthandel ohne Binnenmarkt und um 452 bzw. 433 Prozent für Aus- und Einfuhr in bzw. aus EWG-Drittländern. »Zur Feststellung von Herrn Schülmann: ›Intra-EG-Handel ist zurückgegangen‹«, Abt VA1, 20. April 1978, BArch B102/226 519; siehe zu neueren Untersuchungen u. a. Patel, *Projekt Europa*, S. 118; Gerold Ambrosius, *Wirtschaftsraum Europa: Vom Ende der Nationalökonomien*, Frankfurt/Main: Fischer 1998.

103 »Protokoll der 92. AHB-Sitzung«, 20. Februar 1959, BArch Koblenz B102/54 298, S. 17. Bundesbankdirektor Otmar Emminger berichtet ausführlich und feierlich über das Ende der seit 1931 bestehenden Devisenbewirtschaftung. Fritz Stedtfeld vom BMWi sekundiert: »Die deutsche und die europäische Handelspolitik sei durch die Konvertibilität in ihren Grundsätzen in Bewegung geraten.«

104 »Protokoll der 93. AHB-Sitzung«, 17. April 1959, BArch Koblenz B102/54 298.

105 Robert Mark Spaulding, *Osthandel and Ostpolitik: German Foreign Trade Policies in Eastern Europe from Bismarck to Adenauer*, Providence: Berghahn Books 1997, und Stephen Gross, *Export Empire: German Soft Power in Southeastern Europe, 1890-1945*, Cambridge: Cambridge University Press 2015.

106 Karsten Rudolph, *Wirtschaftsdiplomatie im Kalten Krieg: Die Ostpolitik der westdeutschen Großindustrie, 1945-1991*, Frankfurt/Main und New York: Campus 2004, S. 56.

107 »›Aussenpolitik und Wirtschaftspolitik‹, Ansprache von Heinrich von Brentano bei der Festversammlung des DIHT«, 17. Mai 1961, 11, PA AA B52/193.

108 Kornelia Rennert, *Wettbewerber in einer reifen Branche: Die Unternehmensstrategien von Thyssen, Hoesch und Mannesmann 1955 bis 1975*, Essen: Klartext 2015, und Christoph Nonn, *Die Ruhrbergbaukrise. Entindustrialisierung und Politik 1958-1969*, Göttingen: Vandenhoeck & Ruprecht 2001.

109 Die Ereignisse mit zahlreichen Wendungen sind ausführlich geschildert bei: Rudolph, *Wirtschaftsdiplomatie im Kalten Krieg*, S. 154-194.

110 »Aufzeichnung Ausfuhr von Großrohren in die SU«, 25. März 1963, PA AA B 1-MB/229.

111 Rudolph, *Wirtschaftsdiplomatie im Kalten Krieg*, S. 197; siehe auch Jan-Otmar Hesse, »Vom Röhren-Manager zum Verteidigungs-Staatssekretär und zurück: Der mehrfache Seitenwechsel von Ernst Wolf Mommsen«, in: *Zeitschrift für Unternehmensgeschichte* 68/2 (2023), im Erscheinen.

112 Siehe hierzu Peter Bender, *Neue Ostpolitik: Vom Mauerbau bis zum Moskauer Vertrag*, München: dtv 1986, sowie unten Kapitel 5.

113 Karl C. Thalheim, *Die wirtschaftliche Entwicklung der beiden Staaten in Deutschland: Tatsachen und Zahlen*, 3. Aufl., Opladen: Leske + Budrich 1988, S. 120-130; Peter E. Fässler, *Durch den »Eisernen Vorhang«: Die deutsch-deutschen Wirtschaftsbeziehungen 1949-1969*, Köln: Böhlau 2006, insbes. S. 275 f.

114 Rudolph, *Wirtschaftsdiplomatie im Kalten Krieg*, S. 34.

115 Hubertus Büschel, *Hilfe zur Selbsthilfe: Deutsche Entwicklungsarbeit in Afrika 1960-1975*, Frankfurt/Main und New York: Campus 2014; Bettina Fettich-Biernath, »Präsenz ohne Einfluss? Die Bedeutung der Entwicklungs- und Ausrüstungspolitik der Bundesrepublik Deutschland 1956-1980 für ihr Selbstverständnis«, in: *Geschichte und Gesellschaft* 45/4 (2019), S. 523-550.

116 »Protokoll der 91. AHB-Sitzung«, 16. Dezember 1958, BArch Koblenz B102/54 298, S. 17.

117 »Referat von Fritz Dietz ›Entwicklungstendenzen der deutschen Zahlungsbilanz‹, 10. AHB-Sitzung«, 28. Januar 1966, BArch B102/108 415; siehe die Ausführungen von BMWi-Referent Elson: »Protokoll der 11. AHB-Sitzung«, 16. Mai 1966, BArch B102/108 415, S. 14.

118 »Aufzeichnung, Handelsbeziehungen zum Vorderen Orient«, 24. Januar 1956, PA AA B 1-MB/65, S. 3.

119 »Reinhard (Leiter Abt. V) an Langer«, 14. August 1961, BArch B102/85 163.

120 »Übersicht: Handelsabkommen der BRD mit dritten Ländern«, 1. September 1961, BArch B102/85 163.

121 »›Aussenpolitik und Wirtschaftspolitik‹, Ansprache von Heinrich von Brentano bei der Festversammlung des DIHT«, 17. Mai 1961, 11, PA AA B52/193, S. 11 f.

122 Christian Kleinschmidt, »Strategische Außenwirtschaftsbeziehungen: Die Bundesrepublik, die Türkei und der Kalte Krieg 1945-1970«, in: *Jahrbuch für Wirtschaftsgeschichte/Economic History Yearbook* 53 (2012), S. 43-67.

123 Hierzu ausführlich und auch mit Bezug auf die internen Konflikte McKenzie, *GATT and Global Order in the Postwar Era*, S. 174-231.

124 »Vortrag des Leiters der Handelspolitischen Abteilung, Abtl. Min.Dir. Dr. Allardt, auf der Konferenz der Wirtschaftsreferenten«, 27. November 1961, 14, PA AA B52-REF.400/IIIA1193.

125 Daniel Speich Chassé, »Hallsteins Blick nach Afrika: Der Jaundé-Vertrag von 1963 und die Neuordnung der weltpolitischen Kommunikation«, in: Christian Kleinschmidt und Dieter Ziegler (Hg.), *Dekolonisierungsgewinner: Deutsche Außenpolitik und Außenwirtschaftsbeziehungen im Zeitalter des Kalten Krieges*, Boston und Berlin: De Gruyter Oldenbourg 2018, S. 155-70; Martin Rempe, *Entwicklung im Konflikt: Die EWG und der Senegal, 1957-1975*, Wien und Köln; Weimar: Böhlau 2012; Giuliano Garavini, *After Empires: European Integration, Decolonization, and the Challenge from the Global South 1957-1986*, Oxford: Oxford University Press 2012; Büschel, *Hilfe zur Selbsthilfe*, und Charles O. Chikeka, *Africa and the European Economic Community*, Lewiston u.a.: Mellen 1993.

126 Irwin, *Clashing over Commerce*, S. 516.

127 Pietra Rivoli, *The Travels of a T-Shirt in the Global Economy: An Economist Examines the Markets, Power, and Politics of World Trade*, Hoboken: Wiley 2005, S. 193-207; McKenzie, *GATT and Global Order in the Postwar Era*, S. 196.

128 »Protokoll der 98. AHB-Sitzung«, 10. Juni 1960, BArch Koblenz B102/54299; »Protokoll der 94. AHB-Sitzung«, 19. Juni 1959, BArch Koblenz B102/54299.

129 »Protokoll der 95. AHB-Sitzung«, 18. September 1959, BArch Koblenz B102/54299, S. 11.

130 Rivoli, *The Travels of a T-Shirt in the Global Economy*, S. 193-207; Irwin, *Clashing over Commerce*, S. 526; Jürgen Wiemann, *Selektiver Protektionismus und aktive Strukturanpassung: Handels- und industriepolitische Reaktion Europas auf die zunehmende Wettbewerbsfähigkeit der Entwicklungsländer, dargestellt am Beispiel der Textilpolitik der EG*, Berlin 1983, und Jan-Otmar Hesse, »The German Textile Puzzle: Selective Protectionism and the Silent Globalization of an Industry«, in: *Business History Review* 93/2 (2019), S. 221-246.

131 Wiemann, *Selektiver Protektionismus und aktive Strukturanpassung*; Vinod K. Aggarwal, *Liberal Protectionism: The International Politics of Organized Textile Trade*, Berkeley: University of California Press 1985.

132 Irwin, *Clashing over Commerce*, S. 523f.

133 »›GATT-Kennedy-Runde‹, Entwurf einer einleitenden Erklärung«, 26. Oktober 1963, PA AA B 1-MB/229.

134 McKenzie, *GATT and Global Order in the Postwar Era*, S. 135 f.

135 »GATT: Zurücknahme der linearen Zollsenkung für bestimmte Erzeugnisse«, 30. März 1963, PA AA B52-REF.400/IIIA1252. In der Literatur wird der Zollsatz mit 120 Prozent des Verkaufspreises angegeben. »Protokoll der 11. AHB-Sitzung«, 16. Mai 1966, BArch B102/108 415.

136 Referat des BMWi-Referenten Horn, »Protokoll der 3. Sitzung des dritten AHB«, 6. Oktober 1967, PA AA B52-REF.400/IIIA1334.

137 Statistisches Bundesamt (Hg.), *Bevölkerung und Wirtschaft 1872-1972*, S. 270.

138 Siehe aus der zeitgenössischen Diskussion u.a. Charles P. Kindleberger, »Germany's Persistent Balance-of-Payments Disequilibrium«, in: Robert E. Baldwin (Hg.), *Trade, Growth and the Balance of Payments: Essays in Honor of Gottfried Haberler*, Chicago und Amsterdam: Rand McNally 1965, S. 230-248.

139 »Protokoll der 7. AHB-Tagung«, 22. Januar 1965, PA AA B52-REF.400/IIIA1334, S. 7. Walther Rathenau prägte in einer Rede vor dem RDI den berühmten Ausspruch: »Die Wirtschaft ist unser Schicksal«. Jan-Otmar Hesse und Christian Marx, »The Overstretched Economy: Industry and Services«, in: Nadine Rossol und Benjamin Ziemann (Hg.), *The Oxford Handbook of the Weimar Republic*, Oxford: Oxford University Press 2021, S. 429-453.

140 Referat des BMWi-Referenten Kroog, »Protokoll der 10. AHB-Sitzung«, 28. Januar 1966, BArch B102/108 415.

141 »Protokoll der 10. AHB-Sitzung«, 28. Januar 1966, BArch B102/108 415.

142 »AHB, Memorandum des AHB zur langfristigen Wettbewerbssituation der deutschen Ausfuhrwirtschaft«, Oktober 1966, PA AA B52-REF.400/IIIA1334.

143 »Protokoll der 10. AHB-Sitzung«, 28. Januar 1966, BArch B102/108 415, S. 10.

144 »AHB, Memorandum...«, Oktober 1966, PA AA B52-REF.400/IIIA1334, S. 19.

145 Alexander Nützenadel, *Stunde der Ökonomen: Wissenschaft, Politik und Expertenkultur in der Bundesrepublik 1949-1974*, Göttingen: Vandenhoeck & Ruprecht 2005.

146 Tim Schanetzky, *Die große Ernüchterung: Wirtschaftspolitik, Expertise und Gesellschaft in der Bundesrepublik; 1966 bis 1982*, Berlin: Akademie-Verlag 2007, S. 89. Angaben zum »Außenbeitrag« nach Statistisches Bundesamt (Hg.), *Bevölkerung und Wirtschaft 1872-1972*, S. 266.

147 »AHB, Memorandum...«, Oktober 1966, PA AA B52-REF.400/IIIA1334, S. 8.

148 »Zusammensetzung des Außenhandelsbeirates nach Wirtschaftsberei-

chen«, 13. Mai 1968, BArch B102/90764; »Mitglieder des AHB seit Neukonstituierung«, 3. November 1966, BArch B102/226511.

149 »Memorandum des Außenhandelsbeirats zur langfristigen Wettbewerbssituation der deutschen Ausfuhrwirtschaft«, Oktober 1966, BArch B102/226530, S. 8.

150 Erik Grimmer-Solem, *Learning Empire: Globalization and the German Quest for World Status, 1875-1919*, Cambridge: Cambridge University Press 2019.

151 Harm G. Schröter, »Außenwirtschaft im Boom: Direktinvestitionen bundesdeutscher Unternehmen im Ausland 1950-1975«, in: Hartmut Kaelble (Hg.), *Der Boom 1948-1973: Gesellschaftliche und wirtschaftliche Folgen in der Bundesrepublik Deutschland und in Europa*, Opladen: Westdeutscher Verlag 1992, S. 82-106.

152 Im Londoner Abkommen von 1953 wurden die staatlichen und privaten Schulden aus der Zeit vor dem Zweiten Weltkrieg sowie die staatlichen Schulden aus der Marshallplan-Hilfe konsolidiert. Die Gläubiger verzichteten auf einen großen Teil der auf 30 Mrd. DM berechneten Gesamtschuld, und die Schuldsumme von 16 Mrd. DM wurde von der Bundesrepublik mit festen Zins- und Tilgungsraten abgetragen. Christoph Buchheim, »Das Londoner Schuldenabkommen«, in: Ludolf Herbst (Hg.), *Westdeutschland 1945-1955: Unterwerfung, Kontrolle, Integration*, München: Oldenbourg 1986, S. 219-229; Timothy Guinnane, »Financial Vergangenheitsbewältigung: The 1953 London Debt Agreement«, Yale University Economic Growth Center Discussion Paper Nr. 880, 2004, und Ursula Rombeck-Jaschinski, *Das Londoner Schuldenabkommen: Die Regelung der deutschen Auslandsschulden nach dem Zweiten Weltkrieg*, München: Oldenbourg 2005.

153 Stefan Schreyger, *Direktinvestitionen deutscher Unternehmen im Ausland von 1952 bis 1980*, Dissertationsschrift, Universität Köln 1994, S. 90.

154 Schröter, »Außenwirtschaft im Boom: Direktinvestitionen bundesdeutscher Unternehmen im Ausland 1950-1975«, S. 93.

155 Wie wichtig das Inflationsargument war, zeigt sich bei der Bitte des AA an Abs, die Mittel für die Entwicklungshilfeanleihe der deutschen Industrie in Höhe von 1 Mrd. DM, die der BDI 1961 zugesagt hatte, auch tatsächlich aus dem Inland zu beschaffen. Einige Unternehmen hatten ihren Beitrag offenbar über Auslandskredite finanziert, was den Kapitalexport-Aspekt konterkarierte: »Scherpenberg an Abs«, 8. Dezember 1960, PA AA B52/193; Bähr und Kopper, *Industrie, Politik, Gesellschaft*, S. 219.

156 Zitate Hilger van Scherpenberg, Referent AA, »Protokoll der 82. AHB-Sitzung«, 14. Mai 1957, BArch Koblenz B102/54297, S. 13.

157 Corinna Unger, »Export und Entwicklung: Westliche Wirtschaftsinteressen in Indien im Kontext der Dekolonisation und des Kalten Krieges«, in: *Jahrbuch für Wirtschaftsgeschichte/Economic History Yearbook* 53 (2012), S. 69-86.

158 »Protokoll der 91. AHB-Sitzung«, 16. Dezember 1958, BArch Koblenz B102/54298, S. 10.

159 Joachim Scholtyseck, »Ein transatlantischer Wirtschaftskrieg im globalen Wettstreit: Ein neuer Blick auf den Alien Property Custodian der USA im Ersten Weltkrieg und der Nachkriegszeit«, in: Dieter Ziegler und Jan-Otmar Hesse (Hg.), *1919 – Der Versailler Vertrag und die deutschen Unternehmen*, Berlin: De Gruyter Oldenbourg 2022, S. 251-277, und Corinna Ludwig, *Amerikanische Herausforderungen: Deutsche Großunternehmen in den USA nach dem Zweiten Weltkrieg*, Frankfurt/Main: Peter Lang 2016.

160 »Abs an van Scherpenberg«, 2. Oktober 1957, PA AA B52/186.

161 »Vermerk Schreiben von Abs, Europäische Investitionen im Ausland«, 28. Oktober 1957, PA AA B52-REF.400/IIIA1186. Hilger van Scherpenberg (1899-1969) war ein deutscher Diplomat, der in der NS-Zeit wegen seiner Beziehung zum Widerstand der Solf-Gruppe verurteilt worden war. Er war mit der ältesten Tochter Hjalmar Schachts verheiratet.

162 »Protokoll der 91. AHB-Sitzung«, 16. Dezember 1958, BArch Koblenz B102/54298, S. 9.

163 »Protokoll der 93. AHB-Sitzung«, 17. April 1959, BArch Koblenz B102/54298.

164 »Protokoll der 92. AHB-Sitzung«, 20. Februar 1959, BArch Koblenz B102/54298.

165 »Aufzeichnung, Steuerliche Massnahmen zur Förderung der Entwicklungsländer«, 20. März 1963, PA AA B52/229.

166 »Entwurf eines Schreibens an die diplomatischen Vertretungen«, 21. Januar 1964, PA AA B52/227.

167 »AA an BMF, Steuererleichterung privater Kapitalanlagen in Entwicklungsländern«, 27. September 1962, PA AA B52-REF.400/IIIA1195.

168 Schröter, »Außenwirtschaft im Boom: Direktinvestitionen bundesdeutscher Unternehmen im Ausland 1950-1975«, S. 92.

169 Das Gesetz sah die Festlegung des Kreises der Entwicklungsländer durch eine Verordnung des Finanzministers vor, die 1964 erlassen wurde: »Bundesfinanzminister (Rolf Dahlgrün) an AA«, 17. Januar 1964, PA AA B52/227. Neben den genannten gehörten alle außereuropäischen Länder dazu außer: USA, Neuseeland, Kanada, Niederländische Antillen, Bahamas, Südafrika, Neuseeland und Bermuda. Interessanterweise war Hongkong in einer früheren Vorlage von der Liste gestrichen wor-

den und galt als Entwicklungsland: »Steuerfreie Rücklagen für Kapitalanlagen in Entwicklungsländern, zweite Besprechung«, 10. August 1961, PA AA B52-REF.400/IIIA1194.

170 Henry Krägenau, *Internationale Direktinvestitionen 1950-1973: Vergleichende Untersuchung und statistische Materialien*, Hamburg: Weltarchiv 1975, 127f.

171 Werner Abelshauser, »Die BASF seit der Neugründung von 1952«, in: ders. (Hg.), *Die BASF: Eine Unternehmensgeschichte*, München: C.H. Beck 2002, S. 359-640, hier S. 462; Unger, »Export und Entwicklung«.

172 »AA an Staatssekretär BKA, Globke«, 26. Januar 1961, BArch, B136/6577.

173 »Gerhard Schröder an Heinrich Nordhoff, wegen einer VW-Fabrik in Spanien«, 5. April 1966, PA AA B 1-MB/230.

174 »Schreiben von Max Grundig an AA wegen eines Fernsehwerkes in Portugal«, 18. März 1966, PA AA B 1-MB/230.

175 »Vermerk: Bundesgarantieren für Kapitalanlagen im Ausland«, 6. November 1984, BArch B102/296985.

176 Statistisches Bundesamt (Hg.), *Statistisches Jahrbuch für die Bundesrepublik Deutschland*, Stuttgart: Metzler-Poeschel 1990, S. 604f.

177 »Bericht der Bundesregierung über Einbeziehung des Umlaufvermögens im Entwicklungshilfesteuergesetz«, 6. April 1964, PA AA B52/227.

178 Borsdorf, *Die Internationalisierung deutscher Unternehmen nach dem Zweiten Weltkrieg bis 1973*.

179 Schanetzky, *Die große Ernüchterung*, S. 81-91, siehe auch die Ausführungen im nächsten Kapitel.

180 »Protokoll der 1. Sitzung des dritten Außenhandelsbeirates«, 3. November 1966, BArch B102/108415.

5
WÄHRUNGSKRISE UND GLOBALISIERUNGSSCHOCK

1 Klaus Schönhoven, *Wendejahre. Die Sozialdemokratie in der Zeit der Großen Koalition 1966-1969. Die deutsche Sozialdemokratie nach 1945*, Bonn: Dietz 2004, S. 51-78; Wolfgang Jäger und Werner Link, *Republik im Wandel*, Bd. 1: *Die Ära Brandt*, Stuttgart: DVA 1986.

2 Die außenwirtschaftlichen Aspekte des Richtungswechsels bleiben in den gängigen Darstellungen dabei meist außer Acht; siehe hierzu z.B. Werner Abelshauser, *Deutsche Wirtschaftsgeschichte seit 1945*, München: C.H. Beck 2004, S. 410; Fritz W. Scharpf, *Sozialdemokratische Krisen-*

politik in Europa, Frankfurt/Main und New York: Campus 1987, S. 151-157.

3 Schiller konnte sich hierbei auch auf eine Gruppe von ordoliberalen Spitzenbeamten stützen, die die Soziale Marktwirtschaft mit der Globalsteuerung verknüpfen wollten, wie beispielsweise Otto Schlecht, der unter Schiller zum Staatssekretär ernannt wurde. Otto Schlecht, »Globalsteuerung in der Marktwirtschaft«, 25. Januar 1967, BArch B102/93186.

4 Mesenberg, »Entwurf einer exportpolitischen Konzeption«, 31. Oktober 1966, BArch B102/226530.

5 »Mesenberg (VA2): Bemerkungen zum ›Memorandum des Außenhandelsbeirats zur langfristigen Wettbewerbssituation der deutschen Ausfuhrwirtschaft‹ (vom Oktober 1966)«, 31. Oktober 1966, BArch B102/226530; Heinz Mesenberg, *Aussenwirtschaftliche Grundprobleme einer »Marktwirtschaft«: Programm u. westdeutsche Wirklichkeit*, Dissertationsschrift, Universität Nürnberg 1952.

6 William Glenn Gray, *Trading Power. West Germany's Rise to Global Influence, 1963-1975*, Cambridge und New York: Cambridge University Press 2023.

7 Die Geschichte des Niedergangs des Bretton-Woods-System ist gut bekannt und ausführlich erforscht worden. Die US-kritische und teilweise antikapitalistische Kritik wird dabei vertreten von Eric Helleiner, *States and the Reemergence of Global Finance: From Bretton Woods to the 1990s*, Ithaca: Cornell University Press 1994; Matthias Schmelzer, *Freiheit für Wechselkurse und Kapital: Die Ursprünge neoliberaler Währungspolitik und die Mont Pèlerin Society*, Marburg: Metropolis-Verlag 2010; die klassischen Beiträge argumentieren etwas technischer: Michael D. Bordo und Barry J. Eichengreen, *A Retrospective on the Bretton Woods System: Lessons for International Monetary Reform*, Chicago: Chicago University Press 1993; Barry J. Eichengreen, *Globalizing Capital: A History of the International Monetary System*, Princeton: Princeton University Press 1996; Harold James, *International Monetary Cooperation since Bretton Woods*, Washington, D.C. und New York: IMF und Oxford University Press 1996. Eine brillante kurze Einführung gibt auch Catherine R. Schenk, *International Economic Relations since 1945. The Making of the Contemporary World*, Abingdon und New York: Routledge 2011.

8 Benn Steil, *The Battle of Bretton Woods: John Maynard Keynes, Harry Dexter White, and the Making of a New World Order*, Princeton: Princeton University Press 2013.

9 Robert Triffin, *Gold and the Dollar Crisis. The Future of Convertibility*, New Haven: Yale University Press 1960.

10 »V. Bismarck-Osten und Rombach: Aufzeichnung über den Euro-Geldmarkt«, 29. Februar 1968, PA AA B 1-MB/358; zum Eurodollarmarkt siehe klassisch Catherine R. Schenk, »The Origins of the Eurodollar Market in London 1955-1963«, in: *Explorations in Economic History* 35 (1998), S. 221-238, sowie Laura Rischbieter, »Risiken und Nebenwirkungen: Internationale Finanzstrategien in der Verschuldungskrise der 1980er Jahre«, in: *Geschichte und Gesellschaft* 41/3 (2015), S. 465-493; dies., »Januskopf des Kapitalismus. Entscheiden in Staatsschuldenkrisen«, unveröffentlichte Habilitationsschrift, Universität Konstanz 2022.

11 So Bundesbankdirektor Johannes Tüngeler auf einer Sitzung des AHB: »Protokoll der Sitzung des Außenhandelsbeirates beim Bundesministerium für Wirtschaft und Finanzen«, 5. Januar 1972, BArch B102/90767, S. 14.

12 »Internationale Währungssituation: Treffen der Notenbankpräsidenten des Londoner Goldpools in Washington 16./17.3.1968, Aufzeichnung der Abteilung III«, 22. März 1968, PA AA B52/306.

13 Jan-Otmar Hesse, »Wissenschaftliche Beratung der Wirtschaftspolitik. Das Bundeswirtschaftsministerium und die Volkswirtschaftslehre«, in: Werner Abelshauser (Hg.), *Das Bundeswirtschaftsministerium in der Ära der Sozialen Marktwirtschaft: Der deutsche Weg der Wirtschaftspolitik*, Berlin: De Gruyter 2016, S. 391-481, hier S. 466; vgl. Jürgen Bellers und Markus Porsche-Ludwig, *Aussenwirtschaftspolitik der Bundesrepublik Deutschland 1950-2011: Ein Handbuch zu Vergangenheit und Gegenwart*, Münster: Lit 2011, S. 400-417.

14 »Hankel, BMWi, Bewertung der Washingtoner Beschlüsse (GoldPool)«, 30. März 1968, PA AA B52/306. 1961 hatten die führenden Zentralbanken den »Zehnerclub« gegründet, der das Vermögen des IMF durch eine quotierte generelle Kreditzusage um 6 Mrd. Dollar erhöhte. Hieraus entstand später der für die Staatsschuldenkrisen wichtige Pariser Club. Außerdem hatten sich 8 Länder zum »Goldpool« zusammengefunden. Sie stellen einen Teil ihrer Goldvorräte für gemeinschaftliche An- und Verkaufsoperationen zur Stabilisierung des Goldpreises zur Verfügung. Aus diesem Goldpool war Frankreich im Frühjahr 1968 ausgetreten. Zur deutschen Perspektive siehe auch »Aufzeichnung, Internationale Währungsordnung – Hintergründe der Krisenanfälligkeit und Grundzüge der Reformvorschläge (Harkort)«, 3. Januar 1969, PA AA B52/308. Zur neueren Literatur über die Goldproblematik des Bretton-Woods-Systems: Michael Bordo, Eric Monnet und Alain Naef, »The Gold Pool (1961-1968) and the Fall of the Bretton Woods System: Lessons for Central Bank Cooperation«, in: *The Journal of Economic History* 79/4 (2019), S. 1027-1059.

15 Die Importsteuer wurde nur vier Monate lang erhoben und wieder abgeschafft, nachdem Japan und die BRD im Smithsonian Agreement einer Währungsaufwertung zugestimmt hatten. Douglas A. Irwin, *Clashing over Commerce: A History of US Trade Policy*, Chicago: Chicago University Press 2017, S. 543-546.

16 »Schreiben von S.St. Lahr AA an Emminger«, 8. September 1967, PA AA B52/254. Zur Sterling-Krise siehe Arran Hamilton und Michael J. Oliver, »Downhill from Devaluation: The Battle for Sterling, 1968-1972«, in: *Economic History Review* 60 (2007), S. 486-512; Catherine R. Schenk, *The Decline of Sterling: Managing the Retreat of an International Currency, 1945-1992*, Cambridge: Cambridge University Press 2010.

17 Zit. n. »Währungskrise: Deutsche Frage«, in: *Der Spiegel* (25. November 1968), S. 29.

18 Carl-Ludwig Holtfrerich, »Geldpolitik bei festen Wechselkursen (1948-1970)«, in: Deutsche Bundesbank (Hg.), *Fünfzig Jahre Deutsche Mark: Notenbank und Währung in Deutschland seit 1948*, München 1998, S. 425; Klaus Schönhoven, *Wendejahre. Die Sozialdemokratie in der Zeit der Großen Koalition 1966-1969*, Bonn: Dietz 2004, S. 451-470.

19 William Glenn Gray, »Floating the System: Germany, the United States, and the Breakdown of Bretton Woods, 1969-1973«, in: *Diplomatic History* 31/2 (2007), S. 300-304; Carsten Burhop, »Deutschland im Weltwährungssystem von Bretton Woods«, in: *Geschichte und Gesellschaft* 39/2 (2013), S. 197-239; Jan-Otmar Hesse, »Wissenschaftliche Beratung der Wirtschaftspolitik. Das Bundeswirtschaftsministerium und die Volkswirtschaftslehre«, in: Werner Abelshauser (Hg.), *Das Bundeswirtschaftsministerium in der Ära der Sozialen Marktwirtschaft: Der deutsche Weg der Wirtschaftspolitik*, Berlin: De Gruyter 2016, S. 391-481, hier S. 468. Der tatsächliche Aufwertungssatz war allerdings geringer, weil gleichzeitig das Außenwirtschaftliche Absicherungsgesetz vom Vorjahr aufgehoben und damit die »Ersatzaufwertung« eingestellt wurde: siehe auch die Kabinettsvorlage inkl. Anlagen: »BM Schiller, Scheel, Möller u. Ertl an Kabinett, DM-Aufwertung«, 24. Oktober 1969, BArch B102/171700.

20 »Sternberg, Direktor Heidelberger Druck, an Schiller«, 17. Oktober 1969, BArch B102/90764.

21 Gray, »Floating the System: Germany, the United States, and the Breakdown of Bretton Woods, 1969-1973«, S. 307.

22 Ebd., S. 314.

23 Werner Abelshauser, »Deutsche Wirtschaftspolitik zwischen europäischer Integration und Weltmarktorientierung«, in: ders. (Hg.), *Das Bundeswirtschaftsministerium in der Ära der Sozialen Marktwirtschaft: Der*

deutsche Weg der Wirtschaftspolitik, Berlin: De Gruyter 2016, S. 482-581, insbes. S. 545-552.

24 Das Mundell-Fleming-Trilemma wurde durch Artikel der beiden Geldtheoretiker John Marcus Fleming und Robert Alexander Mundell 1961 formuliert. Zur Verwendung in der jüngeren wirtschaftshistorischen Forschung siehe Schenk, *International Economic Relations since 1945*, sowie den empirischen Beitrag von Maurice Obstfeld, Jay C. Shambaugh und Alan M. Taylor, »The Trilemma in History: Tradeoffs among Exchange Rates, Monetary Policies and Capital Mobility«, in: *Review of Economics and Statistics* 87 (2005), S. 423-438.

25 Im BMWi kursierte 1968 eine Studie des DIW über die Folgen der Aufwertung von 1961: »Schreiben Horst Seidler, DIW, Studie über Aufwertungseffekte auf Aussenhandel«, 8. November 1968, BArch B102/93 334.

26 »Stellungnahme zum SVR-Gutachten durch eine Ad-hoc-Kommission unter Wolff von Amerongen«, 16. Februar 1967, BArch B102/108 415.

27 Karl Fleißner, »Die Auswirkung der DM-Aufwertung auf die exportierenden Handwerksbetriebe«, Kurzveröffentlichung des Instituts für Handwerkswirtschaft, Nr. 18, München 1961.

28 »Protokoll der 5. Sitzung des 3. Außenhandelsbeirats«, 7. Mai 1968, BArch B102/85 138.

29 »Währungskrise: Deutsche Frage«.

30 »Münchmeyer an die Mitglieder des AHB«, 25. November 1968, BArch B102/90 764; »Schiettinger, Leiter V, an von Dohnanyi«, 3. Dezember 1968, BArch B102/85 139.

31 »Vermerk für Min.Dir. Schiettinger u. Min.Dirigent Stedtfeld, 9. Sitzung des AHB am 24. 4. 1970 in Hannover«, 28. April 1970, BArch B102/419 560.

32 »Protokoll der Sitzung des Außenhandelsbeirats«, 23. August 1971, BArch B102/85 142.

33 »Kurt Hansen an Scheel, Rede als Präsident des Verbandes der Chemischen Industrie«, 1. Oktober 1971, PA AA B 1-MB/361.

34 »Abt. III A1 an Ministerbüro, Treffen mit Herbert Giersch«, 2. November 1971, PA AA B 1-MB/361.

35 »Protokoll der Sitzung des Außenhandelsbeirates beim Bundesministerium für Wirtschaft und Finanzen, 5. 1. 1972«, S. 6.

36 Siehe hierzu u. a. Giuliano Garavini, *After Empires: European Integration, Decolonization, and the Challenge from the Global South 1957-1986*, Oxford: Oxford University Press 2012, S. 162-200.

37 Niall Ferguson (Hg.), *The Shock of the Global: The 1970s in Perspective*, Cambridge/Mass.: Belknap Press 2010. Der bundesdeutschen Wirtschaft sei die »Käseglocke weggezogen worden«, so Werner Plumpe

in »Ölkrise und wirtschaftlicher Strukturwandel. Die bundesdeutsche Wirtschaft im Zeichen von Normalisierung und Globalisierung während der 1970er Jahre«, in: Alexander Gallus (Hg.), *Deutsche Zeitgeschichte – Transnational*, Göttingen: Wallstein 2015, S. 101-123.

38 »Probleme der Exportfinanzierung, Vorschläge Düren-Gutachten«, 29. März 1973, BArch B102/139769.

39 »Botschaft Paris an AA, Französische Exportförderung«, 16. Januar 1973, PA AA B52-ZA/117188.

40 »Vorlage Lautenschläger, EG-Konsens Exportförderung«, 30. April 1976, PA AA B201/505; »Überprüfung unseres Ausfuhrförderungssystems nach dem Scheitern der bisherigen Harmonisierungskonzeption in der EG«, 10. Oktober 1975, BArch B102/167634; »Bericht: Stand der Verhandlungen über ein Gentlemen's Agreement über Exportkreditkonditionen«, 20. Oktober 1975, BArch B102/167634.

41 Albrecht Düren, »Studie über Fragen der Exportkreditversicherung und der Exportfinanzierung in der Bundesrepublik Deutschland (Düren-Gutachten)«, 30. November 1972, BArch B102/139769, S. 25. Albrecht Düren hatte in den 1930er Jahren über den Getreidehandel der Ukraine promoviert und war nach seiner Tätigkeit in einem Bremer Außenhandelsunternehmen 1960 zum DIHT gekommen. Er galt als einer der besten Spezialisten auf dem Gebiet des Exportkredits.

42 »Münchmeyer an Schiller, Memorandum zur Kurssicherung«, 8. Oktober 1971, BArch B102/85143.

43 »Protokoll der Sitzung des Außenhandelsbeirates beim Bundesministerium für Wirtschaft und Finanzen«, 27. Oktober 1972, BArch B102/90766, S. 10.

44 »Protokoll der Sitzung des Außenhandelsbeirates beim Bundesministerium für Wirtschaft und Finanzen«, 27.10.1972, BArch B102/90766, S. 10.

45 »Exportfinanzierung und Exportkreditversicherung in der Bundesrepublik Deutschland«, 1. Oktober 1981, BArch B102/296985.

46 Die wohl wichtigste Innovation war die Einführung der »Deckblattbürgschaft« 1978, wodurch insbesondere im Anlagenbau Exportkredite am Kapitalmarkt an Banken verkauft werden konnten. »Überprüfung unseres Ausfuhrförderungssystems nach dem Scheitern der bisherigen Harmonisierungskonzeption in der EG«, 10. Oktober 1975, BArch B102/167634; Bernd Halfen, *Gesamtwirtschaftliche Wirkungen staatlicher Ausfuhrgewährleistungen*, Mainz: Forschungsinstitut für Wirtschaftspolitik 1991, S. 45.

47 »Vermerk: Aufwendungen des Bundes im Rahmen der Außenhandelsförderung«, 7. November 1984, BArch B102/296985.

48 Halfen, *Gesamtwirtschaftliche Wirkungen staatlicher Ausfuhrgewährleistungen*, S. 83.

49 Egon Bahr, »Wandel durch Annäherung. Rede in der Evangelischen Akademie Tutzingen (1963)«, in: *Deutschlandarchiv* 8 (1973), S. 862-863; siehe auch Angela Stent, *Wandel durch Handel? Die politisch-wirtschaftlichen Beziehungen zwischen der Bundesrepublik Deutschland und der Sowjetunion*, Köln: Verlag Wissenschaft und Politik 1983.

50 »Aufzeichnung des Ministerialdirektors Bahr«, 25.7.1969, in: *Akten zur Auswärtigen Politik der Bundesrepublik Deutschland 1969*, bearb. v. Franz Eibl und Hubert Zimmermann, München: Oldenbourg 2000, S. 857.

51 »Vermerk über die Osthandelspolitik, St.S. Duckwitz«, 10. Juni 1968, PA AA B 1-MB/358.

52 Leonard Kukić, »Socialist Growth Revisited: Insights from Yugoslavia«, in: *European Review of Economic History* 22/4 (2018), S. 403-429; Fred Singleton, »Jugoslawiens Stellung in der Weltwirtschaft«, in: *Osteuropa* 28/7 (1978), S. 631-639.

53 »Vermerk (Thieme, VC), Herrn Ministerialdirektor Dr. Schiettinger«, 3. Februar 1970, BArch B102/165304.

54 »Bericht über die Frage einer Zusammenlegung der Länderlisten A und B«, 28. Juni 1971, BArch B102/165304; in dem Standardwerk zu den Wirtschaftsbeziehungen zwischen EG und Japan findet sich kein Hinweis auf die Vorgänge während den Verhandlungen 1959/60: Albrecht Rothacher, *Economic Diplomacy between the European Community and Japan 1959-1981*, Aldershot: Gower 1983, S. 88f.

55 »Gespräch des Staatssekretärs Duckwitz mit dem sowjetischen Botschafter Zarapkin«, 8.4.1969, in: *Akten zur Auswärtigen Politik der Bundesrepublik Deutschland 1969*, bearb. v. Franz Eibl und Hubert Zimmermann, München: Oldenbourg 2000, S. 451-458.

56 »Aufzeichnung, EWG-Verpflichtungen und deutsche Ostpolitik«, 13. März 1967, PA AA B 1-MB/357.

57 »Aktenvermerk Arndt an Schöllhorn u. Dohnanyi«, 30. April 1969, PA AA B 1-MB/360; »Vorlage Bundeskanzler, Innerdeutscher Handel«, 30. April 1969, BArch B136/6577; »Gespräch des Bundesministers Brandt mit dem rumänischen Ersten Stellvertretenden Außenminister Macovescu«, 4.6.1969, in: *Akten zur Auswärtigen Politik der Bundesrepublik Deutschland 1969*, bearb. v. Franz Eibl und Hubert Zimmermann, München: Oldenbourg 2000, S. 673-676.

58 »Rembert van Delden an Bundeskanzler«, 7. August 1969, BArch B136/6577. Zum Kabinettsbeschluss siehe »Maßnahmen der Bundesregierung zur Erhöhung der Einfuhrmöglichkeiten auf dem Texil- und Bekleidungssektor«, 30. April 1969, BArch B136/6577.

59 Stephan H. Lindner, *Den Faden verloren: die westdeutsche und die französische Textilindustrie auf dem Rückzug (1930/45-1990)*, München: C.H. Beck 2001; Alex Gertschen, *Klassenfeinde – Branchenpartner? Unternehmer und Gewerkschaft der westdeutschen Textilindustrie vor der Herausforderung der Internationalisierung, 1949-1979*, Baden-Baden: Nomos 2013. Zur bundesdeutschen »Textilkrise« siehe auch Jan-Otmar Hesse, »The German Textile Puzzle. Selective Protectionism and the Silent Globalisation of an Industry«, in: *Business History Review* 93 (2019), S. 221-246.

60 Stent, *Wandel durch Handel?*, S. 112.

61 »Aktenvermerk Arndt an Schöllhorn u. Dohnanyi«; »Gespräch des Bundesministers Brandt mit dem rumänischen Ersten Stellvertretenden Außenminister Macovescu«; »Aufzeichnung des Ministerialdirektors Herbst«, in: *Akten zur Auswärtigen Politik der Bundesrepublik Deutschland 1969*, bearb. v. Franz Eibl und Hubert Zimmermann, München: Oldenbourg 2000, S. 1158.

62 »Ernst Wolf Mommsen an Willy Brandt, Neuorientierung der dt. Ostpolitik«, 21. Juni 1968, PA AA B 1-MB/358; Otto Wolff von Amerongen, *Trendwende im Osthandel*, Bonn: DIHT 1977; ders., *Der Weg nach Osten: Vierzig Jahre Brückenbau für die deutsche Wirtschaft*, München: Droemer Knaur 1992.

63 Wolff von Amerongen, *Trendwende im Osthandel*, S. 7.

64 1971 überholte die BRD mit 3 Prozent Handelsanteil Großbritannien, 1975 lag der Anteil bei 7,6 Prozent des sowjetischen Außenhandels; Stent, *Wandel durch Handel?*, S. 207.

65 »Westverschuldung der Staatshandelsländer u. Verschuldung in der BR«, 19. August 1976, PA AA B 1-ZA/178 669. In dem Dokument wird der Warenaustausch wie damals üblich in VE (»Verrechnungseinheiten«) angegeben, die aber faktisch der DM entsprachen und im Verhältnis 1:1 zur Ostmark berechnet wurden. André Steiner, *Von Plan zu Plan: eine Wirtschaftsgeschichte der DDR*, München: DVA 2004, und Peter E. Fäßler, *Durch den »Eisernen Vorhang«: Die deutsch-deutschen Wirtschaftsbeziehungen 1949-1969*, Köln u.a.: Böhlau 2006.

66 Einige Länder mussten 80 Prozent ihrer Exporteinnahmen für Zins- und Tilgungszahlungen aufbringen. Stephen Kotkin, »The Kiss of Debt. The East Bloc Goes Borrowing«, in: Niall Ferguson (Hg.), *The Shock of the Global: The 1970s in Perspective*, Cambridge/Mass.: Belknap Press 2010, S. 80-93, und Steven Morewood, »The Demise of the Command Economies in the Soviet Union and Its Outer Empire«, in: Michael J. Oliver und Derek Howard Aldcroft (Hg.), *Economic Disasters of the Twentieth Century*, Cheltenham: Edward Elgar 2007, S. 258-310.

67 Helmut Schmidt, *Weggefährten. Erinnerungen und Reflexionen*, Berlin: Siedler 1996, S. 474.

68 Wolff von Amerongen, *Der Weg nach Osten*, S. 133.

69 Siehe die Ausführungen von Ernst Wolf Mommsen. »Aktenvermerk von Mommsen (Krupp) für AA, Hüttenkombinat Kursk«, 24. Oktober 1973, PA AA B 1-ZA/178 593. Krupp, zu dessen Vorsitzenden Mommsen 1973 aufgestiegen war, stieg erst 1973 in das Konsortium ein.

70 »Aufzeichnung des Ministerialdirektors Bahr«, 13. 3. 1974, in: *Akten zur Auswärtigen Politik der Bundesrepublik Deutschland 1974*, bearb. v. Daniela Taschler, Fabian Hilfrich und Michael Ploetz, München: Oldenbourg 2005, S. 363.

71 »Abschrift eines Schreibens von Willy Brandt an Helmut Schmidt«, 23. April 1973, PA AA B 1-ZA/178 593.

72 »Abschrift eines Schreibens von Hans Friderichs an Willy Brandt, gegen Zinssubventionen für Exportgeschäfte im Osten«, 27. Februar 1974, PA AA B 1-ZA/178 593; »Ministerbüro (Hallier) an Minister, Gespräch mit Graf Lambsdorff über Zinssubventionen«, 30. August 1973, PA AA B 1-ZA/178 593; »Otto Graf Lambsdorff als MdB an Scheel und Friderichs«, 3. Dezember 1973, PA AA B 1-ZA/178 593.

73 Bernhard Löffler, »Personelle und institutionelle Strukturen des Bundeswirtschaftsministeriums 1945/49 bis 1990«, in: Werner Abelshauser (Hg.), *Das Bundeswirtschaftsministerium in der Ära der Sozialen Marktwirtschaft: Der deutsche Weg der Wirtschaftspolitik*, Boston und Berlin: De Gruyter 2016, S. 95-192, insbes. S. 179.

74 »›Positionspapier‹ der Abt. Außenwirtschaft und Entwicklung«, 5. Februar 1973, BArch B102/226 509.

75 »›Positionspapier‹ der Abt. Außenwirtschaft und Entwicklung«, 5. Februar 1973, BArch B102/226 509, und »Entwurf einer Stellungnahme des AHB zur neuen GATT-Verhandlungsrunde«, 1. Juni 1973, BArch B102/139 770.

76 Yoshio Asai, »The IMF and Japan. Liberalization of Foreign Exchange and Pursuit of High Growth«, in: Yago Kazuhiko, Yoshio Asai und Masanao Itoh (Hg.), *History of the IMF: Organisation, Policy and Market*, Tokio: Springer Japan 2015, S. 249-273.

77 Francine McKenzie, *GATT and Global Order in the Postwar Era*, Cambridge: Cambridge University Press 2020, S. 214-222; Rothacher, *Economic Diplomacy between the European Community and Japan 1959-1981*, S. 112 f. und 153; siehe auch »Deutsche Botschaft Tokio (Krapf) an AA (Kopie an BMWi)«, 27. August 1968, BArch B102/165 304.

78 »Vermerk: Exportentwicklung (Mesenberg)«, 11. August 1975, BArch B102/269 512.

79 »Probleme der Exportfinanzierung, Vorschläge Düren-Gutachten«, 29.3. 1973, BArch B102/139769.

80 Elisabetta Bini, Giuliano Garavini und Federico Romero (Hg.), *Oil Shock: The 1973 Crisis and its Economic Legacy*, London: I.B. Tauris 2016; Christopher R.W. Dietrich, *Oil Revolution: Sovereign Rights and the Economic Culture of Decolonization, 1945 to 1979*, Cambridge: Cambridge University Press 2017, und Rüdiger Graf, *Öl und Souveränität: Petroknowledge und Energiepolitik in den USA und Westeuropa in den 1970er Jahren*, Berlin: De Gruyter 2014. Klassisch und viel zitiert für die BRD: Jens Hohensee, *Der erste Ölpreisschock 1973/74: Die politischen und gesellschaftlichen Auswirkungen der arabischen Erdölpolitik auf die Bundesrepublik Deutschland und Westeuropa*, Stuttgart: Steiner 1996.

81 »Mesenberg: Zur außenwirtschaftlichen Situation«, 28. Dezember 1973, BArch B102/226509; Hohensee, *Der erste Ölpreisschock 1973/74*, S. 78; Michael Beenstock, »The Rise, Fall and Rise Again of OPEC«, in: Michael J. Oliver und Derek Howard Aldcroft (Hg.), *Economic Disasters of the Twentieth Century*, Cheltenham: Edward Elgar 2007, S. 133-162.

82 »Mesenberg: Bemerkungen zur außenwirtschaftlichen Lage«, 4. September 1974, BArch B102/226508.

83 »Protokoll der Sitzung des Außenhandelsbeirats beim Bundesminister für Wirtschaft«, 15. Februar 1974, BArch B102/139771.

84 Ian Skeet, *Opec: Twenty-five Years of Prices and Politics*, London: Cambridge University Press 1988, S. 244. Das Fördervolumen der OPEC entsprach 1973 mehr als 50 Prozent der gesamten globalen Förderung. Heute fördert die (größere) OPEC mit ca. 32 Mio. Barrel pro Tag nur noch ein Drittel der globalen Fördermenge.

85 »St.S. Pöhl (BMF), Bericht über das Treffen der Finanzminister«, 3. Dezember 1973, 2, PA AA B 1-ZA/178598. Es handelte sich dabei um ein Treffen der sogenannten Library Group, siehe dazu unten.

86 David E. Spiro, *The Hidden Hand of American Hegemony: Petrodollar Recycling and International Markets*, Ithaca: Cornell University Press 1999; William Glenn Gray, »Learning to ›Recycle‹: Petrodollars and the West, 1973-75«, in: Elisabetta Bini et al. (Hg.), *Oil Shock: The 1973 Crisis and its Economic Legacy*, London: I.B. Tauris 2016, S. 172-197; Rischbieter, *Januskopf des Kapitalismus. Entscheiden in Staatsschuldenkrisen*, und Rischbieter, »Risiken und Nebenwirkungen«.

87 Tim Schanetzky, »Ölpreisschock 1973 – Wendepunkt des wirtschaftspolitischen Denkens«, in: Andreas Rödder und Harald Biermann (Hg.), *Deutschland in der Welt: Weichenstellungen in der Geschichte der Bundesrepublik*, Göttingen: Vandenhoeck & Ruprecht 2010, S. 67-83.

88 »Zur außenwirtschaftlichen Lage (Vorläufige Fassung)«, 14. Januar 1975, BArch B102/226 508.

89 Johannes von Karczewski, *»Weltwirtschaft ist unser Schicksal«: Helmut Schmidt und die Schaffung der Weltwirtschaftsgipfel*, Bonn: Dietz 2008, S. 102-105.

90 Helmut Schmidt, *Weltwirtschaft ist unser Schicksal. Wie eine weltweite Depression vermieden werden kann*, Frankfurt/Main: Robinson 1983, S. 11; siehe hierzu auch Karczewski, *Weltwirtschaft ist unser Schicksal*.

91 Helmut Schmidt, »Der Politiker als Ökonom (1974)«, in: ders. (Hg.), *Kontinuität und Konzentration*, 2., veränd. Aufl., Bonn-Bad Godesberg: Verlag Neue Gesellschaft 1976, S. 41, 43 und 49f. Zur Entstehungsgeschichte, den Varianten und der Bedeutung des »Papiers zur aktuellen ökonomischen Problematik unter dem Gesichtspunkt ihrer außenwirtschaftlichen Bedingtheiten« vom 15. April 1974 siehe Karczewski, *Weltwirtschaft ist unser Schicksal*, S. 10, Fn. 16.

92 Helmut Schmidt, »Vortrag zum Übersee-Tag. Rede im Hamburger Übersee-Club«, 7. Mai 1974; online verfügbar unter: {https://www.ueberseeclub.de/resources/Server/pdf-Dateien/1970-1979/Helmut_Schmidt%201974.pdf}.

93 »Besprechung bei Bundeskanzler Schmidt«, 23.6.1975, in: *Akten zur Auswärtigen Politik der Bundesrepublik Deutschland 1974*, bearb. v. Daniela Taschler et al., München: Oldenbourg 2005, S. 811.

94 Schanetzky, »Ölpreisschock 1973 – Wendepunkt des wirtschaftspolitischen Denkens«; siehe hierzu auch das im BMWi ausgearbeitete Grundsatzpapier »Leitsätze zur Neuorientierung der Globalsteuerung«, 11. März 1976, BArch B102/269 506.

95 »Kruse, Abt. VA1, an Referat S1, Redemanuskript für Friderichs, AHB-Sitzung«, 15. Februar 1974, BArch B102/139 772; »Protokoll der Sitzung des Außenhandelsbeirats beim Bundesminister für Wirtschaft«, 15. Februar 1974, BArch B102/139 771.

96 »Protokoll des Außenwirtschaftsbeirates«, 26. Juni 1974, BArch B102/139 773.

97 »Protokoll der Sitzung des Außenhandelsbeirats beim Bundesminister für Wirtschaft«, 15. Februar 1974, BArch B102/139 771.

98 Karczewski, *Weltwirtschaft ist unser Schicksal*, S. 127-141; Harold James, *Rambouillet, 15. November 1975: die Globalisierung der Wirtschaft*, München: dtv 1997, und Klaus-Günter Deutsch, *Weltmarktintegration und wohlfahrtsstaatliche Politik: Die Bundesrepublik Deutschland auf den Weltwirtschaftsgipfeln 1975-1990*, Münster u.a.: Lit 1991.

99 Rainer Hellmann, *Weltwirtschaftsgipfel wozu?*, Baden-Baden: Nomos 1982.

100 Karczewski, *Weltwirtschaft ist unser Schicksal*; James, *International Monetary Cooperation since Bretton Woods*; Schenk, *International Economic Relations since 1945*.

101 Haig Simonian, *The Privileged Partnership: Franco-German Relations in the European Community, 1969-1984*, Oxford: Clarendon Press 1985.

102 »Vorlage Lautenschläger, EG-Konsens Exportförderung«, 30. April 1976, PA AA B201/505.

103 Irwin, *Clashing over Commerce*, S. 555f.

104 »Leiterin Abt. V, Helga Steeg, an Rohwedder: Zur außenwirtschaftlichen Lage«, 19. Mai 1976, BArch B102/189598.

105 »Überlegungen zur deutschen Außenhandelspolitik«, 15. Dezember 1976, 11, BArch B102/189598.

106 Schmidt, »Der Politiker als Ökonom (1974)«, S. 37 und 47.

107 »Entwicklung des Außenhandels im bisherigen Verlauf des Jahres 1973«, 5. September 1973, BArch B102/269512.

108 »Mesenberg: Zur außenwirtschaftlichen Situation«, 28. Dezember 1973, BArch B102/226509.

109 »Außenwirtschaftliche Lage und Aussichten«, 12. März 1974, BArch B102/269512.Wie üblich wurde die Zahlungsbilanz noch mehrere Male im Jahresverlauf korrigiert, und der Überschuss wurde am Ende sogar mit 40 Mrd. DM ausgewiesen.

110 »6. Beobachtung der Entwicklung der sogenannten ›Exportlastigkeit‹ unserer Wirtschaft (1973/74), o. D.«, 1973, BArch B102/269512. Vgl. auch die Verteidigung der Exportwirtschaft durch den BDI: »BDI: Memorandum zur Außenwirtschafts- und Währungslage«, 20. August 1973, BArch B102/226587, sowie weitere Verbandsbesprechungen im BMWi: »Erörterung aktueller außenwirtschaftspolitischer Fragen mit Verbandsvertretern«, 9. Juli 1974, BArch B102/226508.

111 »BDI: Memorandum zur Außenwirtschafts- und Währungslage«. Diese Diskussion setzte schon vor der Ölpreiskrise ein: »Hans Günther Sohl an Scheel«, 20. August 1973, PA AA B 1-ZA/178598.

112 Deutsche Bundesbank, »Monatsberichte«, Juni 1974. Der Bericht war Gegenstand deutlicher Kritik in der Sitzung des AHB: »Protokoll des Außenwirtschaftsbeirates«, 26. Juni 1974, BArch B102/139773, S. 29.

113 »Botschafter Freiherr von Braun, Paris, an Bundesminister Genscher (Dok. Nr. 157)«, 4. 6. 1974, in: *Akten zur Auswärtigen Politik der Bundesrepublik Deutschland 1974*, bearb. v. Daniela Taschler, Fabian Hilfrich und Michael Ploetz, München: Oldenbourg 2005.

114 »BMWi Friderichs an Otto Graf Lambsdorff MdB«, 9. Juli 1974, BArch B102/226508.

115 In diesem Referentenpapier wurde der Exportüberschuss angesichts

deutlich gestiegener Ölrechnungen als »ungewöhnlich« bezeichnet. Außerdem wurde auf die unerwartet großen Wachstumsraten bei Grundstoffindustrien (Holz, Papier) von mehr als 70 Prozent hingewiesen. »Vermerk: Analyse der deutschen Zahlungsbilanz«, 7. November 1974, BArch B102/269 512.

116 »Protokoll des Außenwirtschaftsbeirates«, 26. Juni 1974, BArch B102/139 773.

117 »Interviewanfrage der Zeitschrift ›Markt‹«, 7. September 1974, BArch B102/226 587.

118 »Dr. H. Mesenberg: Zur Exportentwicklung, Manuskript zur Publikation durch die BfA«, 26. August 1975, BArch B102/226 587; »Aufzeichnung zur Exportentwicklung«, 7. August 1975, BArch B102/269 512. Der »Exporteinbruch« war vorher schon Gegenstand diverser interner Ausarbeitungen und Vermerke gewesen.

119 »Deutsche Export-Wettbewerbssituation«, 17. Januar 1977, BArch B102/189 598.

120 »Massiver Verlust«, in: *Der Spiegel* (20. Juli 1975); online verfügbar unter: {https://www.spiegel.de/wirtschaft/massiver-verlust-a-d14c69a8-0002-0001-0000-000041458236}.

121 »Aktenvermerk: Aktionsprogramm Made in Germany«, 21. Juli 1975, BArch B102/226 587.

122 »Einladung: Hausbesprechung Außenhandelsförderung«, 18. Dezember 1975, BArch B102/226 591; »Image-Broschüre u. Konzeption von ›BAWEX‹«, 17. Mai 1975, BArch B102/226 591, und »Interner Vermerk, Exportförderung mittelständischer und kleiner Unternehmen«, 28. Mai 1975, BArch B102/226 587; siehe auch allgemein zur Rolle der Bundesländer Rudolf Himpsl, *Europäische Integration und internationalisierte Märkte: Die Außenwirtschaftspolitik des Freistaats Bayern 1957-1982*, München: C.H. Beck 2020.

123 »Aktenvermerk, Exportfibel«, 9. Dezember 1975, BArch B102/226 510.

124 Die Selbstbeteiligung im Hermes-System wurde herabgesetzt und Zahlungsunfähigkeitserklärungen des ausländischen Kunden schon nach 9 Monaten akzeptiert. Das Bürgschaftsvolumen wurde deutlich erhöht. Allerdings mussten sich die Unternehmen auf höhere Gebühren einstellen. »Überprüfung unseres Ausfuhrförderungssystems nach dem Scheitern der bisherigen Harmonisierungskonzeption in der EG«; »Möglichkeiten staatlicher Hilfestellung bei Auslandsaktivitäten deutscher Unternehmen«, 22. Oktober 1975, BArch B102/167 634; »Protokoll der Sitzung des Außenwirtschaftsbeirates beim Bundesminister für Wirtschaft«, 24. Oktober 1975, BArch B102/167 634.

125 »Exporte: ›Kein zweites Land ist so pfiffig‹«, in: *Der Spiegel* (6. Februar

1977); online verfügbar unter: {https://www.spiegel.de/wirtschaft/exporte-kein-zweites-land-ist-so-pfiffig-a-05c33887-0002-0001-0000-000041019532}.

126 »Leiter Abt. 1 (Tietmeyer) an Minister (Friedrich), Spannungen im gemeinschaftlichen Wechselkursverbund«, 23. August 1976, BArch B102/171704. Die Geschichte der europäischen »Währungsschlange« ist bislang nur kursorisch erforscht; siehe zuletzt Clemens Krauss, *Geldpolitik im Umbruch: die Zentralbanken Frankreichs und der Bundesrepublik Deutschland in den 1970er Jahren*, Berlin: De Gruyter 2021. Das »Realignment« wurde wegen der Währungsspekulation und der britischen Währungskrise notwendig. Die Kurskorrekturen fanden dann allerdings erst nach der Bundestagswahl statt, am 17. Oktober 1976. »BMWi Friderichs an BMF Apel«, 13. Oktober 1976, BArch B102/171704, und »Vermerk: Lage auf dem Devisenmarkt im Oktober 1976«, 8. November 1976, BArch B102/171704.

127 »Fernschreiben der Deutschen Botschaft in Washington«, 5. Februar 1977, BArch B102/269506.

128 Siehe hierzu auch Klaus J. Keller, »Die Lokomotivtheorie – Grundlagen und Probleme«, in: *Zeitschrift für Wirtschaftspolitik* 29/1 (1980), S. 255-280; Heinz-Dieter Smeets, *Die Bundesrepublik Deutschland als internationale Konjunkturlokomotive*, Hamburg: Verlag Weltarchiv 1988, und Wolfram Weimer, *Deutsche Wirtschaftsgeschichte: von der Währungsreform bis zum Euro*, Hamburg: Hoffmann und Campe 1998, S. 282f.

129 »Vermerk: Deutsche Wirtschaftspolitik, Öffentlichkeitsarbeit der Botschaft in Washington«, 9. Februar 1977, BArch B102/269506.

130 »Otmar Emminger: Perspektiven der weltwirtschaftlichen Entwicklung«, 7. April 1977, BArch B102/269506.

131 »Pöhl, Vermerk über meine USA-Reise vom 13. März 1977«, PA AA B 1-ZA/178694.

132 W. Allen Spivey, *Economic Policies in France 1976-1981. The Barre Program in a West European Perspective*, Ann Arbor: University of Michigan 1982.

133 Herbert Giersch, Karl-Heinz Paqué und Holger Schmieding, *The Fading Miracle: Four Decades of Market Economy in Germany*, Cambridge und New York: Cambridge University Press 1994, S. 13.

134 »Vorbereitung des Bonner Weltwirtschaftsgipfels, Lautenschläger an Genscher«, 29. Mai 1978, PA AA B 1-ZA/178774, sowie diverse andere Schreiben in dieser Akte.

135 »Erklärung des Bonner Weltwirtschaftsgipfels«, 17. Juli 1978, PA AA B 1-ZA/178774.

136 Zur »Colombo-Krefeld-Hemd«-Kampagne siehe Hesse, »The German

Textile Puzzle. Selective Protectionism and the Silent Globalisation of an Industry«.

137 Christian Hacke, *Die Außenpolitik der Bundesrepublik Deutschland: Weltmacht wider Willen?*, 3. Aufl., aktualisierte und erw. Neuaufl., Berlin: Ullstein 1997, S. 207.

138 Weimer, *Deutsche Wirtschaftsgeschichte*, S. 282, führt die Leistungsbilanzkrise irrtümlich auf die Verteuerung der Einfuhr zurück; siehe hierzu den nächsten Abschnitt.

139 »Sprechzettel: Außenhandel im August 1980«, 23. September 1980, BArch B102/304867.

140 »Ministerrede für den AWB: Die außenwirtschaftliche Lage«, 10. Januar 1980, BArch B102/226524. Weil Graf Lambsdorff bei der Sitzung verhindert war, wurde das Manuskript von Dieter von Würzen vorgetragen.

141 Wilhelm Hankel, »Germany: Economic Nationalism in the International Economy«, in: Wilfrid L. Kohl und Georgio Basevi (Hg.), *West Germany: A European and Global Power*, Lexington: Lexington Books 1980, S. 21-43. Hankel war zwischen 1967 und 1972 Leiter der Abteilung Geld und Kredit im BMWi und einer der engsten Mitarbeiter Schillers.

142 »Großes Loch«, in: *Der Spiegel* (2. September 1979); online verfügbar unter: {https://www.spiegel.de/wirtschaft/grosses-loch-a-69c79146-0002-0001-0000-000039909542}; Wissenschaftlicher Beirat beim Bundesministerium für Wirtschaft, »Wirtschaftspolitik bei defizitärer Leistungsbilanz«, in: ders. (Hg.), *Gutachten vom Januar 1981 bis Juni 1983*, Bd. 11, Göttingen 1983, S. 1062-1095; »Antwort der Bundesregierung auf die kleine Anfrage … Maßnahmen und Hilfen Exportwirtschaft« (DRS 8/3847), 12. November 1979, BArch B102/226589, und »Antwort der Bundesregierung auf die kleine Anfrage ›Entwicklung der Leistungsbilanz der Bundesrepublik Deutschland‹«, 14. Juli 1980, DRS 8/4399.

143 Eine medienhistorische Auswertung dieser Diskussion steht noch aus; siehe »Großes Loch«; »Reisefreiheit – weltweiter Ausdruck freiheitlichen Systems. Staatssekretär entzieht Beschränkungsspekulation den Boden«, in: *Touristik aktuell*, 27. Januar 1981, BArch B102/304867.

144 »Vortrag Otto Wolff von Amerongen ›Leistungsbilanzdefizit – eine Herausforderung der nächsten Jahre‹«, 15. Dezember 1980, BArch B102/304867.

145 »Protokoll der Sitzung des Außenwirtschaftsbeirates beim Bundesminister für Wirtschaft am 4.9.1979 in Bonn«, 4. September 1979, BArch B102/226523; »Antwort der Bundesregierung auf die kleine Anfrage … Maßnahmen und Hilfen Exportwirtschaft«, DRS 8/3847.

146 Andreas Wirsching, *Abschied vom Provisorium 1982-1990*, München: DVA 2006, insb. S. 243-255; Andreas Wirsching, »Eine ›Ära Kohl‹? Die

widersprüchliche Signatur deutscher Regierungspolitik 1982-1998«, in: *Archiv für Sozialgeschichte* 52 (2012), S. 667-684; ders., »Neoliberalismus als wirtschaftspolitisches Ordnungsmodell? Die Bundesrepublik Deutschland in den 1980er Jahren«, in: Joachim Scholtyseck und Werner Plumpe (Hg.), *Der Staat und die Ordnung der Wirtschaft: vom Kaiserreich bis zur Berliner Republik*, Stuttgart: Steiner 2012, S. 139-151; Dietmar Süß und Meik Woyke, »Schimanskis Jahrzehnt? Die 1980er Jahre in historischer Perspektive«, in: *Archiv für Sozialgeschichte* 52 (2012), S. 3-20, und Andreas Rödder, *Die Bundesrepublik Deutschland, 1969-1990*, München: Oldenbourg 2004.

147 Dokument abgedruckt in: Gérard Bökenkamp et al., *30 Jahre »Lambsdorff-Papier«. Texte und Dokumente zum »Konzept für eine Politik zur Überwindung der Wachstumsschwäche und zur Bekämpfung der Arbeitslosigkeit« (9. September 1982)*, Berlin 2012. Die Bearbeitung des Tietmeyer-Entwurfs wird ersichtlich aus »Tietmeyer an Schlecht, Ausarbeitung Wirtschaftspolitik«, 5. August 1982, BArch B102/455582, und »Konzept für eine Politik zur Überwindung der Wachstumsschwäche und zur Bekämpfung der Arbeitslosigkeit«, 5. August 1982, BArch B102/455582.

148 »Programm für eine Politik zur Überwindung der Wachstumsschwäche und zur Bekämpfung der Arbeitslosigkeit. (Königsweg)«, 27. Juli 1982, BArch B102/455582.

149 Protokoll der Fraktionssitzung der FDP vom 8. September 1982, zit. n. Bökenkamp et al., *30 Jahre »Lambsdorff-Papier«. Texte und Dokumente zum »Konzept für eine Politik zur Überwindung der Wachstumsschwäche und zur Bekämpfung der Arbeitslosigkeit« (9. September 1982)*, S. 8.

150 Giersch, Paqué und Schmieding, *The Fading Miracle*, und Weimer, *Deutsche Wirtschaftsgeschichte*.

151 Kevin L. Kliesen und David C. Wheelock, »Managing a New Policy Framework: Paul Volcker, the St. Louis Fed, and the 1979-82 War on Inflation«, in: *Federal Reserve Bank of St. Louis Review* 103 (2021), S. 79-97; Allan H. Meltzer, *A History of the Federal Reserve*, Bd. 2, Buch 2: *1970-1986*, Chicago: University of Chicago Press 2009.

152 Irwin, *Clashing over Commerce*, S. 566-568; siehe auch die Bemerkung von Paul Krugman, »Wonking Out: Is 2022 Like 1980?«, in: *The New York Times* (12. August 2022). »Wir neigen dazu, auf die Reagan-Ära durch eine rosarote Brille zu blicken, zum Teil deswegen, weil Konservative sie seit Jahrzehnten glorifizieren.«

153 »Vermerk über das Gespräch des Bundeskanzlers mit Präsident Reagan«, 19. Juli 1981, PA AA B 1-ZA/178849.

154 Irwin, *Clashing over Commerce*, S. 573-587; Stormy-Annika Mildner,

»Ziemlich beste Freunde – meistens: Die deutsch-amerikanischen Wirtschaftsbeziehungen«, in: *Vierteljahrshefte für Zeitgeschichte* 68/4 (2020), S. 610-628.

155 Ber. n. Statistisches Bundesamt, *Statistisches Jahrbuch für die Bundesrepublik Deutschland 1988*, Wiesbaden: Statistisches Bundesamt, sowie weitere Einzelbände.

156 »Report by the chairman of the GATT council on informal Consultations concerning erratic exchange rate fluctuations and their effect on trade«, 31. Oktober 1984, PA AA B201/131212; Naheed Kirmani, Shailendra J. Anjaria und Arne B. Petersen, *Trade Policy Issues and Developments*, International Monetary Fund 1985.

157 Das Plaza-Abkommen vom 22. September 1985 wurde in einer Zusammenkunft der Notenbankchefs und Finanzminister der USA, BRD, GB, Frankreich und Japan geschlossen, wenige Tage vor dem Weltwirtschaftsgipfel in New York, was Kanada und Italien verstimmte. Von der Wirtschafts- und Zeitgeschichte ist es bislang sträflich vernachlässigt worden; siehe C. Fred Bergsten und Russell A. Green, *International Monetary Cooperation. Lessons from the Plaza Accord after Thirty Years*, Washington, D.C.: Peterson Institute for International Economics 2016; Mildner, »Ziemlich beste Freunde – meistens«; Weimer, *Deutsche Wirtschaftsgeschichte*, S. 342-345; siehe auch »Antwort der Bundesregierung auf die kleine Anfrage ›Kritik der US-Regierung an der bundesdeutschen Währungspolitik‹«, 30. Dezember 1985, DRS 10/4612. Die Grünen hatten angefragt, ob in dem Abkommen vereinbart worden war, den Dollarkurs auf 2,40 DM zu senken, was die Bundesregierung interessanterweise verneinte. »Handelspolitische Fragen im Dreieck EG-USA-Japan«, 21. Oktober 1985, BArch B102/340277.

158 »Rede von Dr. v. Würzen auf der Jahresmitgliederversammlung der IHK des Landes NRW«, 28. Januar 1986, BArch B102/348147.

159 Skeet, *Opec: Twenty-five Years of Prices and Politics*, insbes. Tabelle S. 244; Beenstock, »The Rise, Fall and Rise Again of OPEC«.

160 Daten nach *Statistisches Jahrbuch für die BRD 1988* sowie die Statistische Fachserie »Außenhandel«.

161 Bericht des BMWi zur außenwirtschaftlichen Lage, für den erkrankten Wirtschaftsminister erstattet von Lorenz Schomarus, »Protokoll der Sitzung des Außenwirtschaftsbeirates beim Bundesminister für Wirtschaft am 24.10.1985 in Bonn«, BArch B102/340277.

162 Japan generiere ein Drittel des Leistungsbilanzdefizits der USA, die BRD nur 7 Prozent: »Interview mit St.S. von Würzen mit japanischem Fernsehen über Außenhandelsüberschuss der Bundesrepublik«, 10. Oktober 1985, BArch B102/340277.

163 Die Exportquote ging zwischen 1980 und 1985 von 10 auf 7 Prozent zurück. Irwin, *Clashing over Commerce*, S. 567.

164 »Bericht des BMWi über OECD-Ministerrat und Ausblick auf Weltwirtschaftsgipfel«, 23. April 1985, BArch B102/296 918.

165 Irwin, *Clashing over Commerce*, S. 615.

166 Ebd., S. 573, 590 und 613.

167 »Ausarbeitung: Welthandel«, 3. Juli 1978, BArch B102/210 068.

168 Vinod K. Aggarwal, *Liberal Protectionism: The International Politics of Organized Textile Trade*, Berkeley: University of California Press 1985.

169 John Gillingham, *European Integration, 1950-2003: Superstate or New Market Economy?*, Cambridge und New York: Cambridge University Press 2003, S. 128 f.; Irwin, *Clashing over Commerce*, S. 621.

170 »Außenwirtschaftliche Lage«, 9. Februar 1983, BArch B102/296 914.

171 Grace Ballor, »Liberalisation or Protectionism for the Single Market? European Automakers and Japanese Competition, 1985-1999«, in: *Business History* 64 (2022), S. 1-27; Sigfrido M. Ramírez Pérez, »Embedding the Market during Times of Crisis: The European Automobile Cartel during a Decade of Crisis (1973-1985)«, in: *Business History* 62/5 (2020), S. 815-836, und Irwin, *Clashing over Commerce*, S. 621.

172 In einem Papier des BMWi wird das regelrecht naiv als eine überraschende Erkenntnis präsentiert: »Aufzeichnung: Liberalisierungsinitiative«, 7. September 1983, BArch B102/296 915.

173 Siehe z. B. »Genscher an Paul Broicher, Hauptgeschäftsführer DIHT«, 23. August 1977, PA AA B201/489; Otto Graf Lambsdorff, *Frische Luft für Bonn: Eine liberale Politik mit mehr Markt als Staat*, Stuttgart: DVA 1987, S. 304-327, verwendet für das Thema Außenwirtschaftspolitik in diesem Buch bezeichnenderweise zwei Reden aus den Jahren 1980 und 1982, die er noch als Wirtschaftsminister Schmidts gehalten hatte.

174 »Protokoll der Sitzung des Außenwirtschaftsbeirates am 25. 3. 1982 in Bonn«, BArch B102/296 913, S. 15.

175 »Außenwirtschaft im Lichte der Außenpolitik«, Rede vor der Arbeitsgemeinschaft Wirtschaftspolitik, Juni 1980, Lambsdorff, *Frische Luft für Bonn*, S. 321.

176 »Ich kann Ihnen versichern, dass ich die Frage der Unterstützung unserer Exportwirtschaft – gerade der mittleren und kleinen Unternehmen – weiterhin aufmerksam verfolgen […] werde.« »Genscher, BM AA, an BK Helmut Schmidt«, 16. Januar 1978, PA AA B 1-ZA/178 774.

177 »Sprechzettel für Lambsdorff für die Kabinettssitzung«, 2. Dezember 1981, BArch B102/269 504. Lambsdorff sprach sich bei der Gelegenheit gegen eine »bewußt auf Abwertung gerichtete Währungspolitik« aus. »Antwort der Bundesregierung auf die Große Anfrage der Abgeord-

neten Waigel, Kiep, Dollinger – BT-Drucksache 9/1133 zur Internationalen Wettbewerbsfähigkeit der deutschen Wirtschaft«, 2. Dezember 1981, BArch B102/269 504.

178 Christian Kleinschmidt, *Der produktive Blick: Wahrnehmung amerikanischer und japanischer Management- und Produktionsmethoden durch deutsche Unternehmer 1950-1985*, Berlin: De Gruyter 2002, S. 366.

179 »Handelspolitische Fragen im Dreieck EG-USA-Japan«, 21. Oktober 1985, BArch B102/340 277, S. 4.

180 Das erste mir bekannte Dokument, in dem die Strategie explizit festgehalten wurde, stammt allerdings schon aus der Amtszeit Bangemanns: »Außenhandelsförderung mit Japan, Besprechung mit MinDirig. Kühn«, 14. August 1984, BArch B102/296 984.

181 »Außenwirtschaftliche Lage«, 9. Februar 1983, BArch B102/296 914, S. 25. Es handelt sich dabei um das im Ministerium ausgearbeitete Manuskript der Ministerrede für die Sitzung des AWB.

182 Insbesondere legte Lambsdorff auf die Beteiligung des Maschinenbaus wert. »Protokoll der Sitzung des Außenwirtschaftsbeirates am 17.2.1983 in Bonn«, BArch B102/296 914, S. 10.

183 »Kabinettsvorlage ›Exportförderungspolitik der Bundesrepublik‹ (Ausfallbürgschaften)«, 14. Januar 1983, BArch B102/296 914.

184 Siehe Halfen, *Gesamtwirtschaftliche Wirkungen staatlicher Ausfuhrgewährleistungen*, S. 83, der allerdings behauptet, die Defizite resultierten daher, dass die guten Risiken aus dem System in die günstigere Privatwirtschaft abgewandert seien. »Vermerk: Aufwendungen des Bundes im Rahmen der Außenhandelsförderung«, 7. November 1984, BArch B102/296 985.

185 »Protokoll der Sitzung des Außenwirtschaftsbeirates beim Bundesminister für Wirtschaft am 13.9.1983 in Bonn«, BArch B102/296 915.

186 Der Anteil der hermesgedeckten Exporte in die Industrieländer war immer noch winzig. Er stieg von 1 Prozent 1982 auf 1,5 bis 1983. Aber unter den Neuanträgen stiegen die Bürgschaften für Exporte in die Industrieländer zwischen 1982 und 1984 von 8,7 auf 16 Prozent. Halfen, *Gesamtwirtschaftliche Wirkungen staatlicher Ausfuhrgewährleistungen*, S. 81 und 83.

187 Hermes-Vorstand Christian Beuck auf der Sitzung des AWB: »Protokoll der Sitzung des Außenwirtschaftsbeirates beim Bundesminister für Wirtschaft am 13.9.1983 in Bonn«.

188 Halfen, *Gesamtwirtschaftliche Wirkungen staatlicher Ausfuhrgewährleistungen*, S. 167.

189 Lambsdorff und sein Vorgänger Friderichs wurden schließlich wegen Steuerhinterziehung und Vorteilsnahme im Zusammenhang mit Son-

dergenehmigungen für Steuerbefreiungen nach § 6b Einkommensteuergesetz angeklagt. Martin Meinka, *»In Bonn ist Transparenz angesagt«. Die Flick-Affäre als Indikator und Katalysator des Wandels 1975-1987*, Dissertationsschrift, Universität Darmstadt 2022, S. 91.

190 »Leitfaden für die Präsentation der deutschen Außenwirtschaftspolitik: Sicherung und Fortentwicklung der außenwirtschaftlichen Rahmenbedingungen«, 5. Dezember 1984, BArch B102/296 985.

191 »Zusammenarbeit von Staat und Wirtschaft bei der Förderung des Außenhandels«, 7. September 1984, BArch B102/296 984.

192 »Schwerpunktarbeit der Bundesregierung, Außenwirtschaftspolitik«, 18. Januar 1985, BArch B102/296 985.

193 »Zusammenarbeit von Staat und Wirtschaft bei der Förderung des Außenhandels«, 7. September 1984, BArch B102/296 984; »Leitfaden für die Präsentation der deutschen Außenwirtschaftspolitik: Sicherung und Fortentwicklung der außenwirtschaftlichen Rahmenbedingungen«, 5. Dezember 1984, BArch B102/296 985; »BM Wirtschaft, Memorandum zur Stärkung des freien Welthandels«, 20. Februar 1985, BArch B102/296 918.

194 »Martin Grüner: Vertretung unserer Wirtschaftsinteressen im Ausland, Rede vor Führungskräften des VDI«, 14. Januar 1985, BArch B102/296 985.

195 »Handelspolitische Fragen im Dreieck EG-USA-Japan«, 21. Oktober 1985, BArch B102/340 277, S. 4.

196 Paul Nolte, *Die Ordnung der deutschen Gesellschaft: Selbstentwurf und Selbstbeschreibung im 20. Jahrhundert*, München: C.H. Beck 2000, und Andrei S. Markovits (Hg.), *The Political Economy of West Germany: Modell Deutschland*, New York: Praeger 1982.

197 »Protokoll der Sitzung des Außenwirtschaftsbeirates beim Bundesminister für Wirtschaft am 9. 10. 1984 in Bonn«, BArch B102/296 917, S. 8.

198 »Auftrag der Länderwirtschaftsministerkonferenz u. Bund-Länder-Ausschuss Außenwirtschaft … Dienstleistungsangebot Auslandskammern«, 17. Juli 1985, BArch B102/340 329.

199 Das war der Kern des frühen außenwirtschaftlichen Programms von Bangemann: »Sicherung und Fortentwicklung der außenwirtschaftlichen Rahmenbedingungen«, 5. Dezember 1984, BArch B102/296 985; »Sitzung des AWB, TOP 3, Einführung neuer Informationstechniken in der Bundesstelle für Außenhandelsinformation«, 23. April 1985, BArch B102/296 918. Zu den Aktivitäten im Rahmen der Reform des Auswärtigen Dienstes siehe auch »Protokoll der Sitzung des Außenwirtschaftsbeirates beim Bundesminister für Wirtschaft am 24. 10. 1985 in Bonn«, und Lorenz Schomerus, »Wirtschaftsressort«, in: Christoph Bertram

und Friedrich Däuble (Hg.), *Wem dient der Auswärtige Dienst? Erfahrungen von Politik, Wirtschaft, Gesellschaft*, Heidelberg: Springer-Verlag 2013, S. 29-41.

200 Helmut Schmidt, »Wenn der Erfolg zur Gefahr wird. Wir dürfen uns nicht ›krank‹-exportieren«, in: *Die Zeit* (1. November 1985).

201 »Beitrag von Martin Bangemann für die Bonner Depesche«, 4. Dezember 1985, BArch B102/348147.

202 »Protokoll der Sitzung des Außenwirtschaftsbeirates beim Bundesminister für Wirtschaft am 16.12.1986 in Bonn«, BArch B102/348157; »Protokoll der Sitzung des Außenwirtschaftsbeirates beim Bundesminister für Wirtschaft am 20.3.1986 in Bonn«, BArch B102/340278.

203 »Protokoll der Sitzung des Außenwirtschaftsbeirates beim Bundesminister für Wirtschaft am 16.12.1986 in Bonn«.

204 »Statement des BM Wirtschaft beim AWB ›Außenwirtschaftliche Lage und Perspektiven‹«, 13. Mai 1987, BArch B102/348159.

205 »Statement des BM Wirtschaft beim AWB ›Außenwirtschaftliche Lage und Perspektiven‹«, 13. Mai 1987, BArch B102/348159.

206 Helmut Kohl, »Eine Idee setzt sich durch: Soziale Marktwirtschaft hat Zukunft, Rede vor dem DIHT 30.10.1989«, in: Helmut Kohl, *Bilanzen und Perspektiven*, Bonn: Presse- und Informationsamt der Bundesregierung 1992, S. 195 und 201.

207 Wolfgang Bittner, »Geschenke vom Weltmeister«, in: *Der Spiegel* (5. April 1987); online verfügbar unter: {https://www.spiegel.de/wirtschaft/geschenke-vom-weltmeister-a-eb12e965-0002-0001-0000-000013521161}.

208 Jürgen Donges, »Die Exportorientierung der deutschen Wirtschaft. Erfahrungen, Probleme, Perspektiven«, in: Erwin Dichtl und Otmar Issing (Hg.), *Exporte als Herausforderung für die deutsche Wirtschaft*, Köln: Deutscher Instituts-Verlag 1984, S. 11-41.

209 Wencke Metteling, »Internationale Konkurrenz als nationale Bedrohung. Zur politischen Maxime der ›Standortsicherung‹ in den neunziger Jahren«, in: Ralph Jessen (Hg.), *Konkurrenz in der Geschichte. Praktiken – Werte – Institutionalisierungen*, Frankfurt/Main und New York: Campus 2014, S. 289-315, und dies., »Nationale Standortsemantiken seit den 1970er-Jahren«, in: Ariane Leendertz und dies. (Hg.), *Die neue Wirklichkeit: semantische Neuvermessungen und Politik seit den 1970er-Jahren*, Frankfurt/Main und New York: Campus 2016, S. 207-242.

210 Götz Hanjo Borsdorf, *Die Internationalisierung deutscher Unternehmen nach dem Zweiten Weltkrieg bis 1973*, Herzogenrath: Shaker Verlag 2007.

211 Neuere Überblicke über die Unternehmensgeschichte liefern Hartmut Berghoff, *Moderne Unternehmensgeschichte: eine themen- und theorieorientierte Einführung*, 2., aktualisierte Aufl., Berlin: De Gruyter Olden-

bourg 2016, und Werner Plumpe, *Unternehmensgeschichte im 19. und 20. Jahrhundert*, Berlin: De Gruyter Oldenbourg 2018.

212 Diese Vorstellung geht auf das »OLI-Paradigma« von John Dunning zurück, das die Entstehung multinationaler Unternehmen auf Eigentums-, Standort- und Internalisierungsvorteile zurückführt; siehe klassisch John H. Dunning, *International Production and the Multinational Enterprise*, London und Boston: Allen & Unwin 1981, und Peter Buckley und Mark Casson (Hg.), *Multinational Enterprises in the World Economy: Essays in Honour of John Dunning*, Aldershot: Edward Elgar 1992. Das Paradigma ist immer wieder angepasst worden, indem andere Faktoren (darunter Steuervorteile und andere staatliche Aspekte) berücksichtigt wurden; siehe John H. Dunning und Sarianna M. Lundan (Hg.), *Multinational Enterprises and the Global Economy*, Cheltenham: Edward Elgar 2008.

213 Alfred Reckendrees, Boris Gehlen und Christian Marx, »International Business, Multinational Enterprises and Nationality of the Company: A Constructive Review of Literature«, in: *Business History* 64/9 (2022), S. 1567-1599, und Geoffrey Jones, *Multinationals and Global Capitalism: From the Nineteenth to the Twenty-first Century*, Oxford: Oxford University Press 2005.

214 Annika Biss, *Die Internationalisierung der Bayerischen Motoren Werke AG: Vom reinen Exportgeschäft zur Gründung eigener Tochtergesellschaften im Ausland 1945-1981*, Berlin und Boston: De Gruyter 2017, S. 350-356.

215 Ingo Köhler, *Auto-Identitäten. Marketing, Konsum und Produktbilder des Automobils nach dem Boom*, Göttingen: Vandenhoeck & Ruprecht 2018, S. 77. Zur Exportstatistik siehe dort Kapitel 2, zum Automobilexport Biss, *Die Internationalisierung der Bayerischen Motoren Werke AG*, S. 415.

216 Verband der Automobilindustrie, *Jahresbericht 2022*, Berlin 2022.

217 Ballor, »Liberalisation or Protectionism for the Single Market?«.

218 Julian Faust, *Spannungsfelder der Internationalisierung: Deutsche Unternehmen und Außenwirtschaftspolitik in Indien von 1947 bis zum Ende der 1970er Jahre*, Baden-Baden: Nomos 2021, S. 142-148 und 303-311.

219 Johannes Bähr und Paul Erker, *Bosch: Geschichte eines Weltunternehmens*, München: C.H. Beck 2013, S. 331 und 421-427.

220 Hierbei handelt es sich um den »Auslandsumsatz«, wobei namhafte ausländische Produktion bei Trumpf erst in den 1980er Jahren aufgenommen wurde. Jochen Streb, *Trumpf: Geschichte eines Familienunternehmens*, München: Carl Hanser 2018, S. 258f., 265 und 272.

221 Siehe zum Marktführer Heidelberger Druck mit Exportquoten von 80 Prozent schon zu Beginn der 1970er Jahre: Marion Moormann, *150 Jahre Heidelberger Druckmaschinen-Aktiengesellschaft: vom Schnell-*

pressenbauer zum weltweit führenden Lösungsanbieter für die gesamte Druck- und Verlagsindustrie, Heidelberg 2000, S. 72.

222 Siehe zur Unternehmensgeschichte die sehr schöne Darmstädter MA-Arbeit von Isabel Schmidt, »Wilhelm Köhler. Ein Darmstädter Unternehmer nach 1945«, Magister-Arbeit, TU Darmstadt, 2009, im Hessischen Wirtschaftsarchiv in Darmstadt, sowie *Goebel – Über 150 Jahre Druckmaschinen aus Darmstadt*, Darmstadt 2002.

223 »Protokoll der Sitzung des Außenwirtschaftsbeirates beim Bundesminister für Wirtschaft am 13.9.1983 in Bonn«, BArch B102/296915.

224 Kurt Werner, »Einige Bemerkungen zu den strukturellen Veränderungen der internationalen Märkte und ihre Auswirkungen auf die deutsche Industrie«, 5. April 1984, Hessisches Wirtschaftsarchiv (Darmstadt), 1/275. Das Zitat vom »exportschädigenden Bild einer Freizeitnation« stammt allerdings aus der Anmoderation des IHK-Präsidenten Hans-Rolf Ropertz.

225 Siehe zur Internationalisierung der deutschen Chemieindustrie insbesondere die Beiträge von Christian Marx, »Between National Governance and the Internationalisation of Business. The Case of Four Major West German Producers of Chemicals, Pharmaceuticals and Fibres«, in: *Business History* 61/5 (2019), S. 833-862 (zu den Zahlenangaben insbes. S. 838), sowie ders., *Wegbereiter der Globalisierung: multinationale Unternehmen der westeuropäischen Chemieindustrie in der Zeit nach dem Boom (1960er-2000er Jahre)*, Göttingen: Vandenhoeck & Ruprecht 2023.

226 Borsdorf, *Die Internationalisierung deutscher Unternehmen nach dem Zweiten Weltkrieg bis 1973*, S. 29 und 184f. Die Arbeit baut auf einer Studie des Hamburgischen Welt-Wirtschafts-Archivs auf, die für 1971 den Anteil der Auslandsproduktion der Chemieindustrie mit 21 Prozent bezifferte, den der Automobilindustrie mit 19 und den des restlichen Maschinenbaus nur mit 9,9.

227 So eine Aussage des Bayer-Vorstandes Kurt Hansen auf der Sitzung des AHB: »Protokoll der 11. AHB-Sitzung«, 16. Mai 1966, BArch B102/108415.

228 Christian Marx und Ben Wubs, »National Conflicts in a Multinational: The Case of the Dutch-German AKU/VGF/Akzo, 1920s to 1970s«, in: *Business History* 64/9 (9. November 2021), S. 1709-1734; Christian Marx, »Gewinner und Verlierer der Multinationalisierung von Industrieunternehmen seit den 1960er Jahren«, in: ders. und Morten Reitmayer (Hg.), *Gewinner und Verlierer nach dem Boom. Perspektiven auf die westeuropäische Zeitgeschichte*, Göttingen: Vandenhoeck & Ruprecht 2020, S. 31.

229 Carsten Burhop und Andreas Jüngling, »Vom Wirtschaftswunder zum Global Player (1948-2018)«, in: Jochen Scholtyseck (Hg.), *Merck. Von der*

Apotheke zum Weltkonzern, München: C.H. Beck 2018, S. 351-483, hier S. 450.

230 Die Niedergangsgeschichte der inländischen Textil- und Bekleidungsindustrie ist hervorragend geschildert von Lindner, *Den Faden verloren*.

231 »Vermerk: Strukturanpassungshilfen als indirekte handelspolitische Entwicklungshilfe«, 28. August 1963, PA AA B52-REF.400/IIIA1252.

232 Siehe hierzu Gertschen, *Klassenfeinde – Branchenpartner?*.

233 Roman Köster, *Seidensticker: Eine Unternehmensgeschichte 1919-2019*, Essen: Klartext 2019, S. 173-177.

234 Rainer Karlsch, »Wandel durch Handel. Die ›Ostverträge‹ von Adidas«, in: ders. et al. (Hg.), *Unternehmen Sport: Die Geschichte von adidas*, München: Siedler 2018, S. 223-235.

235 »Protokoll der Sitzung des Außenwirtschaftsbeirates beim Bundesminister für Wirtschaft am 20.3.1986 in Bonn«, BArch B102/340 278, S. 8. Zur Gesamtentwicklung siehe meinen Aufsatz Hesse, »The German Textile Puzzle«.

236 Kornelia Rennert, *Wettbewerber in einer reifen Branche: Die Unternehmensstrategien von Thyssen, Hoesch und Mannesmann 1955 bis 1975*, Essen: Klartext 2015, S. 293-333.

237 Die Zahlen hatten 1967 noch bei 27 Prozent (am Gesamtumsatz) und 45 Prozent (am Exportumsatz) gelegen. »Presseabteilung für Vorstand, Interview (mit Herrn Radzio) über Exportfinanzierung«, 5. Oktober 1974, HA Krupp, WA 160/180.

238 Rennert, *Wettbewerber in einer reifen Branche*, S. 327-333.

239 Barbara Eggenkämper, Gerd Modert und Stefan Pretzlik, *Die Allianz: Geschichte des Unternehmens 1890-2015*, München: C.H. Beck 2015, S. 294.

240 Süß und Woyke, »Schimanskis Jahrzehnt?«.

241 Wilfried Feldenkirchen, *Siemens: Von der Werkstatt zum Weltunternehmen*, München u.a.: Piper 1997, S. 332-335.

242 Sebastian Teupe, *Die Schaffung eines Marktes: Preispolitik, Wettbewerb und Fernsehgerätehandel in der BRD und den USA 1945-1985*, Berlin: De Gruyter Oldenbourg 2016, S. 76-85.

243 Hermann Simon, *Die heimlichen Gewinner: Die Erfolgsstrategien unbekannter Weltmarktführer*, 4. Aufl., Frankfurt/Main und New York: Campus 1997, S. 5 und 65-77.

244 Christian Kleinschmidt, »Sprungbrett für den US-Markt: Das Beispiel Sartorius und die Sonderwirtschaftszone Puerto Rico«, in: *Zeitschrift für Unternehmensgeschichte* 67/1 (2022), S. 1-20.

245 Ralf Ahrens und Harald Wixford (Hg.), *Strukturwandel und Internationalisierung im Bankwesen seit den 1950er Jahren*, Stuttgart: Steiner 2008.

246 »Presseabteilung für Vorstand, Interview (mit Herrn Radzio) über Exportfinanzierung«, 5. Oktober 1974, HA Krupp, WA 160/180.

247 Alexander Nützenadel, »Zwischen Staat und Markt«, in: Werner Plumpe, ders. und Catherine R. Schenk (Hg.), *Deutsche Bank: Die globale Hausbank 1870-2020*, München: Propyläen 2020, S. 428.

248 »Hausbesprechung, Schaffung neuer Anreize für deutsche Direktinvestitionen im Ausland«, 28. März 1969, BArch B102/129 936.

249 Wolfgang Müller-Haesler, »Milliarden unter fremder Flagge«, in: *Die Zeit* (23. Januar 1970), BArch B102/129 927. Den Zahlen liegt im Gegensatz zu den von mir im Buch verwendeten Werten (Tabelle 11, S. 295) der Bruttowert der FDI zugrunde, also ohne zurückgeführtes Auslandskapital.

250 Das ist die gängige Darstellung, z. B. bei Harm G. Schröter, »Außenwirtschaft im Boom. Direktinvestitionen bundesdeutscher Unternehmen im Ausland 1950-1975«, in: Hartmut Kaelble (Hg.), *Der Boom 1948-1973*, Opladen: Westdeutscher Verlag 1992, S. 82-106, hier S. 88. In den ministeriellen Unterlagen findet sich kein Hinweis auf das Buch.

251 »DIHT, Schneider u. Düren, an F. J. Strauss, BMF«, 21. November 1968, BArch B102/129 935.

252 »BDI, BDGA an BMWi und BMF, Steuerliche Massnahmen zur Förderung von Auslandsinvestitionen«, 12. Dezember 1968, BArch B102/129 935.

253 »Gesetz über steuerliche Maßnahmen bei Auslandsinvestitionen der deutschen Wirtschaft v. 18. 8. 1969«, in: *Bundesgesetzblatt* I (18. August 1969), S. 1214-1217.

254 Der Vorgang ist dokumentiert in verschiedenen Akten des BMWi: »Strauß will Direktinvestitionen im Ausland fördern, FAZ«, 3. April 1969, BArch B102/129 936; »Niederschrift über Abteilungsleiterbesprechung im BMWi, betr. FDI«, 14. April 1969, BArch B102/129 936, und »Abteilungsleiterbesprechung über die Vorschläge des BMF, 17. 4. 1969«, 18. April 1969, BArch B102/129 936.

255 »Überall Deutschland«, in: *Der Spiegel* (14. Dezember 1969); online verfügbar unter: {https://www.spiegel.de/politik/ueberall-deutschland-a-81a76253-0002-0001-0000-000045302877}.

256 Meinka, »*In Bonn ist Transparenz angesagt*«, S. 79-93.

257 Z. B. »Mühl, IA3, an Referat VI2, Steuerliche Subventionierung des Kapitalexports«, 30. September 1970, BArch B102/129 927.

258 »Klaus Dieter Petersson an Mitglieder AHB«, 22. November 1973, BArch B102/139 771.

259 »BDI: Memorandum zur Außenwirtschafts- und Währungslage«, 20. August 1973, BArch B102/226 587, S. 8.

260 »Langer, VC5, an VA1, Vermerk zum Thema ›Produktionsverlagerung‹«, 11. Februar 1974, BArch B102/139771.

261 »Kruse, Abt. VA1, an Referat S1, Redemanuskript für Friderichs, AHB-Sitzung«, und »Protokoll der Sitzung des Außenhandelsbeirats beim Bundesminister für Wirtschaft«, 15. Februar 1974, BArch B102/139772.

262 »Thesen zum Thema ›Deutsche Direktinvestitionen im Ausland‹ (Ad-hoc-Kommission des AWB)«, 6. Dezember 1974, BArch B102/139773.

263 »Mommsen, St.S. im BM Wirtschaft und Finanzen (F-Bereich) lädt ein zu einer Deutsch-Iranischen Regierungskommission«, 5. Dezember 1972, PA AA B 1-ZA/178590; »Friderichs, BMWi, an Scheel, Wirtschaftsverträge mit Iran«, 12. Juni 1973, PA AA B 1-ZA/178598, und »Schreiben Scheel an Mommsen«, 4. Oktober 1974, PA AA B 1-ZA/178598; siehe zu Mommsen auch Jan-Otmar Hesse, »Vom Röhren-Manager zum Verteidigungs-Staatssekretär und zurück: Der mehrfache Seitenwechsel von Ernst Wolf Mommsen«, in: *Zeitschrift für Unternehmensgeschichte* 68/2 (2023), im Erscheinen.

264 Ernst Wolf Mommsen, »Krupp, Beitz und ich«, in: *Die Welt* (19. Juni 1975), ThyssenKrupp Archiv, PA Mommsen ab 1971.

265 »Schreiben des Vorstandes von BBC an Genscher«, 19. Februar 1981, PA AA B 1-ZA/178849.

266 »Vermerk, Firmenanfragen an den BMWi«, 2. April 1975, BArch B102/248528.

267 Siehe hierzu insbesondere die wichtigen zeitgenössischen Publikationen Folker Fröbel, Jürgen Heinrichs und Otto Kreye, *Die neue internationale Arbeitsteilung: Strukturelle Arbeitslosigkeit in d. Industrieländern u. d. Industrialisierung d. Entwicklungsländer*, Reinbek bei Hamburg: Rowohlt 1977, und dies., *Umbruch in der Weltwirtschaft: die globale Strategie: Verbilligung der Arbeitskraft, Flexibilisierung der Arbeit, neue Technologien*, Reinbek bei Hamburg: Rowohlt 1986, sowie für den engeren Kontext der Textilindustrie Gertschen, *Klassenfeinde – Branchenpartner?*.

268 »Aktennotiz zur Stellungnahme des AWB«, 29. Juni 1978, BArch B102/348156.

269 »Antwort der Bundesregierung auf die kleine Anfrage … Maßnahmen und Hilfen Exportwirtschaft« (DRS 8/3847).

270 Einen schönen Überblick über die kritischen Debatten in den USA gibt Vernie Oliveiro, »The United States, Multinational Enterprises and the Politics of Globalization«, in: Niall Ferguson (Hg.), *The Shock of the Global: The 1970s in Perspective*, Cambridge/Mass.: Belknap Press 2010, S. 143-158, und für die Schweiz Sabine Pitteloud, »Unwanted Attention: Swiss Multinationals and the Creation of International Corporate Guidelines in the 1970s«, in: *Business and Politics* 22/4 (2020), S. 587-611. Die

wissenschaftliche Debatte wurde angestoßen durch die Texte von Raymond Vernon, »Economic Sovereignty at Bay«, in: *Foreign Affairs* 47/1 (1968), S. 110-122, und ders., *Sovereignty at Bay. The Multinational Spread of U. S. Enterprises*, 2. Aufl., New York u. a.: Basic Books 1971. Zur Diskussion in Deutschland siehe neben den Texten von Fröbel et al. auch den merkwürdigen Artikel von Helmut Arndt, »Jagdgründe für Elefanten. Gefährden die multinationalen Unternehmen den Wettbewerb und den freien Welthandel?«, in: *Die Zeit* (2. März 1973), BDI WV, 18,1/K 62. Eine neuere rechtswissenschaftliche Studie zu den OECD-Guidelines liefert Sander van 't Foort, »The History of National Contact Points and the OECD Guidelines for Multinational Enterprises«, in: *Rechtsgeschichte – Legal History* 25 (2017), S. 195-214.

271 Ralf Ahrens, Boris Gehlen und Alfred Reckendrees (Hg.), *Die »Deutschland AG«: Historische Annäherungen an den bundesdeutschen Kapitalismus*, Essen: Klartext 2013.

272 Quinn Slobodian, *Globalisten: Das Ende der Imperien und die Geburt des Neoliberalismus*, Berlin: Suhrkamp 2019.

6
SCHLUSS

1 Andreas Rödder, *Deutschland einig Vaterland: die Geschichte der Wiedervereinigung*, München: C.H. Beck 2009.

2 »Deutsche Waren überschwemmen Europa«, in: *Der Spiegel* (16. Juli 1989).

3 Christian Dustmann et al., »From Sick Man of Europe to Economic Superstar: Germany's Resurgent Economy«, in: *Journal of Economic Perspectives* 28 (2014), S. 167-188.

4 Leo von Caprivi, »Reichstagsrede zur Handelspolitik«, in: *Verhandelungen des Deutschen Reichstages* 118 (10. Dezember 1891), S. 3307.

5 Charles P. Kindleberger, »Germany's Persistent Balance-of-Payments Disequilibrium«, in: Robert E. Baldwin (Hg.), *Trade, Growth and the Balance of Payments. Essays in Honor of Gottfried Haberler*, Chicago und Amsterdam: North Holland Publishing 1965, S. 233.

6 Zu Brüderle siehe kurz Andreas Falke, »Einflussverlust: Der Export(vize)weltmeister im Welthandelssystem des 21. Jahrhunderts«, in: Thomas Jäger, Alexander Höse und Kai Oppermann (Hg.), *Deutsche Außenpolitik: Sicherheit, Wohlfahrt, Institutionen und Normen*, Wiesbaden: VS Verlag für Sozialwissenschaften 2011, S. 309. Zu Bangemanns »Strategiepapier« siehe oben Abschnitt 5.4.

7 Siehe hierzu die exzellente nicht publizierte Genfer Dissertationsschrift von Jamieson Myles, »Steering the Wheel of Commerce: State and Enterprise in International Trade Finance, 1914-1929«, Genf 2021, S. 200-273, sowie Werner Plumpe, Alexander Nützenadel und Catherine R. Schenk, *Deutsche Bank: Die globale Hausbank 1870-2020*, Berlin: Propyläen 2020.

8 Stormy-Annika Mildner, *Staatliches Handeln in der Exportkreditversicherung: die US-Amerikanische Export-Import Bank*, Frankfurt/Main und New York: Campus 2007.

9 Edna Schöne, »Wie viel Unsicherheit verträgt das Exportgeschäft?«, in: Siegfried Russwurm und Joachim Lang (Hg.), *Wie soll die Wirtschaft mit Autokratien umgehen?*, Wirtschaft ist Gesellschaft, Bd. 2, Freiburg, Basel und Wien: Herder 2022, S. 65-90.

10 Reinhard Neebe, *Weichenstellung für die Globalisierung: deutsche Weltmarktpolitik, Europa und Amerika in der Ära Ludwig Erhard*, Köln: Böhlau 2004, S. 387.

11 Der damals bei Daimler-Benz tätige Volkswirt und Technikphilosoph Eckard P. Minx forderte schon Anfang der 1980er Jahre eine Abkehr vom »negativen Liberalismus«, der Handelsbeschränkungen abbauen wollte, zu einem aktiv intervenierenden »positiven Liberalismus«; Eckard P. W. Minx, »Wie kann die Krise des Liberalisierungshandels bewältigt werden?«, in: *Wirtschaftsdienst* IV (1981), S. 194-200; ders., *Von der Liberalisierungs- zur Wettbewerbspolitik*, Berlin u. a.: De Gruyter 1980.

12 »142. Sitzung des Wissenschaftlichen Beirats beim Bundesministerium für Wirtschaft«, 15. Mai 1971, BArch B102/136 829.

13 Wegen seiner Nähe zu den Monetaristen um Milton Friedman wird er heute üblicherweise in das Lager des Neoliberalismus einsortiert, während er damals zu den Keynesianern zählte; Dieter Plehwe und Quinn Slobodian, »Landscapes of Unrest: Herbert Giersch and the Origins of Neoliberal Economic Geography«, in: *Modern Intellectual History* 16/1 (2019), S. 185-215.

14 Martin Bemmann, *Weltwirtschaftsstatistik. Internationale Wirtschaftsstatistik und die Geschichte der Globalisierung, 1850-1950*, Berlin u. a.: De Gruyter 2023; Hannah Appel, »Toward an Ethnography of the National Economy«, in: *Cultural Anthropology* 32/2 (12. Mai 2017), S. 294-322.

15 United Nations Conference on Trade and Development, »Global Value Chains and Development: Investment and Value Added Trade in the Global Economy«, 2013; online verfügbar unter: {https://unctad.org/system/files/official-document/diae2013d1_en.pdf}.

16 Jessica Gienow-Hecht, »Interested in a Serious Relationship? Die Marke Deutschland im internationalen Kontext«, in: *Geschichte und Gesellschaft* 45/4 (2019), S. 580-596.

17 Sven Beckert, *King Cotton. Eine Globalgeschichte des Kapitalismus*, München: C.H. Beck 2014.

18 Siehe beispielsweise die wunderbare Geschichte der globalen Uhrenindustrie von Pierre-Yves Donzé, *The Business of Time: A Global History of the Watch Industry*, Manchester: Manchester University Press 2022.

19 André Steiner, *Von Plan zu Plan: eine Wirtschaftsgeschichte der DDR*, München: DVA 2004.

20 Rödder, *Deutschland einig Vaterland*, S. 302-307; Ilko-Sascha Kowalczuk, *Die Übernahme. Wie Ostdeutschland Teil der Bundesrepublik wurde*, München: C.H. Beck 2019, S. 113-123. In der jüngsten Geschichte der Treuhand sind diese Aspekte leider wenig berücksichtigt: Dierk Hoffmann (Hg.), *Die umkämpfte Einheit: die Treuhandanstalt und die deutsche Gesellschaft*, Berlin: Ch. Links Verlag 2022.

21 Dustmann et al., »From Sick Man of Europe to Economic Superstar«. Die Autoren messen im Gegensatz dazu der Einführung des Euro (1999) und den Hartz-Reformen (2003) geringere Bedeutung bei.

22 Roland Czada, »Vereinigungskrise und Standortdebatte: Der Beitrag der Wiedervereinigung zur Krise des westdeutschen Modells«, in: *Leviathan* 26/1 (1998), S. 24-59; siehe auch Wencke Metteling, »Nationale Standortsemantiken seit den 1970er-Jahren«, in: dies. und Ariane Leendertz (Hg.), *Die neue Wirklichkeit: semantische Neuvermessungen und Politik seit den 1970er-Jahren*, Frankfurt/Main und New York: Campus 2016, S. 207-242.

23 Hartmut Berghoff, »Die 1990er Jahre als Epochenschwelle? Der Umbau der Deutschland AG zwischen Traditionsbruch und Kontinuitätswahrung«, in: *Historische Zeitschrift* 308/2 (2019), S. 364-400.

24 Falke, »Einflussverlust«, S. 310f.

25 Jan Eckel, »Politik der Globalisierung«, in: *Vierteljahrshefte für Zeitgeschichte* 68 (2020), S. 451-480.

26 Hans-Werner Sinn, *Die Basar-Ökonomie: Deutschland: Exportweltmeister oder Schlusslicht?*, Bonn: Bundeszentrale für Politische Bildung 2005.

27 Bernhard Herz und Marco Wagner, »Exportweltmeister Deutschland – ein Sommermärchen?«, in: *Perspektiven der Wirtschaftspolitik* 9/4 (2008), S. 446-464; eine von der Diskussion um die Basar-Ökonomie motivierte sozialwissenschaftliche Studie dieser Jahre ist die schöne Dissertationsschrift von Stefan Beck, *Vom fordistischen zum kompetitiven Merkantilismus: Die Exportorientierung der Bundesrepublik Deutschland zwischen Wirtschaftswunder und europäischer Krise*, Marburg: Metropolis-Verlag 2014.

28 International Monetary Fund (Hg.), »IMF Survey: German Economy Fares Well But Reform Agenda Still«, 2012; online verfügbar unter: {https://

www.imf.org/en/News/Articles/2015/09/28/04/53/socar070312a}; siehe auch ders. (Hg.), »Public Information Notice: IMF Executive Board Concludes 2007 Article IV Consultation with Germany«, 2008; online verfügbar unter: {https://www.imf.org/en/News/Articles/2015/09/28/04/53/pn0826}; European Commission Economic and Financial Affairs (Hg.), »Competitiveness and Current Account Divergences in the Euro Area«, 2010; online verfügbar unter: {https://ec.europa.eu/economy_finance/publications/qr_euro_area/2010/pdf/qrea1_section_1_en.pdf}.

29 Simon Tilford, »A Trade Surplus Is Not Always a Sign of Strength«, in: *Financial Times* (3. März 2009); Ben Hall, »Lagarde Criticises Berlin Policy«, in: *Financial Times* (14. März 2010); James Angelos, »How Germany Gamed the Euro and Worsened the Crisis«, in: *The Atlantic* (8. Februar 2012); Martin Wolf, »Germany's Strange Parallel Universe«, in: *Financial Times* (24. September 2013); Floyd Norris, »Germany vs. the Rest of Europe«, in: *The New York Times* (16. Februar 2012).

30 Andreas Nölke, *Exportismus: Die deutsche Droge: Eine Entzugsstrategie für gesundes Wachstum*, München: ABOD 2021, S. 39-42; Lucio Baccaro und Martin Höpner, »The Political-Economic Foundations of Export-Led Growth: An Analysis of the German Case«, in: Lucio Baccaro, Mark Blyth und Jonas Pontusson (Hg.), *Diminishing Returns: The New Politics of Growth and Stagnation*, Oxford: Oxford University Press 2022, S. 238-267.

31 Sahra Wagenknecht, »Kritik des Exportnationalismus«, in: Horst Gischer (Hg.), *Bewegungsgesetze des Kapitalismus. Festschrift für Fritz Helmendag*, Marburg: Metropolis-Verlag 2018, S. 165-172; Matthew C. Klein und Michael Pettis, *Trade Wars Are Class Wars: How Rising Inequality Distorts the Global Economy and Threatens International Peace*, New Haven und London: Yale University Press 2020, S. 146-161.

32 Beck, *Vom fordistischen zum kompetitiven Merkantilismus*.

33 Die Diskussion über die Abhängigkeit der deutschen Wirtschaft von China wird derzeit lebhaft geführt. Siehe hierzu den klassischen älteren Beitrag von Wolfgang Dauth, Sebastian Findeisen und Jens Südekum, »The Rise of the East and the Far East. German Labour Markets and the Trade Integration«, in: *Journal of the European Economic Association* 12 (2014), S. 1643-1675, die noch feststellten, dass die Verflechtung mit Osteuropa wesentlich stärker war. Neuere Beiträge sind: Andreas Baur und Lisandra Flach, »German-Chinese Trade Relations: How Dependent is the German Economy on China?«, in: *Econpol Policy Report* 6/38 (2022), S. 1-25; Adam Tooze, »Chartbook #168: Germany's Economic Entanglement with China«, 2022; online verfügbar unter: {https://adamtooze.substack.com/p/chartbook-168-germanys-economic-entanglement}.

Zu den allgemeinen Strukturveränderungen in der Weltwirtschaft nach 2000 siehe Marc Levinson, *Outside the Box: How Globalization Changed from Moving Stuff to Spreading Ideas*, Princeton und Oxford: Princeton University Press 2020; Richard Baldwin, *The Great Convergence: Information Technology and the New Globalization*, Cambridge/Mass.: Belknap Press 2016.

34 Dani Rodrik, *Das Globalisierungs-Paradox: die Demokratie und die Zukunft der Weltwirtschaft*, München: C.H. Beck 2011.

Dank

Dieses Buch konnte nur geschrieben werden, weil ich das Vertrauen, das Wohlwollen und die Unterstützung vieler Menschen hatte. Mein größter Dank gilt zunächst der Volkswagenstiftung, die das Buch mit einem Opus-Magnum-Stipendium ermöglicht hat. In einer Wissenschaftslandschaft, die sich in der Forschung ganz den Details von Zeitschriftenaufsätzen verschreibt und die institutionell der Verwaltung von Forschung zunehmend größeren Raum zugesteht als der Forschung selbst, sind übergreifende Interpretationen, wie sie hier versucht wurden, ohne zusätzliche Förderung nicht mehr denkbar. Die besondere Konzeption des Förderformats drängte mich dazu, aus einer sicher 10-jährigen spezialistischen Beschäftigung mit der Weltwirtschaft ein Buch für eine größere Leserschaft zu entwickeln.

Viel verdankt das Buch den Studierenden im Bayreuther Masterstudiengang »History & Economics«. Ohne die Perspektiven und Berichte der Studierenden aus allen Regionen der Welt wäre auch meine Sichtweise eine engere geblieben. Beim Aufbau dieses Studienprogamms war die Bayreuther Volkswirtschaftslehre, Hartmut Egger, Bernhard Herz und Mario Larch, in denkbar offener Art und Weise beteiligt. Ihr Forschungsschwerpunkt, die internationale Wirtschaft, und die vielen Gespräche hierüber kamen der Ausformulierung meiner Überlegungen sehr entgegen. Aus dem engeren Kern der Wirtschaftsgeschichte danke ich Erik Hornung für die Pionierarbeit in Bayreuth und Sebastian T. Braun für die kollegiale und konstruktive Zusammenarbeit im Projekt einer methodisch und inhaltlich interdisziplinären wirtschaftshistorischen Forschung.

Sebastian Teupe und Sebastian Knake sind seit Jahren meine treuen und produktiven akademischen Weggefährten, auch mit ihren Beiträgen zu diesem Buch. Das Manuskript haben darüber hinaus viele Kolleginnen und Kollegen und Freunde ganz oder in

Auszügen gelesen und mit nützlichen Kommentaren für wichtige Verbesserungen gesorgt: Werner Plumpe, Christian Kleinschmidt, Laura Rischbieter, Tim Schanetzky, Tobias Straumann, Alfred Reckendrees, Jonas Scherner und Markus Stauff.

Als studentische Hilfskräfte wirkten in unterschiedlichen Phasen der Vorbereitung an der Entstehung des Buches mit: Daniel Wache, Fabian Gruben, Johannes Moser und zum Schluss (mit unermüdlicher Energie bei der Bearbeitung der Grafiken und Tabellen) Myles Lukert. Christian Heilbronn vom Suhrkamp Verlag hat das Buch als umsichtiger und begeisterter Lektor begleitet.

Zu guter Letzt gehört es zu den akademischen Gepflogenheiten, der Familie dafür zu danken, dass sie den schreibenden Wissenschaftler ertragen und auf seine geistige oder tatsächliche Anwesenheit viel zu häufig verzichtet hat. Meine Frau Dagmar und insbesondere meine Tochter Sarah Johanna hatten die größten Opfer für dieses Buch zu bringen. Das ist eine Hypothek, die ich wohl nie vollständig werde tilgen können.

Liste der verwendeten Abkürzungen

AEG	Allgemeine Elektricitäts-Gesellschaft
AHB	Außenhandelsbeirat beim Bundesministerium für Wirtschaft (ab 1974 Außenwirtschaftsbeirat)
AIG	Auslandsinvestitionsgesetz
AKA	Ausfuhrkredit-Aktiengesellschaft
AVI	Arbeitsgemeinschaft der Eisen und Metall verarbeitenden Industrie
AWB	Außenwirtschaftsbeirat beim Bundesministerium für Wirtschaft (bis 1974 Außenhandelsbeirat)
BArch	Bundesarchiv
BdI	Bund der Industriellen
BDI	Bundesverband der Deutschen Industrie
BIP	Bruttoinlandsprodukt
BMWi	Bundesministerium für Wirtschaft
BSP	Bruttosozialprodukt
CVDI	Centralverband Deutscher Industrieller
Demag	Deutsche Maschinenbau-Aktiengesellschaft
DIHT	Deutscher Industrie- und Handelstag
DNVP	Deutschnationale Volkspartei
EFTA	European Free Trade Association, Europäische Freihandelsassoziation
EG	Europäische Gemeinschaft
EGKS	Europäische Gemeinschaft für Kohle und Stahl
EWG	Europäische Wirtschaftsgemeinschaft
EZU	Europäische Zahlungsunion
FDI	*foreign direct investments*, ausländische Direktinvestitionen
GATT	General Agreement on Tariffs and Trade, Allgemeines Zoll- und Handelsabkommen
GHH	Gutehoffnungshütte
IG Farben	Interessengemeinschaft Farbenindustrie
IMF	International Monetary Fund, Internationaler Währungsfonds
IRG	Internationale Rohstahlgemeinschaft
MAN	Maschinenfabrik Augsburg-Nürnberg
MICO	Motor Industries Company
NATO	North Atlantic Treaty Organization
NTB	*non-tariff barriers*, nichttarifäre Handelshindernisse
OECD	Organisation for Economic Co-operation and Development,

	Organisation für wirtschaftliche Zusammenarbeit und Entwicklung
OEEC	Organisation of European Economic Cooperation, Organisation für europäische wirtschaftliche Zusammenarbeit
OPEC	Organization of the Petroleum Exporting Countries, Organisation erdölexportierender Länder
PA AA	Politisches Archiv des Auswärtigen Amtes
RGW	Rat für gegenseitige Wirtschaftshilfe
SITC	Standard International Trade Classification, Internationales Warenverzeichnis für den Außenhandel

Verzeichnis der Grafiken und Tabellen

Literatur- und Quellenverzeichnis

1.1 ARCHIVBESTÄNDE

Archiv des Bundesverbandes der Industrie (BDI), Berlin
Bundesarchiv Berlin-Lichterfelde: Auswärtiges Amt (R 901)
Bundesarchiv Koblenz: Bundeswirtschaftsministerium (B102), Bundeskanzleramt (B136)
GATT-online-Archive: {https://docs.wto.org/gattdocs}
Hessisches Wirtschaftsarchiv in Darmstadt
Politisches Archiv des Auswärtigen Amtes, Berlin
Thyssen-Krupp-Archiv, Villa Hügel in Essen

1.2 QUELLENSAMMLUNGEN, PERIODIKA, DATENBANKEN

Akten zur deutschen Auswärtigen Politik
Akten der Reichskanzlei
UN Comtrade, International Trade Statistics Database: {https://comtrade.un.org/}
Destatis (Statistisches Bundesamt, Wiesbaden): {https://www.destatis.de/}
Foreign Relations of the United States (FRUS)
Monatsberichte der Deutschen Bundesbank
Stenographische Berichte des deutschen Bundestages bzw. Reichstags (online)
Statistische Jahrbücher der Bundesrepublik Deutschland

1.3 LITERATUR

Abelshauser, Werner, »Umbruch und Persistenz: Das deutsche Produktionsregime in historischer Perspektive«, in: *Geschichte und Gesellschaft* 27/4 (2001), S. 503-523.

–, »Die BASF seit der Neugründung von 1952«, in: ders. (Hg.), *Die BASF: Eine Unternehmensgeschichte*, München: C.H. Beck 2002, S. 359-641.

–, *Deutsche Wirtschaftsgeschichte seit 1945*, München: C.H. Beck 2004.

–, »Deutsche Wirtschaftspolitik zwischen europäischer Integration und Weltmarktorientierung«, in: ders. (Hg.), *Das Bundeswirtschaftsministerium in der Ära der Sozialen Marktwirtschaft: Der deutsche Weg der Wirtschaftspolitik*, Boston und Berlin: De Gruyter 2016, S. 482-581.

Aggarwal, Vinod K., *Liberal Protectionism: The International Politics of Organized Textile Trade*, Berkeley: University of California Press 1985.

Ahamed, Liaquat, *Die Herren des Geldes: Wie vier Bankiers die Weltwirtschaftskrise auslösten und die Welt in den Bankrott trieben*, München: FinanzBuch Verlag 2010.

Ahrens, Ralf, *Gegenseitige Wirtschaftshilfe? Die DDR im RGW – Strukturen und handelspolitische Strategien 1963-1976*, Köln: Böhlau 2000.

–, *Jürgen Ponto: Bankier und Bürger. Eine Biografie*, München: C.H. Beck 2013.

–, *Strukturpolitik und Subventionen: Debatten und industriepolitische Entscheidungen in der Bonner Republik*, Göttingen: Wallstein 2022.

Ahrens, Ralf, Boris Gehlen und Alfred Reckendrees (Hg.), *Die »Deutschland AG«: Historische Annäherungen an den bundesdeutschen Kapitalismus*, Essen: Klartext 2013.

Ahrens, Ralf und Harald Wixford (Hg.), *Strukturwandel und Internationalisierung im Bankwesen seit den 1950er Jahren*, Stuttgart: Steiner 2008.

AKA Ausfuhrkredit-Gesellschaft m.b.H., *50 Jahre AKA. Von einer Liquiditäts- und Risikogemeinschaft zum modernen Anbieter von Finanzierungen und Dienstleistungen*, Frankfurt/Main 2002.

Albers, Martin, *Britain, France, West Germany and the People's Republic of China, 1969-1982: The European Dimension of China's Great Transition*, London: Palgrave Macmillan 2016.

Aldcroft, Derek Howard, »The Fatal Inversion: The African Growth Disaster«, in: Michael J. Oliver und ders. (Hg.), *Economic Disasters of the Twentieth Century*, Cheltenham und Northampton: Edward Elgar 2007.

Altamura, Edoardo, *European Banks and the Rise of International Finance after Bretton Woods (1973-1982)*, Uppsala: Uppsala University 2015.

Ambrosius, Gerold, *Wirtschaftsraum Europa: vom Ende der Nationalökonomien*, Frankfurt/Main: Fischer 1998.

Angelos, James, »How Germany Gamed the Euro and Worsened the Crisis«, in: *The Atlantic* (8. Februar 2012).

Asai, Yoshio, »The IMF and Japan. Liberalization of Foreign Exchange and Pursuit of High Growth«, in: ders., Kazuhiko Yago und Masanao Itoh (Hg.), *History of the IMF: Organization, Policy and Market*, Tokio: Springer 2015, S. 249-273.

Aschenbrenner, Rudolf, *Exporthandel und direkter Industrie-Export in der Nachkriegszeit*, Berlin: Carl Heymann 1929.

Atack, Jeremy und Peter Passell, *A New Economic View of American History from Colonial Times to 1940*, 2. Aufl., New York: W.W. Norton 1994.

Austen, Ralph A., *African Economic History: Internal Development and External Dependency*, London: Currey u.a. 1987.

Baccaro, Lucio und Martin Höpner, »The Political-Economic Foundations of

Export-Led Growth: An Analysis of the German Case«, in: Lucio Baccaro, Mark Blyth und Jonas Pontusson (Hg.), *Diminishing Returns: The New Politics of Growth and Stagnation*, Oxford: Oxford University Press 2022, S. 238-267.

Bahr, Egon, »Wandel durch Annäherung. Rede in der Evangelischen Akademie Tutzingen (1963)«, in: *Deutschlandarchiv* 8 (1973), S. 862 f.

Bähr, Johannes, »GHH und M. A. N. in der Weimarer Republik, im Nationalsozialismus und in der Nachkriegszeit (1920-1960)«, in: ders., Ralf Banken und Thomas Flemming (Hg.), *Die MAN: Eine deutsche Industriegeschichte*, 2. Aufl., München: C.H. Beck 2008, S. 231-371.

–, *Thyssen in der Adenauerzeit: Konzernbildung und Familienkapitalismus*, Paderborn: Schöningh 2015.

–, *Werner von Siemens 1816-1892: Eine Biografie*, München: C.H. Beck 2016.

Bähr, Johannes, Ralf Banken und Thomas Flemming (Hg.), *Die MAN: Eine deutsche Industriegeschichte*, 2. Aufl., München: C.H. Beck 2008.

Bähr, Johannes und Paul Erker, *Bosch: Geschichte eines Weltunternehmens*, München: C.H. Beck 2013.

Bähr, Johannes und Christopher Kopper, *Industrie, Politik, Gesellschaft: Der BDI und seine Vorgänger, 1919-1990*, Göttingen: Wallstein 2019.

Bair, Jennifer (Hg.), *Frontiers of Commodity Chain Research*, Stanford: Stanford University Press 2009.

Bairoch, Paul, »Free Trade and European Economic Development in the 19th Century«, in: *European Economic Review* 3/3 (1972), S. 211-245.

Baldwin, Richard, *The Great Convergence: Information Technology and the New Globalization*, Cambridge/Mass.: Belknap Press 2016.

Ballor, Grace, »Liberalisation or Protectionism for the Single Market? European Automakers and Japanese Competition, 1985-1999«, in: *Business History* 65 (2023), S. 302-325.

Ballor, Grace A. und Aydin B. Yildirim, »Multinational Corporations and the Politics of International Trade in Multidisciplinary Perspective«, in: *Business and Politics* 22/4 (Dezember 2020), S. 573-586.

Bangemann, Martin, *Marktwirtschaftliche Wirtschaftspolitik im Jahre 1986*, Bonn 1986.

Banken, Ralf, »Die deutsche Goldreserven- und Devisenpolitik 1933-1939«, in: *Jahrbuch für Wirtschaftsgeschichte* 44/1 (2003), S. 49-78.

–, »Die wirtschaftspolitische Achillesferse des ›Dritten Reiches‹: Das Reichswirtschaftsministerium und die NS Außenwirtschaftspolitik 1933-1939«, in: Albrecht Ritschl (Hg.), *Das Reichswirtschaftsministerium in der NS-Zeit*, Berlin und Boston: De Gruyter Oldenbourg 2016, S. 110-230.

Bariéty, Dirk, »Das Zustandekommen der Internationalen Rohstahlgemeinschaft (1926) als Alternative zum mißlungenen ›Schwerindustriellen Pro-

jekt‹ des Versailler Vertrages«, in: Hans Mommsen und Jacques Petzina (Hg.), *Industrielles System und politische Entwicklung in der Weimarer Republik*, Bd. 2, Kronberg im Taunus: Athenäum u. a. 1977, S. 552-568.
Barjot, Dominique, »Les cartels, une voie vers l'intégration européenne ?: Le rôle de Louis Loucheur (1872-1931)«, in: *Revue économique* 64/6 (2013), S. 1043-1066.
Barth, Boris, »Banken und Kapitalexport vor 1914. Anmerkungen zum Forschungsstand der politischen Ökonomie des Kaiserreichs«, in: Manfred Köhler und Keith Ulrich (Hg.), *Banken, Konjunktur und Politik: Beiträge zur Geschichte deutscher Banken im 19. und 20. Jahrhundert*, Essen: Klartext 1995, S. 44-54.
Barth, Jonathan, »Reconstructing Mercantilism: Consensus and Conflict in British Imperial Economy in the Seventeenth and Eighteenth Centuries«, in: *The William and Mary Quarterly* 73/2 (2016), S. 257-290.
Baur, Andreas und Lisandra Flach, »German-Chinese Trade Relations: How Dependent is the German Economy on China?«, in: *Econpol Policy Report* 6/38 (2022), S. 1-25.
Beck, Stefan, *Vom fordistischen zum kompetitiven Merkantilismus: die Exportorientierung der Bundesrepublik Deutschland zwischen Wirtschaftswunder und europäischer Krise*, Marburg: Metropolis-Verlag 2014.
Beckert, Sven, *King Cotton. Eine Globalgeschichte des Kapitalismus*, München: C.H. Beck 2014.
Beenstock, Michael, »The Rise, Fall and Rise Again of OPEC«, in: Michael J. Oliver und Derek Howard Aldcroft (Hg.), *Economic Disasters of the Twentieth Century*, Cheltenham und Northampton: Edward Elgar 2007, S. 133-162.
Bellers, Jürgen und Markus Porsche-Ludwig, *Aussenwirtschaftspolitik der Bundesrepublik Deutschland 1950-2011: Ein Handbuch zu Vergangenheit und Gegenwart*, Münster: Lit 2011.
Bemmann, Martin, *Weltwirtschaftsstatistik. Internationale Wirtschaftsstatistik und die Geschichte der Globalisierung, 1850-1950*, Berlin: De Gruyter 2020.
Bender, Peter, *Neue Ostpolitik. Vom Mauerbau bis zum Moskauer Vertrag*, München: dtv 1986.
Berger, Helge und Albrecht Ritschl, »Die Rekonstruktion der Arbeitsteilung in Europa. Eine neue Sicht des Marshallplans in Deutschland 1947-1951«, in: *Vierteljahrshefte für Zeitgeschichte* 43/3 (1995), S. 473-519.
Berghahn, Volker R., *Unternehmer und Politik in der Bundesrepublik*, Frankfurt/Main: Suhrkamp 1985.
Berghoff, Hartmut, *Moderne Unternehmensgeschichte: eine themen- und theorieorientierte Einführung*, 2., aktualisierte Aufl., Berlin: De Gruyter Oldenbourg 2016.

–, »Die 1990er Jahre als Epochenschwelle? Der Umbau der Deutschland AG zwischen Traditionsbruch und Kontinuitätswahrung«, in: *Historische Zeitschrift* 308/2 (2019), S. 364-400.

–, »Von der Exportförderung zur Straftat. Die Kriminalisierung der Auslandskorruption in der Bundesrepublik Deutschland seit 1990«, in: *Zeithistorische Forschungen – Studies in Contemporary History* 17/1 (3. Juli 2020), S. 91-115.

Berghoff, Hartmut, Christian Kleinschmidt, Stephan H. Lindner und Luitgard Marschall, *Sartorius 1870-2020*, München: Piper 2021.

Bergsten, C. Fred und Russell A. Green, *International Monetary Cooperation. Lessons from the Plaza Accord after Thirty Years*, Washington, D.C.: Peterson Institute for International Economics 2016.

Billig, Michael, *Banal Nationalism*, London und Thousand Oaks: Sage 1995.

Bini, Elisabetta, Giuliano Garavini und Federico Romero (Hg.), *Oil Shock: The 1973 Crisis and its Economic Legacy*, London: I.B. Tauris 2016.

Biss, Annika, *Die Internationalisierung der Bayerischen Motoren Werke AG: Vom reinen Exportgeschäft zur Gründung eigener Tochtergesellschaften im Ausland 1945-1981*, Berlin und Boston: De Gruyter 2017.

Blaich, Fritz, »Protektionismus und unternehmerische Wirtschaft«, in: *Zeitschrift für Unternehmensgeschichte*, Supplement 37 (1985), S. 8-55.

Bleidick, Dietmar, *Die Ruhrgas 1926 bis 2013: Aufstieg und Ende eines Marktführers*, Berlin: De Gruyter Oldenbourg 2018.

Boelcke, Willi A., *Deutschland als Welthandelsmacht: 1930-1945*, Stuttgart: W. Kohlhammer 1994.

Böhm, Ekkehard, *Überseehandel und Flottenbau: Hanseatische Kaufmannschaft und deutsche Seerüstung 1879-1902*, Düsseldorf: Bertelsmann 1972.

Bökenkamp, Gérard, Dietmar Doering, Jürgen Frölich, Ewald Grothe und Friedrich-Naumann-Stiftung für die Freiheit, *30 Jahre »Lambsdorff-Papier«. Texte und Dokumente zum »Konzept für eine Politik zur Überwindung der Wachstumsschwäche und zur Bekämpfung der Arbeitslosigkeit« (9. September 1982)*, Berlin 2012.

Boltho, Andrea, »Convergence, Competitiveness and the Exchange Rate«, in: Nicholas F.R. Crafts und Gianni Toniolo (Hg.), *Economic Growth in Europe since 1945*, Cambridge und New York: Cambridge UP 1996, S. 107-130.

Borchardt, Knut, »Zwangslagen und Handlungsspielräume in der großen Weltwirtschaftskrise der frühen dreißiger Jahre. Zur Revision eines überlieferten Geschichtsbildes (1979)«, in: *Wachstum, Krisen, Handlungsspielräume der Wirtschaftspolitik: Studien zur Wirtschaftsgeschichte des 19. und 20. Jahrhunderts*, Göttingen: Vandenhoeck & Ruprecht 1982, S. 165-182.

–, »Protektionismus im historischen Rückblick«, in: Armin Gutowski (Hg.), *Der neue Protektionismus*, Hamburg: Verlag Weltarchiv 1984, S. 17-47.

Bordo, Michael D., »An Historical Perspective on the Quest for Financial Stability and the Monetary Policy Regime«, in: *The Journal of Economic History* 78/2 (Juni 2018), S. 319-357.

Bordo, Michael D., und Barry J. Eichengreen (Hg.), *A Retrospective on the Bretton Woods System: Lessons for International Monetary Reform*, Chicago: University of Chicago Press 1993.

Bordo, Michael D., Eric Monnet und Alain Naef, »The Gold Pool (1961-1968) and the Fall of the Bretton Woods System: Lessons for Central Bank Cooperation«, in: *The Journal of Economic History* 79/4 (Dezember 2019), S. 1027-1059.

Born, Karl Erich, *Wirtschafts- und Sozialgeschichte des Deutschen Kaiserreiches (1867/71-1914)*, Stuttgart: Kohlhammer 1985.

Borries, Bodo von, *Deutschlands Außenhandel 1836 bis 1856: Eine statistische Untersuchung zur Frühindustrialisierung*, Stuttgart: Fischer 1970.

Borsdorf, Götz Hanjo, *Die Internationalisierung deutscher Unternehmen nach dem Zweiten Weltkrieg bis 1973*, Herzogenrath: Shaker Verlag 2007.

Boughton, James M., *Silent revolution: the International Monetary Fund, 1979-1989*, Washington, D.C.: International Monetary Fund 2001.

Bown, Chad und Douglas A. Irwin., »The GATT's Starting Point: Tarif Levels Circa 1947«, NBER Working Paper Nr. 21782 (2015).

Boyce, Robert, *The Great Interwar Crisis and the Collapse of Globalization*, Houndsmills: Palgrave Macmillan 2009.

Bromhead, Alan de, Alan Fernihough, Markus Lampe und Kevin Hjortshøj O'Rourke, »When Britain Turned Inward: The Impact of Interwar British Protection«, in: *American Economic Review* 109/2 (Februar 2019), S. 325-352.

Buchheim, Christoph, »Das Londoner Schuldenabkommen«, in: Ludolf Herbst (Hg.), *Westdeutschland 1945-1955. Unterwerfung, Kontrolle, Integration*, München: Oldenbourg 1986, S. 219-229.

–, *Die Wiedereingliederung Westdeutschlands in die Weltwirtschaft 1945-1958*, München: Oldenbourg 1990.

Buckley, Peter und Mark Casson (Hg.), *Multinational Enterprises in the World Economy: Essays in Honour of John Dunning*, Aldershot: Edward Elgar 1992.

Budrass, Lutz, Jonas Scherner und Jochen Streb, »Fixed-price Contracts, Learning, and Outsourcing: Explaining the Continuous Growth of Output and Labour Productivity in the German Aircraft Industry during the Second World War«, in: *The Economic History Review* 63/1 (2010), S. 107-136.

Buggeln, Marc, »Währungspläne für den europäischen Großraum: Die Diskussion der nationalsozialistischen Wirtschaftsexperten über ein zukünftiges europäisches Zahlungssystem«, in: Christoph Dieckmann (Hg.), *Europäische Integration: deutsche Hegemonialpolitik gegenüber Westeuropa 1920-1960*, Göttingen: Wallstein 2002, S. 52-87.

Bührer, Werner, »Der BDI und die Außenpolitik der Bundesrepublik in den fünfziger Jahren«, in: *Vierteljahrshefte für Zeitgeschichte* 40 (1992), S. 241-261.
–, *Westdeutschland in der OEEC: Eingliederung, Krise, Bewährung 1947-1961*, München: Oldenbourg 1997.
Burhop, Carsten, »Deutschland im Weltwährungssystem von Bretton Woods«, in: *Geschichte und Gesellschaft* 39/2 (2013), S. 197-239.
Burhop, Carsten und Andreas Jüngling, »Vom Wirtschaftswunder zum Global Player (1948-2018)«, in: Jochen Scholtyseck et al. (Hg.), *Merck. Von der Apotheke zum Weltkonzern*, München: C.H. Beck 2018, S. 351-483.
Büschel, Hubertus, *Hilfe zur Selbsthilfe: deutsche Entwicklungsarbeit in Afrika 1960-1975*, Frankfurt/Main und New York: Campus 2014.
Busch, Andreas und Roman Goldbach, »Die Stellung Deutschlands in der Weltwirtschaft«, in: Thomas Jäger, Alexander Höse und Kai Oppermann (Hg.), *Deutsche Außenpolitik*, Wiesbaden: VS Verlag für Sozialwissenschaften 2011, S. 275-295.
Cain, Peter J. und Antony G. Hopkins, *British Imperialism: 1688-2015*, 3. Aufl., New York: Routledge 2015.
Canis, Konrad, *Von Bismarck zur Weltpolitik: Deutsche Außenpolitik 1890 bis 1902*, Berlin: Akademie Verlag 1997.
Caprivi, Leo von, »Reichstagsrede zur Handelspolitik«, in: *Verhandelungen des Deutschen Reichstages* 118 (10. Dezember 1891), S. 3301-3309.
Chandler, Alfred D. und Bruce Mazlish (Hg.), *Leviathans: Multinational Corporations and the New Global History*, Cambridge: Cambridge University Press 2005.
Chwieroth, Jeffrey M., *Capital Ideas: The IMF and the Rise of Financial Liberalization*, Princeton: Princeton University Press 2009.
Clavin, Patricia, *Securing the World Economy. The Reinvention of the League of Nations 1920-1946*, Oxford und New York: Oxford University Press 2015.
–, »The Ben Pimlott Memorial Lecture 2019 – Britain and the Making of Global Order after 1919«, in: *Twentieth Century British History* 31/3 (1. September 2020), S. 340-359.
Conze, Eckart, *Das Auswärtige Amt vom Kaiserreich bis zur Gegenwart*, München: C.H. Beck 2013.
Coppolaro, Lucia, *The Making of a World Trading Power*, Farnham u.a.: Ashgate 2013.
Coudert, Virginie, »On the Impact of Volatility on the Real Exchange Rate – Terms of Trade Nexus: Revisiting Commodity Currencies«, o.J.
Curtius, Julius, »Deutschland auf der Weltwirtschaftskonferenz. Bevorstehender Abbau der Industriezölle«, in: *Industrie- und Handelszeitung* 144 (23. Juni 1927).

–, *Sechs Jahre Minister der Deutschen Republik*, Heidelberg: Winter 1948.

Czada, Roland, »Vereinigungskrise und Standortdebatte: Der Beitrag der Wiedervereinigung zur Krise des westdeutschen Modells«, in: *Leviathan* 26/1 (1998), S. 24-59.

Daniels, Mario, »›Wirtschaftlicher Landesverrat‹ im ›Wirtschaftskampf gegen Deutschland‹. Die deutsche Chemieindustrie und die Bekämpfung ausländischer Industriespionage in den 1920er Jahren«, in: *Historische Zeitschrift* 299 (2014), S. 352-383.

Daunton, Martin J., *Wealth and Welfare: An Economic and Social History of Britain: 1851-1951*, Oxford u. a.: Oxford University Press 2007.

Dauth, Wolfgang, Sebastian Findeisen und Jens Südekum, »The Rise of the East and the Far East: German Labor Markets and Trade Integration«, in: *Journal of the European Economic Association* 12/6 (1. Dezember 2014), S. 1643-1675.

Dedinger, Beatrice, »Trade, History and Geography. The Geographical Structure of Trade in Germany since the Late XIXth Century«, in: *Journal of European Economic History* 35/3 (2006), S. 551-533.

Deist, Wilhelm, *Flottenpolitik und Flottenpropaganda: Das Nachrichtenbureau des Reichsmarineamtes 1897-1914*, Stuttgart: Deutsche Verlagsanstalt 1976.

Delhaes-Guenther, Linda von, *Erfolgsfaktoren des westdeutschen Exports in den 1950er und 1960er Jahren*, Dortmund: Gesellschaft für Westfälische Wirtschaftsgeschichte 2003.

Deutsch, Klaus-Günter, *Weltmarktintegration und wohlfahrtsstaatliche Politik: Die Bundesrepublik Deutschland auf den Weltwirtschaftsgipfeln 1975-1990*, Münster u. a.: Lit 1991.

Dichtl, Erwin und Otmar Issing (Hg.), *Exporte als Herausforderung für die deutsche Wirtschaft*, Köln: Deutscher Instituts-Verlag 1984.

– (Hg.), *Exportnation Deutschland*, 2., völlig neubearbeitete Aufl., München: C.H. Beck 1992.

Dietrich, Christopher R. W., *Oil Revolution: Sovereign Rights and the Economic Culture of Decolonization, 1945 to 1979*, Cambridge und New York: Cambridge University Press 2017.

Donges, Jürgen, »Die Exportorientierung der deutschen Wirtschaft. Erfahrungen, Probleme, Perspektiven«, in: Erwin Dichtl und Otmar Issing (Hg.), *Exporte als Herausforderung für die deutsche Wirtschaft*, Köln: Deutscher Instituts-Verlag 1984, S. 11-41.

Donzé, Pierre-Yves, *The Business of Time: A Global History of the Watch Industry*, Manchester: Manchester University Press 2022.

Doss, Kurt, *Das deutsche Auswärtige Amt im Übergang vom Kaiserreich zur Weimarer Republik: Die Schülersche Reform*, Düsseldorf: Droste 1977.

Dunning, John H., *International Production and the Multinational Enterprise*, London und Boston: Allen & Unwin 1981.

Dunning, John H. und Sarianna M. Lundan (Hg.), *Multinational Enterprises and the Global Economy*, Cheltenham: Edward Elgar 2008.

Dustmann, Christian, Bernd Fitzenberger, Uta Schönberg und Alexandra Spitz-Oener, »From Sick Man of Europe to Economic Superstar: Germany's Resurgent Economy«, in: *Journal of Economic Perspectives* 28 (2014), S. 167-188.

Ebi, Michael, *Export um jeden Preis. Die deutsche Exportförderung von 1932-1938*, Stuttgart: Steiner 2004.

Eckel, Jan, »Politik der Globalisierung«, in: *Vierteljahrshefte für Zeitgeschichte* 68 (2020), S. 451-480.

Edelmann, Heidrun, *Vom Luxusgut zum Gebrauchsgegenstand. Die Geschichte der Verbreitung des Personenkraftwagens in Deutschland*, Frankfurt/Main: Verband der Automobilindustrie 1989.

Eggenkämper, Barbara, Gerd Modert und Stefan Pretzlik, *Die Allianz: Geschichte des Unternehmens 1890-2015*, München: C.H. Beck 2015.

Eichengreen, Barry J. (Hg.), *Golden Fetters: the Gold Standard and the Great Depression, 1919-1939*, New York u. a.: Oxford University Press 1992.

–, *Europe's Post-war Recovery*, Cambridge und New York: Cambridge University Press 1995.

–, *Globalizing Capital: A History of the International Monetary System*, Princeton: Princeton University Press 1996.

–, *The European Economy since 1945: Coordinated Capitalism and Beyond*, Princeton: Princeton University Press 2007.

Eichengreen, Barry J. und Douglas A. Irwin, »The Slide to Protectionism in the Great Depression: Who Succumbed and Why?«, in: *Journal of Economic History* 70/4 (2010), S. 871-897.

Erhard, Ludwig, *Deutschlands Rückkehr zum Weltmarkt*, unter Mitwirkung v. Dr. Vollrath Frh. v. Maltzan bearbeitet v. Dr. Herbert Gross, 2., erw. Aufl., Düsseldorf: Econ 1954.

Eulenburg, Franz. »Der Innere Aufbau der deutschen Außenwirtschaft«, in: *Weltwirtschaftliches Archiv* 14 (1919), S. 185-209.

–, »Internationale Kapitalbildung nach dem Kriege«, in: *Weltwirtschaftliches Archiv* 19 (1923), S. 363-395.

–, »Die handelspolitischen Ideen der Nachkriegszeit«, in: *Weltwirtschaftliches Archiv* 25 (1927), S. 59-103.

Falke, Andreas, »Einflussverlust: Der Export(vize)weltmeister im Welthandelssystem des 21. Jahrhunderts«, in: Thomas Jäger et al. (Hg.), *Deutsche Außenpolitik: Sicherheit, Wohlfahrt, Institutionen und Normen*, Wiesbaden: VS Verlag für Sozialwissenschaften 2011, S. 296-322.

Fässler, Peter E., *Durch den »Eisernen Vorhang«: Die deutsch-deutschen Wirtschaftsbeziehungen 1949-1969*, Köln: Böhlau 2006.

Faust, Julian, *Spannungsfelder der Internationalisierung: Deutsche Unternehmen und Außenwirtschaftspolitik in Indien von 1947 bis zum Ende der 1970er Jahre*, Baden-Baden: Nomos 2021.

Federico, Giovanni, »How Much Do We Know about Market Integration in Europe?«, in: *The Economic History Review* 65/2 (Mai 2012), S. 470-497.

Federico, Giovanni und Antonio Tena-Junguito, »The Globalisation in the Long Run: Gains from Trade and Openness 1800-2014«, VoxEU.org (18. April 2016); online verfügbar unter: {https://cepr.org/voxeu/columns/globalisation-long-run-gains-trade-and-openness-1800-2014}.

Federico, Giovanni und Antonio Tena-Junguito, »A Tale of Two Globalizations: Gains from Trade and Openness 1800-2010«, in: *Review of World Economics* 153/3 (2017), S. 601-626.

Feenstra, Robert, »Integration of Trade and Disintegration of Production in the Global Economy«, in: *Journal of Economic Perspectives* 12/4 (1998), S. 31-50.

–, *International Economics*, 4. Aufl., New York: Worth Publishers 2017.

Feldenkirchen, Wilfried, *Siemens: Von der Werkstatt zum Weltunternehmen*, München u. a.: Piper 1997.

Feldman, Gerald D., *The Great Disorder Politics, Economics, and Society in the German Inflation, 1914-1924*, New York u. a.: Oxford University Press 1993.

Ferguson, Niall, *Paper and Iron: Hamburg Business and German Politics in the Era of Inflation; 1897-1927*, Cambridge u. a.: Cambridge University Press 1995.

–, *Hugo Stinnes: Biographie eines Industriellen 1870-1924*, München: C.H. Beck 1998.

–, »The Balance of Payments Question: Versailles and After«, in: Manfred F. Boemeke, Gerald D. Feldman und Elisabeth Glaser (Hg.), *The Treaty of Versailles: A Reassessment after 75 Years*, Cambridge: Cambridge University Press 1998, S. 401-440.

– (Hg.), *The Shock of the Global: The 1970s in Perspective*, Cambridge/Mass.: Belknap Press 2010.

Fettich-Biernath, Bettina, »Präsenz ohne Einfluss? Die Bedeutung der Entwicklungs- und Ausrüstungspolitik der Bundesrepublik Deutschland 1956-1980 für ihr Selbstverständnis«, in: *Geschichte und Gesellschaft* 45/4 (2019), S. 523-550.

Findlay, Ronald (Hg.), *Eli Heckscher, International Trade, and Economic History*, Cambridge/Mass.: MIT Press 2006.

Findlay, Ronald und Kevin H. O'Rourke, *Power and Plenty: Trade, War, and the World Economy in the Second Millennium*, 6. Aufl., Princeton: Princeton University Press 2009.

Fleißner, Karl, *Die Auswirkung der DM-Aufwertung auf die exportierenden Handwerksbetriebe*, München: Institut für Handwerkswirtschaft 1961.

Foort, Sander van 't, »The History of National Contact Points and the OECD Guidelines for Multinational Enterprises«, in: *Rechtsgeschichte – Legal History* 25 (2017), S. 195-214.

Frieden, Jeffry A., *Global Capitalism: Its Fall and Rise in the Twentieth Century*, New York: W. W. Norton 2006.

Friman, Richard, *Patchwork Protectionism: Textile Trade Policy in the United States, Japan, and West Germany*, Ithaca: Cornell University Press 2019.

Fröbel, Folker, Jürgen Heinrichs und Otto Kreye, *Die neue internationale Arbeitsteilung: Strukturelle Arbeitslosigkeit in den Industrieländern und die Industrialisierung der Entwicklungsländer*, Reinbek bei Hamburg: Rowohlt 1977.

–, *Umbruch in der Weltwirtschaft: Die globale Strategie: Verbilligung der Arbeitskraft, Flexibilisierung der Arbeit, neue Technologien*, Reinbek bei Hamburg: Rowohlt 1986.

Gallagher, John und Ronald Robinson, »The Imperialism of Free Trade«, in: *The Economic History Review* 6/1 (1953), S. 1-15.

Garavini, Giuliano, *After Empires: European Integration, Decolonization, and the Challenge from the Global South 1957-1986*, Oxford: Oxford University Press 2012.

Gassert, Philipp, »Bilaterale Beziehungen im multilateralistischen Kontext: Die Bundesrepublik im liberalen Imperium der USA«, in: *Vierteljahrshefte für Zeitgeschichte* 68/4 (1. Oktober 2020), S. 579-594.

Gehlen, Boris, Christian Marx und Alfred Reckendrees, »Ambivalences of Nationality – Economic Nationalism, Nationality of the Company, Nationalism as Strategy: An Introduction«, in: *Journal of Modern European History* 18/1 (2020), S. 16-27.

Georgi, Matthias, *Voith: 150 Jahre deutsche Wirtschaftsgeschichte*, 2. Aufl., München: Siedler 2017.

Gertschen, Alex, *Klassenfeinde – Branchenpartner? Unternehmer und Gewerkschaft der westdeutschen Textilindustrie vor der Herausforderung der Internationalisierung, 1949-1979*, Baden-Baden: Nomos 2013.

Giauque, Jeffrey Glen, *Grand Designs and Visions of Unity: The Atlantic Powers and the Reorganization of Western Europe, 1955-1963*, Chapel Hill: The University of North Carolina Press 2002.

Gienow-Hecht, Jessica, »Interested in a serious relationship? Die Marke Deutschland im internationalen Kontext«, in: *Geschichte und Gesellschaft* 45/4 (2019), S. 580-596.

Giersch, Herbert, Karl-Heinz Paqué und Holger Schmieding, *The Fading Miracle: Four Decades of Market Economy in Germany*, Cambridge und New York: Cambridge University Press 1994.

Gillingham, John, *European Integration, 1950-2003: Superstate or New Market Economy?*, Cambridge und New York: Cambridge University Press 2003.

Goebel – Über 150 Jahre Druckmaschinen aus Darmstadt, Darmstadt 2002.

Gomes, Leonard, *Neoclassical International Economics: An Historical Survey*, New York: St. Martin's Press 1990.

Graf, Rüdiger, *Öl und Souveränität: Petroknowledge und Energiepolitik in den USA und Westeuropa in den 1970er Jahren*, Berlin: De Gruyter 2014.

Gray, William Glenn, »Floating the System: Germany, the United States, and the Breakdown of Bretton Woods, 1969-1973«, in: *Diplomatic History* 31/2 (2007), S. 295-323.

–, »Learning to ›Recycle‹: Petrodollars and the West, 1973-75«, in: Elisabetta Bini, Giuliano Garavini und Federico Romero (Hg.), *Oil Shock: The 1973 Crisis and its Economic Legacy*, London: I. B. Tauris 2016, S. 172-197.

–, *Trading Power. West Germany's Rise to Global Influence, 1963-1975*, Cambridge und New York: Cambridge University Press 2023.

Grimmer-Solem, Erik, »A Place in the Sun: Rethinking the Political Economy of German Overseas Expansion and Navalism Before the Great War«, in: Robert Fredona und Sophus A. Reinert (Hg.), *New Perspectives on the History of Political Economy*, Cham: Springer International Publishing 2018, S. 253-288.

–, *Learning Empire: Globalization and the German Quest for World Status, 1875-1919*, Cambridge und New York: Cambridge University Press 2019.

Gross, Stephen G., »Gold, Debt and the Quest for Monetary Order: The Nazi Campaign to Integrate Europe in 1940«, in: *Contemporary European History* 26/2 (2017), S. 287-309.

–, *Export Empire: German Soft Power in Southeastern Europe, 1890-1945*, Cambridge und New York: Cambridge University Press 2015.

Grunow-Osswald, Elfriede, *Die Internationalisierung eines Konzerns: Daimler-Benz 1890-1997*, Bonn: Heel 2006.

Guinnane, Timothy, »Financial Vergangenheitsbewältigung: The 1953 London Debt Agreement«, Yale University Economic Growth Center Discussion Paper Nr. 880, 2004.

Habicht, Hermann, *50 Jahre Hermes Kreditversicherungs-Aktiengesellschaft: Ein Beitrag zur Geschichte der Kreditversicherung in Deutschland*, Privatdruck, 1967.

Hacke, Christian, *Die Außenpolitik der Bundesrepublik Deutschland: Weltmacht wider Willen?*, 3., aktualisierte und erweiterte Aufl., Berlin: Ullstein 1997.

Haferkamp, Wilhelm und Raymond Barre (Hg.), *Die Zukunft des Welthandels, Protektionismus oder offener Welthandel? Festschrift für Wilhelm Haferkamp zum 60. Geburtstag*, Baden-Baden: Nomos 1983

Haftendorn, Helga, *Sicherheit und Stabilität: Außenbeziehungen der Bundesrepublik zwischen Ölkrise und NATO-Doppelbeschluß*, München: dtv 1986.

Hahn, Hans-Werner, *Geschichte des Deutschen Zollvereins*, Göttingen: Vandenhoeck & Ruprecht 1984.

Hainbuch, Dirk, *Das Reichsministerium für Wiederaufbau 1919 bis 1924: Die Abwicklung des Ersten Weltkrieges: Reparationen, Kriegsschäden-Beseitigung, Opferentschädigung und der Wiederaufbau der deutschen Handelsflotte*, Frankfurt/Main: Peter Lang 2016.

Halfen, Bernd, *Gesamtwirtschaftliche Wirkungen staatlicher Ausfuhrgewährleistungen*, Mainz: FfW Mainz 1991.

Hall, Ben, »Lagarde Criticises Berlin Policy«, in: *Financial Times* (14. März 2010).

Halle, Ernst von, »Die Seeinteressen Deutschlands«, in: *Jahrbuch für Gesetzgebung, Verwaltung und Volkswirtschaft im Deutschen Reich* 22 (1898), S. 221-245.

Haller, Lea. *Transithandel. Geld- und Warenströme im globalen Kapitalismus*, Berlin: Suhrkamp 2019.

Hamilton, Arran und Michael J. Oliver, »Downhill from Devaluation: The Battle for Sterling, 1968-1972«, in: *Economic History Review* 60 (2007), S. 486-512.

Hankel, Wilhlem, »Germany: Economic Nationalism in the International Economy«, in: Wilfrid L. Kohl und Georgio Basevi (Hg.), *West Germany: A European and Global Power*, Lexington: Lexington Books 1980, S. 21-43.

Hardach, Gerd, *Der Erste Weltkrieg 1914-1918*, München: dtv 1973.

Harms, Bernhard, »Die Schicksalsstunde der deutschen Handelspolitik«, in: *Weltwirtschaftliches Archiv* 21/1 (1925), S. 37-60.

Harris, Max, *Monetary War and Peace: Sterling, the Exchange Equalisation Account, and the Tripartite Agreement, 1931-1939*, Cambridge und New York: Cambridge University Press 2021.

Hausman, William J., *Global Electrification: Multinational Enterprise and International Finance in the History of Light and Power; 1878-2007*, Cambridge u. a.: Cambridge University Press 2008.

Helleiner, Eric, *States and the Reemergence of Global Finance: From Bretton Woods to the 1990s*, Ithaca: Cornell University Press 1994.

–, »A Bretton Woods Moment? The 2007-2008 Crisis and the Future of Global Finance«, in: *International Affairs* 86 (2010), S. 619-636.

Helleiner, Eric und Andreas Pickel (Hg.), *Economic Nationalism in a Globalizing World*, Ithaca: Cornell University Press 2005.
Hellmann, Rainer, *Weltwirtschaftsgipfel wozu?*, Baden-Baden: Nomos 1982.
Helpman, Elhanan und Paul R. Krugman, *Market Structure and Foreign Trade: Increasing Returns, Imperfect Competition, and the International Economy*, Cambridge/Mass. u. a.: MIT Press 1985.
Henderson, William O., *Friedrich List: Eine historische Biographie des Gründers des Deutschen Zollvereins und des ersten Visionärs eines vereinten Europa*, Düsseldorf: Econ 1984.
Hentschel, Volker, *Wirtschaft und Wirtschaftspolitik im wilhelminischen Deutschland: organisierter Kapitalismus und Interventionsstaat?*, Stuttgart: Klett-Cotta 1978.
–, *Ludwig Erhard. Ein Politikerleben*, Berlin: Ullstein 1998.
Hertner, Peter, »L'industrie électrotechnique allemande entre les deux guerres : à la recherche d'une position internationale perdue«, in: *Relations internationales* 43 (1985), S. 289-304.
Herz, Bernhard und Marco Wagner, »Exportweltmeister Deutschland – ein Sommermärchen?«, in: *Perspektiven der Wirtschaftspolitik* 9/4 (2008), S. 446-464.
Hesse, Jan-Otmar, »Wissenschaftliche Beratung der Wirtschaftspolitik. Das Bundeswirtschaftsministerium und die Volkswirtschaftslehre«, in: Werner Abelshauser (Hg.), *Das Bundeswirtschaftsministerium in der Ära der Sozialen Marktwirtschaft: Der deutsche Weg der Wirtschaftspolitik*, Boston und Berlin: De Gruyter 2016, S. 391-481.
–, »The German Textile Puzzle. Selective Protectionism and the Silent Globalisation of an Industry«, in: *Business History Review* 93 (2019), S. 221-246.
–, »Die globale Verflechtung der Weimarer Wirtschaft: De-Globalisierung oder Formwandel?«, in: Christoph Cornelissen und Dirk van Laak (Hg.), *Weimar und die Welt. Globale Verflechtungen der ersten deutschen Republik*, Göttingen: Vandenhoeck & Ruprecht 2020, S. 347-377.
–, »Global Value Chains und die vertikale Struktur des Kapitalismus. Überlegungen im Anschluss an Karl Marx und Eugen Böhm-Bawerk«, in: ders., Christian Kleinschmidt, Roman Köster und Tim Schanetzky (Hg.), *Moderner Kapitalismus: Wirtschafts- und unternehmenshistorische Beiträge*, Tübingen: Mohr Siebeck 2020, S. 13-30.
–, »Mit Hayek in der Handtasche. Hat der Neoliberalismus die Welt verändert? Das Beispiel der bundesdeutschen Handelspolitik«, in: Christian Marx und Morten Reitmayer (Hg.), *In die offene Moderne – Gesellschaften im 20. Jahrhundert: Festschrift für Lutz Raphael zum 65. Geburtstag*, Göttingen: Wallstein 2020, S. 247-269.
–, »L'Allemagne de l'Ouest championne du monde des exportations: Quelles

stratégies pour ses exportations au vingtième siècle?«, in: Bertrand Blancheton (Hg.), *Vers le haut de gamme made in France*, Paris: Institut de la gestion publique et du développement économique 2021, S. 137-154.

–, »Vom Röhren-Manager zum Verteidigungs-Staatssekretär und zurück: Der mehrfache Seitenwechsel von Ernst Wolf Mommsen«, in: *Zeitschrift für Unternehmensgeschichte* 68/2 (2023), im Erscheinen.

Hesse, Jan-Otmar, Roman Köster und Werner Plumpe, *Die Große Depression: Die Weltwirtschaftskrise 1929-1939*, Frankfurt/Main und New York: Campus 2014.

Hesse, Jan-Otmar und Sebastian Teupe, *Wirtschaftsgeschichte: Entstehung und Wandel der modernen Wirtschaft*, Frankfurt/Main und New York: Campus 2019.

Hesse, Jan-Otmar und Patrick Neveling, »Global Value Chains«, in: Teresa da Silva Lopes, Christina Lubinski und Heidi Tworek (Hg.), *Routledge Companion to the Makers of Modern Global Business*, London: Routledge 2019, S. 279-293.

Hesse, Jan-Otmar und Christian Marx, »The Overstretched Economy: Industry and Services«, in: Nadine Rossol und Benjamin Ziemann (Hg.), *The Oxford Handbook of the Weimar Republic*, Oxford: Oxford University Press 2021, S. 429-453.

Heyde, Veronika, »Amerika und die Neuordnung Europas vor dem Marshallplan (1940-1944)«, in: *Vierteljahrshefte für Zeitgeschichte* 58/1 (15. Januar 2010), S. 115-136.

Higgins, David M., *Brands, Geographical Origin, and the Global Economy: A History from the Nineteenth Century to the Present*, Cambridge: Cambridge University Press 2018.

Himpsl, Rudolf, *Europäische Integration und internationalisierte Märkte: Die Außenwirtschaftspolitik des Freistaats Bayern 1957-1982*, München: C.H. Beck 2020.

»History of GATT/WTO«, o. J.; online verfügbar unter: {https://www.wto.org/english/thewto_e/history_e/history_e.htm}.

Hoffmann, Dierk (Hg.), *Die umkämpfte Einheit: Die Treuhandanstalt und die deutsche Gesellschaft*, Berlin: Ch. Links Verlag 2022.

Hohensee, Jens, *Der erste Ölpreisschock 1973/74: Die politischen und gesellschaftlichen Auswirkungen der arabischen Erdölpolitik auf die Bundesrepublik Deutschland und Westeuropa*, Stuttgart: Steiner 1996.

Holtfrerich, Carl-Ludwig, *Die deutsche Inflation 1914-1923: Ursachen und Folgen in internationaler Perspektive*, Berlin u. a.: De Gruyter 1980.

–, »Geldpolitik bei festen Wechselkursen (1948-1970)«, in: Deutsche Bundesbank (Hg.), *Fünfzig Jahre Deutsche Mark: Notenbank und Währung in Deutschland seit 1948*, München: C.H. Beck 1998, S. 347-439.

–, »Aus dem Alltag des Reichswirtschaftsministeriums während der Großen Inflation 1919-1923/24«, in: ders. und Hartmut Berghoff (Hg.), *Das Reichswirtschaftsministerium der Weimarer Republik und seine Vorläufer. Strukturen, Akteure, Handlungsfelder*, Boston und Berlin: De Gruyter 2016, S. 224-361.

Höpfner, Bernd, *Der deutsche Aussenhandel 1900-1945. Änderungen in der Waren- und Regionalstruktur*, Frankfurt/Main: Peter Lang 1993.

Höpner, Martin, »The German Undervaluation Regime under Bretton Woods. How Germany Became the Nightmare of the World Economy«, Max-Planck-Institut für Gesellschaftsforschung, Discussion Paper 19/1, 2019.

Horsefield, J. Keith (Hg.), »Articles of Agreement of the International Monetary Fund (July 22, 1944)«, in: International Monetary Fund (Hg.), *The International Monetary Fund 1945-1965. Twenty Years of International Monetary Cooperation*, Bd. 3: *Documents*, Washington, D.C. 1969, S. 185-214.

Hufbauer, Gary C. und John G. Chilas. »Spezialisierung von Industrieländern. Umfang und Auswirkungen«, in: *Probleme der weltwirtschaftlichen Arbeitsteilung. Schriften des VfS* 78 (1974), S. 3-38.

Hungerland, Wolf-Fabian und Christoph Altmeppen, »What Is a Product Anyway? Applying the Standard International Trade Classification (SITC) to Historical Data«, in: *Historical Methods: A Journal of Quantitative and Interdisciplinary History* 54/2 (2021), S. 65-79.

Hungerland, Wolf-Fabian und Nikolaus Wolf, »The Panopticum of Germany's Foreign Trade 1880-1913: New Facts on the First Globalization«, in: *European Review of Economic History* 26/4 (2022), S. 479-507.

Hünnekes, Franziska, Moritz Schularick und Christoph Trebesch, *Exportweltmeister: The Low Returns on Germany's Capital Exports*, CEPR Discussion Paper 13 863, 2019.

International Monetary Fund (Hg.), »Public Information Notice: IMF Executive Board Concludes 2007 Article IV Consultation with Germany«, 2008.

–, »IMF Survey: German Economy Fares Well But Reform Agenda Still«, 2012; online verfügbar unter: {https://www.imf.org/en/News/Articles/2015/09/28/04/53/socar070312a}.

Irwin, Douglas A., »The GATT's Contribution to Economic Recovery in Post-War Western Europe«, in: Barry J. Eichengreen (Hg.), *Europe's Post-war Recovery*, Cambridge und New York: Cambridge University Press 1995, S. 127-150.

–, *Against the Tide: An Intellectual History of Free Trade*, Princeton: Princeton University Press 1996.

–, »The French Gold Sink and the Great Deflation 1929-1932«, in: *Cato Papers on Public Policy* 2 (2012), S. 1-56.

–, *Clashing over Commerce: A History of US Trade Policy*, Chicago: Chicago University Press 2017.

Irwin, Douglas A., Petros Mavroidis und Alan O. Sykes, *The Genesis of the GATT*, Cambridge u. a.: Cambridge University Press 2008.

Isenmann, Moritz (Hg.), *Merkantilismus: Wiederaufnahme einer Debatte*, Stuttgart: Franz Steiner Verlag 2014.

Jäger, Wolfgang und Werner Link, *Republik im Wandel*, Bd. 1: *Die Ära Brandt*, Stuttgart: DVA 1986.

Jakob, Mark, »Between Entrepreneurial Risk-taking and the Season of State: Export Credit Insurance in Germany and Britain during the Interwar Period«, in: Christian Kleinschmidt, ders. und Nina Kleinöder (Hg.), *Securities and Insecurities in Business History. Case Studies in the Perception and Negotiation of Threats*, Baden-Baden: Nomos 2021.

James, Harold, *International Monetary Cooperation since Bretton Woods*, Washington, D. C. und New York: International Monetary Fund und Oxford University Press 1996.

–, *Rambouillet, 15. November 1975: Die Globalisierung der Wirtschaft*, München: dtv 1997.

–, »Das Reichswirtschaftsministerium und die Außenwirtschaftspolitik: ›Wir deutschen Pleitokraten, wir sitzen und beraten‹«, in: Carl-Ludwig Holtfrerich und Hartmut Berghoff (Hg.), *Das Reichswirtschaftsministerium der Weimarer Republik und seine Vorläufer. Strukturen, Akteure, Handlungsfelder*, Boston und Berlin: De Gruyter 2016, S. 517-579.

Jöhlinger, Otto und Erich Ewer, *Die Praxis des Getreidegeschäftes: Ein Hand- und Lehrbuch für den Getreidehandel*, 2., erw. Aufl., Berlin: Springer-Verlag 1917.

Jones, Geoffrey, *Multinationals and Global Capitalism: From the Nineteenth to the Twenty-first Century*, Oxford: Oxford University Press 2005.

Karczewski, Johannes von, »*Weltwirtschaft ist unser Schicksal*«: *Helmut Schmidt und die Schaffung der Weltwirtschaftsgipfel*, Bonn: Dietz 2008.

Karlsch, Rainer, »Wandel durch Handel. Die ›Ostverträge‹ von Adidas«, in: ders. et al. (Hg.), *Unternehmen Sport: Die Geschichte von adidas*, München: Siedler 2018, S. 195-257.

Keller, Klaus J., »Die Lokomotivtheorie – Grundlagen und Probleme«, in: *Zeitschrift für Wirtschaftspolitik* 29/1 (1. Januar 1980), S. 255-280.

Keller, Wolfgang und Carol H. Shiue, »Endogenous Formation of Free Trade Agreements: Evidence from the Zollverein's Impact on Market Integration«, in: *The Journal of Economic History* 74/4 (2014), S. 1168-1204.

Kießling, Friedrich, »Einleitung: Von ›guten Nachbarn‹ und ›deutschen Wegen‹«, in: *Geschichte und Gesellschaft* 45/4 (2019), S. 471-496.

Kindleberger, Charles P., »Germany's Persistent Balance-of-Payments Disequilibrium«, in: Robert E. Baldwin (Hg.), *Trade, Growth and the Balance of Payments. Essays in Honor of Gottfried Haberler*, Chicago und Amsterdam: Rand McNally 1965, S. 230-248.

–, *Die Weltwirtschaftskrise, 1929-1939*, München: dtv 1973.

–, »The Rise of Free Trade in Western Europe 1820-1875«, in: *Journal of Economic History* 35 (1975), S. 20-55.

Kirmani, Naheed, Shailendra J. Anjaria und Arne B. Petersen, *Trade Policy Issues and Developments*, International Monetary Fund, 1985; online verfügbar unter: {https://www.elibrary.imf.org/view/book/9780939934461/9780939934461.xml}.

Kleedehn, Patrick, *Die Rückkehr auf den Weltmarkt: die Internationalisierung der Bayer AG Leverkusen nach dem Zweiten Weltkrieg bis zum Jahre 1961*, Stuttgart: Steiner 2007.

Klein, Matthew C. und Michael Pettis, *Trade Wars Are Class Wars: How Rising Inequality Distorts the Global Economy and Threatens International Peace*, New Haven und London: Yale University Press 2020.

Kleinschmidt, Christian, *Der produktive Blick: Wahrnehmung amerikanischer und japanischer Management- und Produktionsmethoden durch deutsche Unternehmer 1950-1985*, Berlin: De Gruyter 2002.

–, »Strategische Außenwirtschaftsbeziehungen. Die Bundesrepublik, die Türkei und der Kalte Krieg 1945-1970«, in: *Jahrbuch für Wirtschaftsgeschichte/Economic History Yearbook* 53 (2012), S. 43-67.

–, »Sprungbrett für den US-Markt: Das Beispiel Sartorius und die Sonderwirtschaftszone Puerto Rico«, in: *Zeitschrift für Unternehmensgeschichte* 67/1 (2022), S. 1-20.

Kliesen, Kevin L. und David C. Wheelock, »Managing a New Policy Framework: Paul Volcker, the St. Louis Fed, and the 1979-82 War on Inflation«, in: *Federal Reserve Bank of St. Louis Review* 103 (2021), S. 79-97.

Kling, Gerhard, Joerg Baten und Kirsten Labuske, »FDI of German Companies During Globalization and Deglobalization«, in: *Open Economies Review* 22/2 (April 2011), S. 247-270.

Kluge, Ulrich, *Agrarwirtschaft und ländliche Gesellschaft im 20. Jahrhundert*, München: Oldenbourg 2005.

Koch-Wegener, Anette, *Apostle of the Free Market Economy: Ludwig Erhard und die soziale Marktwirtschaft aus US-amerikanischer Perspektive, 1949-1955*, Marburg: Tectum-Verlag 2005.

Kohl, Helmut, »Eine Idee setzt sich durch: Soziale Marktwirtschaft hat Zukunft, Rede vor dem DIHT 30.10.1989«, in: Helmut Kohl (Hg.), *Bilanzen und Perspektiven*, Bonn: Presse- und Informationsamt der Bundesregierung 1992, S. 192-205.

Köhler, Ingo, *Auto-Identitäten: Marketing, Konsum und Produktbilder des Automobils nach dem Boom*, Göttingen: Vandenhoeck & Ruprecht 2018.

Köster, Roman, *Seidensticker: Eine Unternehmensgeschichte 1919-2019*, Essen: Klartext 2019.

Kotkin, Stephen, »The Kiss of Debt. The East Bloc Goes Borrowing«, in: Niall Ferguson (Hg.), *The Shock of the Global: The 1970s in Perspective*, Cambridge/Mass.: Belknap Press 2010, S. 80-93.

Kowalczuk, Ilko-Sascha, *Die Übernahme. Wie Ostdeutschland Teil der Bundesrepublik wurde*, München: C.H. Beck 2019.

Krägenau, Henry, *Internationale Direktinvestitionen 1950-1973. Vergleichende Untersuchung und statistische Materialien*, Hamburg: Verlag Weltarchiv 1975.

Krauss, Clemens, *Geldpolitik im Umbruch: die Zentralbanken Frankreichs und der Bundesrepublik Deutschland in den 1970er Jahren*, Berlin: De Gruyter Oldenbourg 2021.

Krauß, Martin, *Vom Glockenguss zum Offsetdruck: Geschichte der Heidelberger Druckmaschinen AG*, Ubstadt-Weiher: Verlag Regionalkultur 2000.

Krohn, Peter, *Die Tendenz zum Direktexport*, Hamburg 1959.

Krüger, Peter, *Die Aussenpolitik der Republik von Weimar*, Darmstadt: Wissenschaftliche Buchgesellschaft 1985.

Krugman, Paul R., *Development, Geography and Economic Theory*, Cambridge/Mass.: MIT Press 1997.

–, *Internationale Wirtschaft: Theorie und Politik der Außenwirtschaft*, 11., aktualisierte Aufl., Hallbergmoos: Pearson 2019.

–, »Wonking Out: Is 2022 Like 1980?«, in: *The New York Times* (12. August 2022).

Kühne, Rudolf, *Die Regelungen für den Außenwirtschaftsverkehr unter der Geltung der besatzungsrechtlichen Devisenbewirtschaftungsgesetze: Mai 1945 bis Aug. 1961*, Frankfurt/Main: Deutsche Bundesbank 1984.

Kukić, Leonard, »Socialist Growth Revisited: Insights from Yugoslavia«, in: *European Review of Economic History* 22/4 (1. November 2018), S. 403-429.

Küsters, Hanns Jürgen, »Der Streit um Kompetenzen und Konzeptionen deutscher Europapolitik«, in: Ludolf Herbst, Werner Bührer und Hanno Sowade (Hg.), *Vom Marshallplan zur EWG: Die Eingliederung der Bundesrepublik Deutschland in die westliche Welt*, München: Oldenbourg 1990, S. 335-373.

Kutz, Martin, *Deutschlands Außenhandel von der Französischen Revolution bis zur Gründung des Zollvereins: Eine statistische Strukturuntersuchung zur vorindustriellen Zeit*, Wiesbaden: Steiner 1974.

Laak, Dirk van, *Imperiale Infrastruktur: deutsche Planungen für eine Erschließung Afrikas 1880 bis 1960*, Paderborn: Schöningh 2004.

Lambsdorff, Otto Graf, *Frische Luft für Bonn: Eine liberale Politik mit mehr Markt als Staat*, Stuttgart: DVA 1987.

Lampe, Markus, »Effects of Bilateralism and the MFN Clause on International Trade: Evidence for the Cobden-Chevalier Network, 1860-1875«, in: *The Journal of Economic History* 69/4 (Dezember 2009), S. 1012-1040.

Lampe, Markus und Wolf-Fabian Hungerland, »Globalisierung und Außenhandel«, in: Ulrich Pfister, Jan-Otmar Hesse, Mark Spoerer und Nikolaus Wolf (Hg.), *Deutschland 1871: Die Nationalstaatsbildung und der Weg in die moderne Wirtschaft*, Tübingen: Mohr Siebeck 2021, S. 335-358.

Lampe, Markus und Niko Wolf, »Binnenhandel und Außenhandel«, in: Thomas Rahlf (Hg.), *Deutschland in Daten. Zeitreihen zur Historischen Statistik*, Bonn: Bundeszentrale für politische Bildung 2015, S. 278-292.

Landsburgh, Alfred, »Deutsches Kapital im Auslande«, in: *Die Bank* (1909), S. 819-826.

Lappenküper, Ulrich, *Die Außenpolitik der Bundesrepublik Deutschland: 1949 bis 1990*, München: Oldenbourg 2008.

Leaman, Jeremy, *The Political Economy of Germany under Chancellors Kohl and Schröder: Decline of the German Model?*, New York u. a.: Berghahn Books 2009.

Lehmann, Sibylle H., »The German Elections in the 1870s: Why Germany Turned from Liberalism to Protectionism«, in: *The Journal of Economic History* 70/1 (2010), S. 146-178.

Leonhard, Jörn, *Der überforderte Frieden. Versailles und die Welt 1918-1923*, München: C.H. Beck 2018.

Lesczenski, Jörg, »Zwischen Kooperation, Krise und Aufbruch. Messer Griesheim, Hoechst und die Auflösung der Deutschland AG 1965-2004«, in: Ralf Ahrens, Boris Gehlen und Alfred Reckendrees (Hg.), *Die »Deutschland AG«: Historische Annäherungen an den bundesdeutschen Kapitalismus*, Essen: Klartext 2013, S. 351-376.

Levinson, Marc, *The Box. How the Shipping Container Made the World Smaller and the World Economy Bigger*, 2. Aufl., Princeton: Princeton University Press 2016.

–, *Outside the Box: How Globalization Changed from Moving Stuff to Spreading Ideas*, Princeton und Oxford: Princeton University Press 2020.

Lindlar, Ludger, *Das missverstandene Wirtschaftswunder: Westdeutschland und die westeuropäische Nachkriegsprosperität*, Tübingen: Mohr Siebeck 1997.

Lindlar, Ludger und Carl-Ludwig Holtfrerich, »Geography, Exchange Rates and Trade Structures: Germanys Export Performance since the 1950s«, in: *European Review of Economic History* 1 (1997), S. 217-246.

Lindner, Stephan H., *Den Faden verloren: Die westdeutsche und die französi-*

sche Textilindustrie auf dem Rückzug (1930/45-1990), München: C.H. Beck 2001.
List, Friedrich, *Das nationale System der politischen Ökonomie*, Tübingen: J.C.B. Mohr 1959 [1841].
Löffler, Bernhard, »Globales Wirtschaftsdenken vor der Globalisierung. Weltwirtschaftliche Ordnungsvorstellungen bei Konrad Adenauer und Ludwig Erhard«, in: Eckart Conze (Hg.), *Die Herausforderung des Globalen in der Ära Adenauer*, Bonn: Bouvier 2010, S. 113-147.
–, »Personelle und institutionelle Strukturen des Bundeswirtschaftsministeriums 1945/49 bis 1990«, in: Werner Abelshauser (Hg.), *Das Bundeswirtschaftsministerium in der Ära der Sozialen Marktwirtschaft: Der deutsche Weg der Wirtschaftspolitik*, Boston und Berlin: De Gruyter 2016, S. 95-192.
Lösch, August, »Wo gilt das Theorem der komparativen Kosten?«, in: *Weltwirtschaftliches Archiv* 48 (1938), S. 45-65.
–, »Eine neue Theorie des internationalen Handels«, in: *Weltwirtschaftliches Archiv* 50 (1939), S. 308-328.
Lotz, Walter, »Wirkung der gegenwärtigen Ziele der künftigen Handelspolitik, insbesondere in socialpolitischer Beziehung«, in: *Verhandlungen des Vereins für Socialpolitik über die Wohnungsfrage und die Handelspolitik in München 1901*, Leipzig: Duncker & Humblot 1902, S. 121-151.
Lubinski, Christina, *Navigating Nationalism in Global Enterprise: A Century of Indo-German Business Relations*, Cambridge und New York: Cambridge University Press 2023.
Lubinski, Christina und Geoffrey Jones, »Managing Political Risk in Global Business: Beiersdorf 1914-1990«, in: *Enterprise and Society* 13/1 (2012), S. 85-119.
Ludwig, Corinna, *Amerikanische Herausforderungen: Deutsche Großunternehmen in den USA nach dem Zweiten Weltkrieg*, Frankfurt/Main: Peter Lang 2016.
Lusensky, Franz, *Der zollfreie Veredelungsverkehr*, Berlin: O. Haering 1903.
Lütjen, Torben, *Karl Schiller (1911-1994). »Superminister« Willy Brandts*, 2. Aufl., Bonn: Dietz 2008.
Maddison, Angus, *The World Economy: A Millennial Perspective*, Paris: OECD Publishing 2003.
Magnusson, Lars, *Mercantilism: The Shaping of an Economic Language*, London und New York: Routledge 1994.
Markovits, Andrei S. (Hg.), *The Political Economy of West Germany: Modell Deutschland*, New York: Praeger 1982.
Marx, Christian, *Paul Reusch und die Gutehoffnungshütte: Leitung eines deutschen Großunternehmens*, Göttingen: Wallstein 2013.

–, »Die Internationalisierung der Chemieindustrie als Herausforderung für die Deutschland AG«, in: Ralf Ahrens, Boris Gehlen und Alfred Reckendrees (Hg.), *Die »Deutschland AG«: Historische Annäherungen an den bundesdeutschen Kapitalismus*, Essen: Klartext 2013, S. 247-273.
–, »Between National Governance and the Internationalisation of Business. The Case of Four Major West German Producers of Chemicals, Pharmaceuticals and Fibres«, in: *Business History* 61/5 (2019), S. 833-862.
–, »Gewinner und Verlierer der Multinationalisierung von Industrieunternehmen seit den 1960er Jahren«, in: ders. und Morten Reitmayer (Hg.), *Gewinner und Verlierer nach dem Boom. Perspektiven auf die westeuropäische Zeitgeschichte*, Göttingen: Vandenhoeck & Ruprecht 2020, S. 27-56.
–, *Wegbereiter der Globalisierung: Multinationale Unternehmen der westeuropäischen Chemieindustrie in der Zeit nach dem Boom (1960er-2000er Jahre)*, Göttingen: Vandenhoeck & Ruprecht 2023.
Marx, Christian und Ben Wubs, »National Conflicts in a Multinational: The Case of the Dutch-German AKU/VGF/Akzo, 1920s to 1970s«, in: *Business History* 64/9 (2022), S. 1709-1734.
Matis, Herbert und Alice Teichova (Hg.), *Nation, State and the Economy in History*, Cambridge: Cambridge University Press 2003.
McKenzie, Francine, »The GATT-EEC Collision: The Challenge of Regional Trade Blocs to the General Agreement on Tariffs and Trade, 1950-67«, in: *International History Review* 32 (2010), S. 229-252.
–, *GATT and Global Order in the Postwar Era*, Cambridge: Cambridge University Press 2020.
Meinka, Martin, *»In Bonn ist Transparenz angesagt«: Die Flick-Affäre als Indikator und Katalysator des Wandels 1975-1987*, Dissertationsschrift, Universität Darmstadt 2022.
Meltzer, Allan H., *A History of the Federal Reserve*, Bd. 2, Teil 2: *1970-1986*, Chicago: University of Chicago Press 2009.
Mesenberg, Heinz, *Aussenwirtschaftliche Grundprobleme einer »Marktwirtschaft«: Programm u. westdeutsche Wirklichkeit*, Dissertationsschrift, Universität Nürnberg 1952.
Metteling, Wencke, »Internationale Konkurrenz als nationale Bedrohung. Zur politischen Maxime der ›Standortsicherung‹ in den neunziger Jahren«, in: Ralph Jessen (Hg.), *Konkurrenz in der Geschichte. Praktiken – Werte – Institutionalisierungen*, Frankfurt/Main und New York: Campus 2014, S. 289-315.
–, »Nationale Standortsemantiken seit den 1970er-Jahren«, in: Ariane Leendertz und dies. (Hg.), *Die neue Wirklichkeit: Semantische Neuvermessungen und Politik seit den 1970er-Jahren*, Frankfurt/Main und New York: Campus 2016, S. 207-242.

Mildner, Stormy-Annika, *Staatliches Handeln in der Exportkreditversicherung: die US-Amerikanische Export-Import Bank*, Frankfurt/Main und New York: Campus 2007.

–, »Ziemlich beste Freunde – meistens: Die deutsch-amerikanischen Wirtschaftsbeziehungen«, in: *Vierteljahrshefte für Zeitgeschichte* 68/4 (2020), S. 610-628.

Minchinton, Walter E., »E. E. Williams: ›Made in Germany‹ and After«, in: *Vierteljahrschrift für Sozial- und Wirtschaftsgeschichte* 62/2 (1975), S. 229-242.

Minx, Eckard P. W., *Von der Liberalisierungs- zur Wettbewerbspolitik*, Berlin u. a.: De Gruyter 1980.

–, »Wie kann die Krise des Liberalisierungshandels bewältigt werden?«, in: *Wirtschaftsdienst* 4 (1981), S. 194-200.

Mommsen, Wolfgang J., *Das Ringen um den nationalen Staat. Die Gründung und der innere Ausbau des Deutschen Reiches unter Otto von Bismarck 1850 bis 1890*, Berlin: Propyläen 1993.

Monnet, Eric, *Controlling Credit: Central Banking and the Planned Economy in Postwar France, 1948-1973*, Cambridge und New York: Cambridge University Press 2019.

Moormann, Marion, *150 Jahre Heidelberger Druckmaschinen-Aktiengesellschaft: Vom Schnellpressenbauer zum weltweit führenden Lösungsanbieter für die gesamte Druck- und Verlagsindustrie; [1850-2000]*, Heidelberg: Heidelberger Druckmaschinen-AG 2000.

Morewood, Steven, »The Demise of the Command Economies in the Soviet Union and Its Outer Empire«, in: Michael J. Oliver und Derek Howard Aldcroft (Hg.), *Economic Disasters of the Twentieth Century*, Cheltenham: Edward Elgar 2007, S. 258-310.

Mouré, Kenneth, *Managing the Franc Poincaré: Economic Understanding and Political Constraint in French Monetary Policy, 1928-1936*, Cambridge und New York: Cambridge University Press 1991.

Müller, Philipp, *Zeit der Unterhändler: Koordinierter Kapitalismus in Deutschland und Frankreich zwischen 1920 und 1950*, Hamburg: Hamburger Edition 2019.

Myles, Jamieson, *Steering the Wheel of Commerce: State and Enterprise in International Trade Finance, 1914-1929*, Dissertationsschrift, Universität Genf 2021.

Nagel, Johannes und Tobias Werron, »The Civilizing Force of National Competition. U. S. Nationalist Reasoning in the Mid-to-Late Nineteenth Century«, in: Daniela Russ und James Stafford (Hg.), *Competition in World Politics: Knowledge, Strategies and Institutions*, Bielefeld: Transcript 2021.

Neebe, Reinhard, *Überseemärkte und Exportstrategien in der westdeutschen Wirtschaft 1945 bis 1966: aus den Reiseberichten von Dietrich Wilhelm von Menges*, Stuttgart: F. Steiner 1991.
–, *Weichenstellung für die Globalisierung: deutsche Weltmarktpolitik, Europa und Amerika in der Ära Ludwig Erhard*, Köln: Böhlau 2004.
Nehring, Sighart, »Der Sonderstatus des innerdeutschen Handels«, in: *Wirtschaftsdienst* 12 (1977), S. 631-637.
Nellißen, Frank J., *Das Mannesmann-Engagement in Brasilien von 1892-1995: Evolutionspfade internationaler Unternehmenstätigkeit aus wirtschaftshistorischer Sicht*, München: C.H. Beck 1998.
Niedhart, Gottfried, »Außenminister Stresemann und die ökonomische Variante deutscher Machtpolitik«, in: Karl Heinrich Pohl (Hg.), *Politiker und Bürger: Gustav Stresemann und seine Zeit*, Göttingen: Vandenhoeck & Ruprecht 2002, S. 229-242.
–, *Die Außenpolitik der Weimarer Republik*, 3., aktualisierte Aufl., München: Oldenbourg 2013.
Niehans, Jürg, *Geschichte der Außenwirtschaftstheorie im Überblick*, Tübingen: Mohr 1995.
Nölke, Andreas, *Exportismus: Die deutsche Droge: eine Entzugsstrategie für gesundes Wachstum*, München: ABOD 2021.
Nolte, Paul, *Die Ordnung der deutschen Gesellschaft: Selbstentwurf und Selbstbeschreibung im 20. Jahrhundert*, München: C.H. Beck 2000.
Nonn, Christoph, *Die Ruhrbergbaukrise: Entindustrialisierung und Politik 1958-1969*, Göttingen: Vandenhoeck & Ruprecht 2001.
Norris, Floyd, »Germany vs. the Rest of Europe«, in: *The New York Times* (16. Februar 2012).
Nützenadel, Alexander, *Stunde der Ökonomen: Wissenschaft, Politik und Expertenkultur in der Bundesrepublik 1949-1974*, Göttingen: Vandenhoeck & Ruprecht 2005.
–, »Zwischen Staat und Markt«, in: Werner Plumpe, ders. und Catherine R. Schenk (Hg.), *Deutsche Bank: Die globale Hausbank 1870-2020*, Berlin: Propyläen 2020, S. 233-527.
Obstfeld, Maurice, Jay C. Shambaugh und Alan M. Taylor, »The Trilemma in History: Tradeoffs among Exchange Rates, Monetary Policies and Capital Mobility«, in: *Review of Economics and Statistics* 87 (2005), S. 423-438.
Oliveira, Ione, *Außenpolitik und Wirtschaftsinteresse in den Beziehungen zwischen Brasilien und der Bundesrepublik Deutschland 1949-1966*, Frankfurt/Main u. a.: Peter Lang 2005.
Oliveiro, Vernie, »The United States, Multinational Enterprises and the Politics of Globalization«, in: Niall Ferguson (Hg.), *The Shock of the Glob-*

al: The 1970s in Perspective, Cambridge/Mass.: Belknap Press 2010, S. 143-158.
O'Rourke, Kevin H., »The European Grain Invasion, 1870-1913«, in: *The Journal of Economic History* 57/4 (1997), S. 775-801.
O'Rourke, Kevin H. und Jeffrey G. Williamson, »When Did Globalisation Begin?«, in: *European Review of Economic History* 6/1 (2002), S. 23-50.
Osterhammel, Jürgen, *Die Verwandlung der Welt: Eine Geschichte des 19. Jahrhunderts*, München: C.H. Beck 2013.
Osterhammel, Jürgen und Sebastian Conrad, »Einleitung«, in: dies. (Hg.), *Das Kaiserreich transnational: Deutschland in der Welt 1871-1914*, 2. Aufl., Göttingen: Vandenhoeck & Ruprecht 2006, S. 7-27.
Overy, Richard J., *Die Wurzeln des Sieges: Warum die Alliierten den Zweiten Weltkrieg gewannen*, Reinbek bei Hamburg: Rowohlt 2002.
Patel, Kiran Klaus, *Europäisierung wider Willen: Die Bundesrepublik Deutschland in der Agrarintegration der EWG, 1955-1973*, München: Oldenbourg 2009.
–, *Projekt Europa: Eine kritische Geschichte*, München: C.H. Beck 2018.
Petersson, Niels P., »Das Kaiserreich in Prozessen ökonomischer Globalisierung«, in: Sebastian Conrad und Jürgen Osterhammel (Hg.), *Das Kaiserreich transnational: Deutschland in der Welt 1871-1914*, 2. Aufl., Göttingen: Vandenhoeck & Ruprecht 2006, S. 49-67.
Petrini, Francesco, »Capital Hits the Road: Regulating Multinational Corporations during the Long 1970s«, in: Knud Andresen und Stefan Müller (Hg.), *Contesting Deregulation: Debates, Practices and Developments in the West since the 1970s*, New York: Berghahn Books 2017.
Pitteloud, Sabine, »Let's Coordinate! The Reinforcement of a ›Liberal Bastion‹ within European Industrial Federations, 1978-1987«, in: *Business History* 65/2 (2022), S. 345-365.
–, »Unwanted Attention: Swiss Multinationals and the Creation of International Corporate Guidelines in the 1970s«, in: *Business and Politics* 22/4 (Dezember 2020), S. 587-611.
Plehwe, Dieter und Quinn Slobodian, »Landscapes of Unrest: Herbert Giersch and the Origins of Neoliberal Economic Geography«, in: *Modern Intellectual History* 16/1 (2019), S. 185-215.
Plumpe, Werner, »Ökonomiekolumne. Exportweltmeister«, in: *Merkur* 68/778/3 (März 2014), S. 236-242.
–, »Ölkrise und wirtschaftlicher Strukturwandel. Die bundesdeutsche Wirtschaft im Zeichen von Normalisierung und Globalisierung während der 1970er Jahre«, in: Alexander Gallus (Hg.), *Deutsche Zeitgeschichte – transnational*, Göttingen: Wallstein 2015, S. 101-123.

–, *Carl Duisberg 1861-1935: Anatomie eines Industriellen*, München: C.H. Beck 2016.

–, *Unternehmensgeschichte im 19. und 20. Jahrhundert*, Berlin: De Gruyter Oldenbourg 2018.

Plumpe, Werner, Alexander Nützenadel und Catherine R. Schenk (Hg.), *Deutsche Bank: Die globale Hausbank 1870-2020*, Berlin: Propyläen 2020.

Pohl, Karl Heinrich, *Gustav Stresemann: Biografie eines Grenzgängers*, Göttingen: Vandenhoeck & Ruprecht 2015.

Pohle, Ludwig, *Deutschland am Scheidewege: Betrachtungen über die gegenwärtige volkswirtschaftliche Verfassung und die zukünftige Handelspolitik Deutschlands*, Leipzig: Teubner 1902.

Posse, Hans, *Grundlagen der künftigen deutschen Handelspolitik*, Berlin: Selbstverlag des Reichsverbandes der Deutschen Industrie 1924.

Pries, Ludger, *Auf dem Weg zu global operierenden Konzernen? BMW, Daimler-Benz und Volkswagen: Die »Drei Großen« der deutschen Automobilindustrie*, München: Rainer Hampp 1999.

Pryke, Sam, »Economic Nationalism: Theory, History and Prospects«, in: *Global Policy* 3/3 (September 2012), S. 281-291.

Ramírez Pérez, Sigfrido M., »Embedding the Market During Times of Crisis: The European Automobile Cartel During a Decade of Crisis (1973-1985)«, in: *Business History* 62/5 (2020), S. 815-836.

Raphael, Lutz, »Die Geschichte der Bundesrepublik schreiben als Globalisierungsgeschichte«, in: Frank Bajohr et al. (Hg.), *Mehr als eine Erzählung: Zeitgeschichtliche Perspektiven auf die Bundesrepublik*, Göttingen: Wallstein 2016, S. 203-218.

–, *Jenseits von Kohle und Stahl: Eine Gesellschaftsgeschichte Westeuropas nach dem Boom*, Berlin: Suhrkamp 2019.

Reckendrees, Alfred, *Das »Stahltrust«-Projekt: Die Gründung der Vereinigte Stahlwerke AG und ihre Unternehmensentwicklung 1926-1933/34*, München: C.H. Beck 2000.

–, *Beiersdorf: Die Geschichte des Unternehmens hinter den Marken Nivea, Tesa, Hansaplast & Co.*, München: C.H. Beck 2018.

Reckendrees, Alfred und Kim Priemel, »Politik als produktive Kraft? Die ›Gelsenberg-Affäre‹ und die Krise des Flick-Konzerns (1931/32)«, in: *Jahrbuch für Wirtschaftsgeschichte/Economic History Yearbook* 47/2 (Januar 2006), S. 41-71.

Reckendrees, Alfred, Boris Gehlen und Christian Marx, »International Business, Multinational Enterprises and Nationality of the Company: A Constructive Review of Literature«, in: *Business History* 64/9 (2022), S. 1567-1599.

Reich, Leonard S., »Lighting the Path to Profit: GE's Control of the Electric

Lamp Industry, 1892-1941«, in: *Business History Review* 66/2 (1992), S. 305-334.
Reindl, Josef, *Wachstum und Wettbewerb in den Wirtschaftswunderjahren: Die elektrotechnische Industrie in der Bundesrepublik Deutschland und in Großbritannien 1945-1967*, Paderborn: Schöningh 2001.
Reinhardt, Hermann, »Gegenwartsprobleme der deutschen Außenhandelspolitik«, in: Gerhard Albrecht (Hg.), *Deutschland und die Weltwirtschaft: Verhandlungen auf der Tagung des Vereins für Socialpolitik in Bad Nauheim 1954*, Berlin: Duncker & Humblot 1954, S. 123-143.
Reinhart, Carmen M. und Kenneth S. Rogoff, »The Modern History of Exchange Rate Arrangements: A Reinterpretation«, in: *The Quarterly Journal of Economics* 119/1 (2004), S. 1-48.
–, *This Time Is Different: Eight Centuries of Financial Folly*, 7. Aufl., Princeton: Princeton University Press 2009.
Rempe, Martin, *Entwicklung im Konflikt: Die EWG und der Senegal, 1957-1975*, Wien u. a.: Böhlau 2012.
Rennert, Kornelia, *Wettbewerber in einer reifen Branche: Die Unternehmensstrategien von Thyssen, Hoesch und Mannesmann 1955 bis 1975*, 1. Aufl., Essen: Klartext 2015.
Rhenisch, Thomas, *Europäische Integration und industrielles Interesse: Die deutsche Industrie und die Gründung der Europäischen Wirtschaftsgemeinschaft*, Stuttgart: F. Steiner 1999.
Ricardo, David, *Über die Grundsätze der Politischen Ökonomie und der Besteuerung: Vollständige deutsche Fassung der englischen Standardausgabe einschließlich der Einführung und editorischen Anmerkungen Piero Sraffas*, 2. Aufl., Marburg: Metropolis-Verlag 2006.
Rieger, Bernhard, »Volkswagen als bundesdeutscher Sympathieträger und Konfliktherd: Internationale Perspektiven auf den deutschen Exporterfolg«, in: *Geschichte und Gesellschaft* 45/4 (2019), S. 551-579.
Rischbieter, Laura, »Risiken und Nebenwirkungen: Internationale Finanzstrategien in der Verschuldungskrise der 1980er Jahre«, in: *Geschichte und Gesellschaft* 41/3 (2015), S. 465-493.
–, »Januskopf des Kapitalismus. Entscheiden in Staatsschuldenkrisen«, unveröffentlichte Habilitationsschrift, Universität Konstanz 2022.
Ritschl, Albrecht, *Deutschlands Krise und Konjunktur 1924-1934: Binnenkonjunktur, Auslandsverschuldung und Reparationsproblem zwischen Dawes-Plan und Transfersperre*, Berlin: Akademie-Verlag 2002.
–, »The Pity of Peace: Germany's Economy at War, 1914-1918 and Beyond«, in: Stephen N. Broadberry und Mark Harrison (Hg.), *The Economics of World War I*, Cambridge und New York: Cambridge University Press 2005, S. 41-76.

Rivoli, Pietra, *The Travels of a T-Shirt in the Global Economy: An Economist Examines the Markets, Power, and Politics of World Trade*, 2. Aufl., Hoboken: John Wiley & Sons 2009.
Rödder, Andreas, *Die Bundesrepublik Deutschland, 1969-1990*, München: Oldenbourg 2004.
–, *Deutschland einig Vaterland: die Geschichte der Wiedervereinigung*, München: C.H. Beck 2009.
Rodrik, Dani, *Das Globalisierungs-Paradox: die Demokratie und die Zukunft der Weltwirtschaft*, München: C.H. Beck 2011.
Rollings, Neil und Laurent Warlouzet, »Business History and European Integration: How EEC Competition Policy Affected Companies' Strategies«, in: *Business History* 62/5 (2020), S. 717-742.
Rombeck-Jaschinski, Ursula, *Das Londoner Schuldenabkommen: Die Regelung der deutschen Auslandsschulden nach dem Zweiten Weltkrieg*, München: Oldenbourg 2005.
Röpke, Wilhelm, »Die neue Wirtschaftsstruktur Deutschlands als Grundlage seiner künftigen Handelspolitik«, in: Franz Eulenburg (Hg.), *Neue Grundlagen der Handelspolitik. Wissenschaftliche Gutachten*, Berlin: Duncker & Humblot 1925, S. 1-47.
Rosecrance, Richard N., *Der neue Handelsstaat: Herausforderungen für Politik und Wirtschaft*, Frankfurt/Main und New York: Campus 1987.
Rothacher, Albrecht, *Economic Diplomacy Between the European Community and Japan 1959-1981*, Aldershot: Gower 1983.
Rothermund, Dietmar (Hg.), *Die Peripherie in der Weltwirtschaftskrise, Afrika, Asien und Lateinamerika, 1929-1939*, Paderborn: Schöningh 1982.
Rübner, Hartmut, *Konzentration und Krise der deutschen Schiffahrt: maritime Wirtschaft und Politik im Kaiserreich, in der Weimarer Republik und im Nationalsozialismus*, Bremen: Hauschild 2005.
Rudolph, Karsten, *Wirtschaftsdiplomatie im Kalten Krieg. Die Ostpolitik der westdeutschen Großindustrie, 1945-1991*, Frankfurt/Main und New York: Campus 2004.
Ruggie, John Gerard, »International Regimes, Transactions, and Change: Embedded Liberalism in the Postwar Economic Order«, in: *International Organization* 36/2 (1982), S. 379-415.
Sanchez-Sibony, Oscar, »Capitalism's Fellow Traveler: The Soviet Union, Bretton Woods, and the Cold War, 1944-1958«, in: *Comparative Studies in Society and History* 56/2 (2014), S. 290-319.
Schaefer, Karl Christian, *Deutsche Portfolioinvestitionen im Ausland: 1870-1914; Banken, Kapitalmärkte und Wertpapierhandel im Zeitalter des Imperialismus*, Münster u. a.: Lit 1995.
Schanetzky, Tim, *Die große Ernüchterung: Wirtschaftspolitik, Expertise und*

Gesellschaft in der Bundesrepublik; 1966 bis 1982, Berlin: Akademie-Verlag 2007.
–, »Von Keynes zu Friedman? Handlungsoptionen der bundesdeutschen Wirtschaftspolitik in den siebziger Jahren«, in: Morten Reitmayer und Ruth Rosenberger (Hg.), *Unternehmen am Ende des »goldenen Zeitalters«: Die 1970er Jahre in unternehmens- und wirtschaftshistorischer Perspektive*, Essen: Klartext 2008, S. 149-168.
–, »Ölpreisschock 1973 – Wendepunkt des wirtschaftspolitischen Denkens«, in: Andreas Rödder und Harald Biermann (Hg.), *Deutschland in der Welt: Weichenstellungen in der Geschichte der Bundesrepublik*, Göttingen: Vandenhoeck & Ruprecht 2010, S. 67-83.
–, *»Kanonen statt Butter«: Wirtschaft und Konsum im Dritten Reich*, Bonn: Bundeszentrale für politische Bildung 2016.
Scharpf, Fritz W., *Sozialdemokratische Krisenpolitik in Europa*, Frankfurt/Main und New York: Campus 1987.
Scharrer, Hans-Eckart, »Die Bundesrepublik im internationalen Währungssystem«, in: Hans-Peter Schwarz (Hg.), *Handbuch der deutschen Außenpolitik*, München: Piper 1975, S. 383-405.
Schenk, Catherine R., »The Origins of the Eurodollar Market in London 1955-1963«, in: *Explorations in Economic History* 35 (1998), S. 221-238.
–, *The Decline of Sterling: Managing the Retreat of an International Currency, 1945-1992*, Cambridge: Cambridge University Press 2010.
–, *International Economic Relations Since 1945. The Making of the Contemporary World*, Abingdon und New York: Routledge 2011.
Scherner, Jonas, »Supplier Networks in the German Aircraft Industry during World War II and their Long-term Effects on West Germany's Automobile Industry during the ›Wirtschaftswunder‹«, in: *Business History* 56/6 (2014), S. 996-1020.
–, »Außenwirtschaft und Außenhandel«, in: Marcel Boldorf und Jonas Scherner (Hg.), *Handbuch Wirtschaft im Nationalsozialismus*, Berlin: De Gruyter 2023, S. 737-765.
Schlüter, Karl Heinz, *Außenhandel und Statistik. Wegweiser durch die Außenwirtschaftsstatistik der Bundesrepublik*, Wiesbaden: Kohlhammer 1967.
Schmelzer, Matthias, *Freiheit für Wechselkurse und Kapital: die Ursprünge neoliberaler Währungspolitik und die Mont Pèlerin Society*, Marburg: Metropolis-Verlag 2010.
Schmidt, Helmut, »Vortrag zum Übersee-Tag. Rede im Hamburger Übersee-Club«, 7. Mai 1974; online verfügbar unter: {https://www.ueberseeclub.de/resources/Server/pdf-Dateien/1970-1979/Helmut_Schmidt%201974.pdf}.
–, »Der Politiker als Ökonom (1974)«, in: ders. (Hg.), *Kontinuität und Kon-*

zentration, 2., veränd. Aufl., Bonn-Bad Godesberg: Verlag Neue Gesellschaft 1976, S. 36-52.
–, *Weltwirtschaft ist unser Schicksal. Wie eine weltweite Depression vermieden werden kann*, Frankfurt/Main: Robinson 1983.
–, »Wenn der Erfolg zur Gefahr wird. Wir dürfen uns nicht ›krank‹-exportieren«, in: *Die Zeit* (1. November 1985).
–, *Weggefährten: Erinnerungen und Reflexionen*, Berlin: Siedler 1996.
Schmidt, Isabel, »Wihlelm Köhler. Ein Darmstädter Unternehmer nach 1945«, Magisterarbeit TU Darmstadt 2009 (Hessisches Wirtschaftsarchiv, Darmstadt).
Schmidt-Klügmann, Annette, *Bernhard Wilhelm von Bülow (1885-1936). Eine politische Biographie*, Paderborn: Verlag Ferdinand Schöningh 2019.
Schmoller, Gustav von, »Die Wandlungen in der europäischen Handelspolitik des 19. Jahrhunderts: Eine Säkularbetrachtung«, in: *Jahrbuch für Gesetzgebung, Verwaltung und Volkswirtschaft im Deutschen Reich* 24 (1900), S. 373-380.
–, »Die wirtschaftliche Zukunft Deutschlands und die Flottenvorlage (1899)«, in: Lucie Schmoller (Hg.), *Zwanzig Jahre Deutscher Politik, 1897-1917. Aufsätze und Vorträge*, München: Duncker & Humblot 1920, S. 1-20.
Schnabel, Isabel, »The German Twin Crisis of 1931«, in: *The Journal of Economic History* 64/3 (2004), S. 822-871.
Schneider, Michael C., *Unternehmensstrategien zwischen Weltwirtschaftskrise und Kriegswirtschaft: Chemnitzer Maschinenbauindustrie in der NS-Zeit 1933-1945*, Essen: Klartext 2005.
Scholtyseck, Joachim, »Ein transatlantischer Wirtschaftskrieg im globalen Wettstreit. Ein neuer Blick auf den Alien Property Custodian der USA im Ersten Weltkrieg und der Nachkriegszeit«, in: Dieter Ziegler und Jan-Otmar Hesse (Hg.), *1919 – Der Versailler Vertrag und die deutschen Unternehmen*, Berlin: De Gruyter Oldenbourg 2022, S. 251-277.
Schölzel, Christian, *Walther Rathenau. Eine Biographie*, Paderborn u. a.: Schöningh 2006.
Schomerus, Lorenz, »Wirtschaftsressort«, in: Christoph Bertram und Friedrich Däuble (Hg.), *Wem dient der Auswärtige Dienst? Erfahrungen von Politik, Wirtschaft, Gesellschaft*, Bonn: Springer-Verlag 2013, S. 29-41.
Schöne, Edna, »Wie viel Unsicherheit verträgt das Exportgeschäft?«, in: Siegfried Russwurm und Joachim Lang (Hg.), *Wie soll die Wirtschaft mit Autokratien umgehen?*, Freiburg, Basel und Wien: Herder 2022, S. 65-90.
Schönhoven, Klaus, *Wendejahre. Die Sozialdemokratie in der Zeit der Großen Koalition 1966-1969*, Bonn: Dietz 2004.
Schreyger, Stefan, *Direktinvestitionen deutscher Unternehmen im Ausland von 1952 bis 1980*, Dissertationsschrift, Köln, 1994.

Schröter, Harm G., »Die Auslandsinvestitionen der chemischen Industrie 1870-1930«, in: *Zeitschrift für Unternehmensgeschichte* 35/1 (1. Februar 1990), S. 1-22.

–, »Außenwirtschaft im Boom. Direktinvestitionen bundesdeutscher Unternehmen im Ausland 1950-1975«, in: Hartmut Kaelble (Hg.), *Der Boom 1948-1973: Gesellschaftliche und wirtschaftliche Folgen in der Bundesrepublik Deutschland und in Europa*, Opladen: Westdeutscher Verlag 1992, S. 82-106.

–, »Privatwirtschaftliche Marktregulierung und staatliche Interessenpolitik. Das internationale Stickstoffkartell 1929-1939«, in: ders. und Clemens A. Wurm (Hg.), *Politik, Wirtschaft und internationale Beziehungen: Studien zu ihrem Verhältnis in der Zeit zwischen den Weltkriegen*, Mainz: Verlag Philipp von Zabern 1991.

–, »Kartellierung und Dekartellierung 1890-1990«, in: *Vierteljahrschrift für Sozial- und Wirtschaftsgeschichte* 81/4 (1994), S. 457-493.

Schröter, Verena, *Die deutsche Industrie auf dem Weltmarkt 1929 bis 1933: aussenwirtschaftliche Strategien unter dem Druck der Weltwirtschaftskrise*, Frankfurt/Main u. a.: Peter Lang 1984.

Schulz, Matthias, *Deutschland, der Völkerbund und die Frage der europäischen Wirtschaftsordnung 1925-1933*, Hamburg: Krämer 1997.

Simon, Hermann, *Die heimlichen Gewinner: Die Erfolgsstrategien unbekannter Weltmarktführer*, 4. Aufl., Frankfurt/Main und New York: Campus 1997.

Simonian, Haig, *The Privileged Partnership: Franco-German Relations in the European Community, 1969-1984*, Oxford: Clarendon Press 1985.

Singleton, Fred, »Jugoslawiens Stellung in der Weltwirtschaft«, in: *Osteuropa* 28/7 (1978), S. 631-639.

Sinn, Hans-Werner, *Die Basar-Ökonomie: Deutschland: Exportweltmeister oder Schlusslicht?*, Bonn: Bundeszentrale für politische Bildung 2005.

Skeet, Ian, *Opec: Twenty-five Years of Prices and Politics*, London: Cambridge University Press 1988.

Slobodian, Quinn, *Globalisten: Das Ende der Imperien und die Geburt des Neoliberalismus*, Berlin: Suhrkamp 2019.

Sluga, Glenda und Patricia Clavin (Hg.), *Internationalisms: A Twentieth-century History*, Cambridge und New York: Cambridge University Press 2017.

Smeets, Heinz-Dieter, *Die Bundesrepublik Deutschland als internationale Konjunkturlokomotive*, Hamburg: Verlag Weltarchiv 1988.

Smith, Woodruff D., »›Weltpolitik‹ und ›Lebensraum‹«, in: Sebastian Conrad und Jürgen Osterhammel (Hg.), *Das Kaiserreich transnational: Deutschland in der Welt 1871-1914*, 2. Aufl., Göttingen: Vandenhoeck & Ruprecht 2006, S. 29-48.

Sombart, Werner, »Entwickeln wir uns zum Exportindustriestaat?«, in: *Soziale Praxis* 8 (1899), S. 633-637.

Spaulding, Robert Mark, *Osthandel and Ostpolitik: German Foreign Trade Policies in Eastern Europe from Bismarck to Adenauer*, Providence: Berghahn Books 1997.

Speich Chassé, Daniel, »Hallsteins Blick nach Afrika. Der Jaundé-Vertrag von 1963 und die Neuordnung der weltpolitischen Kommunikation«, in: Christian Kleinschmidt und Dieter Ziegler (Hg.), *Dekolonisierungsgewinner: deutsche Außenpolitik und Außenwirtschaftsbeziehungen im Zeitalter des Kalten Krieges*, Boston und Berlin: De Gruyter Oldenbourg 2018, S. 155-170.

Spiro, David E., *The Hidden Hand of American Hegemony: Petrodollar Recycling and International Markets*, Ithaca: Cornell University Press 1999.

Spivey, W. Allen, *Economic Policies in France 1976-1981: The Barre Program in a West European Perspective*, Ann Arbor: University of Michigan 1982.

Staack, Michael, *Handelsstaat Deutschland: deutsche Außenpolitik in einem neuen internationalen System*, Paderborn und München u. a.: Schöningh 2000.

Statistisches Bundesamt, *Bevölkerung und Wirtschaft 1872-1972. Herausgegeben anläßlich des 100jährigen Bestehens der amtlichen zentralen Statistik*, Wiesbaden: Statistisches Bundesamt 1972.

Stegmann, Dirk, »Deutsche Zoll- und Handelspolitik 1924/25-1929 unter besonderer Berücksichtigung agrarischer und industrieller Interessen«, in: Hans Mommsen und Dietmar Petzina (Hg.), *Industrielles System und politische Entwicklung in der Weimarer Republik*, Bd. 2, Kronberg im Taunus: Athenäum u. a. 1977.

Steil, Benn, *The Battle of Bretton Woods: John Maynard Keynes, Harry Dexter White, and the Making of a New World Order*, Princeton: Princeton University Press 2013.

Steiner, André, *Von Plan zu Plan: Eine Wirtschaftsgeschichte der DDR*, München: DVA 2004.

Steinkühler, Martin, *Agrar- oder Industriestaat: Die Auseinandersetzungen um die Getreidehandels- und Zollpolitik des Deutschen Reiches 1879-1914*, Frankfurt/Main u. a.: Peter Lang 1992.

Stent, Angela, *Wandel durch Handel? Die politisch-wirtschaftlichen Beziehungen zwischen der Bundesrepublik Deutschland und der Sowjetunion*, Köln: Verlag Wissenschaft und Politik 1983.

Straumann, Tobias, *1931. Die Finanzkrise und Hitlers Aufstieg*, Stuttgart: Konrad Theiss 2020.

Streb, Jochen, *Trumpf: Geschichte eines Familienunternehmens*, München: Carl Hanser 2018.

Streeck, Wolfgang, *Zwischen Globalismus und Demokratie: politische Ökonomie im ausgehenden Neoliberalismus*, Berlin: Suhrkamp 2021.

Süß, Dietmar und Meik Woyke, »Schimanskis Jahrzehnt? Die 1980er Jahre in historischer Perspektive«, in: *Archiv für Sozialgeschichte* 52 (2012), S. 3-20.

Teichert, Eckart, *Autarkie und Großraumwirtschaft in Deutschland: 1930-1939; außenwirtschaftspolitische Konzeptionen zwischen Wirtschaftskrise und Zweitem Weltkrieg*, München: Oldenbourg 1984.

Temin, Peter, *Lessons from the Great Depression*, Cambridge/Mass. u.a.: MIT Press 1989.

Tena-Junguito, Antonio, Markus Lampe und Felipe Tâmega Fernandes, »How Much Trade Liberalization Was There in the World Before and After Cobden-Chevalier?«, in: *The Journal of Economic History* 72/3 (2012), S. 708-740.

Teupe, Sebastian, *Die Schaffung eines Marktes: Preispolitik, Wettbewerb und Fernsehgerätehandel in der BRD und den USA 1945-1985*, Berlin und Boston: De Gruyter Oldenbourg 2016.

–, *Zeit des Geldes: Die deutsche Inflation zwischen 1914 und 1923*, Frankfurt/Main und New York: Campus 2022.

Thalheim, Karl C., »Der Innerdeutsche Handel«, in: Karl C. Thalheim (Hg.), *Die wirtschaftliche Entwicklung der beiden Staaten in Deutschland: Tatsachen und Zahlen*, Wiesbaden: VS Verlag für Sozialwissenschaften 1988, S. 120-130.

Tilford, Simon, »A Trade Surplus Is Not Always a Sign of Strength«, in: *Financial Times* (3. März 2009).

Tooze, Adam, *Ökonomie der Zerstörung: die Geschichte der Wirtschaft im Nationalsozialismus*, München: Siedler 2007.

–, »Trouble with Numbers: Statistics, Politics, and History in the Construction of Weimar's Trade Balance, 1918-1924«, in: *The American Historical Review* 113/3 (2008), S. 678-700.

–, *Sintflut: Die Neuordnung der Welt 1916-1931*, München: Siedler 2015.

–, »Chartbook #168: Germany's Economic Entanglement with China«, 6. November 2022; online verfügbar unter: {https://adamtooze.substack.com/p/chartbook-168-germanys-economic-entanglement}.

Tooze, Adam und Ted Fertik, »The World Economy and the Great War«, in: *Geschichte und Gesellschaft* 40/2 (Juni 2014), S. 214-238.

Torp, Cornelius, *Die Herausforderung der Globalisierung: Wirtschaft und Politik in Deutschland 1860-1914*, Göttingen: Vandenhoeck & Ruprecht 2005.

Trendelenburg, Ernst, »Fragen der Weltwirtschaftspolitik«, in: Bernhard Harms (Hg.), *Strukturwandlungen der deutschen Volkswirtschaft: Vorlesungen, gehalten in der Deutschen Vereinigung für Staatswissenschaftliche Fortbildung*, Bd. 1, Berlin: Hobbing 1928, S. 422-451.

Trentmann, Frank, *Free Trade Nation: Commerce, Consumption, and Civil*

Society in Modern Britain, Oxford und New York: Oxford University Press 2008.

Triffin, Robert, *Gold and the Dollar Crisis. The Future of Convertibility*, New Haven: Yale University Press 1960.

Ullmann, Hans-Peter, *Der Bund der Industriellen: Organisation, Einfluss u. Politik klein- u. mittelbetriebl. Industrieller im Dt. Kaiserreich 1895-1914*, Göttingen: Vandenhoeck & Ruprecht 1976.

–, »Staatliche Exportförderung und private Exportinitiative. Probleme des Staatsinterventionismus im Deutschen Kaiserreich am Beispiel der staatlichen Außenhandelsförderung (1880-1919)«, in: *Vierteljahrschrift für Sozial- und Wirtschaftsgeschichte* 65 (1978), S. 157-216.

Unger, Corinna, »Export und Entwicklung: Westliche Wirtschaftsinteressen in Indien im Kontext der Dekolonisation und des Kalten Krieges«, in: *Jahrbuch für Wirtschaftsgeschichte/Economic History Yearbook* 53 (2012), S. 69-86.

United Nations Conference on Trade and Development (UNCTAD), »Global Value Chains and Development: Investment and Value Added Trade in the Global Economy«, New York: United Nations 2013; online verfügbar unter: {https://unctad.org/system/files/official-document/diae2013d1_en.pdf}.

–, »50 Years of Review of Maritime Transport, 1968-2018: Reflecting on the Past, Exploring the Future«, New York: United Nations 2018; online verfügbar unter: {https://unctad.org/publication/50-years-review-maritime-transport-1968-2018-reflecting-past-exploring-future}.

Verband der Automobilindustrie, *Jahresbericht 2022*, Berlin 2022; online verfügbar unter: {https://www.vda.de/de/aktuelles/publikationen/publication/jahresbericht-2022}.

Verhandlungen des Vereins für Socialpolitik über die Wohnungsfrage und die Handelspolitik in München 1901, München und Leipzig 1902.

Verhandlungen des Vereins für Sozialpolitik in Stuttgart 1924, München und Leipzig 1925.

Vernon, Raymond, »Economic Sovereignty at Bay«, in: *Foreign Affairs* 47/1 (1968), S. 110-122.

–, *Sovereignty at Bay: the Multinational Spread of U. S. Enterprises*, 2. Aufl., New York u. a.: Basic Books 1971.

Volkmann, Hans-Erich, *Ökonomie und Expansion: Grundzüge der NS-Wirtschaftspolitik*, München: Oldenbourg 2003.

Vonyó, Tamás, *The Economic Consequences of the War: West Germany's Growth Miracle after 1945*, Cambridge und New York: Cambridge University Press 2018.

Wagenknecht, Sahra, »Kritik des Exportnationalismus«, in: Horst Gischer

(Hg.), *Bewegungsgesetze des Kapitalismus. Festschrift für Fritz Helmendag*, Marburg: Metropolis-Verlag 2018, S. 165-172.
Warlouzet, Laurent (Hg.), *Governing Europe in a Globalizing World: Neoliberalism and Its Alternatives Following the 1973 Oil Crisis*, Abingdon und New York: Routledge 2018.
Wehler, Hans-Ulrich, *Deutsche Gesellschaftsgeschichte*, Bd. 2: *Von der Reformära bis zur industriellen und politischen Deutschen Doppelrevolution 1815-1845/49*, München: C.H. Beck 1987.
–, *Deutsche Gesellschaftsgeschichte*, Bd. 3: *Von der Deutschen Doppelrevolutikon bis zum Beginn des Ersten Weltkrieges 1849-1914*, München: C.H. Beck 1995.
Weimer, Wolfram, *Deutsche Wirtschaftsgeschichte: von der Währungsreform bis zum Euro*, Hamburg: Hoffmann und Campe 1998.
Weiss, Frank D. und Bernhard Heitger (Hg.), *Trade Policy in West Germany*, Tübingen: Mohr 1988.
Wellhöner, Volker, *»Wirtschaftswunder« – Weltmarkt – westdeutscher Fordismus: Der Fall Volkswagen*, Münster: Westfälisches Dampfboot 1996.
Wiedenfeld, Kurt, *Deutschlands handelspolitische Aufgaben*, 1924.
–, *Zwischen Wirtschaft und Staat. Lebenserinnerungen*, Berlin: de Gruyter 1960.
Wiemann, Jürgen, *Selektiver Protektionismus und aktive Strukturanpassung: Handels- und industriepolitische Reaktion Europas auf die zunehmende Wettbewerbsfähigkeit der Entwicklungsländer, dargestellt am Beispiel der Textilpolitik der EG*, Berlin: Deutsches Institut für Entwicklungspolitik 1983.
Winkel, Harald, *Die deutsche Nationalökonomie im 19. Jahrhundert*, Darmstadt: Wissenschaftliche Buchgesellschaft 1977.
Wirsching, Andreas, *Abschied vom Provisorium 1982-1990*, München: DVA 2006.
–, »Eine ›Ära Kohl‹? Die widersprüchliche Signatur deutscher Regierungspolitik 1982-1998«, in: *Archiv für Sozialgeschichte* 52 (2012), S. 667-684.
–, »Neoliberalismus als wirtschaftspolitisches Ordnungsmodell? Die Bundesrepublik Deutschland in den 1980er Jahren«, in: Joachim Scholtyseck, Werner Plumpe und Theodor-Heuss-Kolloquium Der Staat und die Ordnung der Wirtschaft (Hg.), *Der Staat und die Ordnung der Wirtschaft: Vom Kaiserreich bis zur Berliner Republik*, Stuttgart: F. Steiner 2012, S. 139-151.
Wissenschaftlicher Beirat beim Bundesministerium für Wirtschaft, »Wirtschaftspolitik bei defizitärer Leistungsbilanz«, in: *Gutachten vom Januar 1981 bis Juni 1983*, Bd. 11, Göttingen 1983, S. 1062-1095.
Wolf, Martin, »Germany's Strange Parallel Universe«, in: *Financial Times* (24. September 2013).

Wolff von Amerongen, Otto, *Trendwende im Osthandel*, Bonn: DIHT 1977.
–, *Der Weg nach Osten: Vierzig Jahre Brückenbau für die deutsche Wirtschaft*, München: Droemer Knaur 1992.
Wright, Jonathan, »Foreign Policy: The Dilemmas of a Revisionist State«, in: Nadine Rossol und Benjamin Ziemann (Hg.), *The Oxford Handbook of the Weimar Republic*, Oxford: Oxford University Press 2021.
Wulf, Jürgen, *Der deutsche Außenhandel seit 1850: Entwicklung, Strukturwandlungen und Beziehungen zum Wirtschaftswachstum*, Dissertationsschrift, Universität Basel, 1965.
Wulfers, Alexander A. J., *Trade and Protectionism in Interwar Germany*, Dissertationsschrift, Universität Oxford, 2021.
Wurm, Clemens A. (Hg.), »Handelsdiplomatie in der Weltwirtschaftskrise. Internationale Kartelle, Stahl und Baumwolltextilien in der Außenpolitik Großbritanniens 1924-1939«, in: *Internationale Kartelle und Außenpolitik: Beiträge zur Zwischenkriegszeit*, Stuttgart: F. Steiner 1989, S. 103-151.
–, »Politik und Wirtschaft in den internationalen Beziehungen. Internationale Kartelle, Außenpolitik und weltwirtschaftliche Beziehungen 1919-1939: Einführung«, in: Clemens A. Wurm (Hg.), *Internationale Kartelle und Außenpolitik: Beiträge zur Zwischenkriegszeit*, Stuttgart: F. Steiner 1989, S. 1-33.
–, »Internationale Kartelle und die deutsch-französischen Beziehungen 1924-1930: Politik, Wirtschaft, Sicherheit«, in: Stephen A. Schuker (Hg.), *Deutschland und Frankreich: Vom Konflikt zur Aussöhnung. Die Gestaltung der westeuropäischen Sicherheit 1914-1963*, Berlin: De Gruyter Oldenbourg 2009, S. 97-115.
Zeiler, Thomas W., *Free Trade, Free World: The Advent of GATT*, Chapel Hill u. a.: University of North Carolina Press 1999.
Ziebura, Gilbert, *Weltwirtschaft und Weltpolitik: 1922/24-1931. Zwischen Rekonstruktion und Zusammenbruch*, Frankfurt/Main: Suhrkamp 1984.
Ziegler, Dieter, »Deutschland und der Weltmarkt. Einleitende Bemerkungen zur Struktur des deutschen Außenhandels im 20. Jahrhundert«, in: Christian Kleinschmidt und Dieter Ziegler (Hg.), *Dekolonisierungsgewinner: Deutsche Außenpolitik und Außenwirtschaftsbeziehungen im Zeitalter des Kalten Krieges*, Boston und Berlin: De Gruyter Oldenbourg 2018, S. 19-55.
Ziegler, Dieter und Christian Kleinschmidt, »Deutsche Wirtschaftsinteressen zwischen Entwicklungshilfe und Dekolonisierung: eine Einleitung«, in: Christian Kleinschmidt und Dieter Ziegler (Hg.), *Dekolonisierungsgewinner: Deutsche Außenpolitik und Außenwirtschaftsbeziehungen im Zeitalter des Kalten Krieges*, Boston und Berlin: De Gruyter Oldenbourg 2018, S. 1-17.
Ziegler, Dieter und Jan-Otmar Hesse (Hg.), *1919 – Der Versailler Vertrag und die deutschen Unternehmen*, Berlin: De Gruyter Oldenbourg 2022.

Personen- und Sachregister

(Seiten mit Begriffserläuterungen sind kursiv hervorgehoben.)